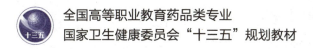

全国高等职业教育药品类专业
国家卫生健康委员会"十三五"规划教材

U0591968

供药品经营与管理、药品服务与管理专业用

基础会计

第 3 版

主　编　周凤莲

副主编　杨　鹏　于治春

编　者　（以姓氏笔画为序）

于治春　（山东省莱阳卫生学校）　　　　孟慧明　（辽宁医药职业学院）

孔凡军　（安徽医学高等专科学校）　　　周凤莲　（山西药科职业学院）

任灵梅　（山西药科职业学院）　　　　　周世珩　（山东医学高等专科学校）

杨　鹏　（山东医学高等专科学校）　　　薛美娟　（江苏省连云港中医药高等职业技术学校）

人民卫生出版社

图书在版编目（CIP）数据

基础会计/周风莲主编.—3 版.—北京：人民卫生出版社,2018

ISBN 978-7-117-26501-0

Ⅰ.①基… Ⅱ.①周… Ⅲ.①会计学-高等学校-教材

Ⅳ.①F230

中国版本图书馆 CIP 数据核字（2018）第 088850 号

人卫智网	www.ipmph.com	医学教育、学术、考试、健康， 购书智慧智能综合服务平台
人卫官网	www.pmph.com	人卫官方资讯发布平台

基 础 会 计

第 3 版

主　　编：周风莲

出版发行：人民卫生出版社（中继线 010-59780011）

地　　址：北京市朝阳区潘家园南里 19 号

邮　　编：100021

E - mail：pmph @ pmph.com

购书热线：010-59787592　010-59787584　010-65264830

印　　刷：三河市博文印刷有限公司

经　　销：新华书店

开　　本：850×1168　1/16　印张：23

字　　数：541 千字

版　　次：2009 年 1 月第 1 版　2018 年 8 月第 3 版

　　　　　2024 年 2 月第 3 版第 7 次印刷（总第 16 次印刷）

标准书号：ISBN 978-7-117-26501-0

定　　价：65.00 元

打击盗版举报电话：010-59787491　E- mail：WQ @ pmph.com

（凡属印装质量问题请与本社市场营销中心联系退换）

全国高等职业教育药品类专业国家卫生健康委员会"十三五"规划教材出版说明

《国务院关于加快发展现代职业教育的决定》《高等职业教育创新发展行动计划(2015-2018年)》《教育部关于深化职业教育教学改革全面提高人才培养质量的若干意见》等一系列重要指导性文件相继出台,明确了职业教育的战略地位、发展方向。为全面贯彻国家教育方针,将现代职教发展理念融入教材建设全过程,人民卫生出版社组建了全国食品药品职业教育教材建设指导委员会。在该指导委员会的直接指导下,经过广泛调研论证,人民卫生出版社启动了全国高等职业教育药品类专业第三轮规划教材的修订出版工作。

本套规划教材首版于2009年,于2013年修订出版了第二轮规划教材,其中部分教材入选了"十二五"职业教育国家规划教材。本轮规划教材主要依据教育部颁布的《普通高等学校高等职业教育(专科)专业目录(2015年)》及2017年增补专业,调整充实了教材品种,涵盖了药品类相关专业的主要课程。全套教材为国家卫生健康委员会"十三五"规划教材,是"十三五"时期人卫社重点教材建设项目。本轮教材继续秉承"五个对接"的职教理念,结合国内药学类专业高等职业教育教学发展趋势,科学合理推进规划教材体系改革,同步进行了数字资源建设,着力打造本领域首套融合教材。

本套教材重点突出如下特点:

1. **适应发展需求,体现高职特色** 本套教材定位于高等职业教育药品类专业,教材的顶层设计既考虑行业创新驱动发展对技术技能型人才的需要,又充分考虑职业人才的全面发展和技术技能型人才的成长规律;既集合了我国职业教育快速发展的实践经验,又充分体现了现代高等职业教育的发展理念,突出高等职业教育特色。

2. **完善课程标准,兼顾接续培养** 本套教材根据各专业对应从业岗位的任职标准优化课程标准,避免重要知识点的遗漏和不必要的交叉重复,以保证教学内容的设计与职业标准精准对接,学校的人才培养与企业的岗位需求精准对接。同时,本套教材顺应接续培养的需要,适当考虑建立各课程的衔接体系,以保证高等职业教育对口招收中职学生的需要和高职学生对口升学至应用型本科专业学习的衔接。

3. **推进产学结合,实现一体化教学** 本套教材的内容编排以技能培养为目标,以技术应用为主线,使学生在逐步了解岗位工作实践、掌握工作技能的过程中获取相应的知识。为此,在编写队伍组建上,特别邀请了一大批具有丰富实践经验的行业专家参加编写工作,与从全国高职院校中遴选出的优秀师资共同合作,确保教材内容贴近一线工作岗位实际,促使一体化教学成为现实。

4. **注重素养教育,打造工匠精神** 在全国"劳动光荣、技能宝贵"的氛围逐渐形成,"工匠精神"在各行各业广为倡导的形势下,医药卫生行业的从业人员更要有崇高的道德和职业素养。教材更加强调要充分体现对学生职业素养的培养,在适当的环节,特别是案例中要体现出药品从业人员的行为准则和道德规范,以及精益求精的工作态度。

5. **培养创新意识,提高创业能力** 为有效地开展大学生创新创业教育,促进学生全面发展和全面成才,本套教材特别注意将创新创业教育融入专业课程中,帮助学生培养创新思维,提高创新能力、实践能力和解决复杂问题的能力,引导学生独立思考、客观判断,以积极的、锲而不舍的精神寻求解决问题的方案。

6. **对接岗位实际,确保课证融通** 按照课程标准与职业标准融通,课程评价方式与职业技能鉴定方式融通,学历教育管理与职业资格管理融通的现代职业教育发展趋势,本套教材中的专业课程,充分考虑学生考取相关职业资格证书的需要,其内容和实训项目的选取尽量涵盖相关的考试内容,使其成为一本既是学历教育的教科书,又是职业岗位证书的培训教材,实现"双证书"培养。

7. **营造真实场景,活化教学模式** 本套教材在继承保持人卫版职业教育教材栏目式编写模式的基础上,进行了进一步系统优化。例如,增加了"导学情景",借助真实工作情景开启知识内容的学习;"复习导图"以思维导图的模式,为学生梳理本章的知识脉络,帮助学生构建知识框架。进而提高教材的可读性,体现教材的职业教育属性,做到学以致用。

8. **全面"纸数"融合,促进多媒体共享** 为了适应新的教学模式的需要,本套教材同步建设以纸质教材内容为核心的多样化的数字教学资源,从广度、深度上拓展纸质教材内容。通过在纸质教材中增加二维码的方式"无缝隙"地链接视频、动画、图片、PPT、音频、文档等富媒体资源,丰富纸质教材的表现形式,补充拓展性的知识内容,为多元化的人才培养提供更多的信息知识支撑。

本套教材的编写过程中,全体编者以高度负责、严谨认真的态度为教材的编写工作付出了诸多心血,各参编院校对编写工作的顺利开展给予了大力支持,从而使本套教材得以高质量如期出版,在此对有关单位和各位专家表示诚挚的感谢!教材出版后,各位教师、学生在使用过程中,如发现问题请反馈给我们(renweiyaoxue@163.com),以便及时更正和修订完善。

人民卫生出版社

2018 年 3 月

全国高等职业教育药品类专业国家卫生健康委员会
"十三五"规划教材
教材目录

序号	教材名称	主编	适用专业
1	人体解剖生理学(第3版)	贺 伟 吴金英	药学类、药品制造类、食品药品管理类、食品工业类
2	基础化学(第3版)	傅春华 黄月君	药学类、药品制造类、食品药品管理类、食品工业类
3	无机化学(第3版)	牛秀明 林 珍	药学类、药品制造类、食品药品管理类、食品工业类
4	分析化学(第3版)	李维斌 陈哲洪	药学类、药品制造类、食品药品管理类、医学技术类、生物技术类
5	仪器分析	任玉红 闫冬良	药学类、药品制造类、食品药品管理类、食品工业类
6	有机化学(第3版)*	刘 斌 卫月琴	药学类、药品制造类、食品药品管理类、食品工业类
7	生物化学(第3版)	李清秀	药学类、药品制造类、食品药品管理类、食品工业类
8	微生物与免疫学*	凌庆枝 魏仲香	药学类、药品制造类、食品药品管理类、食品工业类
9	药事管理与法规(第3版)	万仁甫	药学类、药品经营与管理、中药学、药品生产技术、药品质量与安全、食品药品监督管理
10	公共关系基础(第3版)	秦东华 惠 春	药学类、药品制造类、食品药品管理类、食品工业类
11	医药数理统计(第3版)	侯丽英	药学、药物制剂技术、化学制药技术、中药制药技术、生物制药技术、药品经营与管理、药品服务与管理
12	药学英语	林速容 赵 旦	药学、药物制剂技术、化学制药技术、中药制药技术、生物制药技术、药品经营与管理、药品服务与管理
13	医药应用文写作(第3版)	张月亮	药学、药物制剂技术、化学制药技术、中药制药技术、生物制药技术、药品经营与管理、药品服务与管理

序号	教材名称	主编	适用专业
14	医药信息检索(第3版)	陈 燕 李现红	药学、药物制剂技术、化学制药技术、中药制药技术、生物制药技术、药品经营与管理、药品服务与管理
15	药理学(第3版)	罗跃娥 樊一桥	药学、药物制剂技术、化学制药技术、中药制药技术、生物制药技术、药品经营与管理、药品服务与管理
16	药物化学(第3版)	葛淑兰 张彦文	药学、药品经营与管理、药品服务与管理、药物制剂技术、化学制药技术
17	药剂学(第3版)*	李忠文	药学、药品经营与管理、药品服务与管理、药品质量与安全
18	药物分析(第3版)	孙 莹 刘 燕	药学、药品质量与安全、药品经营与管理、药品生产技术
19	天然药物学(第3版)	沈 力 张 辛	药学、药物制剂技术、化学制药技术、生物制药技术、药品经营与管理
20	天然药物化学(第3版)	吴剑峰	药学、药物制剂技术、化学制药技术、生物制药技术、中药制药技术
21	医院药学概要(第3版)	张明淑 于 倩	药学、药品经营与管理、药品服务与管理
22	中医药学概论(第3版)	周少林 吴立明	药学、药物制剂技术、化学制药技术、中药制药技术、生物制药技术、药品经营与管理、药品服务与管理
23	药品营销心理学(第3版)	丛 媛	药学、药品经营与管理
24	基础会计(第3版)	周凤莲	药品经营与管理、药品服务与管理
25	临床医学概要(第3版)*	曾 华	药学、药品经营与管理
26	药品市场营销学(第3版)*	张 丽	药学、药品经营与管理、中药学、药物制剂技术、化学制药技术、生物制药技术、中药制药技术、药品服务与管理
27	临床药物治疗学(第3版)*	曹 红	药学、药品经营与管理、药品服务与管理
28	医药企业管理	戴 宇 徐茂红	药品经营与管理、药学、药品服务与管理
29	药品储存与养护(第3版)	徐世义 宫淑秋	药品经营与管理、药学、中药学、药品生产技术
30	药品经营管理法律实务(第3版)*	李朝霞	药品经营与管理、药品服务与管理
31	医学基础(第3版)	孙志军 李宏伟	药学、药物制剂技术、生物制药技术、化学制药技术、中药制药技术
32	药学服务实务(第2版)	秦红兵 陈俊荣	药学、中药学、药品经营与管理、药品服务与管理

序号	教材名称	主编	适用专业
33	药品生产质量管理(第3版)*	李洪	药物制剂技术、化学制药技术、中药制药技术、生物制药技术、药品生产技术
34	安全生产知识(第3版)	张之东	药物制剂技术、化学制药技术、中药制药技术、生物制药技术、药学
35	实用药物学基础(第3版)	丁丰 张庆	药学、药物制剂技术、生物制药技术、化学制药技术
36	药物制剂技术(第3版)*	张健泓	药学、药物制剂技术、化学制药技术、生物制药技术
	药物制剂综合实训教程	胡英 张健泓	药学、药物制剂技术、药品生产技术
37	药物检测技术(第3版)	甄会贤	药品质量与安全、药物制剂技术、化学制药技术、药学
38	药物制剂设备(第3版)	王泽	药品生产技术、药物制剂技术、制药设备应用技术、中药生产与加工
39	药物制剂辅料与包装材料(第3版)*	张亚红	药物制剂技术、化学制药技术、中药制药技术、生物制药技术、药学
40	化工制图(第3版)	孙安荣	化学制药技术、生物制药技术、中药制药技术、药物制剂技术、药品生产技术、食品加工技术、化工生物技术、制药设备应用技术、医疗设备应用技术
41	药物分离与纯化技术(第3版)	马娟	化学制药技术、药学、生物制药技术
42	药品生物检定技术(第2版)	杨元娟	药学、生物制药技术、药物制剂技术、药品质量与安全、药品生物技术
43	生物药物检测技术(第2版)	兰作平	生物制药技术、药品质量与安全
44	生物制药设备(第3版)*	罗合春 贺峰	生物制药技术
45	中医基本理论(第3版)*	叶玉枝	中药制药技术、中药学、中药生产与加工、中医养生保健、中医康复技术
46	实用中药(第3版)	马维平 徐智斌	中药制药技术、中药学、中药生产与加工
47	方剂与中成药(第3版)	李建民 马波	中药制药技术、中药学、药品生产技术、药品经营与管理、药品服务与管理
48	中药鉴定技术(第3版)*	李炳生 易东阳	中药制药技术、药品经营与管理、中药学、中草药栽培技术、中药生产与加工、药品质量与安全、药学
49	药用植物识别技术	宋新丽 彭学著	中药制药技术、中药学、中草药栽培技术、中药生产与加工

序号	教材名称	主编	适用专业
50	中药药理学（第3版）	袁先雄	药学、中药学、药品生产技术、药品经营与管理、药品服务与管理
51	中药化学实用技术（第3版）*	杨 红 郭素华	中药制药技术、中药学、中草药栽培技术、中药生产与加工
52	中药炮制技术（第3版）	张中社 龙全江	中药制药技术、中药学、中药生产与加工
53	中药制药设备（第3版）	魏增余	中药制药技术、中药学、药品生产技术、制药设备应用技术
54	中药制剂技术（第3版）	汪小根 刘德军	中药制药技术、中药学、中药生产与加工、药品质量与安全
55	中药制剂检测技术（第3版）	田友清 张钦德	中药制药技术、中药学、药学、药品生产技术、药品质量与安全
56	药品生产技术	李丽娟	药品生产技术、化学制药技术、生物制药技术、药品质量与安全
57	中药生产与加工	庄义修 付绍智	药学、药品生产技术、药品质量与安全、中药学、中药生产与加工

说明：* 为"十二五"职业教育国家规划教材。全套教材均配有数字资源。

全国食品药品职业教育教材建设指导委员会
成员名单

主 任 委 员： 姚文兵　中国药科大学

副主任委员：

刘　斌	天津职业大学	马　波	安徽中医药高等专科学校
冯连贵	重庆医药高等专科学校	袁　龙	江苏省徐州医药高等职业学校
张彦文	天津医学高等专科学校	缪立德	长江职业学院
陶书中	江苏食品药品职业技术学院	张伟群	安庆医药高等专科学校
许莉勇	浙江医药高等专科学校	罗晓清	苏州卫生职业技术学院
昝雪峰	楚雄医药高等专科学校	葛淑兰	山东医学高等专科学校
陈国忠	江苏医药职业学院	孙勇民	天津现代职业技术学院

委　　　员（以姓氏笔画为序）：

于文国	河北化工医药职业技术学院	杨元娟	重庆医药高等专科学校
王　宁	江苏医药职业学院	杨先振	楚雄医药高等专科学校
王玮瑛	黑龙江护理高等专科学校	邹浩军	无锡卫生高等职业技术学校
王明军	厦门医学高等专科学校	张　庆	济南护理职业学院
王峥业	江苏省徐州医药高等职业学校	张　建	天津生物工程职业技术学院
王瑞兰	广东食品药品职业学院	张　铎	河北化工医药职业技术学院
牛红云	黑龙江农垦职业学院	张志琴	楚雄医药高等专科学校
毛小明	安庆医药高等专科学校	张佳佳	浙江医药高等专科学校
边　江	中国医学装备协会康复医学装备技术专业委员会	张健泓	广东食品药品职业学院
		张海涛	辽宁农业职业技术学院
师邱毅	浙江医药高等专科学校	陈芳梅	广西卫生职业技术学院
吕　平	天津职业大学	陈海洋	湖南环境生物职业技术学院
朱照静	重庆医药高等专科学校	罗兴洪	先声药业集团
刘　燕	肇庆医学高等专科学校	罗跃娥	天津医学高等专科学校
刘玉兵	黑龙江农业经济职业学院	邴枝花	安徽医学高等专科学校
刘德军	江苏省连云港中医药高等职业技术学校	金浩宇	广东食品药品职业学院
		周双林	浙江医药高等专科学校
孙　莹	长春医学高等专科学校	郝晶晶	北京卫生职业学院
严　振	广东省药品监督管理局	胡雪琴	重庆医药高等专科学校
李　霞	天津职业大学	段如春	楚雄医药高等专科学校
李群力	金华职业技术学院	袁加程	江苏食品药品职业技术学院

莫国民　上海健康医学院

顾立众　江苏食品药品职业技术学院

倪　峰　福建卫生职业技术学院

徐一新　上海健康医学院

黄丽萍　安徽中医药高等专科学校

黄美娥　湖南食品药品职业学院

晨　阳　江苏医药职业学院

葛　虹　广东食品药品职业学院

蒋长顺　安徽医学高等专科学校

景维斌　江苏省徐州医药高等职业学校

潘志恒　天津现代职业技术学院

前　言

　　《基础会计》是一本适用于药品经营与管理、药品服务与管理等专业使用的教材,也可作为药品生产、经营企业员工培训的教材。本教材是在遵守全国高等职业教育药品类专业国家卫生健康委员会"十三五"规划教材的编写原则下结合本课程的特殊性而编写的。

　　本教材保留了上一版教材的一些特色。第一,体现新法规要求。以国家最新颁布的有关法律法规为依据,并兼顾未来发展趋势而编写。第二,体现行业特色。虽然会计方法通用于各行各业,但本教材以医药行业为背景而编写。第三,比同类基础会计教材增加货币资金核算一个项目的内容。第四,以"仁卫药业有限责任公司"为模拟企业,系统地阐述会计核算的基本方法。使教材使用者能够更加直观具体地掌握会计核算的内容与方法。

　　随着经济的发展,新法规的实施,会计理论与实务都有了很大的变化,教材使用者也对教材有了更高更新的需求,所以,在保留原版教材特色的基础上,本版教材从内容到形式都需要推陈出新。内容上更具有新颖性,形式上编排更加合理。具体变化如下:

　　1. 在上一版的基础上对内容进行了取舍　取消了会计工作组织与管理的内容,增加了财务管理的部分内容。具体增加了财务管理概论和财务报表分析两部分内容。增加财务管理部分内容的原因:一方面会计从业资格考试取消,会计人员面临转型升级,意味着会计从业资格由准入类上升到水平类。另一方面,随着时代的发展,会计核算技术有可能被高科技技术取代。综合多方面来看,未来的企业不仅需要懂得核算会计信息的财务人员,更需要懂得利用会计信息进行决策的具有管理能力的复合型财务人员。

　　2. 全面体现了最新的会计政策　本教材从修订之日起到出版的这段时间内,尤其是2017年是会计政策变动比较频繁的时期,与《基础会计》编写有关的会计政策变化有以下几个:2017年4月28日财会(2017)13号发布了《会计准则第42号——持有待售的非流动资产、处置组和终止经营》,2017年5月10日财会(2017)15号修订了《会计准则第16号——政府补助》,2017年7月5日财会(2017)22号修订了《会计准则第14号——收入》,2017年12月25日财会(2017)30号发布了《关于修订印发一般企业财务报表格式的通知》,2018年4月4日财税(2018)32号发布了《关于调整增值税税率的通知》,2018年6月15日发布了财会(2018)15号《关于修订印发2018年度一般企业财务报表格式的通知》。概括起来变化主要在以下几个方面:一是增值税税率发生了变化,二是会计报表的部分填报项目发生了变化,三是会计科目的变化。增加了几个新的会计科目,有的科目名称发生变化,有的科目核算内容发生变化。正是在这样的背景下修订了本版教材。编者及时连续关注这些新的变化给会计核算带来的影响,数易其稿,随着政策的变化不断修改,全面体现了这些变化。

3. "纸数"融合,双色印刷 扫描文中二维码就可以在移动终端共享优质配套富媒体网络资源,包括 PPT 课件、知识拓展(形式有画廊、WORD 等)、视频、师生互动的配套习题等。双色印刷增强了阅读的可视性和趣味性,突出了重点内容,给使用者一种全新的体验。

本教材是团队合作的结晶,编者反复磋商、数易其稿,周凤莲统稿。教材共分十二个项目。编写人员具体分工如下:周凤莲(项目二、项目四)、杨鹏(项目一、项目十一、项目十二)、于治春(项目五、项目九)、周世珩(项目三)、孔凡军(项目六)、孟慧明(项目七)、薛美娟(项目八)、任灵梅(项目十)。

教材在编写过程中得到了人民卫生出版社、编者所在单位领导及有关药品生产、经营企业人员的大力支持,在此谨向这些单位和个人表示诚挚的谢意!

不足之处在所难免,敬请读者和同行不吝指教,以便再版修改。

编者

2018 年 8 月

目　录

模块一　会计认知

模块三　会计基本技能

模块四 货币资金的管理

模块五 财务管理

会 计 认 知

项目一

总 论

项目一PPT

导学情景 ∨ ⋯⋯⋯⋯⋯⋯⋯⋯⋯⋯⋯⋯⋯⋯⋯⋯⋯⋯⋯⋯⋯⋯⋯⋯⋯⋯⋯⋯⋯⋯⋯⋯⋯⋯

情景描述

甲、乙、丙、丁是四个好伙伴，有一次聚会，聊起了什么是会计这一话题，四人各执一词，谁也说服不了谁。

甲：什么是会计？这还不简单，会计就是指一个人，比如，我们公司的刘会计，是我们公司的会计人员，这里会计不是人是什么？

乙：不对，会计不是指人，会计是指一项工作，比如我们常常这样问一个人，你在公司做什么？他说，我在公司当会计，这里会计当然是指会计工作了。

丙：会计不是指一项工作，也不是指一个人，而是指一个部门，一个机构，即会计机构，你们看，每个公司都有一个会计部，或者会计处，这里会计就是指会计部门，显然是一个机构。

丁：你们都错了，会计既不是一个人，也不是一项工作，更不是指一个机构，而是指一门学科，我弟弟就是在某大学学会计的，他当然是去学一门学科。

结果，他们谁也说服不了谁。同学们如果让你来谈谈什么是会计，你会怎样理解呢？

学前导语

会计确实有多种不同的含义，甲、乙、丙、丁四个人的看法都说明了会计含义的一部分，但又都不全面。我们说会计主要是指会计工作和会计学。会计是一项经济管理工作，一项为生产经营活动服务的社会实践，这就是说，认为会计是指会计工作。同时，又认为，既然有会计工作的实践，就势必有实践经验的总结和概括，就有会计的理论，就有会计工作赖以进行的指导思想。会计是指导会计实践的知识体系，是一门学科。也就是说，会计是指会计学。可见，会计既指会计学，也指会计工作。也就是说，会计既包括会计理论，也包括会计实践。

任务一 会计概述

一、会计的产生与发展

会计是适应社会生产的发展和经济管理的需要而产生，并随着生产的发展而不断发展。生产是人类生存和发展的基础，提供人类生存所需要的各项物质资料，如果没有生产人类将无法生存。生产过程既是物质财富的创造过程,同时也是劳动的耗费过程。在生产过程中任何个人和组织都力求以最少的耗费取得最大的成果,即取得最大的经济效益。为了达到这个目的,就必须采用一定的方式方法对生产活动加强管理,就需要对生产过程和结果进行记录、计算、考核、监督,当社会再生产活动日益复杂,人们单凭头脑记忆来管理生产活动已不能适应客观需要时,就产生了原始计量、记录行为,这种管理行为即为会计,于是会计就产生了。这种管理行为早在原始社会就出现了,比如"堆积石块""手指计数""结绳计数""刻木记事""刻契计数"等。

会计最初只是"生产职能的附带部分",即在"生产时间之外附带着把收入、支付等记录下来",随着社会经济的不断发展,生产力的不断提高,剩余产品的大量出现,会计才逐渐从生产职能中分离出来,成为独立的职能。

会计作为一种管理活动,不论是在中国还是其他国家,均有悠久的历史。从产生至今发展过程大约经历了 3 个阶段:古代会计、近代会计和现代会计。

(一) 古代会计阶段(产生之日~15 世纪末期的 1494 年)

以官厅会计为主,即官方为管理钱粮、赋税和财物的收支而进行的活动。又分为 3 个阶段。第一阶段,原始计量,文字产生以前以"符号记录"的阶段,如"结绳计数"等行为,是会计的萌芽阶段;第二阶段,书契记录,文字产生之后,以文字记录生产过程和结果的阶段;第三阶段,单式簿记时代,随着计算技术的产生并完善,会计手段得以充实,大大提高了会计的水平,迎来了簿记时代。所谓单式是指一项业务发生后只记录现金的收付、债权债务的增减,而不记录实物的增减,即只记录来龙不登记去脉。随着西方资本主义经济关系的产生和商品经济的发展,单式记账法的缺陷越来越明显,不能满足管理的需要,出现了更科学的记账方法复式记账法,于是会计的发展进入一个新的阶段。

(二) 近代会计阶段(1494 年~20 世纪 50 年代)

近代会计以复式记账法的产生和《簿记论》的问世为标志。1494 年意大利数学家卢卡·帕乔利所著《算术、几何、比及比例概要》一书出版,其中的《簿记论》较为详细地阐述了日记账、分录账和总账以及试算表的编制方法,介绍了威尼斯复式记账法的原理和方法。《簿记论》的问世,使会计界在关注会计实务的同时,开始致力于会计理论的研究,不仅结束了簿记作为一种技术性工作的阶段,使簿记成为一门科学,而且在世界会计发展史上开创了一个影响极其深远的时代——"卢卡·帕乔利时代"。该书的出版标志着近代会计的开始,卢卡·帕乔利也被誉为"会计之父"。

(三) 现代会计阶段(20 世纪 50 年代~至今)

现代会计有两大主要标志。一是管理会计形成,会计正式划分为财务会计和管理会计两大领域。股份公司的出现,使用权与经营权的分离,使企业会计分为两大分支。进入 20 世纪 50 年代,在会计规范进一步深刻发展的同时,为适应现代管理科学的发展,逐渐形成了以全面提高企业经济效益为目的、以决策会计为主要内容的管理会计。1952 年,国际会计师联合会正式通过"管理会计"这一专业术语,标志着会计正式划分为财务会计和管理会计两大领域。它的产生与发展是会计发展史的一次伟大变革。二是会计电算化的出现。20 世纪 50 年代,随着现代电子技术、网络技术与会计的融合,导致会计核算手段发生了质的飞跃,会计电算化逐步代替了手工操作,实现了"会计电算化"。

（四）会计在我国的发展历程

我国"会计"一词和严格的会计机构起源于 3000 多年前的西周。在《孟子正义》一书中提到"零星算之为计,总合算之为会",其意思是说,岁末的全年总和计算以及日常的零星计算,合起来即为"会计",这基本上概括了"会计"二字的最初含义。西汉出现"计簿、簿书"的账册,用以记载会计事项。宋代出现了"四柱清册结算法",四柱之间的关系是"实在=旧管+新收-开除",与我们现在的"期末余额=期初余额+本期增加-本期减少"4 个指标以及之间的关系完全一致。明清时代又出现了"龙门账",资本主义萌芽阶段"四脚账"等复式记账法,对近代会计科学中的复式记账原理的发展做出了重要贡献。辛亥革命以后,我国会计学者积极引进西方会计,20 世纪初,借贷记账法由日本传入我国,20 世纪 30 年代掀起了改良中式簿记运动,对中小型企业会计曾经起过一定作用,但落后的生产力和腐朽的生产关系束缚会计的发展,先进的会计方法在解放前始终没有得到广泛的运用。

新中国成立后,鉴于当时的国际政治形势和经济往来情况,我国的会计理论与实务方法在很大程度上学习和借鉴了前苏联的模式。1958 年后,特别是"文革"期间,会计工作遭到严重破坏。十一届三中全会以后,会计工作得到恢复和加强。改革开放以后,随着我国社会主义市场经济体制的建立,为会计的进一步发展开辟了广阔的前景。会计法律法规不断完善。1985 年 1 月 21 日颁布了新中国第一部会计大法《中华人民共和国会计法》,并于 1993 年 12 月 29 日和 1999 年 10 月 31 日进行了修订。为与国际会计标准和惯例接轨,1992—1993 年,财政部先后颁布了《企业会计准则》《企业财务通则》以及分行业的财务会计制度,这是我国会计理论和实务发展的一个重要里程碑。2006 年 2 月 15 日财政部发布了新的企业会计准则体系,包括 1 项基本准则和 38 项具体准则,进一步实现了与国际惯例的趋同。2014 年 7 月 1 日实施的《企业会计准则》对 2006 年 2 月 15 日颁布的《企业会计准则》进行了部分修订,同时增加了新的内容。目前,我国的会计法规已经基本形成了完备的体系,覆盖会计核算、会计监督、会计基础工作、会计人员管理等各个方面。

从上述会计的产生和发展中不难看出:会计产生于生产实践中,又在社会生产实践中得到发展。随着生产发展和经济管理要求的不断提高,会计也经历着一个从简单到复杂,从低级到高级,从不完善到完善的过程。会计既是经济管理必不可少的工具,同时它本身又是经济管理的组成部分。今天会计已经和人们的经济生活完全融合在一起,达到须臾不可分离的境界。因此,任何社会的经济管理活动,都离不开会计,经济越发展,管理越要加强,会计就越重要。

二、会计的概念

会计是会计人员在会计规范和职业道德的约束下,以原始凭证为依据,以货币作为主要计量单位,使用特有的载体,按照一定程序和使用专门的方法,对特定会计主体发生的各项经济业务进行连续、系统和全面的核算和监督,并向有关方面提供信息,以满足使用者经济决策需要的一种管理活动,是经济管理的重要组成部分。

从会计的概念可以看出,会计作为一门独立的学科,有其固有的特点,这些特点主要表现在:

1. 以凭证为依据 会计的任何记录和计量都必须以会计凭证为依据,这就使会计信息具有真实性和可验证性。只有经过审核无误的原始凭证(凭据)才能据以编制记账凭证,登记账簿。这一特征也是其他经济管理活动所不具备的。

2. 以货币为主要计量单位 会计核算过程中,通常使用3种量度:劳动量度、实物量度和货币量度。货币是特殊的商品,具有一般等价物的功能,能够综合地反映经济活动的过程和结果。劳动计量、实物计量只能从不同角度反映企业的生产经营情况,计量结果通常无法直接进行汇总、比较。因此,会计核算是以货币作为统一的主要量度,而劳动量度和实物量度仅能作为辅助量度,其目的是改善货币度量的效果,或者在不增加成本的前提下扩大会计的信息量。

3. 会计是一项经济管理活动 由于管理的需要,会计的内容和形式也在不断地完善和变化,由单纯的记账、算账,发展为参与事前经营预测、决策,对经济活动进行事中控制、监督,以及开展事后分析、检查。所以会计是全程参与企业经济活动的一项管理工作。

三、会计职能

会计职能是指会计在经济管理工作中所具有的功能。包括基本职能和拓展职能。从会计的概念中不难看出,会计具有2个基本职能:会计核算和会计监督。拓展职能包括预测经济前景、参与经济决策、评价经营业绩等职能。基本职能是拓展职能的基础,拓展职能依赖于基本职能。

1. 会计的基本职能 会计核算职能是指会计以货币为主要计量单位,通过确认、记录、计算、报告等环节,对特定主体的经济活动进行记账、算账、报账,为各有关方面提供会计信息的功能。会计的核算职能也称反映职能,是会计的首要职能,也是其他会计工作的基础。

会计监督职能是指会计人员在进行会计核算的同时,对特定主体经济活动的合法性、合规性和合理性进行审查。

会计核算和会计监督两者相辅相成,不可分割。核算是监督的前提,监督是核算的保证。两者只有紧密结合,才能有效地管理经济活动,促进经济效益的不断提高。

2. 会计的拓展职能 随着经济的发展,会计在经济管理中的作用也越来越重要,其职能也在不断地丰富和发展。会计除具有会计核算、会计监督2个基本职能外,还具有预测经济前景、参与经济决策、评价经营业绩等职能。

▶ 课堂活动

　　为什么说会计的其他拓展职能依赖于会计核算和监督职能?

四、会计目标

会计目标是指在一定的客观环境和条件下,会计工作所期望达到的结果,也是检查会计工作的标准和依据。会计目标可以概括为2个:一是提供信息,二是反映企业管理层受托责任履行情况。

1. 提供信息 从会计的概念中不难看出,会计的目标是向有关方面信息使用者提供会计信息,信息使用者可以分为外部使用者和内部使用者。外部使用者包括投资者、债权人、政府、职工和社会公众等。内部使用者主要是企业内部各级、各部门的管理人员。不同的信息使用者对会计信息的需求不完全相同,但是会计系统不可能针对不同的使用者分别为他们准备不同的信息,那样成本太高。向外部使用者提供的信息大部分都是强制的,不管成本多高都必须按照有关法律、法规、制度等提供。

2. 反映企业管理层受托责任履行情况 企业所有权和经营权相分离,企业管理层是受委托人之托经营管理企业及其各项资产,负有受托责任。即企业管理层所经营管理的企业各项资产基本上由投资者投入的资本(或者留存收益作为再投资)和向债权人借入的资金形成,企业管理层有责任妥善保管并合理、有效运用这些资产。为了评价企业管理层的履行责任情况和业绩,并决定是否需要调整投资或者信贷政策、是否需要加强企业内部控制和其他制度建设、是否需要更换管理层等,企业投资者和债权人等也需要及时或者经常性地了解企业管理层保管、使用资产的情况。因此,会计提供的信息应反映企业管理层受托责任的履行情况,以便外部投资者和债权人等评价企业的经营管理责任和资源使用的有效性。

五、会计载体、会计方法与会计程序

(一) 会计载体

即会计信息载体,是指记录和反映单位实际发生的经济业务事项的会计凭证、会计账簿、财务会计报告及其他会计资料。

1. 会计凭证 会计凭证包括原始凭证和记账凭证,作为会计载体的会计凭证主要指记账凭证。记账凭证是会计分录的载体。该载体所记录和反映的会计信息是登记会计账簿的直接依据。

2. 会计账簿 会计账簿是账户的载体。是由具有一定格式、相互联系的账页所组成,用来序时、分类地全面记录一个企业、单位经济业务事项的会计簿籍。该载体所记录和反映的会计信息是编制会计报表的直接依据。

3. 财务会计报告 财务会计报告包括会计报表、会计报表附注和财务情况说明书。会计报表是直接用于对外报告会计信息的载体。它是会计信息生成的最终产品。

(二) 会计方法

会计方法是完成会计任务的手段。包括会计核算方法、会计分析方法、会计预测和决策方法等。各种方法共同构成了会计方法体系,组成一个有机的整体。会计核算方法是最简便的方法,其他方法是它的进一步扩展、延伸。由于会计核算方法是初学会计的人员必须掌握的基础知识和基本技能,所以本教材只介绍会计核算方法。

会计核算方法包括设置会计账户、复式记账、填制和审核会计凭证、登记账簿、成本计算、财产清查、编制会计报表。

1. 设置账户 设置账户是对会计对象的具体内容进行分类核算和监督的一种专门方法。

会计对象的具体内容是复杂多样的,为了对各项经济业务进行系统的核算和监督,就必须对会计内容按其本身的性质和管理的要求进行科学的分类,并根据分类的结果,设置相应的账户,以便分类、连续地记录各项经济业务,取得各项经济指标。

2. 复式记账 是一种记账方法,是指对发生的每一项经济业务,都以相等的金额,同时在两个或两个以上相互联系的账户中进行记录的专门方法。

3. 填制和审核会计凭证 经济业务发生或完成时,首先要填制或取得原始凭证,然后根据原始凭证填制记账凭证,填制好的记账凭证在记账之前,还要经过专人审核。只有经过审核无误的会计凭证,才能作为记账的依据。

4. 登记账簿 登记账簿就是根据审核无误的会计凭证,采用复式记账的方法,把每项经济业务分门别类地登记到有关账户中去。账簿提供的各种会计资料是编制财务会计报告的重要依据。

5. 成本计算 成本计算是指按照成本计算对象归集和分配生产经营过程中发生的各项费用,计算出各成本计算对象的总成本和单位成本的专门方法。

6. 财产清查 财产清查是指通过对货币资金、实物资产和往来结算款项的盘点或核对,确定其实存数,查明账存数与实存数是否相符的一种专门方法。清查结果如果账实不符,调整账面记录使两者相符,依据这样的账簿信息才能编制会计报表。财产清查是编制报表前的一步必要环节。

7. 编制会计报表 编制会计报表是指根据账簿记录,按照规定的表格形式,集中反映单位在一定期间财务状况和经营成果的专门方法。

(三)会计程序

会计程序是指利用会计载体,使用一定的会计方法处理会计业务的先后顺序。包括会计确认、计量、记录和报告4个环节。

会计确认是指确认企业发生的交易或事项是否是会计核算的对象,是否产生会计信息的过程。

会计计量是为了将符合确认条件的会计要素进行会计记录继而列报于财务报告而确定其金额的过程。以货币计量为主,同时辅之以劳动量度、实物量度。货币计量属性主要有:历史成本、重置成本、公允价值等。

会计记录是将会计信息依据记账凭证记录在账簿的会计载体中。

会计要素的确认和计量只是解决了企业发生的经济交易或事项能否、何时及如何进入会计信息系统的问题,而会计确认和计量的结果必须以适当的方式在会计信息系统中加以记录、核算,形成系统、连续、全面、综合的会计核算数据资料,并通过会计再确认的程序,将这些数据资料编入企业的财务报表,形成有助于使用者做出决策的会计信息。所以,在对企业发生的交易或事项进行会计确认和计量后,必须将这些经济交易或事项利用一定的会计方法,将会计信息依据记账凭证记录在账簿的会计载体中。

会计报告是将账簿的信息进行再加工和转换,并传送出去的过程。即将账簿信息加工为报表信息,并输送出去,传递到信息使用者手中。

六、会计人员、会计规范与会计职业道德

会计人员是会计工作组织构成要素中最重要的要素,会计人员按职权划分主要有总会计师、会计机构负责人、会计主管人员、一般会计人员。各单位都必须配备一定素质和一定数量的会计人员。

会计规范是指人们在从事与会计有关的活动时,所应遵循的约束性或指导性的

ER-1-1

什么样的会计易被淘汰

行为准则,包括 3 类。一是指导会计工作的根本法,如《中华人民共和国会计法》;二是有关会计业务处理的法规,如《企业会计准则》;三是有关会计机构和会计人员的法规,如《总会计师条例》《会计人员职权条例》等。

会计人员职业道德

会计职业道德是指在会计职业活动中应当遵循的、体现会计职业特征的、调整会计职业关系的各种经济关系的职业行为准则和规范。

点滴积累

1. 会计的发展经历了 3 个阶段: 古代、近代、现代阶段。
2. 会计的概念是会计人员在会计规范和职业道德的约束下,以原始凭证为依据,以货币作为主要计量单位,使用特有的载体,按照一定程序和使用专门的方法,对特定会计主体发生的各项经济业务进行连续、系统和全面的核算和监督,并向有关方面提供信息,以满足使用者经济决策需要的一种管理活动,是经济管理的重要组成部分。
3. 会计的特点是以货币作为主要计量单位、以凭证为依据、是一项经济管理活动。
4. 会计职能包括基本职能和拓展职能。 基本职能包括计核算和会计监督 2 个职能,两者相辅相成,不可分割。 拓展职能包括预测经济前景、参与经济决策、评价经营业绩等职能。
5. 会计目标概括为 2 个:一是提供信息,二是反映企业管理层受托责任履行情况。
6. 会计载体是指记录和反映单位实际发生的经济业务事项的会计凭证、会计账簿、财务会计报告和其他书面会计资料。
7. 会计核算方法包括设置会计账户、复式记账、填制和审核会计凭证、登记账簿、成本计算、财产清查、编制会计报表。
8. 会计程序是指利用会计载体,使用一定的会计方法处理会计业务的先后顺序。
9. 会计人员是会计工作组织构成要素中最重要的要素,会计人员按职权划分主要有总会计师、会计机构负责人、会计主管人员、一般会计人员。
10. 会计规范是指人们在从事与会计有关的活动时,所应遵循的约束性或指导性的行为准则。
11. 会计职业道德是指在会计职业活动中应当遵循的、体现会计职业特征的、调整会计职业关系的各种经济关系的职业行为准则和规范。

任务二 会计核算的基本假设与基础

一、会计核算的基本假设

会计核算的基本假设也称会计核算的基本前提,是指会计核算时必须明确的前提条件,是会计人员对会计核算所处的变化不定的环境做出的合理判断,是对会计对象在空间范围、时间界限、计量方式上所作的合乎情理的限制和规定。

《企业会计准则》规定会计核算基本假设包括会计主体、持续经营、会计期间和货币计量 4

方面。

（一）会计主体

会计主体是指会计为之服务的在经济上实行独立核算的自负盈亏的单位或组织。为会计核算界定了空间范围。

会计所提供的信息，一定是特定会计主体的信息，不能遗漏本会计主体的任何会计要素，也不允许含混任何别的会计主体的会计要素，即要划清各个会计主体之间的界限。会计主体假设为会计确认提供了依据，解决了为谁核算的问题，对于正确反映一个经济实体所拥有的经济资源及所承担的义务、计算该经济实体的经营收益或损失等，都有重要意义。

会计主体的弹性很大。所以会计主体与法律主体（法人）并非是对等的概念。会计主体可以是独立法人，也可以是非独立法人；可以是一个企业，也可以是企业内部某一单位或企业中一个特定的部分；可以是单一企业，也可以是由几个企业组成的企业集团。所以，会计主体不一定是法律主体，但法律主体一定是会计主体。

会计主体案例

（二）持续经营

持续经营是指会计核算应当以会计主体持续、正常的生产经营活动为前提。即在可以预见的未来，该会计主体不会破产、清算，所持有的资产将正常营运，所负有的债务将正常偿还。

持续经营前提为会计核算方法的选择提供了理论依据。明确这个基本前提，就意味着会计主体将按照既定用途使用资产，按既定的合约条件清偿债务，会计人员就可以在此基础上选择会计处理方法。例如，单位的固定资产能够在一个较长的时期中发挥作用，如果可以判断单位会持续经营，就可以假定固定资产会在持续经营的生产经营过程中发挥作用，对固定资产就可以按照历史成本计价，并采用折旧的方法，将固定资产的历史成本分摊到各个会计期间的费用或相关产品成本之中。在持续经营的前提下，才有流动资产、固定资产以及流动负债、长期负债之分。会计核算上所使用的一系列的会计处理方法都是建立在持续经营前提基础上的。

当然，单位破产、清算的风险和不能持续经营的可能性总是存在的。为此，单位应定期对持续经营基本前提进行分析、判断，如果可以判断单位不会持续经营，持续经营这一前提条件就不存在了，那么会计核算上一系列会计方法也就相应地失去了其存在的基础，就应当改变会计核算的原则和方法，并在财务会计报告中作相应披露。

▶ **课堂活动**

请思考假如没有"持续经营"这个假定，会计工作能否正常进行？为什么？

（三）会计期间

会计期间又称会计分期，是指将企业持续不断的经营活动时间，人为划分成若干个相等的时间间隔，以便据以分期结算账目，计算盈亏，编制会计报表，从而及时地向各方提供会计信息。《企业会计准则》将会计期间分为年度、半年度、季度和月度。年度、半年度、季度和月度均按公历起讫日期确定。会计分期假定是持续经营的必要补充。

世界各国的
会计年度

（四）货币计量

货币计量假定包括 2 个层次，一个是在会计核算中以货币作为统一的计量单位，另一个是假定货币的币值是稳定的。

《企业会计准则》规定，会计核算以人民币为记账本位币。所谓记账本位币是指会计核算中统一使用的货币币种。业务收支以外币为主的企业，也可以选择某种外币作为记账本位币，但编制的财务会计报告应当折算为人民币反映。在境外设立的中国企业向国内报送的财务会计报告，应当折算为人民币，同时假定币值稳定。货币计量的基础是假定用于经济事项的货币价值稳定不变，但并非绝对稳定不变，只是其波动幅度不足以影响用它来计量会计事项的结果的时候，会计核算可以不考虑其影响，但如果遇到通货膨胀或紧缩，币值波动很大对企业的会计信息产生影响，对信息使用者做出决策产生影响时，假定币值稳定的前提就不存在了。

案例分析

案例

某公司系合资企业。生产的产品既在国内销售，又往国外销售，随着业务量的不断拓展，外销业务不断扩大，经过几年的努力，到 2018 年 10 月，外销业务占整个业务的 80% 以上，而且主要集中在德国等西欧国家。企业财务部门考虑收入业务主要是德国等欧元区国家，而且每天按外汇牌价折算人民币也非常烦琐，于是便向公司董事会提出会计核算由人民币为记账本位币改为以欧元为记账本位币。

这种情况可以以欧元为记账本位币吗？符合我国的有关法律法规的规定吗？

分析

会计核算需选择货币作为会计核算的计量单位，用货币形式来反映企业的生产经营活动的全过程，从而全面反映企业的财务状况和经营成果。

人民币是我国的法定货币，在我国境内具有广泛的流动性，因此，《会计法》和《企业会计准则》均规定"会计核算以人民币为记账本位币"。同时对于外币业务较多的企业，《会计法》和《企业会计准则》也规定"业务收支以人民币以外的货币为主的单位，可以选定其中一种币作为记账本位币，但是编报的财务会计报告应当折算为人民币。"

案例中的某公司生产的产品主要销往德国等地，货币收支主要以欧元为主，因此可以选择欧元为记账本位币。

应当注意：记账本位币一经确定，不得随意变动，同时年末编制财务会计报告时，应当按照一定的外汇汇率折算为人民币反映。

二、会计核算基础

会计核算基础亦称会计事项处理标准，是为解决收入和费用何时予以确认及确认多少所做的规定。由于设置了会计分期，就出现了上期、本期、下期之分，又由于收入、费用发生时会出现其权责和款项的收付期不同步错位的现象，此时如果没有一个统一的标准规定，那么不同的会计主体会使用不同的标准确定本会计主体的收入及费用,以此核算各会计主体的经营成果,这样的会计信息不具有可比性,也不能据此评价各会计主体的经营成果。所以必须设定统一的标准,这个标准就是会计核算基础。

《企业会计准则》规定会计核算基础的 2 种形式,一种是收付实现制或实收实付制,或称现金收付制;一种是权责发生制或应收应付制,或称应计制。

（一）收付实现制

收付实现制是以款项的实际收付作为确定本期收入、费用的基础,而不论权责是否属于本期。只要在本期实际收到款项即确认为本期的收入,只要在本期实际支付款项即确定为本期的费用。或者说权利虽然在本期但如果实际没有收到款项,那也不是本期的收入;同理,责任虽然在本期但如果实际没有支付款项,那也不是本期的费用。换言之,款项收支行为在其发生的期间全部记作收入和费用,而不考虑与款项收支行为相连的经济业务实质上是否发生。收付实现制强调财务状况的切实性。

（二）权责发生制

权责发生制是以权责发生作为确定本期收入、费用的基础,而不论款项是否在本期收付。即以实质取得收取款项的权利为标志确认本期收入,以承担支付款项的责任为标志来确认本期费用。或者说虽然在本期实际收到款项,但如果权利不在本期,那也不是本期的收入;同理,虽然在本期实际支付款项,但如果责任不在本期,那也不是本期的费用。换言之,权责在其发生的期间全部记作收入和费用,而不考虑款项是否在本期收取或支出实质上是否发生。权责发生制强调经营成果的计算。

很显然,权责发生制与收付实现制对钱货两清会计事项的处理方法是一致的,但对交易双方发生赊销或赊购的会计事项的处理方法就不一致。

仁卫药业有限责任公司 2018 年 10 月 8 日支付当月参加的一个药品展销会的柜台、货架的租金 5000 元,这一会计事项就属于钱货两清的会计事项,责任和付款在同一会计期间,不论采用权责发生制还是收付实现制当月即 10 月都应确认支出 5000 元。

假如仁卫药业有限责任公司 2018 年 9 月 30 日预付 10 月参加药品交易会的柜台、货架的租金 5000 元,这一会计事项就不属于钱货两清的会计事项,责任和付款不在同一会计期间,责任在后（10 月份）付款在前（9 月份）。采用权责发生制这 5000 元费用就应记在 10 月份,而采用收付实现制这 5000 元费用就应记在 9 月份。还有一种情况就是责任在前付款在后,比如 10 月份展销、11 月份付款,道理一样。

权责发生制与收付实现制案例分析

《企业会计准则——基本准则》规定,企业应当以权责发生制为基础进行会计确认、计量和报告;机关、事业单位以收付实现制为基础;实行企业化管理的事业单位,可以采用权责发生制。

点滴积累 ∨

1. 会计核算的基本假设包括会计主体、持续经营、会计期间和货币计量。

2. 会计核算基础有 2 种,一种是收付实现制;一种是权责发生制。企业应当以权责发生制为基础进行会计确认、计量和报告;机关、事业单位以收付实现制为基础;实行企业化管理的事业单位,可以采用权责发生制。

任务三 会计信息质量要求

为了规范企业的会计核算行为,提高会计信息的质量,《企业会计准则——基本准则》第二章第12条~19条规定了八项会计信息质量要求。它是规范会计工作的标准,是会计从事账务处理和编制会计报表的依据和准绳。

一、可靠性

可靠性是指会计核算应当以实际发生的交易或者事项为依据进行会计确认、计量和报告,如实反映符合确认和计量要求的各项会计要素及其他相关信息,保证会计信息真实可靠、内容完整。

可靠性是最重要的会计质量特征之一。可靠性应包括3层含义:信息是对企业所发生的经济交易和事项的真实反映,没有重大错误;企业应以中立的立场提供会计信息,不能有所偏向;在符合重要性和成本效益原则前提下,企业应保证会计信息的完整性,不能随意遗漏或减少应予披露的信息。

▶▶ 课堂活动

会计信息的可靠性是会计工作的生命, 你如何理解这句话?

二、相关性

相关性是指企业提供的会计信息应当与财务会计报告使用者的经济决策需要相关,有助于财务会计报告使用者对企业过去、现在或者未来的情况做出评价或者预测。相关性要求会计信息不但应具有反馈价值,即有助于使用者评价企业过去的财务状况、经营成果和现金流量,而且还具有预测价值,以助于使用者根据财务报告所提供的会计信息预测企业的未来发展趋势。

三、清晰性

清晰性是指企业提供的会计信息应当清晰明了,便于财务会计报告使用者理解和使用。信息的清晰性亦称可理解性,也是相关性的前提条件。不具备可理解性的信息也是无用的信息。然而,由于会计具有较强的信息载体形式,信息使用者的知识背景千差万别,很难保证所有的投资者和债权人都能够准确把握它的内涵,因此,会计信息力求简化和通俗化。

▶▶ 课堂活动

如果你看到这样的会计信息: 某公司固定资产 20 万元, 固定资产净值 12 万元。 从可理解性角度, 你能理解这个会计信息的含义吗?

四、可比性

可比性是指企业提供的会计信息应当具有可比性。包括纵向可比和横向可比。所谓纵向可比是指同一企业不同时期发生的相同或者相似的交易或者事项,应当采用一致的会计政策,不得随意变更。确需变更的,应当在附注中说明。所谓横向可比是指同一期间不同企业发生的相同或者相似的交易或者事项,应当采用规定的会计政策,确保会计信息口径一致、相互可比。这一规定便于从横向上对同一期间不同企业的会计信息进行相互比较和分析,为有关决策提供可比的信息。

案例分析

案例

现有甲、乙两人同时各投资一个药店。假设一个月之后,甲取得了 20 000 元的收入,乙取得了 17 500 元的收入,都购进了 10 000 元的药品,都发生了 5000 元的广告费。假设均没有其他收支。月末计算收益时,甲将 5000 元广告费全部作为本月费用,本月收益为 5000 元(20 000-10 000-5000);而乙认为 5000 元广告费在下月还将继续起作用,因而将它分两个月分摊,本月承担一半即 2500 元。因而乙本月收益也为 5000 元(17 500-10 000-2500)。甲乙的收益具有可比性吗?谁的经营效果好?

分析

从经营过程看,甲显然比乙要好,在其他因素相同的情况下,甲比乙取得了更多的收入,但从收益计算的结果看,甲与乙是一样的。可见,收益结果未能客观地反映经营过程,原因就在于对广告费采用了不同的处理方法。正是由于收益计算的基础或依据不一样,使得甲、乙两者的收益结果不具有可比性,也就是说,我们不能因为他们各自计算出的收益一样就断定两者的经营效益相同。可以想象,如果每一个企业都利用各自不同的会计处理方法,那么就无法用他们提供信息来判断哪家企业的生产经营活动与效益更好。这就是会计核算中要使不同企业采用相同的核算方法以便使提供的会计信息具有可比性的原因。

可比性原则要求不同企业都要按照国家统一规定的会计核算方法与程序进行,以便会计信息使用者进行企业间的比较。

上述案例中,如果规定广告费必须全部计入当月费用,则甲的收益仍为 5000 元,而乙的收益则为 2500 元(17 500-10 000-5000)。此时,由于他们是采用相同的处理方法,因而结果具有可比性,即我们可以据此结果得出结论:本月甲的经营效益要比乙好!

五、实质重于形式

实质重于形式是指企业应当按照交易或者事项的经济实质进行会计确认、计量和报告,不应仅以交易或者事项的法律形式为依据。

例如,以融资租赁方式租入的固定资产,虽然从法律形式来讲承租企业并不拥有其所有权,但是由于租赁合同中规定的租赁期限相当长,几乎接近于该资产的使用寿命,在租赁期内承租企业有权支配该资产并从中受益。承租期结束时,承租企业有优先购买该资产的选择权。所以,从其经济实质来看,企业能够控制其创造的未来经济利益。因此,会计核算上将以融资租赁方式租入的固定资产,视为承租企业的资产进行核算。

▶ 课堂活动

查阅资料，并指出经营性租赁固定资产与融资性租入方式租入的固定资产的区别。

六、重要性

重要性是指企业提供的会计信息应当反映与企业财务状况、经营成果和现金流量等有关的所有重要交易或者事项。

会计信息质量要求的重要性，就是要求会计核算在全面反映企业的财务状况、经营成果和现金流量的同时，对于影响经营决策的重要经济业务和相对来说不十分重要的经济业务在核算时应区别对待。对于影响经营决策的重要经济业务应当分别核算，分项反映，并在会计报告中做重点说明；而对相对来说不十分重要的经济业务在不影响会计信息真实性的情况下，在核算时则可适当简化核算，合并计算和反映。而重要与不重要之间并没有一条公认的准确的界限，在很大程度上取决于会计人员的职业判断。一般来说，应当从质和量两个方面进行判断。从性质来说，当某一经济业务有可能对决策产生一定影响时，就是重要的；从数量方面来说，当某一经济业务的数量达到一定规模时，就可能对决策产生影响，就属于重要项目。实际中应将质和量两方面结合起来进行判断。

重要性要求与会计信息成本效益直接相关。经济管理的基本思想是经济行为应符合成本效益原则。会计信息的取得、加工和报告都会产生人力和物力成本，如果信息使用者从这些信息中所获得的效益大于会计部门提供这些信息的成本，则这些信息应包含在财务报告之中；反之，如果这些信息的决策价值低于产生这些信息的成本，则不应报告。

▶ 课堂活动

2018 年 9 月 20 日，仁卫药业有限责任公司管理部门领用了 100 元的办公用品。根据重要性要求，你觉得这一事项应当属于重要项目吗？应当怎样核算？

七、谨慎性

谨慎性，也称稳健性，是指企业对交易或者事项进行会计确认、计量和报告应当保持应有的谨慎，不应高估资产或者收益、低估负债或者费用。具体地说，对资产的计价，当有两种价格可供选择时，应选用较低的价格入账；对于负债，则相反。同样，假设有可能发生某项损失，就应当及时地在本期内予以确认，但如果有可能获得收益，则不计。这样，当发生某些预料之中的风险情况时，企业在财务上便有较大的灵活性而不至于陷于准备不足的被动境地。

当然，谨慎性要求并不是企业单位可以私设各种秘密准备，如果这样就是对谨慎性要求的误解。

八、及时性

及时性是指企业对于已经发生的交易或者事项，应当及时进行会计确认、计量和报告，不得提前或者延后。因此会计核算中必须做到及时记账、算账、报账。财务会计报告的根本目的是为了有助于信息使用者制定经济决策。而只有及时的信息才具备决策价值,因此会计信息必须具备及时性特征。

点滴积累 ⋁ ···

会计信息质量要求包括 8 项: 可靠性、相关性、清晰性、可比性、实质重于形式、重要性、谨慎性、及时性。

目标检测

一、选择题

(一) 单项选择题

1. 会计核算是以( )作为统一的主要量度

   A. 劳动量度　　　　　B. 实物量度　　　　　C. 货币量度　　　　　D. 记账本位币

2. 不属于会计核算工作的是( )

   A. 记账　　　　　　　B. 算账　　　　　　　C. 报账　　　　　　　D. 查账

3. 财政部于( )以财会字 3 号文的形式发布了新《企业会计准则》

   A. 2007 年 1 月 1 日　　　　　　　　　　　B. 1993 年 7 月 1 日

   C. 2006 年 2 月 15 日　　　　　　　　　　　D. 1985 年 12 月

4. 会计核算的最终环节是( )

   A. 确认　　　　　　　B. 计量　　　　　　　C. 计算　　　　　　　D. 报告

5. 不同企业发生的相同或者相似的交易或者事项,应当采用规定的会计政策,确保会计信息口径一致、相互可比。这反映了哪一条会计信息质量的要求( )

   A. 谨慎性原则　　　　B. 相关性原则　　　　C. 可比性原则　　　　D. 重要性原则

6. 企业计提固定资产折旧是以会计假设中的( )假设为前提的

   A. 会计主体　　　　　B. 持续经营　　　　　C. 会计分期　　　　　D. 货币计量

7. 某单位 6 月份预付第三季度财产保险费 1800 元;支付本季度借款利息 3900 元(其中 4 月份 1300 元,5 月份 1300 元);用银行存款支付本月广告费 30 000 元。根据权责发生制,该单位 6 月份确认的费用为( )

   A. 31 900　　　　　　B. 31 300　　　　　　C. 33 900　　　　　　D. 35 700

8. 企业应当以实际发生的交易或者事项为依据进行会计确认、计量和报告,如实反映符合确认和计量要求的各项会计要素及其他相关信息,保证会计信息真实可靠、内容完整,体现的是会计信息质量要求的是( )

   A. 可靠性　　　　　　B. 相关性　　　　　　C. 可理解性　　　　　D. 可比性

9. 要求企业提供的会计信息应当相互可比,保证同一企业不同时期可比、不同企业相同会计期间可比,以上描述的是会计信息质量要求的是( )

   A. 及时性　　　　　　B. 可比性　　　　　　C. 实质重于形式　　　D. 重要性

10. 应收账款计提坏账准备体现的是会计信息质量要求的是（   ）

    A. 可靠性   B. 相关性   C. 实质重于形式   D. 谨慎性

（二）多项选择题

1. 会计是（   ）

    A. 经济管理活动   B. 以凭证为依据

    C. 以货币为主要计量单位   D. 针对一定主体的经济活动

    E. 会计的基本职能是预测

2. 会计核算的基本职能主要包括（   ）

    A. 核算职能   B. 预测职能   C. 监督职能

    D. 参与职能   E. 协调职能

3. 对于会计主体的理解，下列命题正确的是（   ）

    A. 会计主体是指进行独立核算的企业、非营利性单位或特定的会计单位

    B. 会计主体一定是法律主体

    C. 法律主体一定是会计主体

    D. 实行内部独立核算的生产车间也是会计主体

    E. 会计主体要求会计核算必须将该主体与其所有者的经济活动区别开来

4. 下列命题正确的是（   ）

    A. 持续经营是会计主体在可以预见的将来会继续经营下去

    B. 会计分期是以连续不断的资金运动过程可以分期核算为前提

    C. 资金可以分为货币资金和实物资金等具体形态

    D. 在我国，会计以人民币作为记账本位币

    E. 按照权责发生制原则要求，本月实现销售收入 10 000 元，因款未收到，不能作为本期收入

5. 下列命题正确的是（   ）

    A. 企业对交易或者事项进行会计确认、计量和报告应当保持应有的谨慎

    B. 对资产的计价，当有两种价格可供选择时，应选用较高的价格入账，以保证企业的权益最大

    C. 假设有可能发生某项损失时，应当及时地在本期内予以确认

    D. 企业不应高估资产或者收益、低估负债或者费用

    E. 谨慎性要求尽可能高估资产或者收益、低估负债或者损失

6. 以下属于会计核算方法的是（   ）

    A. 设置账户和复式记账   B. 填制和审核会计凭证

    C. 登记账簿   D. 财产清查

    E. 编制会计报表

7. 按照权责发生制原则要求，以下内容能够在当期确定为费用的是（   ）

    A. 预付下半年的报刊杂志费   B. 支付本月的广告费

C. 预付下半年的财产保险费　　　　　D. 支付本月的银行存款利息

E. 支付当期职工的工资

8. 作为会计主体必须具备的条件是(　　)

A. 法人实体　　　　　　　　　　　B. 具有一定数量的经济资源

C. 进行独立的生产经营活动　　　　D. 实行独立核算

E. 具有一定数量的投资者

9. 会计程序包括(　　)

A. 会计确认　　　　B. 会计计量　　　　C. 会计记录

D. 会计报告　　　　E. 会计循环

10. 会计核算中采用的计量单位有(　　)

A. 货币计量　　　　B. 实物计量　　　　C. 时间计量

D. 空间计量　　　　E. 劳动计量

二、简答题

1. 简述会计的产生与发展。

2. 解释会计的概念及特点。

3. 简述会计的基本职能与拓展职能及两者之间的关系。

4. 简述会计的目标。

5. 简述会计载体、方法及会计程序。

6. 简述会计人员、会计规范及会计职业道德。

7. 会计核算有哪些基本前提? 核算基础有几个? 会计核算有哪些信息质量要求?

三、综合题

仁卫药业有限责任公司 2018 年 9 月份发生以下经济业务:

经济业务	权责发生制		收付实现制	
	收入	费用	收入	费用
(1)支付上月电费 5000 元;				
(2)收回上月的应收账款 10 000 元;				
(3)收到本月的销售收入款 20 000 元,对应销售成本 15 000 元;				
(4)支付本月应负担的办公费 1000 元;				
(5)支付下季度保险费 1800 元;				
(6)应收销售收入 25 000 元,对应销售成本 20 000 元,款项尚未收到;				
(7)预收客户汇款 5000 元;				
(8)负担上季度已经预付的保险费 600 元				
合　计				

要求：

1. 分别计算权责发生制与收付实现制下的收入、费用和利润，将结果填入相应空格；

2. 比较权责发生制与收付实现制的异同；

3. 说明各有何优缺点。

（杨　鹏）

项目二

会计要素与账户

项目二PPT

导学情景 V ·······························

情景描述

　　一位教师在基础会计课上完之后，上了一次总结课，与学生进行了一次深入的交流。教师问了其中的以下几个问题，要求学生快速回答。第一，我们都知道会计是记账算账的，做财务工作的，那么，会计是对什么事情发生后进行记账算账的呢？第二，请说出会计对象、会计要素、会计科目的关系。第三，说出会计科目与账户的关系。学生很快地做出了回答，而且答案正确。那么学生是怎么回答老师的问题的呢？

学前导语

　　会计对象就像一幢住宅楼，会计要素就是其中的若干个单元，会计科目就是每个单元的若干户家庭，每户家庭有每户家庭的特点，每户家庭就是账户名称，每户家庭的收支增减变动情况登记在每户家庭的账户中。

　　会计对象就像是一家银行的所有业务，会计要素就是所有业务中的不同类业务，比如存款业务、贷款业务、投资理财业务等，会计科目就是每类业务的不同对象，比如存款业务中不同的存款人就是不同的会计科目，账户就是不同的存款人的资金存取增减变动登记在各自的名下。你明白了吗？

任务一　会计对象

　　从会计定义中可看出，会计是对特定会计主体发生的各项经济业务进行核算和监督，其中的各项经济业务则指明了会计核算和监督的具体内容，这就是会计对象，也称会计客体。

一、会计的一般对象

　　会计对象是指会计所要核算和监督的内容。从宏观上来说，会计对象是社会再生产过程中的资金运动。资金运动就是资金在企业生产经营过程中的循环与周转，包括资金的投入与使用、周转与退出的过程。从微观上来说，会计对象是一个会计主体能够用货币表现的各项经济业务。以货币作为主要计量单位是会计的主要特点之一。作为会计核算和监督的各项经济业务必须是能以货币表现为前提，各会计主体发生的经济业务虽然千姿百态，但在市场经济条件下，商品交换和货币度量普遍存在，各会计主体主要利用价值指标进行核算。所以，各会计主体发生的各项经济业务大多能够、也必须以货币计量,而对于不能以货币表现的经济业务,如签订购销合同、制订计划等,则不属于会计核算和监督的内容,即不是会计对象。

从上述描述中不难看出,会计对象排除了以下2种情况:第一,非会计主体的资金运动。例如,企业以银行存款购进原材料,则本企业就要核算原材料增加和银行存款减少,而不核算对方即供应商的资金运动。第二,会计主体的非资金运动,即不能以货币表现的经济业务。

综上所述,会计的一般对象可以描述为:会计对象是指会计所要核算和监督的内容。从宏观上来说,会计对象是社会再生产过程中的资金运动;从微观上来说,会计对象是一个会计主体能够用货币表现的各项经济业务。

二、会计的具体对象

由于各会计主体在社会再生产过程中所处的地位不同,担负的任务不同,经济活动的方式也各不相同,所以会计的对象也不完全一致。下面是工业企业的会计对象。

工业企业是从事工业产品生产和销售的营利性经济组织。工业企业的资金运动包括资金筹集、资金循环与周转和资金分配3部分。

1. 资金筹集 资金筹集包括向投资人筹集和向债权人借入两条途径。向投资人筹集的资金称为所有者权益,向债权人借入的资金称为负债。

2. 资金循环与周转 资金进入企业后,在企业内部循环与周转,循环与周转过程又分为采购过程、生产过程和销售过程3个阶段。

(1)采购过程:在采购过程中,企业要以货币资金购买原材料等劳动对象,形成材料储备。资金由货币资金形态转化为储备资金形态。同时,要支付货款和运杂费等采购费用,同供货单位发生各种形式的结算业务。

(2)生产过程:在生产过程中,要耗用各种材料物资,发生材料费用;要计算和支付生产工人的工资,形成人工费用;还要计算提取厂房、机器设备等固定资产折旧,核算折旧费用;同时还要汇集水电费、修理费、办公费等与产品生产有关的制造费用,最后计算出完工产品的生产成本。企业的资金先由储备资金转化为生产资金形态,进而再转化为成品资金形态。

(3)销售过程:在销售过程中,企业将完工入库的产品销售出去,发生销售费用、收回货款、交纳税金等业务活动,并同购货单位发生结算关系等。企业获得的销售收入,除一部分要上缴税金和分配利润外,大部分又重新投入生产经营过程,进行新一轮资金的循环与周转。资金形态由成品资金形态转化为货币资金形态。

3. 资金分配 资金分配是指对销售收入的分配。包括偿还各项债务、上缴各项税金、提取盈余公积和向投资者分配利润等,其余部分则重新投入生产周转。

综上所述,工业企业的资金由货币资金开始,依次转化为储备资金、生产资金、成品资金,最后又回到货币资金的过程称资金循环。由于再生产过程不断重复进行而引起的资金不断循环称为资金周转。在企业经营资金的周转过程中,作为资金循环起点与终点的货币资金是不相等的,其差额形成利润或亏损。

　　工业企业的资金筹集、资金循环和周转、资金分配构成了开放式的资金运动形式,三者是相互支撑、相互制约的统一体。没有资金筹集,就不会有资金循环与周转,没有资金循环与周转,就不会有资金分配或部分资金退出企业,没有这部分资金退出企业就不会有新一轮的资金投入,就不会有企业的进一步发展。

▶▶ **课堂活动**

　　职工李某本月请假,扣除其奖金,这一事项引起企业的资金运动了吗? 是会计对象吗?

　　工业企业的资金运动,如图 2-1 所示。

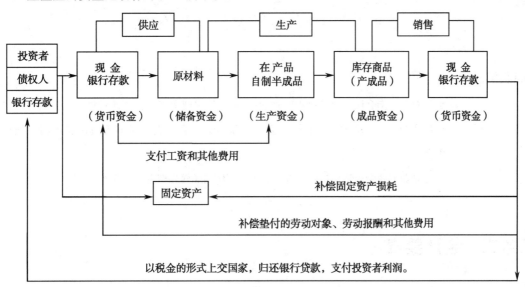

图 2-1　工业企业资金循环周转图

商业企业资金
循环周转图

案例分析

案例

　　仁卫药业有限责任公司 2018 年 9 月 1 日发生以下交易和事项,请分析哪些是该公司会计对象? 哪些不是该公司会计对象? 为什么?

　　(1)总经理外出旅游观光归来,发生旅费 10 000 元。

　　(2)以银行存款支付产品广告费 5000 元。

　　(3)董事会会议决定今年的 GDP 300 万元。

　　(4)购买生产用原材料一批,途中短缺 10 斤,计 1000 元。

（5）后勤处小张请假一天，当月全勤奖 500 元将被取消。

（6）销售产品 20 件，计 50 000 元，货已发出，但款尚未收到。

（7）经理办公室丢失笔记本一个，价值 3 元。

（8）签订购货合同一份，计划从 A 公司购买材料一批，计 68 000 元。

分析

（1）（3）（5）（7）（8）不是该公司会计对象。因为（1）是非会计主体的资金运动，（3）（5）（7）（8）是会计主体的活动，但未引起资金运动。（2）（4）（6）是该公司会计对象，因为引起了该公司的资金运动。

点滴积累 ∨

1. 会计对象是指会计所要核算和监督的内容。从宏观上来说，会计对象是社会再生产过程中的资金运动；从微观上来说，会计对象是一个会计主体能够用货币表现的各项经济业务。
2. 工业企业的资金运动包括资金筹集、资金循环与周转和资金分配 3 部分。

任务二　会计要素

会计要素是对会计对象按其经济内容进行分类的基本项目,是会计对象的具体化。是构成会计报表的基本项目。

我国《企业会计准则——基本准则》将会计要素划分为资产、负债、所有者权益、收入、费用和利润 6 大类。由于企业财务报表的内容主要分为反映财务状况和反映经营成果 2 个方面,因此,企业会计要素也相应地分为反映财务状况的会计要素和反映经营成果的会计要素。前者包括资产、负债、所有者权益,是资金运动的静态表现,是资产负债表的构成要素,也称存量要素;后者包括收入、费用和利润,是资金运动的动态表现,是利润表的构成要素,也称增量要素。

下面以一般工业企业为例,对会计要素的具体内容及确认进行具体说明。

一、资产

（一）资产的定义及特征

资产是指企业过去的交易或者事项形成的、由企业拥有或者控制的、预期会给企业带来经济利益的资源。资产具有以下特征：

1. 资产是由过去的交易或者事项形成的　所谓交易是指以货币为媒介的商品或劳务的交换,如购买等;而所谓的事项就是指没有实际发生货币交换的经济业务,如企业接受捐赠的物资等。资产必须是现实资产,是由过去已经发生的交易或者事项所产生的结果,而不是预期资产,预期在未来发生的交易或者事项不形成资产。

▶ **课堂活动**

> 合同中预约购买的原材料是企业的资产吗？为什么？

2. 资产必须为企业拥有或控制 一般来说，一项资源要作为企业的资产予以确认，要拥有其所有权，可以按照自己的意愿使用或处置。对于一些特殊方式形成的资产，企业虽然对其不拥有所有权，但能够实际控制的，也应将其作为企业的资产予以确认，如融资租入的固定资产。这一特征表明企业能够排他性地从资产中获取经济利益。

3. 资产预期会给企业带来经济利益 资产应该具有可以直接或者间接导致库存现金和库存现金等价物流入企业的潜力。企业的一些已经不能带来未来经济利益流入的项目，如陈旧毁损的实物资产、已经无望收回的债权、过期的库存商品等都不能再作为资产来核算和呈报。

▶ **课堂活动**

> 应收账款是企业的资产吗？无法收回的应收账款是企业的资产吗？为什么？

4. 资产从本质上来说是一种经济资源，即可以作为要素投入到生产经营中去。如人力资源、专利权、存货和固定资产等。

（二）资产的确认条件

符合资产定义的资源，在同时满足以下条件时，确认为资产：

1. 与该资源有关的经济利益很可能流入企业；

2. 该资源的成本或者价值能够可靠地计量。

符合资产定义和资产确认条件的项目，应当列入资产负债表；符合资产定义、但不符合资产确认条件的项目，不应当列入资产负债表。

（三）资产的分类

按照资产流动性的大小，可以将资产分为流动资产和非流动资产。

1. 流动资产 是指可以在 1 年或超过 1 年的一个营业周期内变现或耗用的资产。所谓变现，就是转化为库存现金（货币资金）。例如，收回应收账款及预付款项、销售商品收回货款等；所谓耗用，指的是在生产经营过程中的消耗使用。例如，原材料被生产领用、固定资产在生产经营中的磨损等。流动资产主要包括现金、银行存款、短期投资、应收及预付款、存货等。

2. 非流动资产 是指除流动资产以外的其他资产，特点是在 1 年或超过 1 年的一个营业周期以上变现或耗用的资产。如长期股权投资、长期债权投资、长期应收款、固定资产、无形资产、商誉、长期待摊费用和其他资产等。

（1）固定资产：指企业为生产产品、提供劳务、出租或经营管理而持有的，且使用期限超过 1 个会计年度的房屋、建筑物、机器设备、运输工具和其他与生产、经营有关的设备、器具、工具等。

ER-2-2

固定资产与流动资产

（2）无形资产：是指企业持有的、没有实物形态、可辨认的非货币性长期资产。包括专利权、非专利技术、商标权、著作权、土地使用权、特许权等。

> **知识链接**
>
> 无形资产与商誉的区别
>
> 商誉是从原来的无形资产中分离出来的，与无形资产平行的一个会计科目，它的会计科目编号是1711，无形资产的编号是1701。
>
> 两者的主要区别是**无形资产具有可辨认性，而商誉具有不可辨认性**。
>
> 所谓可辨认性指能够从企业中分离或者划分出来并能单独或者与相关合同、资产或负债一起，用于出售、转移、授予许可、租赁或者交换的资产，例如专利权可以许可使用、商标权可以转让等。而所谓不可辨认性是指不能从企业中分离或者划分出来单独存在，例如企业的知名度、美誉度等，离开企业它是没有意义的，与企业不可分离。

（3）长期待摊费用：是指企业已经发生但应由本期和以后各期负担的分摊期限在1年以上的各项费用，如以经营租赁方式租入的固定资产发生的改良支出等。

二、负债

（一）负债的定义及特征

负债是指企业过去的交易或者事项形成的、预期会导致经济利益流出企业的现时义务。负债具有以下特征：

1. 负债是由过去的交易或事项形成的　只有过去发生的交易或事项才能增加或减少企业的负债，而不能根据谈判或计划中的经济业务来确认负债。例如，前2个月欠某企业的应付账款是企业的负债，它是过去的交易形成的。

2. 负债的清偿预期会导致经济利益流出企业　即将来清偿时要采取交付资产、提供劳务、举借新债还旧债或债转股等方式，导致企业放弃一定的经济利益。

3. 负债是企业承担的现时义务　现时义务是指企业在现行条件下已承担的义务。未来发生的交易或者事项形成的义务，不属于现时义务，不应当确认为负债。

▶ 课堂活动

去年从银行借款10万，是企业的负债吗？明年计划从银行借款20万，是企业的负债吗？为什么？

（二）负债的确认条件

在同时满足以下条件时，确认为负债：

1. 与该义务有关的经济利益很可能流出企业；

2. 未来流出的经济利益的金额能够可靠地计量。

符合负债定义和负债确认条件的项目,应当列入资产负债表;符合负债定义,但不符合负债确认条件的项目,不应当列入资产负债表。

（三）负债的分类

负债按照流动性的大小可以分为流动负债和长期负债。

流动负债是指将在 1 年或超过 1 年的一个营业周期内偿还的债务,包括短期借款、应付票据、应付账款、应付工资、应交税费等。

长期负债是指偿还期在 1 年以上或者超过 1 年的一个营业周期以上的债务,包括长期借款、应付债券、长期应付款等。

三、所有者权益

（一）所有者权益的定义

所有者权益是指企业资产扣除负债后由所有者享有的剩余权益。公司的所有者权益又称为股东权益。

所有者权益的来源包括所有者投入的资本、直接计入所有者权益的利得和损失、留存收益等。

所有者投入的资本既包括企业收到的投资者投入的但不超出注册资本部分的资本（计入实收资本）,也包括企业收到的投资者投入的但超过注册资本部分的资本（计入资本公积）。

直接计入所有者权益的利得和损失是指不应计入当期损益、会导致所有者权益发生增减变动的、与所有者投入资本或者向所有者分配利润无关的利得或者损失,计入其他综合收益。

知识链接

利得和损失

利得是指由企业非**日常活动**所形成、会导致所有者权益增加、与所有者投入资本无关的经济利益的**流入**。

损失是指由企业非**日常活动**所发生、会导致所有者权益减少、与向所有者分配利润无关的经济利益的**流出**。

利得和损失按其归属的会计要素不同分为 2 类:一是直接计入所有者权益,一是直接计入当期损益,但后者也会导致所有者权益的增加或减少。 利得和损失是所有者权益和利润的重要组成部分。

留存收益包括盈余公积和未分配利润。

（二）所有者权益的确认

所有者权益金额取决于资产和负债的计量。所有者权益项目应当列入资产负债表。

（三）所有者权益的分类

所有者权益分为 5 部分:实收资本、资本公积、其他综合收益、盈余公积和未分配利润。

1. **实收资本**　股份有限公司称"股本",是指企业实际收到的投资者以现金、实物、无形资产以及其他方式投入企业经营活动的各项财产物资,但不超出注册资本的部分,超出注册资本的部分,计入资本公积。以及按规定从资本公积、盈余公积转增实收资本的部分。根据投资者不同可以分为国家资本金、法人资本金、个人资本金和外商资本金。实收资本是所有者权益的重要组成部分。

注册资本与实收资本的关系

企业筹建的资本金,在生产经营期间,投资者除依法转让外,不得以任何方式抽走。

2. 资本公积　是由投入资本本身所引起的各种增值的资本。包括企业在筹资、投资等过程中出现的超出注册资本以上的额外资本(如资本溢价或股本溢价)。它具有2个特点:第一,与企业生产经营活动无直接关系;第二,所有权归投资者所有,但不归属于某一特定投资者所有,因此,只能用它转增资本,而不能用于弥补亏损,也不能参与利润分配和风险负担。

▶ **课堂活动**

说说实收资本与资本公积的区别。

3. 其他综合收益　是指企业根据《企业会计准则》(企业会计准则2号、3号、9号、20号、24号)规定未在当期损益中确认的各项利得和损失。包括以后会计期间不能重分类进损益的其他综合收益和以后会计期间满足规定条件时将重分类进损益的其他综合收益两类。

其他综合收益是在《企业会计准则第30号——财务报表列报》(财会〔2014〕7号)规定的2014年7月1日实施后增加的一个新科目,替代以前"资本公积——其他资本公积"的部分用途,也就是说由原来的二级科目变为一级科目了。科目编号是4003。但是"资本公积——其他资本公积"科目仍然使用,它有特定的核算内容。

4. 盈余公积　是指企业按照规定从净利润中提取的各种资金,分为法定盈余公积与任意盈余公积。

法定盈余公积按照税后利润的10%提取,任意盈余公积是按照股东大会的决议提取。

法定盈余公积和任意盈余公积的区别就在于其各自计提的依据不同。前者以国家的法律或行政规章为依据提取;后者则由公司自行决定提取。

盈余公积转增资本的规定

盈余公积既可以用于弥补亏损,也可以用于转增资本,特殊情况下向投资者分配利润。

盈余公积在以下特殊情况下可以向投资者分配股利。企业在累计盈余公积比较多、未分配利润比较少的情况下,为维持其信誉,给投资者以合理的回报而进行的一种行为。

▶ **课堂活动**

企业弥补亏损的渠道有哪些?(提示: 有3条)

5. 未分配利润　是指税后利润经提取公积金、向所有者分配利润后的余额,可以留待以后年度进行分配。从数量上来说,未分配利润是期初未分配利润,加上本期实现的净利润,减去本期提取的各种盈余公积和利润分配后的余额。

所有者权益与负债的区别

四、收入

（一）收入的定义及特征

收入是指企业在日常活动中形成、会导致所有者权益增加、与所有者投入资本无关的经济利益的总流入。收入具有以下特征：

1. 收入是从企业日常经营活动中产生，而不是从偶发的（非日常活动）交易或事项中产生。这一特征界定了收入与利得的区别。

日常活动是指企业为完成其经营目标所从事的经常性活动以及与之相关的活动。经常性活动例如工业企业的生产并销售产品或提供劳务的活动就是经常性活动，与之相关的活动例如工业企业出售不需要的原材料、转让无形资产等活动。日常活动带来的经济利益的流入，称为收入。

偶发的活动（非日常活动）例如出售固定资产、盘盈等，由此带来经济利益的流入，不是收入，而是利得。

▶ **课堂活动**

怎样区别企业非日常活动与日常活动？请说出收入与利得的主要区别是什么？

2. **收入会导致所有者权益增加**　收入可能表现为企业资产增加或负债减少，或两者兼而有之，根据"资产−负债＝所有者权益"，收入最终将引起所有者权益的增加。

例如销售产品导致企业的资产增加，也引起企业所有者权益的增加，所以销售产品带来的经济利益的总流入就是企业收入。而不导致所有者权益增加的经济利益的流入，就不是收入。例如：企业代国家收取的销项增值税，一方面企业资产增加，另一方面企业负债也在增加，并不增加企业的所有者权益，所以不是收入。

3. **收入与所有者投入资本无关**　例如销售材料带来的经济利益的总流入是企业收入，但它与所有者投入的资本没有任何关系，虽然所有者投入的资本也会导致经济利益的总流入，但与投入资本有关的是形成实收资本和资本公积。

知识链接

经济利益的总流入形式

经济利益的总流入有4种形式。一是企业日常经营活动中产生的收入；二是企业非日常经营活动中产生的利得；三是投资者投入的资本；四是代收的款项，例如代国家收到的销项增值税。

（二）收入的确认

收入只有在经济利益很可能流入从而导致企业资产增加或者负债减少，且经济利益的流入额能够可靠计量时才能予以确认。

符合收入定义和收入确认条件的项目，应当列入利润表。

（三）收入的分类

收入根据其经营业务的主次不同分为主营业务收入和其他业务收入。主营业务收入,是指企业为完成其经营目标所从事的经常性活动实现的收入。由于不同类型企业的经营目标不同,从事着不同的经常性活动,因此其主营业务的指向会有所不同,例如,工业企业的收入是指销售产品、提供劳务实现的收入,商业企业是指销售商品实现的收入等。其他业务收入,是指企业除主营业务收入以外的其他相关业务活动所取得的收入,如企业销售材料、出租固定资产和转让无形资产等取得的收入。

▶▶ 课堂活动

企业收到某单位的违约金是企业收入吗? 为什么?

企业转让某项专利技术的收入是企业收入吗? 如果是, 属于哪一种收入?

五、费用

（一）费用的定义及特征

费用是指企业在日常活动中发生、会导致所有者权益减少、与向所有者分配利润无关的经济利益的总流出。费用具有以下特征:

1. 费用是指企业在日常活动中发生的经济利益的流出,而不是从偶发的交易或事项中产生。这一特征界定了费用与损失的区别。例如:销售产品过程中发生的运费、装卸费就是企业的费用,因为销售产品是企业的日常活动。而企业的保险柜现金被盗,损失的现金就不是费用,因为它不是在企业日常活动中发生的,而是从偶发事项中产生的,它就是损失。

▶▶ 课堂活动

请说出费用与损失的主要区别是什么?

2. **费用会导致所有者权益减少**　费用可能表现为资产减少或负债增加,或两者兼而有之。根据"资产−负债=所有者权益",费用最终将引起所有者权益减少。例如:企业行政部门管理人员的差旅费,就是费用。因为它导致企业的资产(库存现金)减少,从而导致所有者权益减少。而不导致所有者权益减少的经济利益的流出,就不是费用。例如:利润分配、偿债。假如以银行存款偿还应付账款,则它导致企业的资产(银行存款)减少,同时也导致负债(应付账款)减少,从而不引起所有者权益减少,所以,银行存款的减少就不是企业的负债。

3. **费用与向所有者分配利润无关**　向所有者分配利润是利润分配的内容,不构成企业的费用。

知识链接

企业经济利益的总流出形式

企业经济利益的总流出有4种形式。 一是企业在日常活动中发生的经济利益的流出即费用;二是企业在非日常活动中发生的经济利益的流出即损失;三是利润分配;四是偿债。

（二）费用的确认

费用只有在经济利益很可能流出从而导致企业资产减少或者负债增加，且经济利益的流出额能够可靠计量时才能予以确认。

符合费用定义和费用确认条件的项目，应当列入利润表。

（三）费用的分类

费用根据是否计入成本可分为计入成本的费用和计入损益的费用。

1. 计入成本的费用　也称生产成本费用，是指这些费用发生后计入产品的生产成本。

按计入生产成本的方式不同又可分为直接费用和间接费用。

（1）直接费用：是指直接为生产产品或提供劳务而发生的费用，包括直接材料、直接人工和其他直接费用。直接费用直接计入某种产品的生产成本。

（2）间接费用：是指企业各生产单位（分厂、车间）为组织和管理生产所发生的共同费用，又称制造费用，例如：分厂、车间管理人员的工资、固定资产折旧费等。间接费用月末经过分配转入生产成本。

▶ 课堂活动

请说出直接费用和间接费用的共同点和不同点。

2. 计入损益的费用　也称期间费用，是指不计入生产成本，而在发生的会计期间直接计入当期损益的费用，包括管理费用、销售费用和财务费用。

管理费用是指企业行政管理部门为组织和管理生产经营活动而发生的各项费用。财务费用是指企业为筹集生产经营资金而发生的各项费用。包括利息支出（减利息收入）、汇兑损益以及相关的手续费等。销售费用是指企业在销售产品过程中发生的各种费用，包括保险费、包装费等。

由于期间费用容易确定其发生的时间，而难以判断其所应归属的产品，在发生的当期直接计入当期损益，列入当期利润表。

案例分析

案例

仁卫药业有限责任公司 2018 年 9 月份发生以下业务：

山楂单位成本 7 元。　生产保和丸领用山楂 100kg，车间领用 10kg，行政部门领用 5kg；

分配本月工资：保和丸工人 6000 元，车间管理人员 4000 元，行政部门人员 5000 元，销售人员 6000 元；

车间 9 月份水电费 300 元；产品展览费 3000 元；

支付短期借款利息 300 元；

为儿童福利院捐款 5000 元。

请问：上述业务涉及哪些费用要素，发生额是多少？

> 分析
>
> 生产成本：生产保和丸领用山楂100kg，计700元，保和丸工人工资6000元；
>
> 制造费用：车间领用山楂10kg，计70元，车间管理人员工资4000元，车间水电费300元；
>
> 管理费用：行政部门领用山楂5kg，计35元，行政部门人员工资5000元；
>
> 销售费用：产品展览费3000元，销售人员工资6000元；
>
> 财务费用：短期借款利息300元；
>
> 损失（营业外支出）：为儿童福利院捐款5000元。

六、利润

（一）利润的定义

利润是指企业在一定会计期间的经营成果，包括收入减去费用后的净额、直接计入当期利润的利得和损失等。

（二）利润的确认

利润金额取决于收入和费用、直接计入当期利润的利得和损失金额的计量。利润项目应当列入利润表。

（三）利润的类型

利润根据内容不同和财务分析的需要分为3种：营业利润、利润总额和净利润。

1. 营业利润　是收入减去费用后的净额。收入大于费用，其净额为利润；如收入小于费用，其净额则为亏损。反映的是企业日常活动的业绩。由10部分组成，具体计算公式如下：

营业利润＝营业收入－营业成本－税金及附加－销售费用－管理费用－财务费用－资产减值损失±公允价值变动损益±投资收益±资产处置损益+其他收益

2. 利润总额　包括营业利润和直接计入当期利润的利得和损失。直接计入当期利润的利得和损失即营业外收支净额。

利润总额计算公式如下：

$$利润总额＝营业利润+营业外收入－营业外支出$$

3. 净利润　净利润＝利润总额－所得税费用

所得税费用计算公式如下：所得税费用＝应纳税所得额×适用税率

以上6大会计要素相互影响，密切联系，全面综合地反映了企业的经济活动。资产、负债、所有者权益反映企业的财务状况，收入、费用和利润反映企业一定会计期间的经营成果。

会计要素的分类如图2-2所示。

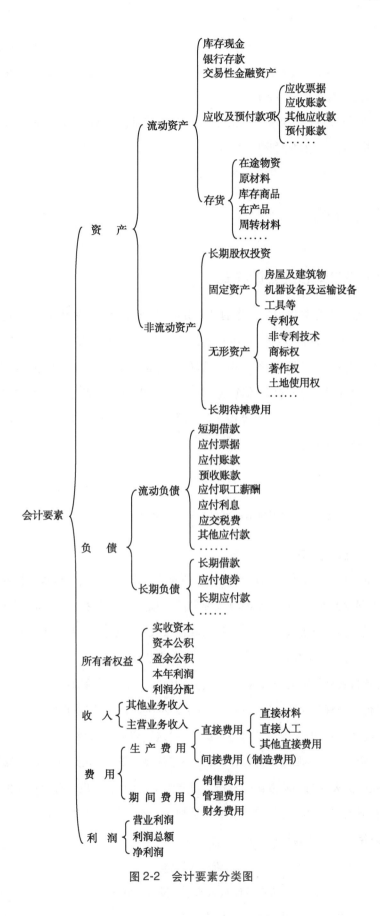

图 2-2 会计要素分类图

点滴积累 ∨

1. 会计要素是对会计对象按其经济内容进行分类的基本项目，是会计对象的具体化。是构成会计报表的基本项目。
2. 我国《企业会计准则——基本准则》将工业企业的会计要素划分为资产、负债、所有者权益、收入、费用和利润6大类。

任务三 会计等式

一、会计等式的概念及会计等式

会计要素是对会计对象具体内容所作的基本分类,是会计所要核算和监督的具体内容。会计要素包括资产、负债、所有者权益、收入、费用和利润6大要素,这6大要素之间有着不同的性质和特点,但它们不是独立存在、孤立运作,而是相互关联、紧密联系在一起,共同对企业的经济状况及其活动变化进行反映。会计要素之间存在的这种内在联系,可以用数学表达式表示,这种数学表达式就是会计等式,又称会计方程式或会计恒等式。会计等式是对会计要素的性质及相互之间的内在经济关系所做的概括和科学的表达。

▶▶ **课堂活动**

请思考6大会计要素之间可以用数学表达式表示它们之间联系的等式有几个? 分别是什么?

（一）资产与权益之间的静态平衡关系

任何企业从事生产经营活动,实现经营目标,必须拥有或控制一定数量和结构的资产,如银行存款、存货、房屋、机器设备等。资产的来源有2种渠道:一是由投资者投入;二是企业以借款的方式从银行等金融机构或其他单位借入。因此,投资人和债权人对企业资产便享有一定的权利,这就是权益。其中,投资人权益称为所有者权益,债权人权益称为负债。

资产与权益各自具有特定的经济含义,它们分别反映企业经济活动过程中同一资金的两个不同侧面。资产表明企业拥有多少经济资源和拥有什么经济资源,权益则体现由不同渠道取得这些经济资源时所形成的经济关系,即谁提供了这些资源,谁对这些资源拥有要求权。资产和权益两者相互依存、互为条件。资产不可能脱离权益而存在,有一定数额的资产,就必然有相同数额的权益;有一定数额的权益,就必然表现为相同数额的资产。没有无资产的权益,也没有无权益的资产,从某一时点看,任何一个企业的资产总额与其权益总额必然相等。资产与权益之间有这种客观存在的数量上的平衡关系,可以用下列等式表示:

资产=权益

资产=债权人权益+投资人权益

由于债权人权益称为负债,投资人权益称为所有者权益,则上述等式进一步表示为:

$$资产＝负债+所有者权益 \qquad 式(2-1)$$

上述等式反映了资产、负债和所有者权益3个会计要素之间的联系和基本数量关系,这种数量关系表明了企业某一时点上的财务状况,因此也称为静态会计等式,是正确地设置账户、复式记账、试算平衡和编制资产负债表的重要理论依据。

(二) 收入、费用和利润之间的动态平衡关系

企业在生产经营过程中,每一个会计期间,会不断地取得各项收入及利得,同时也会发生各种费用和损失,而利润是每一个会计期间的各项收入扣除各项费用的结果再加上利得扣除损失后的结果。这里的利得和损失仅指计入当期损益的部分,不包括计入所有者权益的部分。本任务中提到的利得和损失均仅指此含义。收入、费用、利得、损失和利润之间的关系用公式表示为:

$$利润＝收入-费用+利得-损失 \qquad 式(2-2)$$

该等式表明了企业在一定时期内所取得的经营成果,因此又称为动态会计等式,它是编制利润表的理论基础。

值得注意的是,会计等式(2-1)、(2-2)并不是彼此孤立存在的,而是存在着内在联系,从根本上说,式(2-1)包含式(2-2)的内容,式(2-2)是式(2-1)的具体化。

收入、费用、利得、损失和利润是资产和权益运动变化状态下的一部分表现形式,收入、费用、利得和损失的发生不仅会影响利润的变化,也会引起资产或负债的变化。从本质上看利润属于所有者权益,利润增加,所有者权益就增加,与之相连的资产也同样增加;利润减少或亏损,则表示企业资产的损耗,资产减少反映着所有者权益的减少。

所以,通过企业生产经营活动产生收入、费用、利得、损失在未结转前,等式(2-1)、(2-2)又存在着以下关系:

$$资产＝负债+所有者权益+利润 \qquad 式(2-3)$$
$$资产＝负债+所有者权益+(收入-费用+利得-损失)$$

▶▶ **课堂活动**

说说为什么会计等式"资产＝负债+所有者权益+(收入-费用+利得-损失)"是成立的?

会计等式(2-3)为动静结合的会计等式,是对6项会计要素之间的内在经济关系所做的全面综合表达,表明了企业在生产经营过程中的增值情况,所以,只在会计期间内而不在会计期末存在。这个等式表明,利润在分配前是归企业的。通过利润分配,一部分向投资者分配,另一部分则作为盈余公积或未分配利润留在企业(即留存收益),最后并入所有者权益。该会计等式在利润分配后又恢复到"资产＝负债+所有者权益"。故在会计期末,将收入、费用、利得和损失结转后,同时将利润进行分配转入所有者权益,上述公式最终转化为"资产＝负债+所有者权益"。

综上所述,会计等式是对会计要素的性质及相互之间的内在经济关系所做的概括和科学的表达,揭示了各个会计要素之间的平衡关系,这种平衡关系完整地表现了企业财务状况和经营成果的形成过程,它是会计工作中设置账户、进行复式记账和编制会计报表的理论依据,贯穿于会计程序和会计核算方法的始终,正确理解和运用这一平衡原理,对于掌握会计技术有着重要的意义。

二、经济业务的发生不会影响会计等式的平衡关系

会计等式"资产＝负债＋所有者权益"在某一时点上(静态)是成立的,但是随着经济业务的不断发生,必然会引起有关会计要素发生增减变动。那么,经济业务的发生会不会影响会计等式的平衡呢？结论是无论企业发生什么样的经济业务引起会计要素的数额如何变化,都不会破坏会计等式的数量平衡关系,即企业资产总额永远等于权益总额。

企业的经济业务虽然复杂多样,但归纳起来,不外乎以下4种类型、9种业务:(1)资产和权益同增,增加的金额相等;(2)资产和权益同减,减少的金额相等;(3)资产内部有增有减,增减的金额相等;(4)权益内部有增有减,增减的金额相等。

①一项资产和一项负债同增

②一项资产和一项所有者权益同增

③一项资产和一项负债同减

④一项资产和一项所有者权益同减

⑤资产内部有增有减,增减的金额相等

⑥一项负债减少,另一项负债增加

⑦一项所有者权益减少,另一项所有者权益增加

⑧一项负债减少,一项所有者权益增加

⑨一项所有者权益减少,一项负债增加

其中业务①、②属于类型(1),③、④属于类型(2),⑤属于类型(3),⑥、⑦、⑧、⑨属于类型(4)。

以上9种经济业务类型集中概括了经济业务引起的会计要素增减变化的基本规律,每一种业务引起的资产和权益双方在数量上的变化都是相等的,都没有影响资产和权益在数量上的平衡关系。所以,任何一种经济业务的发生,都不会破坏会计等式的平衡关系,会计等式永远成立。

仁卫药业有限责任公司2018年9月1日的有关资料如表2-1所示。

表2-1 资产权益平衡表

仁卫药业有限责任公司　　　　　　　　　　　2018年9月1日　　　　　　　　　　单位:元

资产	金额	权益	金额
库存现金	800	短期借款	30 000
银行存款	60 000	应付账款	50 000
其他应收款	1200	其他应付款	600
原材料	90 000	应付职工薪酬	60 000
生产成本	20 000	应交税费	1400
库存商品	40 000	实收资本	300 000
固定资产	238 000	盈余公积	8000
合计	450 000	合计	450 000

从表 2-1 可看出,该公司 2018 年 9 月 1 日拥有资产总额 450 000 元。这些资产是从不同渠道取得的:债权人权益 142 000 元包括短期借款、应付账款、其他应付款、应付职工薪酬、应交税费。所有者权益 308 000 元包括实收资本、盈余公积。该公司从不同渠道取得或形成的这些资产又具体分布和占用在以下几个方面:库存现金、银行存款、其他应收款、原材料、生产成本、库存商品、固定资产,共 450 000 元。可见,该公司在 2018 年 9 月 1 日这一特定时点上(静态)资产和权益总额都是 450 000 元,两者保持平衡关系。

经济业务的发生不会破坏会计等式的平衡(动态)关系,举例说明如下。

仁卫药业有限责任公司 2018 年 9 月份发生下列经济业务:

【经济业务 2-1】 9 月 4 日,向银行借入为期 3 个月的短期借款 60 000 元存入银行。

【分析】 该项经济业务所引起的资金变化属于第①种业务——一项资产和一项负债同增,增加的金额相等。向银行借入为期 3 个月的短期借款使企业的负债(短期借款)增加了 60 000 元,存入银行又使资产(银行存款)也增加了 60 000 元,两者增加的金额相等,所以,不影响资产与权益的平衡关系。两者的平衡关系如表 2-2 所示。

表 2-2　资产权益平衡表

仁卫药业有限责任公司　　　　　　　　　　2018 年 9 月 4 日　　　　　　　　　　单位:元

资产	金额	权益	金额
库存现金	800	短期借款	30 000+60 000
银行存款	60 000+60 000	应付账款	50 000
其他应收款	1200	其他应付款	600
原材料	90 000	应付职工薪酬	60 000
生产成本	20 000	应交税费	1400
库存商品	40 000	实收资本	300 000
固定资产	238 000	盈余公积	8000
合计	450 000+60 000	合计	450 000+60 000

【经济业务 2-2】 9 月 6 日,收到甲投资者投入机器设备一台,价值 50 000 元。

【分析】 该项经济业务所引起的资金变化属于第②种业务——一项资产和一项所有者权益同增,增加的金额相等。收到甲投资者投入机器设备一台使企业的资产(固定资产)增加 50 000 元;同时使企业的权益(实收资本)也增加 50 000 元。两者增加的金额相等,所以,不影响资产与权益的平衡关系。两者的平衡关系如表 2-3 所示。

表2-3 资产权益平衡表

仁卫药业有限责任公司　　　　　　　　2018年9月6日　　　　　　　　单位:元

资产	金额	权益	金额
库存现金	800	短期借款	90 000
银行存款	120 000	应付账款	50 000
其他应收款	1200	其他应付款	600
原材料	90 000	应付职工薪酬	60 000
生产成本	20 000	应交税费	1400
库存商品	40 000	实收资本	300 000+50 000
固定资产	238 000+50 000	盈余公积	8000
合计	510 000+50 000	合计	510 000+50 000

【经济业务2-3】9月8日,以银行存款40 000元,偿还前欠某单位货款。

【分析】该项经济业务所引起的资金变化属于第③种业务——一项资产和一项负债同减,减少的金额相等。这项经济业务使企业的资产(银行存款)减少40 000元;同时使企业的负债(应付账款)也减少40 000元。资产和负债同时减少相同数额,所以,不影响资产与权益的平衡关系。两者的平衡关系如表2-4所示。

表2-4 资产权益平衡表

仁卫药业有限责任公司　　　　　　　　2018年9月8日　　　　　　　　单位:元

资产	金额	权益	金额
库存现金	800	短期借款	90 000
银行存款	120 000-40 000	应付账款	50 000-40 000
其他应收款	1200	其他应付款	600
原材料	90 000	应付职工薪酬	60 000
生产成本	20 000	应交税费	1400
库存商品	40 000	实收资本	350 000
固定资产	288 000	盈余公积	8000
合计	560 000-40 000	合计	560 000-40 000

【经济业务2-4】9月10日,用银行存款归还投资者的投资70 000元。

【分析】该项经济业务所引起的资金变化属于第④种业务——一项资产和一项所有者权益同减,减少的金额相等。归还投资者抽回的投资使所有者权益(实收资本)减少70 000元,同时,使资产(银行存款)也减少70 000元,资产和所有者权益同时减少相同数额,所以,不影响资产与权益的平衡关系。两者的平衡关系如表2-5所示。

表2-5 资产权益平衡表

仁卫药业有限责任公司　　　　　　　　2018年9月10日　　　　　　　　　单位:元

资产	金额	权益	金额
库存现金	800	短期借款	90 000
银行存款	80 000-70 000	应付账款	10 000
其他应收款	1200	其他应付款	600
原材料	90 000	应付职工薪酬	60 000
生产成本	20 000	应交税费	1400
库存商品	40 000	实收资本	350 000-70 000
固定资产	238 000	盈余公积	8000
合计	520 000-70 000	合计	520 000-70 000

【经济业务2-5】9月11日从银行提取现金3000元备用。

【分析】该项经济业务所引起的资金变化属于第⑤种业务——资产内部有增有减,增减的金额相等。从银行提取现金使资产(库存现金)增加3000元,同时使资产(银行存款)也减少3000元,资产内部两个项目一增一减增减相同数额,资产总额未变,仍为450 000元,所以,资产与权益之间仍保持平衡关系。两者的平衡关系如表2-6所示。

表2-6 资产权益平衡表

仁卫药业有限责任公司　　　　　　　　2018年9月11日　　　　　　　　　单位:元

资产	金额	权益	金额
库存现金	800+3000	短期借款	90 000
银行存款	10 000-3000	应付账款	10 000
其他应收款	1200	其他应付款	600
原材料	90 000	应付职工薪酬	60 000
生产成本	20 000	应交税费	1400
库存商品	40 000	实收资本	280 000
固定资产	238 000	盈余公积	8000
合计	450 000	合计	450 000

【经济业务2-6】9月13日向银行借款3000元,归还前欠东方公司的货款。

【分析】该项经济业务所引起的资金变化属于第⑥种业务——负债内部有增有减,增减的金额相等。这项经济业务使企业的一项权益(负债类:短期借款)增加了3000元;同时使企业的另一项权益(负债类:应付账款)减少了3000元。负债内部两个项目以相等的金额一增一减,负债总金额未变,资产总额未变,仍为450 000元,所以,不影响资产与权益的平衡关系。两者的平衡关系如表2-7所示。

表 2-7 资产权益平衡表

仁卫药业有限责任公司　　　　　　　　　2018 年 9 月 13 日　　　　　　　　　单位:元

资产	金额	权益	金额
库存现金	3800	短期借款	90 000+3000
银行存款	7000	应付账款	10 000−3000
其他应收款	1200	其他应付款	600
原材料	90 000	应付职工薪酬	60 000
生产成本	20 000	应交税费	1400
库存商品	40 000	实收资本	280 000
固定资产	238 000	盈余公积	8000
合计	450 000	合计	450 000

【经济业务 2-7】9 月 16 日,以盈余公积 2000 元转增实收资本。

【分析】该项经济业务所引起的资金变化属于第⑦种业务——所有者权益内部有增有减,增减的金额相等。这项经济业务使企业的一项权益(所有者权益类:实收资本)增加了 2000 元;同时使企业的另一项权益(所有者权益类:盈余公积)减少了 2000 元。企业所有者权益内部两个项目以相等的金额一增一减,所有者权益金额未变,资产总额未变,仍为 450 000 元,所以,不影响资产与权益的平衡关系。两者的平衡关系如表 2-8 所示。

表 2-8 资产权益平衡表

仁卫药业有限责任公司　　　　　　　　　2018 年 9 月 16 日　　　　　　　　　单位:元

资产	金额	权益	金额
库存现金	3800	短期借款	93 000
银行存款	7000	应付账款	7000
其他应收款	1200	其他应付款	600
原材料	90 000	应付职工薪酬	60 000
生产成本	20 000	应交税费	1400
库存商品	40 000	实收资本	280 000+2000
固定资产	238 000	盈余公积	8000−2000
合计	450 000	合计	450 000

【经济业务 2-8】9 月 18 日,经协议本公司应付东方公司货款 5000 元转作东方公司对仁卫药业有限责任公司的投资。

【分析】该项经济业务所引起的资金变化属于第⑧种业务——一项负债减少,一项所有者权益增加,增减的金额相等。这项经济业务使企业的一项权益(所有者权益类:实收资本)增加了 5000

元;同时使企业的另一项权益(负债类:应付账款)减少了5000元。企业权益内部两个项目以相等的金额一增一减,资产总额未变,仍为450 000元,所以,不影响资产与权益的平衡关系。两者的平衡关系如表2-9所示。

表2-9　资产权益平衡表

仁卫药业有限责任公司　　　　　2018年9月18日　　　　　单位:元

资产	金额	权益	金额
库存现金	3800	短期借款	93 000
银行存款	7000	应付账款	7000-5000
其他应收款	1200	其他应付款	600
原材料	90 000	应付职工薪酬	60 000
生产成本	20 000	应交税费	1400
库存商品	40 000	实收资本	280 000+5000
固定资产	238 000	盈余公积	6000
合计	450 000	合计	450 000

【经济业务2-9】9月25日与西方公司协议,本公司代西方公司偿还长期银行借款30 000元,(还没有偿还,只是协议)并作为西方公司对本公司投资的减少。

【分析】该项经济业务所引起的资金变化属于第⑨种业务——一项所有者权益减少,一项负债增加,增减的金额相等。这项经济业务使企业的一项权益(所有者权益类:实收资本)减少了30 000元;同时使企业的另一项权益(负债类:长期借款)增加了30 000元。企业权益内部两个项目以相等的金额一增一减,资产总额未变,仍为450 000元,所以,不影响资产与权益的平衡关系。两者的平衡关系如表2-10所示。

表2-10　资产权益平衡表

仁卫药业有限责任公司　　　　　2018年9月25日　　　　　单位:元

资产	金额	权益	金额
库存现金	3800	短期借款	93 000
银行存款	7000	应付账款	2000
其他应收款	1200	其他应付款	600
原材料	90 000	应付职工薪酬	60 000
生产成本	20 000	应交税费	1400
库存商品	40 000	实收资本	285 000-30 000
固定资产	238 000	盈余公积	8000
		长期借款	+30 000
合计	450 000	合计	450 000

▶ 课堂活动

从影响会计要素增减变化的基本规律角度,分析经济业务的类型,9位同学各举一例填入相应的位置。

经济业务类型	举例
①一项资产和一项负债同增	
②一项资产和一项所有者权益同增	
③一项资产和一项负债同减	
④一项资产和一项所有者权益同减	
⑤资产内部一增一减	
⑥一项负债减少,另一项负债增加	
⑦一项所有者权益减少,另一项所有者权益增加	
⑧一项负债减少,一项所有者权益增加	
⑨一项所有者权益减少,一项负债增加	

从以上9种经济业务的实例中可得出以下结论:

第一,企业的经济业务虽然复杂多样,但归纳起来,不外乎4种类型、9种业务。

第二,凡是涉及资产和权益双方变动的经济业务,如【经济业务 2-1、2-2、2-3、2-4】,都会使双方原来的总额发生相等金额同增或同减的变化,但变化的结果,双方总额仍然相等。

第三,凡是涉及资产和权益一方内部项目之间变动的经济业务,呈现此增彼减的特点,如【经济业务 2-5、2-6、2-7、2-8、2-9】,不但不会影响双方的平衡关系,而且原来的总额也不会发生变化。

综上所述,当经济业务引起资产与权益同增或同减时,虽然增减的项目发生在不同的会计要素之间,引起资产和权益的金额变动,但由于同增或同减的金额相等,所以资产总额仍等于权益总额;当经济业务引起资产或权益内部项目之间发生"此增彼减"的变化时,由于是同一会计要素内部项目间的增减而且增减的金额相等,彼此抵消,因此并未引起资产或权益的金额变动,资产总额仍等于权益总额。可见,资产与权益的恒等关系是永远成立的。

▶ 边学边练

熟练掌握会计等式的要求,请见实训一 会计要素与会计等式。

点滴积累 \/

1. 会计等式是指会计要素之间存在的内在联系,可以用数学表达式表示,这种数学表达式就是会计等式。 有3个:

①资产=负债+所有者权益

②利润=收入−费用+利得−损失

③资产=负债+所有者权益−(收入−费用+利得−损失)

2. 经济业务的发生不会影响会计等式的平衡关系,等式永远成立。

任务四　会计科目与账户

一、会计科目

由于经济业务错综复杂,即使涉及同一会计要素,不同经济业务也往往有不同的性质和内容。例如:固定资产和库存商品虽然都属于资产,但它们的经济内容及在经济活动中的周转方式和所起的作用各不相同,在核算时就应该分为固定资产和库存商品进行分别核算,资产这一会计要素进一步分出的固定资产和库存商品就是两个不同的会计科目。

（一）会计科目的概念

所谓会计科目是指对会计要素按照不同的经济内容和管理需要进行分类的项目。

为了全面、系统、分类地核算和监督各项会计要素的增减变化,在实际工作中是通过设置会计科目的方法进行的。设置会计科目是进行各项会计记录和提供各项会计信息的基础,是复式记账、编制记账凭证、登记账簿和编制会计报表的基础,为成本计算、财产清查提供了方便。所以,会计科目在会计核算中具有重要意义。

（二）会计科目的设置

根据会计科目的概念,所谓会计科目的设置是指会计主体对会计科目名称、内容、数量、会计科目之间的关系的确定和界定。

ER-2-6

会计科目设置的原则

根据会计科目设置原则,财政部统一规范的一般企业部分会计科目如表 2-11所示。

表 2-11　一般企业常用部分会计科目（一级科目）

编号	会计科目名称	编号	会计科目名称
	一、资产类	1403	原材料
1001	库存现金	1404	材料成本差异
1002	银行存款	1405	库存商品
1012	其他货币资金	1411	周转材料
1101	交易性金融资产	1471	存货跌价准备
1121	应收票据	1481	持有待售资产
1122	应收账款	1482	持有待售资产减值准备
1123	预付账款	1511	长期股权投资
1131	应收股利	1512	长期股权投资减值准备
1132	应收利息	1531	长期应收款
1221	其他应收款	1601	固定资产
1231	坏账准备	1602	累计折旧
1401	材料采购	1603	固定资产减值准备
1402	在途物资	1604	在建工程

编号	会计科目名称	编号	会计科目名称
1605	工程物资	3202	被套期项目
1606	固定资产清理		**四、所有者权益类**
1701	无形资产	4001	实收资本
1702	累计摊销	4002	资本公积
1703	无形资产减值准备	4003	其他综合收益
1711	商誉	4101	盈余公积
1801	长期待摊费用	4103	本年利润
1811	递延所得税资产	4104	利润分配
1901	待处理财产损溢		**五、成本类**
	二、负债类	5001	生产成本
2001	短期借款	5101	制造费用
2101	交易性金融负债		**六、损益类**
2201	应付票据	6001	主营业务收入
2202	应付账款	6051	其他业务收入
2203	预收账款	6101	公允价值变动损益
2211	应付职工薪酬	6111	投资收益
2221	应交税费	6115	资产处置损益
2231	应付利息	6117	其他收益
2232	应付股利	6301	营业外收入
2241	其他应付款	6401	主营业务成本
2245	持有待售负债	6402	其他业务成本
2501	长期借款	6405	税金及附加
2502	应付债券	6601	销售费用
2701	长期应付款	6602	管理费用
2711	专项应付款	6603	财务费用
2801	预计负债	6701	资产减值损失
2901	递延所得税负债	6711	营业外支出
	三、共同类	6801	所得税费用
3101	衍生工具	6901	以前年度损益调整
3201	套期工具		

几点说明：第一，会计科目表中列示的会计科目，只是根据基础会计教学需要列示了工业企业常用到的会计科目，并不是财政部于 2006 年 10 月颁布的《企业会计准则——应用指南》统一规范的一般企业会计科目的全部，没有列示的会计科目将在后续的有关专业会计课中学习。第

二,为了便于填制会计凭证、登记账簿、查阅账目和实行会计电算化,会计科目表统一规定了会计科目的编号。

知识链接

会计科目的编号

《企业会计准则——应用指南》对会计科目的编号有以下一些规定。第一,总分类科目采取"四位数制"编号:千位数码代表会计科目按会计要素区分的类别;百位数码代表每大类会计科目下的较为详细的类别;十位和个位数码一般代表会计科目的顺序号。第二,为了便于增加和建立某些会计科目,科目编号留有空号,以便增补新的科目,而不打乱原来的编号。企业不应随意打乱重编。这种编号方法具有清晰明了和灵活性强的特点。第三,企业在填制会计凭证、登记账簿时,应当填列会计科目的名称,或者同时填列会计科目的名称和编号,不应只填科目编号而不填科目名称。

（三）会计科目的分类

不同的会计科目,各自都有着特定的核算内容,相互之间存在着严格的界线。但是不同的会计科目之间并非是彼此孤立的,而是相互联系、相互补充的,它们的有机结合,构成了一个完整的会计科目体系。所谓会计科目的分类就是指根据一定的标志将会计科目体系中的所有会计科目区别开来,按照不同的标志,会计科目可以分为不同的类别。会计科目一般可以按照经济内容不同分类,也可以按照提供指标的详细程度不同分类。对会计科目进行分类,是正确认识和运用会计科目的手段之一。

1. 根据会计科目所反映的经济内容不同分类　资产类、负债类、共同类、所有者权益类、成本类和损益类,其具体划分参见会计科目表2-11。

会计科目按经济内容分类是最主要、基本的分类,其他分类都是在此分类的前提下进行的。我国目前公布的会计科目就是按照这种分类列示的。

2. 根据会计科目所提供核算指标的详细程度不同分类　总分类科目和明细分类科目。

总分类科目又称总账科目也称一级科目,表2-11的会计科目表内所列示的会计科目,全部是总科目,是由财政部统一规定的,是对会计对象的内容进行总括分类的科目,提供总括核算指标,总科目是开设总账的依据。

明细分类科目也称明细科目,是对总分类科目进一步分类而设置的科目,它可以提供比总分类科目更加详细的会计信息。实际工作中,关于明细分类科目的设置,除会计制度已有规定外,在不违反统一会计核算要求前提下,企业可根据需要自行确定。明细分类科目是开设明细账的依据。

如果某一总分类科目下面设置的明细分类科目较多,可增设二级科目(也称子目),二级科目下再分出的科目称为三级科目(也称细目)。例如:"库存商品"总科目与明细科目的设置,见表2-12。

表 2-12 "库存商品"科目按其所提供信息详细程度设置明细科目

总分类科目	明细分类科目	
（一级科目）	二级科目（子目）	三级科目（细目）
库存商品	中成药	六味地黄丸
		保和丸
	西药	阿莫西林胶囊
		罗红霉素胶囊

由于明细分类科目是对总分类科目的详细再分类科目,所以总分类科目与明细分类科目之间必然存在着总括与详细、统驭与从属的关系。

知识链接

设置总科目与明细科目的注意点

在实际工作中, 会计科目的级次设置并不是越细越好,应根据企业的具体情况灵活设置,满足管理需要是设置级次多少的标准。 第一,少数总科目不设明细科目,比如,累计折旧、库存现金、银行存款等。 第二,有些一级科目下可直接设三级科目,不需要设二级科目。 比如,应收账款下可设业务往来单位的名称作为三级科目。 第三,不同的总科目根据不同标准设明细科目。 比如,库存商品设明细科目的标准是产品的种类,而实收资本是按照出资对象不同设明细科目。

会计对象是社会再生产中的资金运动;会计要素则是对会计对象所做的基本分类,是会计对象的具体化;而会计科目又是对会计要素按其反映的经济内容不同和管理需要不同进一步分类的项目。可见,会计对象、会计要素和会计科目三者之间关系密切,反映了同一经济活动的 3 个层次。会计对象是第一个层次,资金运动是对会计核算和监督内容的抽象概括。会计要素是第二个层次,将会计对象按经济内容划分为资产、负债、所有者权益、收入、费用和利润 6 大要素。会计科目是第三个层次,是对会计要素进一步分类的具体项目。会计科目、会计要素、会计对象三者连续划分,越分越细,从而满足了会计进行分类核算、提供详略不同的各种会计信息的需要。会计要素与会计科目的关系见图 2-3。

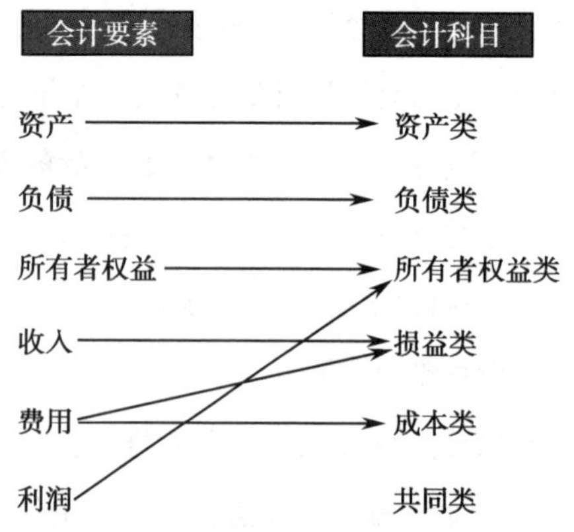

图 2-3 会计要素与会计科目关系

二、账户

会计科目的确定,只是对会计核算的内容进行了科学的分类,规定了每一类的名称。但是,如果只有分类名称,而没有一定的格式,就不能把发生的经济业务引起的各会计要素增减变化情况及其结果连续、系统地记录下来,以取得有用的会计信息,因此,必须有一个工具或一种方法能起到这样的作用,这种工具或方法就是账户。如果不开设账户,会计核算无法进行。设置账户是会计核算的一项重要的基础工作,在会计核算中占有重要地位。

(一)账户的概念

账户是根据会计科目设置的,具有一定格式和结构,用来连续、分类和系统地记录各项经济业务引起的各会计要素增减变化情况及其结果的载体。设置账户是会计核算的专门方法之一。

(二)会计科目与账户的关系

账户是以每个会计科目作为它的名称,并且有一定的结构,在账户中可以反映某一会计要素项目的增加、减少及其余额。由此可见,会计科目与账户是既有联系又有区别的两个不同的概念。

会计科目与账户的联系,有以下2方面。第一,两者名称、反映的内容、分类完全相同。会计科目与账户都是对会计对象具体内容的科学分类,两者反映的经济内容是一致的。会计科目是账户的名称,也是设置账户的依据,而账户是以会计科目作为户名,会计科目的内容通过账户反映出来;第二,两者相互依存,共同为反映会计要素服务。会计科目如果离开账户,只有名称、内容,它的意义、作用是不能实现的,只能通过账户去实现;同样,账户如果离开会计科目,它的结构、格式是没有内容的,只不过是一张空白表格。

由于会计科目和账户的口径一致、性质相同,反映的经济内容又是一致的,所以,在实际工作中,对会计科目和账户不加严格区分,而是相互通用的。

会计科目与账户的区别,有以下3方面。第一,会计科目只是具有会计要素进行分类后的名称和相应的内容,本身不具备结构问题;而账户则不仅具有与会计科目相同的名称和内容,而且有一定的格式和结构;第二,会计科目为填制记账凭证、开设账户所用,而账户为登记经济业务和编制报表所用;第三,会计科目只是对经济业务的定性反映,而账户既是对经济业务的定性反映也是定量反映。

正确认识会计科目与账户之间的关系,有助于更好地理解和运用两者。

(三)账户的结构

账户的结构是指如何在账户中记录经济业务引起的各会计要素增减变化情况及其结果,即增加、减少及余额各记在何方。

设置账户的主要目的就是要记录经济业务引起的各会计要素增减变化情况及其结果,而各会计要素的增减变化从数量上看,不外乎是增加和减少两种情况。因此,用来分类记录经济业务的账户,在结构上也相应地分为两个基本部分,一方登记增加额,一方登记减少额,用以分类记录各项会计要素增加和减少的数额。同时,两方金额加总求差额的结果,就是某一会计要素增减变动的最终结果,即余额。

账户在结构上分为2个部分,理论上来说,两部分可以分为上下两部分,也可以分为左右两部分,习惯上将账户的结构分为左右两部分。那么是左方登记增加额,右方登记减少额,还是相反(当然增减不能同时登记在一个方向)?到底是哪一种取决于记账方法和会计科目或者账户所反映的经济内容。即账户离不开会计科目,否则就是一张空白表格。由于现在还没有学习记账方法,所以,这里先列示出表示增减含义的两个账户结构。在教学中常使用"T"字型(又称"丁"字型)的账户结构。两个账户结构分别为:"T"字型的左方登记增加额,右方登记减少额的账户结构;或者右方登记增加额,左方登记减少额的账户结构。

不论什么样的账户结构都应该提供以下4个指标:即期初余额、本期增加发生额、本期减少发生额和期末余额。其关系式如下:

$$期末余额 = 期初余额 + 本期增加发生额 - 本期减少发生额$$

余额的关系式如下:上期期末余额 = 本期期初余额

两个账户结构见表2-13、表2-14。

表2-13　左方登记增加额,右方登记减少额的账户结构

左方		账户名称(会计科目名称)	右方	
期初余额	×××	减少发生额	×××
增加发生额	×××		×××
	×××		
增加发生额合计	×××	减少发生额合计	×××
期末余额	×××		

表2-14　右方登记增加额,左方登记减少额的账户结构

左方		账户名称(会计科目名称)	右方	
减少发生额	×××	期初余额	×××
	×××	增加发生额	×××
			×××
减少发生额合计	×××	增加发生额合计	×××
		期末余额	×××

▶ 课堂活动

两个账户中为什么余额都与增加额同方向? 请思考并回答。

实际中,账户除具有增加额、减少额、余额3部分外,还应该根据需要再划分若干栏目用以登记有关资料。一般情况下,账户的设计格式应包含以下内容:

(1)账户的名称(即会计科目);

(2)日期和凭证号数(用以说明账户记录的日期及来源);

(3)摘要(简要说明经济业务的内容);

(4)增加金额栏、减少金额栏及余额栏。

实际中的账户结构见表2-15。

表 2-15 账户结构

账户名称(会计科目)

年		凭证号数	摘要	增加额	减少额	余额
月	日					

点滴积累 ∨

1. 会计科目是对会计要素按照不同的经济内容和管理需要进行分类的项目。

2. 会计科目根据所反映的经济内容不同分为 6 大类:资产类、负债类、共同类、所有者权益类、成本类和损益类;会计科目按提供核算指标的详细程度不同分为总分类科目和明细分类科目。

3. 账户是根据会计科目设置的,具有一定格式和结构,用来连续、分类和系统地记录各项经济业务引起的各会计要素增减变化情况及其结果的载体。设置账户是会计核算的专门方法之一。

4. 账户的结构是指如何在账户中记录经济业务引起的各会计要素增减变化情况及其结果,即增加、减少及余额各记在何方。

5. 会计科目与账户是既有联系又有区别的两个不同的概念。

实训一 会计要素与会计等式

【实训目的】

熟悉会计要素、会计科目以及会计等式原理。

【实训内容】

资料 1:仁卫药业有限责任公司 2018 年 9 月 1 日部分账户余额如表 2-16 所示。

表 2-16 部分账户余额

2018 年 9 月 1 日   单位:元

资产	金额	负债及所有者权益	金额
库存现金	10 800	短期借款	20 000
银行存款	40 000	应付账款	9200
原材料	120 000	实收资本	410 000
库存商品	16 400	盈余公积	60 000
固定资产	300 000		
生产成本	12 000		
合计	499 200	合计	499 200

资料 2:仁卫药业有限责任公司 2018 年 9 月份发生下列经济业务:

1. 从银行借入短期借款 20 000 元,直接存银行。

2. 收到投入资本 50 000 元,存银行。

3. 以银行存款 3000 元,偿还应付款。

4. 以银行存款退还投资者的资金 30 000 元。

5. 从银行提现 2000 元备用。

6. 以短期借款偿还应付款 8000 元。

7. 盈余公积转增实收资本 10 000 元。

8. 计算出应付给投资者的利润 6000 元。

9. 短期借款转作实收资本 30 000 元。

【实训要求】

1. 根据资料 2 的经济业务写出每笔业务所涉及的会计要素(会计科目),并用箭头标出增减变动的方向,同时说明属于 9 种经济业务的哪一种?

例:预收东风公司订货款 30 000 元,存入银行。

负债(预收账款)↑　资产(银行存款)↑　属于资产、负债同增的业务。

2. 计算 9 月末该公司资产、负债、所有者权益总额分别为多少? 它们之间有什么关系?

【实训注意】

完成本实训要求必须熟悉以下知识点:

1. 会计要素划分为资产、负债、所有者权益、收入、费用和利润 6 大类。

2. 每一会计科目应归属的会计要素。

3. 会计等式①资产=负债+所有者权益

　　　　　②利润=收入-费用+利得-损失

　　　　　③资产=负债+所有者权益+(收入-费用+利得-损失)

4. 9 种经济业务的类型以及理解"经济业务的发生不会影响会计等式的平衡关系,等式永远成立"这一结论。

【实训检测】

通过以上实训会发现,实训资料中的经济业务并未涉及收入、费用、利润、利得、损失的业务,但它们的发生同样不会破坏会计等式的成立。请思考为什么?

目标检测

一、选择题

(一)单项选择题

1. 会计对象是指(　　)

　　A. 社会再生产过程中的资金运动　　　　B. 社会再生产过程中的价值运动

　　C. 社会再生产过程中的实物运动　　　　D. 社会再生产过程中的货币运动

2. 下列各项中属于资产的有( )

    A. 银行存款   B. 应付工资

    C. 短期借款   D. 应交税费

3. 下列项目中,属于所有者权益项目的有( )

    A. 应付债券   B. 债券投资

    C. 股票投资   D. 盈余公积

4. 下列项目中,属于负债项目的有( )

    A. 短期投资   B. 预收账款

    C. 资本公积   D. 盈余公积

5. 下列不属于资产特征的是( )

    A. 由过去的交易、事项形成   B. 由企业拥有或控制

    C. 预期能给企业带来经济利益   D. 应具有一定的实物形态

6. 下列项目不属于资产的是( )

    A. 应收账款   B. 购买的国债

    C. 长期待摊费用   D. 应付账款

7. 下列项目属于负债的是( )

    A. 预付账款   B. 预收账款

    C. 应收账款   D. 其他应收款

8. 负债和所有者权益都是( )

    A. 未分配利润的主要组成部分   B. 权益的主要组成部分

    C. 流动负债的主要组成部分   D. 长期负债的主要组成部分

9. 下列经济业务属于资产内部变化的是( )

    A. 从银行提取现金   B. 以银行存款偿还借款

    C. 借入短期借款存入银行   D. 购买材料货款未付

10. 经济业务发生,涉及资产、权益同减的业务是( )

    A. 用现金 500 元购买办公设备   B. 收到投入资本 30 000 元,存入银行

    C. 借入短期借款 20 000 元,存入银行 D. 以银行存款 50 000 元归还长期借款

(二)多项选择题

1. 一个企业资产与权益总额总是相等,这是因为( )

    A. 资产和权益是同一资金的两个方面

    B. 任何一定数额的资产都有它相应一定数额的权益

    C. 任何权益都能形成相应的资产

    D. 某一具体资产项目的增加,总是同另一具体权益项目的增加同时发生

    E. 权益方某一具体项目增加与另一具体项目减少,金额相同,不影响资产总额与权益总额

2. 下列经济业务,属于资产和权益同时减少的是( )

A. 售出固定资产   B. 上缴税款

C. 销售产品,货款未收   D. 用银行存款归还借款

E. 用银行存款归还应付账款

3. 下列业务中引起所有者权益增加的有( )

A. 接受投资者投入的货币资金   B. 企业所有者给企业投入设备

C. 提取现金   D. 以银行存款购买设备

E. 随着企业生产经营活动的开展,投入资本本身增值,增值部分形成盈余公积和未分配利润

4. 下列项目中属于会计科目的是( )

A. 开办费   B. 专利权   C. 无形资产

D. 应付账款   E. 存货

5. 下列项目中属于所有者权益的有( )

A. 实收资本   B. 资本公积   C. 应收账款

D. 注册资本   E. 未分配利润

6. 下列经济活动中,属于资金的循环与周转活动的是( )

A. 企业收到投资者投入的资金   B. 企业以银行存款购买原材料

C. 企业认购其他企业股票   D. 企业出售产品后收到的银行存款

E. 企业以现金的形式分配现金股利

7. 下列项目中属于流动负债的是( )

A. 短期借款   B. 应付账款   C. 长期借款

D. 应交税费   E. 应付利息

8. 企业拥有或控制的非流动资产是( )

A. 存货   B. 长期投资   C. 无形资产

D. 固定资产   E. 库存商品

9. 期间费用包括( )

A. 制造费用   B. 管理费用   C. 财务费用

D. 销售费用   E. 生产成本

10. 下列项目中,属于无形资产的有( )

A. 企业债券   B. 商誉   C. 专利权

D. 土地使用权   E. 商标权

二、判断题

1. 会计对象各要素之间的平衡关系可用公式表示为:利润=收入-费用,它通常被称为会计恒等式。( )

2. 企业资产增加时,企业所有者权益必定会等额增加。( )

3. 长期投资和短期投资都是企业的流动资产。( )

4. 账户分为左右两方,左方记增加,右方记减少。(　　　)

5. 会计科目与账户是两个相同的概念。(　　　)

6. 企业所拥有的资产都是从各个渠道接受投资转入的资产。(　　　)

7. 不论资金如何变动,总能保持资金运动平衡公式的平衡。(　　　)

8. 会计科目仅是名称而已,若要体现会计要素的增减变化及变化后的结果则要借助于账户。
(　　　)

9. 会计科目与账户的区别是会计科目有结构,而账户无结构。(　　　)

10. 会计科目按其经济内容分类,可分为总分类科目和明细分类科目。(　　　)

11. 由于利润是收入与费用相抵后的结果,并最终归属于所有者权益,因此,会计科目按反映的经济内容分类,将利润归为所有者权益类科目。(　　　)

12. 不是所有的总分类账户都需要设置明细分类账户,各单位可根据具体情况而定。(　　　)

13. 我国《企业基本准则》将会计要素划分为资产、负债和所有者权益、利得和损失、收入、费用和利润。(　　　)

14. 由过去的交易或事项而形成是负债具有的一个基本特征之一。(　　　)

15. 一般说来,各类账户的期末余额与记录增加额的一方属同一方向。(　　　)

三、简答题

1. 简述会计对象、会计要素、会计科目三者的含义。三者关系如何?

2. 什么是会计等式? 写出所有的会计等式。

3. 经济业务的发生有几种? 为什么经济业务的发生不会破坏会计恒等式的平衡关系?

4. 简述会计科目与账户两者之间的联系和区别。

5. 简述总会计科目与明细分类科目的关系。

6. 投入资本、资本公积、实收资本、注册资本之间的关系如何?

四、综合题

1. 仁卫药业有限责任公司 2018 年 9 月份发生的经济业务见表 2-17。

表 2-17　仁卫药业有限责任公司 2018 年 9 月份发生的经济业务

经济活动内容	属于	不属于
(1)人力资源部长报销差旅费 1200 元		
(2)总经理与供货商会面,就第四季度材料供应签订意向书		
(3)支付电视台广告费 10 000 元		
(4)仓库将采购的原材料验收入库,总价值 150 000 元		
(5)董事会研究决定初步达成向 A 企业投资意向		
(6)收到销售款 32 000 存入银行		
(7)销售部门收到订单,合计金额 100 000 元		
(8)供应部门签订一项购货合同,财会部门同时支付定金 20 000 元		

要求:请判断哪些业务属于会计核算和监督的内容,哪些不属于? 将判断结果填入表中。

提示:在多种多样的经济活动中,会计只能核算和监督其中能用货币表现的经济业务。

2. 仁卫药业有限责任公司 2018 年 9 月份发生下列经济业务:

从银行取得短期借款 20 万元;从银行提现 3000 元;从甲公司购进原材料 10 万元,其中以银行存款支付 6 万元,其余 4 万元尚未支付;支付行政部门管理费用 1 万元;生产六味地黄丸 8 万元入库;销售收入 10 万元,实现利润 2 万元。

请分析:该公司 9 月份发生的经济业务涉及哪些会计要素项目?

3. 仁卫药业有限责任公司 2018 年 9 月初资产总额为 3 500 000 元,流动负债总额为 1 000 000 元,长期负债总额为 300 000 元。当月以银行存款归还短期借款 50 000 元;投资者以固定资产新投入资本金 600 000 元;收回应收账款 50 000 元存入了银行;新取得长期借款 300 000 元直接归还了长期应付款。不考虑其他因素,则该公司当月末的资产总额、负债总额和所有者权益总额分别为多少元?

4. 某药店经营处方药包括麻醉药品如吗啡、哌替啶等;医疗用毒性药品如阿托品等;精神药品如安定类助眠镇静药、舒尔芬等;也经营非处方药包括甲类非处方药和乙类非处方药。请你为该药店经营的药品按级次设置会计科目。

项目二习题

（周凤莲）

项目三

复式记账法

项目三PPT

导学情景 ∨

情景描述

意大利商人巴乔经营羊毛生意，往往会把经商的钱存在钱庄（现代银行的前身），当他需要用钱的时候可能会跟钱商借钱，挣了钱之后又会把钱放到钱庄，这使他成为钱商的一个稳定客户。那么，巴乔和钱商之间发生的这种关系，在钱商看来就是一种债权债务关系，巴乔在这存钱，那么钱商就是巴乔的债务人（我们存钱给银行，等于说银行向我们借钱），然后巴乔可能又会从他这贷款，钱商又成为巴乔的债权人。这样，钱商就必须清楚债权债务相抵消之后，他对巴乔拥有的净债权是多少。钱商该如何将他与巴乔之间的这种债权债务关系完整、系统地记录下来呢？

学前导语

钱商要将他与巴乔之间的这种债权债务关系完整、系统地记录下来，涉及记账方法。记账方法有单式记账法和复式记账法2种。同一笔经济业务，如果只记录货币资金的增减变动情况，不记录实物的增减变动情况，就是单式记账方法。如果既记录货币资金的增减变动情况，也记录实物的增减变动情况，就是复式记账方法。记账方法最初记录的业务就是债权债务的增减变动情况，后来记录的业务范围扩展到其他领域。

设置会计科目和账户，仅仅是对会计要素做出的进一步分类，为加工信息提供了一定的"场地"和工具，但要想记录大量的经济业务所引起资金的增减变化情况，就不单单是会计科目和账户所能够解决的问题了。应在设置账户的基础上，采用科学的记账方法记录经济业务。所谓记账方法就是在账户中记录经济业务的方法，记账是会计核算的基础，记账方法是会计核算的重要组成部分。

任务一　复式记账法概述

一、复式记账法的概念

复式记账法是人们在长期的生产实践中总结出来的一种比较科学的记账方法，是相对于单式记账法而言的。

所谓复式记账法，就是指对发生的每项经济业务，都以相等的金额，同时在两个或两个以上相互联系的账户中进行登记的一种记账方法。

例如:企业从银行提取现金2000元备用,这项经济业务的发生,一方面使库存现金增加了2000元,另一方面使银行存款减少了2000元。采用复式记账方法,在记录经济业务时,应以相等的金额在"库存现金"和"银行存款"这两个相互联系的账户中进行登记,即"库存现金"账户登记增加2000元的同时,"银行存款"账户也登记减少2000元。

为什么每项经济业务都要以相等的金额,同时在两个或两个以上相互联系的账户中进行登记?这是因为,每项经济业务的发生,引起会计要素的变化都存在一定的内在联系,表现为既相互独立又相互依存的两个方面的变化。不是资产与权益同时变化,就是引起资产内部或权益内部两方面的变化。为了全面反映资产权益的变化情况,就需要同时在两个或两个以上的相互联系的账户中同时进行登记。另外,由于在相互联系的账户中登记的是同一笔经济业务的两个不同方面,即同一资金的来龙去脉,所以,登记的金额也应该是相等的。

▶▶ 课堂活动

为什么说复式记账法反映了资金的双重变化?

复式记账法是以"资产=权益"这个会计基本等式为理论基础创立的。任何一笔经济业务的发生,都会引起资产和权益发生相应数量的增减变化,而且金额相等。因此,发生的每项经济业务,都必须以相等的金额,同时在两个或两个以上相互联系的账户中进行登记,以全面反映资金的增减变化。因此可以说会计基本等式是复式记账法的理论依据。

比如,一个企业刚刚设立时,资产和权益是相等的。假设该企业有货币资金10万元,其中6万元由所有者投入(所有者权益),4万元从债权人处借入(债权人权益)。此时,企业有资产10万元,权益10万元(债权人权益4万元、所有者权益6万元)。资产、权益金额相等。这就是复式记账法下账户的对应关系和账户记录之间的平衡关系。

记账方法从单式发展到复式,是会计核算方法划时代意义的进步,是历史发展的必然。

知识链接

单式记账法

单式记账法,对发生的每一笔经济业务只记录现金的增减变动,而不记录实物的增减变动。 例如:用现金购买办公用品500元,只记录现金减少500元,而不记录办公用品增加500元。 只反映来龙不反映去脉。 这种方法只适用于生产力水平较低、经济业务简单的情况。 随着经济业务的复杂,这种方法的局限性越来越明显,已不能适应管理需要,所以,在15世纪中叶被复式记账法所取代。

二、复式记账法的分类

由于记账符号、账户结构、记账规则和试算平衡方法等方面不同,形成了多种复式记账法,但通用的是借贷记账法,它是最科学、最具有代表性的复式记账法。

我国曾采用过借贷记账法、增减记账法和收付记账法 3 种复试记账法(图 3-1)。其中收付记账法又分为资金收付记账法(我国事业单位曾采用)、现金收付记账法(我国金融业曾采用)和财产收付记账法(农村普遍采用)等。自 20 世纪 60 年代后,我国工业企业普遍采用借贷记账法,商业企业曾采用增减记账法。多种记账方法的并存不仅增加了会计核算的难度,而且使我国在对外交往中失去了"共同语言"。为了适应改革开放的需要,与国际惯例取得一致,1992 年颁布的《企业会计准则》第八条规定:"会计记账采用借贷记账法。"1993 年 7 月 1 日起,借贷记账法成为我国各行各业广泛采用的复式记账方法。2006 年 2 月 15 日颁布的新的《企业会计准则——基本准则》对这种记账方法再次给予确认。《企业会计准则——基本准则》第十一条规定"企业应当采用借贷记账法记账"。

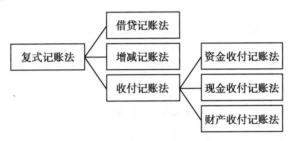

图 3-1 复式记账法分类

点滴积累 $\vee$

1. 复式记账法是对发生的每项经济业务,都以相等的金额,同时在两个或两个以上相互联系的账户中进行登记的一种记账方法。

2. 复式记账法是以"资产=权益"这个会计基本等式为理论基础创立的。

3. 我国曾采用过借贷记账法、增减记账法和收付记账法 3 种复式记账法。 通用的是借贷记账法,它是最科学、最具有代表性的复式记账法。

任务二 借贷记账法

一、借贷记账法的概念

借贷记账法是复式记账法的一种,又称为借贷复式记账法。它是以"借"和"贷"为记账符号,对每一笔经济业务,都在两个或两个以上账户的相反方向,以相等的金额,相互联系地反映各项会计要素增减变动情况的一种复式记账方法。

二、借贷记账法的内容

借贷记账法的基本内容包括记账符号、账户结构、记账规则和试算平衡。

（一）记账符号

借贷记账法以"借"和"贷"作为记账符号。这个记账符号只是用来表明账户的记账方向。在不同性质的账户中，同是"借方"或"贷方"，所反映的经济内容是不同的。

（二）账户结构

在项目二已经介绍了账户的基本结构。在借贷记账法下，任何账户都有借贷两方，基本结构见表3-1。

借贷二字的由来

表3-1 账户结构

账户名称（会计科目）

年		凭证		摘要	借方	贷方	借或贷	余额
月	日	字	号					

为教学方便起见可将账户用"T"字形账户表示，习惯上左边为借方，右边为贷方，如表3-2所示。当然，左边为贷方，右边为借方，也是可以的。但习惯上通用前一种。

表3-2 账户结构

借方	账户名称（会计科目）	贷方

在借贷记账法下，所有账户都分为借贷两方。其中账户的一方登记增加金额，另一方登记减少金额。至于账户的借贷两方，哪一方登记增加额，哪一方登记减少额，要根据账户的性质来确定。因为经济内容可以分为相反的两大类：资产和权益。因收入、费用以及利得、损失的发生最终也是导致资产或权益的变化，所以，可归为资产、权益类。而账户结构只有两类，一类是借方登记增加，贷方登记减少；另一类是借方登记减少，贷方登记增加。资产和权益两者只能各选其一，不能同时选择一种。

以下就不同性质的账户结构，分别予以说明。

1. 资产类账户结构 资产类账户增加额记入账户的借方，减少额记入账户的贷方，账户若有余额，一般为借方余额。每一会计期间借方记录的金额称为"本期借方发生额"，贷方记录的金额称为"本期贷方发生额"。

资产类账户的结构，如表3-3所示。

表3-3 资产类账户的结构

借方		资产类账户	贷方	
期初余额	×××			
本期增加额	×××	本期减少额	×××	
	×××		×××	
本期借方发生额合计	×××	本期贷方发生额合计	×××	
期末余额	×××			

▶▶ **课堂活动**

　　"资产类账户结构是增加额记入账户的借方，减少额记入账户的贷方"。那么，可不可以反过来"资产类账户减少额记入账户的借方，增加额记入账户的贷方"呢？从理论上来说，当然可以，但只能选择一种。人们习惯上使用第一种，即"资产类借方记增加、贷方记减少"。在此情形下，作为与资产类相反的权益类账户的结构只能选择与其相反的账户结构，即"权益类账户结构是减少额记入账户的借方，增加额记入账户的贷方"。

　　你能理解为什么吗？

资产类账户的 4 个指标之间的关系，用下列公式表示：

资产类账户期末（借方）余额＝期初（借方）余额＋本期借方发生额合计－本期贷方发生额合计

　　现以"银行存款"账户为例，使用"T"字型账户结构，说明资产类账户的结构如表 3-4 所示。某企业银行存款月初余额为 20 000 元，本月销售商品分别收到银行存款 100 000 元、60 000 元和 30 000 元，本月以银行存款支付应付账款一笔 50 000 元，支付采购原材料款 90 000 元，银行存款月末余额为 70 000 元。

表 3-4　银行存款账户

借方	银行存款	贷方	
期初余额	20 000		
收入	100 000	支出	50 000
收入	60 000	支出	90 000
收入	30 000		
本期借方发生额合计	190 000	本期贷方发生额合计	140 000
期末余额	70 000		

　　"银行存款"账户的期末借方余额＝20 000＋190 000－140 000＝70 000 元

　　2. 权益类账户结构　权益类账户增加额记入账户的贷方，减少额记入账户的借方，账户若有余额，一般为贷方余额。权益类账户的结构，如表 3-5 所示。

表 3-5　权益类账户结构

借方	负债及所有者权益类账户	贷方	
		期初余额	×××
本期减少额	×××	本期增加额	×××
	×××		×××
本期借方发生额合计	×××	本期贷方发生额合计	×××
		期末余额	×××

权益类账户的 4 个指标之间的关系，用下列公式表示：

权益类账户的期末（贷方）余额＝期初（贷方）余额＋本期贷方发生额合计－本期借方发生额合计

　　3. 损益类账户的结构　企业实现的收入可导致所有者权益的增加，即收入与权益相同属于资金来源。所以,收入类账户的结构与权益类账户的结构相同。期末时,收入类账户的余额全部转入"本年利润"账户,期末无余额。收入类账户结构,如表3-6所示。

表3-6　收入类账户结构

借方	收入类账户	贷方
本期收入减少额即转出额　　×××	本期收入增加额　　×××	
	结转后无余额	

同样,企业发生的成本、费用可导致所有者权益减少,即成本、费用与资产相同属于资金运用。所以,成本、费用类账户结构与资产类账户结构相同。期末时,成本、费用类账户的余额全部转入"本年利润"账户,期末无余额。成本、费用类账户结构,如表3-7所示。

表3-7　成本、费用类账户结构

借方	成本、费用类账户	贷方
本期费用增加额　　×××	本期费用减少额即转出额　　×××	
结转后无余额		

▶ 课堂活动

理解成本、费用类账户的结构与权益类账户的结构相反,与资产类账户结构相似,还有一种思路：就是费用是资产的一种特殊形式,或者它是一种特殊的资产。所以,与资产类账户结构相似。

请同学们举一个费用是一种特殊的资产的例子。

综上所述,借贷记账法下,各类账户的结构可归纳为表3-8。

表3-8　所有账户的结构总结表

借方	账户名称	贷方
资产增加	资产减少	
成本费用增加	成本费用减少	
负债减少	负债增加	
所有者权益减少	所有者权益增加	
收入减少	收入增加	

也可总结为以下2个账户结构,更便于记忆,如表3-9、表3-10所示。

表3-9　资产、成本、费用类账户结构

借方	资产、成本、费用类账户	贷方
期初余额　　×××	本期减少额　　×××	
本期增加额　　×××		
本期借方发生额合计　　×××	本期贷方发生额合计　　×××	
期末余额　　×××		

表 3-10　负债、所有者权益、收入类账户结构

借方		负债、所有者权益、收入类账户	贷方
本期减少额	×××	期初余额	×××
		本期增加额	×××
本期借方发生额合计	×××	本期贷方发生额合计	×××
		期末余额	×××

（三）记账规则

记账规则是指运用记账方法记录经济业务时应当遵守的规律。借贷记账法的记账规则为：有借必有贷，借贷必相等。

"有借必有贷"是依据账户结构原理确定的。如前所述，账户的结构只有 2 类：资产、成本、费用类是借方登记增加，贷方登记减少；负债、所有者权益、收入类是借方登记减少，贷方登记增加。而且这两类账户结构是按相反方向登记的。每项经济业务的发生不是资产与权益同时变化，就是引起资产内部或权益内部的变化。当经济业务的发生引起资产与权益同时变化时，资产与权益的记账方向是相反的，所以，有借必有贷。当经济业务的发生引起资产内部或权益内部变化时，内部必然是一增一减的变化，而同一会计要素（资产或权益）内部增减的记账方向是相反的，所以也是有借必有贷。

"借贷必相等"是复式记账法决定的。由于在相互联系的账户中登记的是同一笔经济业务的两个不同方面，两个方面的金额相等，即同一资金的来龙去脉，所以，登记的金额也应该是相等的。

为便于理解、记忆记账规则，将记账规则总结为简图，如图 3-2 所示。图中的（1）~（9）序号代表 9 种经济业务的类型。

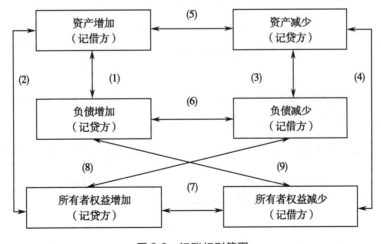

图 3-2　记账规则简图

下面以仁卫药业有限责任公司发生的 9 种经济业务为例，说明借贷记账法的记账规则。

（1）资产和权益同增，增加的金额相等

①一项资产和一项负债同增

【经济业务3-1】购入生产用设备一台,价值 50 000 元,固定资产已验收入库,货款暂欠。

借方	应付账款	贷方		借方	固定资产	贷方
		50 000	←	→	50 000	

②一项资产和一项所有者权益同增

【经济业务3-2】收到投资者追加投资 200 000 元,存入银行。

借方	实收资本	贷方		借方	银行存款	贷方
		200 000	←	→	200 000	

（2）资产和权益同减,减少的金额相等

③一项资产和一项负债同减

【经济业务3-3】以银行存款 40 000 元偿还前欠某单位货款。

借方	银行存款	贷方		借方	应付账款	贷方
		40 000	←	→	40 000	

④一项资产和一项所有者权益同减

【经济业务3-4】归还合伙人投资 100 000 元,以银行存款支付。

借方	银行存款	贷方		借方	实收资本	贷方
		100 000	←	→100 000		

（3）资产内部有增有减,增减的金额相等

⑤资产内部有增有减,增减的金额相等

【经济业务3-5】从银行提取现金 15 000 元备用。

借方	银行存款	贷方		借方	库存现金	贷方
		15 000	←	→ 15 000		

（4）权益内部有增有减,增减的金额相等

⑥一项负债减少,另一项负债增加

【经济业务3-6】向银行借入3个月到期的短期借款 100 000 元,支付前欠货款 100 000 元。

借方	短期借款	贷方		借方	应付账款	贷方
		100 000	←	→100 000		

⑦一项所有者权益减少,另一项所有者权益增加

【经济业务3-7】按照法定程序,将盈余公积转增资本金 400 000 元。

借方	实收资本	贷方		借方	盈余公积	贷方
		400 000	←	→ 400 000		

⑧一项负债减少,一项所有者权益增加

【经济业务3-8】投资者东方公司代替本公司偿还一笔应付账款300 000元,作为对本公司的追加投资额。

借方	实收资本	贷方		借方	应付账款	贷方
		300 000	←	→ 300 000		

⑨一项所有者权益减少,一项负债增加

【经济业务3-9】投资者要求本公司代为其偿还所欠货款300 000元,作为其投资的减少。

借方	应付账款	贷方		借方	实收资本	贷方
		300 000	←	→ 300 000		

不难看出,上述所举的9种经济业务例子中,企业无论发生哪一种经济业务,都以相等的金额记入有关账户的借方和贷方,均遵循"有借必有贷,借贷必相等"的记账规则。

▶▶ 边学边练

根据实训二　借贷记账法的资料2的10个经济业务确定其记账方向,看看是否体现了记账规则?

(四)会计分录与账户的对应关系

1. 会计分录

(1)会计分录的概念:所谓会计分录就是确定每项经济业务应借、应贷账户的名称、记账方向(借方、贷方)和入账金额的一种记录。

由于经济业务繁多,种类复杂,经济业务发生后所引起的资金增减变动,如果直接记入有关的账户中去,这样登账容易发生错漏,并且不能集中反映出各项经济业务所涉及的账户之间的对应关系。为了保证账户对应关系的正确性,登记账户前应先根据经济业务所涉及的会计科目、借贷方向和金额,编制会计分录,然后据以登记入账。

会计分录的编制需要把握3个要素:账户名称、记账方向(借方、贷方)和入账金额。在实际工作中,会计分录的3个要素是编制在记账凭证中的。记账凭证是会计分录的载体,会计分录是教学中简化了的记账凭证。

(2)会计分录的分类:会计分录根据所涉及的账户的多少,分为简单会计分录和复合会计分录。

1)简单会计分录(一借一贷),指只涉及2个账户的会计分录,即一借一贷的会计分录。简单会计分录下的会计科目间的对应关系十分清晰,比较容易理解和掌握。

2)复合会计分录(非一借一贷),指由2个以上(不含2个)的对应账户所组成的会计分录,即一借多贷、多借一贷和多借多贷的会计分录。复合会计分录,可以全面反映经济业务的来龙去脉,并简化记账手续,提高工作效率。

在借贷记账法下,应尽量避免编制"多借多贷"的会计分录,因为这种会计分录不能体现账户之间的对应关系,当然在经济业务确实需要时,也可以编制。值得注意的是,不能把不存在对应关系的账户结合起来编制一个复合会计分录,这样会混淆经济业务发生的实际情况。

(3)编制会计分录的步骤

1)分析经济业务的内容涉及哪些账户,确定该项经济业务应记入的账户名称及账户性质;

2)根据该项经济业务引起的会计要素的增减变化和借贷记账法的账户结构,确定账户的记账方向(记"借方"还是记"贷方");

3)根据会计要素增减变化的数量确定账户应登记的金额。

知识链接

会计分录书写格式

(1)先借后贷;

(2)借和贷分行写,账户名称和金额数字错开写;

(3)在"一借多贷"或"多借一贷"的情况下,贷方或借方账户的名称和金额数字必须对齐,以便试算平衡;

(4)金额后不带计量单位;

(5)如有明细科目则在总账科目后划杠书明。

下面以【经济业务3-1】~【经济业务3-9】的业务为例,说明会计分录的编制方法。

【经济业务3-1】购入生产用设备一台,价值50 000元,款暂欠,固定资产已验收入库。

【分析】固定资产增加50 000元,应借记"固定资产"账户,同时应付账款增加了50 000元,应贷记"应付账款"账户。会计分录如下:

借:固定资产　　　　　　　　　　　　　　　　　　　　50 000
　贷:应付账款　　　　　　　　　　　　　　　　　　　　　　50 000

【经济业务3-2】收到投资者追加投资200 000元,存入银行。

【分析】银行存款增加200 000元,应借记"银行存款"账户,同时实收资本增加了200 000元,应贷记"实收资本"账户。会计分录如下:

借:银行存款　　　　　　　　　　　　　　　　　　　　200 000
　贷:实收资本　　　　　　　　　　　　　　　　　　　　　　200 000

【经济业务3-3】以银行存款40 000元偿还前欠某单位货款。

【分析】应付账款减少40 000元,应借记"应付账款"账户,同时银行存款减少了40 000元,应贷记"银行存款"账户。会计分录如下:

借:应付账款　　　　　　　　　　　　　　　　　　　　40 000
　贷:银行存款　　　　　　　　　　　　　　　　　　　　　　40 000

【经济业务3-4】归还合伙人投资100 000元,以银行存款支付。

【分析】实收资本减少100 000元,应借记"实收资本"账户,同时银行存款减少了100 000元,应贷记"银行存款"账户。会计分录如下:

　　借:实收资本　　　　　　　　　　　　　　　　　　　　　　　　　100 000
　　　贷:银行存款　　　　　　　　　　　　　　　　　　　　　　　　　100 000

【经济业务3-5】从银行提取现金15 000元备用。

【分析】库存现金增加15 000元,应借记"库存现金"账户,同时银行存款减少了15 000元,应贷记"银行存款"账户。会计分录如下:

　　借:库存现金　　　　　　　　　　　　　　　　　　　　　　　　　　15 000
　　　贷:银行存款　　　　　　　　　　　　　　　　　　　　　　　　　　15 000

【经济业务3-6】向银行借入期限为3个月的短期借款100 000元,支付前欠货款100 000元。

【分析】应付账款减少了100 000元,应借记"应付账款"账户;同时,短期借款增加100 000元,应贷记"短期借款"账户。会计分录如下:

　　借:应付账款　　　　　　　　　　　　　　　　　　　　　　　　　100 000
　　　贷:短期借款　　　　　　　　　　　　　　　　　　　　　　　　　100 000

【经济业务3-7】按照法定程序,将盈余公积转增资本金400 000元。

【分析】盈余公积减少了400 000元,应借记"盈余公积"账户;同时实收资本增加400 000元,应贷记"实收资本"账户。会计分录如下:

　　借:盈余公积　　　　　　　　　　　　　　　　　　　　　　　　　400 000
　　　贷:实收资本　　　　　　　　　　　　　　　　　　　　　　　　　400 000

【经济业务3-8】投资者东方公司代替本公司偿还一笔应付账款300 000元,作为对本企业的追加投资额。

【分析】应付账款减少了300 000元,应借记"应付账款"账户;同时实收资本增加300 000元,应贷记"实收资本"账户。会计分录如下:

　　借:应付账款　　　　　　　　　　　　　　　　　　　　　　　　　300 000
　　　贷:实收资本　　　　　　　　　　　　　　　　　　　　　　　　　300 000

【经济业务3-9】投资者要求本公司代为其偿还所欠货款300 000元,作为其投资的减少。

【分析】实收资本减少了300 000元,应借记"实收资本"账户;同时,应付账款增加300 000元,应贷记"应付账款"账户。会计分录如下:

　　借:实收资本　　　　　　　　　　　　　　　　　　　　　　　　　300 000
　　　贷:应付账款　　　　　　　　　　　　　　　　　　　　　　　　　300 000

▶▶ 边学边练

会计分录的练习见实训二　借贷记账法的实训要求2。

　　2. 对应账户　一个会计分录中涉及的相互联系账户之间的关系,称为账户的对应关系,发生对应关系的账户,称为对应账户(或理解为一个会计分录中涉及的账户彼此称对方为自己的对应账户)。例如,以银行存款50 000元偿还短期借款。这项经济业务,应记入"短期借款"账户借方50 000元和"银行存款"账户贷方50 000元,使"短期借款"和"银行存款"这2个账户发生了应借、应贷的对应关系,这2个账户就彼此称为对应账户。

账户对应关系具有以下2个重要作用:

(1)通过账户的对应关系,可以了解经济业务的内容。比如,记入"应付账款"账户借方100 000元和"短期借款"账户贷方100 000元。通过这2个账户的对应关系可以了解到,应付账款(负债)的减少,是由于短期借款(负债)的增加,也就是用从银行取得短期借款偿还应付账款,而使应付账款减少了100 000元,短期借款增加了100 000元。

(2)通过账户的对应关系,可以监督账户中所记录的经济业务是否符合有关经济法规和财务会计制度。例如,以库存现金偿还前欠A公司货款。应记入"应付账款——A公司"账户借方5000元和"库存现金"账户贷方5000元。这2个账户的对应关系表明是以库存现金5000元,偿还前欠A公司货款。这项经济业务所作的会计处理并无错误,但这项经济业务却违反了国家现金管理制度的规定。因为偿付大额的货款,必须通过银行办理结算,不得直接用现金支付。

在全部账户中,不是每个账户都同其他账户形成对应关系,而只是反映客观存在的具有相互联系、相互制约经济关系的账户才能形成账户对应关系。

(五)登账

各项经济业务编制会计分录以后,据以登记有关账户,这个步骤通常称为"过账",就是我们所说的登账。登账分3步:登记期初余额、本期借贷方发生额以及计算本期借贷方发生额合计及期末余额。

1. 登记期初余额 由于所有账户的结构分为2类,资产类账户余额在借方,权益类账户余额在贷方。所以,资产类账户的期初余额登记在借方,而权益类账户的期初余额登记在贷方。

仁卫药业有限责任公司9月1日部分账户的期初余额见表3-11。

表3-11 部分账户期初余额表　　　　　　　　　　　　　　单位:元

账户名	借方余额	账户名称	贷方余额
银行存款	750 000	短期借款	100 000
应收账款	100 000	应付账款	200 000
固定资产	600 000	实收资本	700 000
原材料	5 000	盈余公积	500 000
合计	1 500 000	合计	1 500 000

依据表3-11给定的期初余额资料,"银行存款""应收账款""固定资产""原材料"4个账户,期初余额登记在借方,属于资产类账户;"短期借款""应付账款""实收资本""盈余公积"4个账户,期初余额登记在贷方,属于权益类账户。

登记结果如表3-12所示。

▶▶ 边学边练

期初余额的登记见实训二　借贷记账法的实训要求1。

2. 登记本期借贷方发生额 依据一定时期发生的经济业务编制的会计分录登记本期发生额。登记本期发生额时会出现有的账户没有期初余额,但本期有发生额的情况,这时应补开此账户并登记本期发生额。

依据前述【经济业务 3-1】~【经济业务 3-9】的经济业务编制的会计分录登记本期发生额。【经济业务 3-1】~【经济业务 3-9】的经济业务编制的会计分录中涉及 9 个账户,其中 8 个已开设账户并已登记期初余额,只有 1 个账户即"库存现金"账户没有期初余额,需要补开并登记本期发生额。

登记结果如表 3-12 所示。

▶▶ 边学边练

本期借贷方发生额的登记见实训二 借贷记账法的实训要求 3。

3. 计算本期借贷方发生额合计及期末余额 期末余额的计算参照账户结构的 2 个计算公式。

登记结果如表 3-12 所示。

▶▶ 边学边练

本期借贷方发生额合计及期末余额的登记见实训二 借贷记账法的实训要求 4。

表 3-12 账户的登账过程及结果

借	库存现金		贷
期初余额			
	⑤15 000		
本期发生额合计	15 000	本期发生额合计	
期末余额	15 000		

借	原材料		贷
期初余额	50 000		
本期发生额合计	0	本发生额合计	0
期末余额	50 000		

借	银行存款		贷
期初余额	750 000		
②200 000			
		③40 000	
		④100 000	
		⑤15 000	
本期发生额合计		本期发生额合计	
	200 000		155 000
期末余额	795 000		

借	应收账款		贷
期初余额	100 000		
本期发生额合计	0	本期发生额合计	0
期末余额	100 000		

借	短期借款		贷
		期初余额	100 000
		⑥100 000	
本期发生额合计		本期发生额合计	
	0		100 000
		期末余额	200 000

借	盈余公积		贷
		期初余额	500 000
	⑦400 000		
本期发生额合计		本期发生额合计	
	400 000		0
		期末余额	100 000

借	应付账款	贷		借	实收资本	贷
	期初余额 200 000				期初余额 700 000	
③ 40 000	① 50 000			④100 000	② 200 000	
⑥100 000	⑨300 000			⑨300 000	⑦ 400 000	
⑧300 000					⑧ 300 000	
本期发生额合计	本期发生额合计			本期发生额合计	本期发生额合计	
440 000	350 000			400 00	900 000	
	期末余额 110 000				期末余额 1200 000	

借	固定资产	贷
期初余额 600 000		
① 50 000		
本期发生额合计 50 000	本期发生额合计 0	
期末余额 650 000		

（六）试算平衡

所谓试算平衡，就是根据"资产＝权益"会计等式和记账规则来检查会计分录、登账过程及登账结果是否正确、完整的一种验证方法，包括余额试算平衡和发生额试算平衡2种。2个平衡公式如下：

1. 发生额试算平衡公式 全部账户本期借方发生额合计数＝全部账户本期贷方发生额合计数

发生额试算平衡公式是检查会计分录是否正确的验证公式。这个平衡公式成立的依据是记账规则。在借贷记账法下，按照"有借必有贷，借贷必相等"的记账规则对每项经济业务在借贷两方以相等的金额来记录，因此无论是每项经济业务的发生额，还是全部经济业务在会计期间的累计发生额，借方和贷方自始至终都应该是相等的。即全部账户借方发生额合计数一定等于全部账户的贷方发生额合计数。

2. 余额试算平衡公式 全部账户期初（末）借方余额合计数＝全部账户期初（末）贷方余额合计数

余额试算平衡公式是验证登账过程及登账结果是否正确的验证公式。这个平衡公式成立的依据是"资产＝权益"会计等式。一个企业的资产总额是全部资产类账户的借方余额合计数，一个企业的权益总额是全部权益类账户的贷方余额合计数，而"资产＝权益"，是一个静态会计等式，即在任何时点上两者是成立的，所以，期初（期末）时点上两者也是成立的。

实际中试算平衡是通过编制试算平衡表进行的。试算平衡表的格式如表 3-13 所示。

表 3-13 总分类账户试算平衡表

会计科目	期初余额		本期发生额		期末余额	
	借方	贷方	借方	贷方	借方	贷方
合计						

试算平衡表的编制方法如下:

(1)将各账户的期初余额过入平衡表内:将资产类账户的期初余额过入期初余额的借方栏下,将权益类账户的期初余额过入期初余额的贷方栏下。

(2)将各账户本期借贷方发生额逐笔填入表内。

(3)将各账户期末余额过入平衡表内:将资产类账户的期末余额过入期末余额的借方栏下,将权益类账户的期末余额过入期末余额的贷方栏下。

(4)将借贷方发生额和余额分别相加,得出借、贷方发生额的合计数以及借、贷方余额的合计数。

根据表3-12的登账结果编制试算平衡表,如表3-14所示。

表3-14 总分类账户试算平衡表(实例)

2018 年 9 月 30 日 单位:元

账户名称	期初余额		本期发生额		期末余额	
	借方	贷方	借方	贷方	借方	贷方
库存现金			15 000		15 000	
银行存款	750 000		200 000	155 000	795 000	
应收账款	100 000				100 000	
原 材 料	50 000				50 000	
库存商品						
固定资产	600 000		50 000		650 000	
短期借款		100 000		100 000		200 000
应付账款		200 000	440 000	350 000		110 000
实收资本		700 000	400 000	900 000		1 200 000
盈余公积		500 000	400 000			100 000
合计	1 500 000	1 500 000	1 505 000	1 505 000	1 610 000	1 610 000

点滴积累 V

1. 借贷记账法是以"借"和"贷"为记账符号,对每一笔经济业务,都在两个或两个以上账户的相反方向,以相等的金额,相互联系地全面反映各项会计要素增减变动情况的一种复式记账方法。

2. 借贷记账法基本内容包括记账符号、账户结构、记账规则和试算平衡4项。

3. 资产和权益两大类账户的结构是相反的。

4. 借贷记账法的记账规则为"有借必有贷,借贷必相等"。

5. 会计分录是确定每项经济业务应借、应贷账户的名称、记账方向(借方、贷方)和入账金额的一种记录。

6. 对应账户是指一个会计分录中涉及的账户彼此称对方为自己的对应账户。

7. 登账分 3 步：登记期初余额、登记本期借贷方发生额以及计算本期借贷方发生额合计及期末余额。

8. 试算平衡是根据 "资产＝权益" 会计等式和记账规则来检查会计分录、登账过程及结果是否正确、完整的一种验证方法，包括发生额试算平衡和余额试算平衡。

实训二　借贷记账法

【实训目的】

熟悉借贷记账法的原理。

【实训内容】

资料 1：仁卫药业有限责任公司 2018 年 9 月 1 日有关账户余额如表 3-15 所示。

表 3-15　仁卫药业有限责任公司 2018 年 9 月 1 日部分账户余额

资产	余额	负债及所有者权益	余额
库存现金	10 800	短期借款	20 000
银行存款	40 000	应付账款	9200
原材料	100 000	实收资本	410 000
库存商品	16 400	盈余公积	60 000
固定资产	300 000		
应收账款	20 000		
生产成本	12 000		
合计	499 200	合计	499 200

资料 2：仁卫药业有限责任公司 2018 年 9 月份发生下列经济业务。

(1) 购入原材料一批，价值 25 000 元，材料已验收入库，但货款尚未支付。

(2) 向银行借入短期借款 60 000 元存入银行。

(3) 收到投资者追加投资 300 000 元，存入银行。

(4) 从银行提取现金 10 000 元备用。

(5) 以银行存款转账支付前欠货款 5000 元。

(6) 收到投资者投入资本 100 000 元，存入银行。

(7) 将盈余公积转增资本金 40 000 元

(8) 收回应收账款 20 000 元，存入银行。

(9) 以银行存款购入固定资产，价值 20 000 元。

(10) 购入外单位原材料一批，价值 110 000 元，以银行存款支付货款 30 000 元，剩余 80 000 元货款暂欠 (不考虑增值税)。

【实训要求】

1. 根据资料1开设有关"T"总分类账户并登记期初余额；

2. 根据资料2编制会计分录；

3. 根据资料2编制的会计分录逐笔登记各账户的发生额，没有期初余额的账户应补开；

4. 月末计算各账户的本期借贷方发生额合计及期末余额；

5. 根据全部账户的期初余额、本期借贷方发生额及期末余额编制试算平衡表，进行试算平衡。

总分类账户发生额及余额试算平衡表如表3-16所示。

表3-16　总分类账户发生额及余额试算平衡表

账户名称	期初余额		本期发生额		期末余额	
	借方	贷方	借方	贷方	借方	贷方
合计						

【实训注意】

完成本实训要求必须熟悉以下知识点：

(1)借贷记账法的概念；

(2)借贷记账法的内容：记账方向、账户结构、记账规则、会计分录、对应账户、登"T"账的步骤以及试算平衡。

【实训检测】

通过以上实训你会发现，借贷记账法是一种非常严密并具有科学性的一种记账方法。请思考：它的科学性表现在哪些方面？

目标检测

一、选择题

（一）单项选择题

1. 下列关于复式记账法的说法中，正确的是（　　　）

A. 经济业务发生只在一个账户中登记

B. 经济业务发生在两个账户中登记

C. 经济业务发生在两个或两个以上账户中登记

D. 经济业务发生在相关账户中登记

2. 简单会计分录的形式是(   )

    A. 一借多贷   B. 一贷多借   C. 一借一贷   D. 多借多贷

3. 对每个账户来说,期末余额(   )

    A. 只能在借方   B. 借方和贷方

    C. 只能在贷方   D. 可能在借方或贷方

4. 在借贷记账法下,账户的增减方向取决于(   )

    A. 账户的名称   B. 账户的性质   C. 账户用途   D. 账户结构

5. 借贷记账法的试算平衡的方法有(   )

    A. 总账及所属明细账的余额平衡   B. 差额平衡

    C. 所有资产类和负债类的余额平衡   D. 发生额平衡、余额平衡

6. 进行账户发生额试算平衡的依据是(   )

    A. 借贷记账法的记账规则   B. 总账和明细账登记规则

    C. 基本会计等式的恒等关系   D. 经济业务的类型

7. 存在着对应关系的账户,称为(   )

    A. 联系账户   B. 平衡账户   C. 恒等账户   D. 对应账户

8. 所谓试算平衡,就是根据资产和权益的(   )来检查各类账户的记录是否正确

    A. 对应关系   B. 平衡关系   C. 制约关系   D. 从属关系

9. 资产类账户期末余额的计算公式是(   )

    A. 期末余额=期初借方余额+本期借方发生额-本期贷方发生额

    B. 期末余额=期初贷方余额+本期借方发生额-本期贷方发生额

    C. 期末余额=期初贷方余额+本期贷方发生额

    D. 期末余额=期初借方余额+本期贷方发生额

10. 权益类账户期末余额的计算公式是(   )

    A. 期末余额=期初借方余额+本期借方发生额-本期贷方发生额

    B. 期末余额=期初贷方余额+本期贷方发生额-本期借方发生额

    C. 期末余额=期初贷方余额+本期贷方发生额

    D. 期末余额=期初借方余额+本期借方发生额

(二)多项选择题

1. 下列错误中不能通过试算平衡发现的是(   )

    A. 某项经济业务未登记入账   B. 只登记借方金额,未登记贷方金额

    C. 应借应贷的账户中借贷方向记反   D. 借贷双方同时多记了相等的金额

E. 借贷余额金额不相等

2. 在借贷记账法下,账户贷方登记(　　)

  A. 资产的减少　　　　　　B. 收入的减少　　　　　　C. 成本费用的减少

  D. 所有者权益的减少　　　E. 负债的增加

3. 会计分录3要素有(　　)

  A. 记账方向　　　　　　　B. 账户名称　　　　　　　C. 账户格式

  D. 账户结构　　　　　　　E. 入账金额

4. 会计期末账户记录错误,一般有下列情况(　　)

  A. 试算平衡表不正确　　　B. 漏记　　　　　　　　　C. 重记

  D. 记账方向错误　　　　　E. 账户名称用错

5. 下列公式中表达正确的有(　　)

  A. 本期期初余额＝上期期末余额

  B. 本期期末余额＝上期期初余额

  C. 本期期末余额＝期初余额+本期增加发生额−本期减少发生额

  D. 本期期末余额＝本期增加发生额−本期减少发生额

  E. 本期期末余额−期初余额＝本期增加发生额−本期减少发生额

二、判断题

1. 凡是余额在借方的都是资产类账户。(　　)

2. 借贷记账法的理论基础是"有借必有贷,借贷必相等"。(　　)

3. 在借贷记账法下,账户的借方登记增加数,贷方登记减少数。(　　)

4. 在借贷记账法下,账户的余额计算公式是:期末余额＝期初余额+本期借方发生额−本期贷方发生额。(　　)

5. 资产类账户的期末余额一般在贷方。(　　)

6. 简单会计分录为一借一贷,复合会计分录为多借多贷。(　　)

7. 通过账户的对应关系,可以了解经济业务的内容。(　　)

8. 收入类账户与资产类账户的结构相同,费用类账户与权益类账户的结构相同。(　　)

9. 通过全部账户的本期发生额和余额的试算平衡,可以保证账户登记的正确无误。(　　)

10. 有贷方余额的账户都属于权益类账户。(　　)

三、简答题

1. 什么是复式记账法?复式记账法的理论依据是什么?

2. 简述借贷记账法包含的内容。

3. 为什么资产类账户与权益类账户的账户结构相反?

4. 写出资产类账户与权益类账户期末余额的计算公式。

5. 写出借贷记账法下试算平衡的公式。

四、综合题

1. 计算题

（1）仁卫药业有限责任公司 2018 年 9 月份"应收账款"账户的期初借方余额为 8000 元,本期贷方发生额为 9000 元,期末借方余额为 8000 元,则该账户的本期借方发生额为多少元?

（2）仁卫药业有限责任公司 2018 年 9 月份"应付账款"账户的期初贷方余额为 2000 元,本期借方发生额为 4000 元,期末贷方余额为 6000 元,则该账户的本期贷方发生额为多少元?

2. 填表题

仁卫药业有限责任公司 2018 年 9 月份部分账户不完整资料如表 3-17 所示,要求计算填列下表空格中的数字或文字。

表 3-17　仁卫药业有限责任公司 2018 年 9 月份部分账户不完整资料

账户名称	期初余额	本期发生额		借或贷	期末余额
		借方	贷方		
库存现金	980	14 500		借	1100
固定资产	200 000	100 000	150 000		
应收账款		36 000	21 000	借	18 000
库存商品	297 000		148 200	借	210 000
短期借款	230 000	130 000	200 000		
应付账款	320 000	120 000		贷	340 000
应交税费	20 000		10 000	平	0
实收资本		50 000	10 000	贷	820 000

项目三习题

（周世珩）

模块二

会计基本理论、基本方法的应用

项目四

工业企业主要经济业务及其成本的核算

情景导学 ∨ ⋯⋯⋯⋯⋯⋯⋯⋯⋯⋯⋯⋯⋯⋯⋯⋯⋯⋯⋯⋯⋯⋯⋯⋯⋯⋯⋯⋯⋯⋯⋯⋯⋯

情景描述

仁卫药业有限责任公司于 2018 年 9 月 1 日成立，注册资本 250 万元，其中甲方以现金 50 万元和厂房 100 万元投资，乙方以设备 100 万元投资。 职工 100 人。 系一家内资企业，集生产、销售于一身，主要生产中成药"保和丸"与"六味地黄丸"两种产品。 一般纳税人，企业所得税税率 25%。

公司成立初期向银行贷款 60 万元，期限 1 年，年利率 8%，月计提利息，季付息，到期一次还本。 贷款用于购置固定资产、采购原材料。 药品主要销售给省医药公司、省人民医院、中心医院、京都药店。 公司还有闲置房屋出租的业务。

学前导语

假如你即将毕业，应聘到仁卫药业有限责任公司上班，岗位是会计。 你如何对该公司发生的经济业务进行账务处理？ 请跟我们一起走进项目四的学习，学完之后你基本上就能胜任该工作了。

工业企业主要经济业务是随着工业企业的资金运动而发生的,而工业企业的资金运动过程在项目二任务一会计对象中已有描述,在此就不再赘述。本项目仅以工业企业发生的主要经济业务为例,系统说明会计核算的基本方法。

任务一 筹资过程经济业务的核算

一、筹资过程的主要经济业务

筹资是企业进行生产经营活动的前提条件,是工业企业资金运动的起点。任何企业的生产和经营活动,均离不开资金,企业资金的来源主要有 2 条途径,即投资者投入资本(即所有者权益)和从银行及其他金融机构借入资金(即负债)。

二、核算筹资过程经济业务设置的主要账户

(一)投入资本设置的主要账户

所有者投入的资本既包括企业收到投资者投入的但不超出注册资本部分的资本(记入实收资本),也包括企业收到投资者投入的但超过注册资本部分的资本(记入资本公积)。

投资者可以是国家、单位、个人和外商等。投资者可以现金、银行存款等货币资金进行投资,也可以房屋、机器设备等实物资产进行投资,还可以专利权、商标权等无形资产进行投资。

知识链接

收到投资的入账规定

以货币资金投资的,应按实际收到的款项作为投资额入账;以固定资产、原材料等实物资产投资,或以专利权、商标权等无形资产投资,应按照投资各方共同确认的价值(或评估值)作为实际投资额入账。企业在生产经营过程中所取得的收入或收益、所发生的费用或损失,不得直接增减投入资本或股本。

核算投入资本设置的主要账户有:"实收资本""资本公积""其他综合收益",其对应的账户有"库存现金""银行存款""固定资产""无形资产""原材料"等。

1."实收资本"账户

(1)实收资本概念及核算内容:实收资本是指企业实际收到投资者投入企业的资本数,但不超出注册资本的部分,以及按规定从资本公积、盈余公积转增实收资本的部分,股份有限公司称"股本"。本账户核算实收资本的增减变动情况及其结余情况。

(2)"实收资本"账户的类型及账户结构:本账户属于所有者权益类账户,账户结构是贷方登记企业收到投资者投入的资本额,以及以盈余公积、资本公积转增的资本额;借方登记企业根据法定程序报经批准减少的资本额;期末贷方余额,表示企业拥有的实收资本或股本总额。

(3)"实收资本"账户明细账的设置:本账户根据投资者不同设置明细账,进行明细分类核算。

"实收资本"账户的核算内容及其结构如表4-1所示。

表4-1　"实收资本"账户的核算内容及其结构表

借方	实收资本(所有者权益类)	贷方
批准减少的资本额	期初余额:××× ①收到投资者投入的资本额 ②盈余公积、资本公积转增的资本额	
	期末余额:实收资本(或股本)的实有数	

【经济业务4-1】仁卫药业有限责任公司9月1日,收到甲投资者投入现金500 000元,存银行,同时甲方以厂房1 000 000元投资。

【工作步骤】该项经济业务使企业的资产(固定资产)增加1 000 000元,使企业的资产(银行存款)增加500 000元,同时使企业的权益(实收资本)也增加1 500 000元。根据借贷记账法的账户结构和记账规则,该项经济业务的会计分录如下:

借:固定资产——厂房 1 000 000

借:银行存款 500 000

　　贷:实收资本——甲投资者 1 500 000

ER-4-1

会计分录与记账凭证

2."资本公积"账户

(1)资本公积概念及核算内容:资本公积是由投入资本本身所引起的各种增值的资本,包括资本溢价或股本溢价等。本账户核算资本公积的增减变动情况及其结余情况。

(2)"资本公积"账户的类型及账户结构:本账户属于所有者权益类账户,账户结构是贷方登记增加的资本公积数;借方登记减少的资本公积数;期末贷方余额,表示企业实有的资本公积总额。

(3)"资本公积"账户明细账的设置:本账户根据构成资本公积的项目不同设置明细账,进行明细分类核算。

"资本公积"账户的核算内容及其结构如表4-2所示。

表4-2 "资本公积"账户的核算内容及其结构表

借方	资本公积(所有者权益类)	贷方
减少的资本公积数	期初余额:××× 增加的资本公积数	
	期末余额:资本公积的实有数	

【经济业务4-2】仁卫药业有限责任公司9月1日,收到乙方投入机器设备一台,价值1 100 000元,协议约定此项投资占公司注册资本2 500 000元的40%。

【工作步骤】该项经济业务使企业的资产(固定资产)增加1 100 000元,同时使企业的权益(实收资本)增加1 000 000元,另外超出注册资本40%(1 000 000元)的100 000元即资本溢价记入"资本公积"账户中。根据借贷记账法的账户结构和记账规则,其会计分录如下:

借:固定资产——机器设备 1 100 000

　　贷:实收资本——乙方 1 000 000

　　贷:资本公积——资本溢价 100 000

3."库存现金"账户

(1)库存现金概念及核算内容:库存现金是指存放在会计部门由出纳人员保管的现款,在我国大部分企业以人民币作为记账本位币。因此,库存现金一般指人民币。本账户核算企业库存现金的增减变动情况及其结余情况。

(2)"库存现金"账户的类型及账户结构:本账户属于资产类账户,账户结构是借方登记增加的库存现金;贷方登记减少的库存现金;期末借方余额,反映企业持有的库存现金。

(3)"库存现金"账户明细账的设置:本账户根据币种不同设置明细账,进行明细分类核算。

"库存现金"账户的核算内容及其结构如表4-3所示。

表4-3　"库存现金"账户的核算内容及其结构表

借方	库存现金(资产类)	贷方
期初余额:××× 库存现金的增加额	库存现金的减少额	
期末余额:库存现金的实有数		

4."银行存款"账户

(1)银行存款概念及核算内容:银行存款是指企业存入银行或其他金融机构的各种款项。本账户核算企业银行存款的增减变动情况及其结余情况。

(2)"银行存款"账户的类型及账户结构:本账户属于资产类账户,账户结构是借方登记增加的银行存款;贷方登记减少的银行存款;期末借方余额,表示企业存在银行或其他金融机构的各种款项的结存数。

(3)"银行存款"账户明细账的设置:本账户根据开户银行、币种不同设置明细账,进行明细分类核算。

"银行存款"账户的核算内容及其结构如表4-4所示。

表4-4　"银行存款"账户的核算内容及其结构表

借方	银行存款(资产类)	贷方
期初余额:××× 银行存款的增加额	银行存款的减少额	
期末余额:银行存款的实有数		

5."固定资产"账户　详见项目四任务二"采购过程主要经济业务的核算"。

6."无形资产"账户

(1)无形资产概念及核算内容:无形资产是指企业持有的无形资产成本,包括专利权、非专利技术、商标权、著作权、土地使用权等。本账户核算无形资产的增减变动情况及其结余情况。

(2)"无形资产"账户的类型及账户结构:本账户属于资产类账户,账户结构是借方登记取得无形资产的实际成本;贷方登记减少无形资产的实际成本;期末借方余额,表示企业实际持有的无形资产成本。

(3)"无形资产"账户明细账的设置:本账户根据无形资产的项目不同设置明细账,进行明细分类核算,适合采用"三栏式"账页格式的明细账。

"无形资产"账户的核算内容及其结构如表4-5所示。

表4-5　"无形资产"账户的核算内容及其结构表

借方	无形资产(资产类)	贷方
期初余额:××× 无形资产的增加额	无形资产的减少额	
期末余额:实际持有的无形资产成本		

（二）负债设置的主要账户

资金来源的另一个途径是从银行及其他金融机构借入资金（即负债），核算这一经济业务设置的主要账户有："短期借款""长期借款"等。在此主要介绍"短期借款"账户。

（1）短期借款概念及核算内容：短期借款是指企业向银行或其他金融机构等借入的期限在1年以内（含1年）的各种借款。本账户核算短期借款的增减变动情况及其结余情况。

（2）"短期借款"账户的类型及账户结构：本账户属于负债类账户，账户结构是贷方登记企业借入的各种短期借款数额；借方登记归还的借款数额；期末贷方余额，表示期末尚未偿还的短期借款。

（3）"短期借款"账户明细账的设置：本账户根据借款种类、贷款人和币种不同设置明细账，进行明细分类核算，适合采用"三栏式"账页格式的明细账。

"短期借款"账户的核算内容及其结构如表4-6所示。

表4-6 "短期借款"账户的核算内容及其结构表

借方	短期借款（负债类）	贷方
到期归还的借款数额	期初余额：××× 借入的各种短期借款数额	
	期末余额：表示企业尚未偿还的各种短期借款	

【**经济业务4-3**】仁卫药业有限责任公司9月2日因周转资金短缺向银行申请借入半年期借款600 000元，已办妥手续。

【**工作步骤**】该项经济业务使企业的资产（银行存款）增加600 000元，同时使企业的负债（短期借款）增加600 000元。根据借贷记账法的账户结构和记账规则，其会计分录如下：

借：银行存款 600 000
　　贷：短期借款 600 000

关于短期借款所涉及的利息核算，详见项目四任务三"生产过程主要经济业务的核算"。

▶ 边学边练

筹资过程的经济业务的核算练习，详见以下资料：

1. 目标检测的综合题（一）练习会计分录的编制练习一。

2. 根据实训三 实训内容1~4的业务题编制会计分录。

点滴积累 ∨

1. 筹资是企业进行生产经营活动的前提条件，是工业企业资金运动的起点。企业资金的来源主要有2条途径，即投资者投入资本（即所有者权益）和从银行及其他金融机构借入资金（即负债）。

2. 核算投入资本设置的主要账户有："实收资本""资本公积""其他综合收益"，其对应的账户有"库存现金""银行存款""固定资产""无形资产""原材料"等；核算从银行及其他金融机构借入资金设置的主要账户有："短期借款""长期借款"账户等。

任务二　采购过程经济业务及其成本的核算

一、采购过程的主要经济业务

采购阶段是生产准备阶段,是资金在企业内部周转的第一环节。这一阶段的主要经济业务有:

1. 企业以银行存款、应付账款、应付票据、预付账款等形式支付设备、材料的买价、增值税和采购费用等。

2. 计算并结转材料的实际采购成本。

二、核算采购过程经济业务设置的主要账户

采购过程采购的生产要素主要有固定资产和生产产品所需的原材料。

(一)购建固定资产设置的主要账户

购建固定资产设置的主要账户有:"在建工程""固定资产""应交税费",以及发生结算关系的对应账户"银行存款""应付账款""应付票据""预付账款"等。

1. "应交税费"账户

(1)应交税费的概念及核算内容:应交税费指企业根据税法等规定计算应交纳的各种税费。包括企业依法交纳的增值税、消费税、所得税、资源税、土地增值税、城市维护建设税、房产税、土地使用税、车船税、教育费附加、矿产资源补偿费等税费,以及在上缴国家之前,由企业代收代缴的个人所得税等。本账户核算应交税费的增减变动情况及其结存情况。

(2)"应交税费"账户的类型及账户结构:本账户属于负债类账户,账户结构是贷方登记根据规定计算的各种应交税费和收到的增值税销项税额,借方登记已交纳的各种税费和支付的增值税进项税额;期末如果贷方余额,则为应交而未交的税费,如果借方余额,则为多交的税费或待抵扣的增值税。

(3)"应交税费"账户明细账的设置:本账户根据应交纳的各种税费不同设置明细账,进行明细分类核算。

"应交税费"账户的核算内容及其结构如表4-7所示。

表4-7　"应交税费"账户的核算内容及其结构表

借方	应交税费(负债类)	贷方
期初余额:×××	期初余额:×××	
①实际交纳的各种税费	①应交纳的各种税费	
②已支付的增值税进项税额	②收到的增值税销项税额	
期末余额:多交的税费或待抵扣的增值税	期末余额:应交而未交的税费	

"应交税费——应交增值税"账户是应交税费所属的明细账之一,是用来核算和监督企业应交和实交增值税结算情况的账户。适合采用专用的"应交增值税"明细账,即"借贷双方多栏式"账页格式的明细账。

2."在建工程"账户

（1）在建工程概念及核算内容：在建工程是指企业外购需安装的固定资产在交付使用前发生的各项支出以及企业自建的固定资产的新建、改建、扩建或技术改造、设备更新和大修理工程等尚未完工的工程支出。在建工程通常包括外购需安装的固定资产和自建工程（有"自营"和"出包"2种方式）。本账户核算在建工程在交付使用前发生的各项支出以及完工后转入固定资产的各项支出的增减变动情况及其结余情况。

"应交税费"科目、"应交增值税"明细科目的设置

（2）"在建工程"账户的类型及账户结构：本账户属于资产类账户，账户结构是借方登记尚未完工的工程支出；贷方登记已经完工转入"固定资产"账户的工程支出；期末借方余额，表示期末尚未完工的工程支出。

（3）"在建工程"账户明细账的设置：本账户根据工程项目不同设置明细账，进行明细分类核算。如"建筑工程""安装工程""在安装设备"等。

"在建工程"账户的核算内容及其结构如表4-8所示。

表4-8　"在建工程"账户的核算内容及其结构表

借方	在建工程（资产类）	贷方
期初余额：××× 尚未完工的工程支出包括： ①自建固定资产的买价、费用 ②外购需要安装的固定资产的买价、运杂费以及安装费	完工转入"固定资产"账户的工程支出	
期末余额：尚未完工的工程支出		

【经济业务4-4】仁卫药业有限责任公司9月3日购入需要安装的机器设备一台，价值50 000元，增值税率16%，增值税8000元，运费600元，增值税率10%，增值税60元，装卸费400元，增值税率6%，增值税24元。款项全部以银行存款付讫。

【工作步骤】该项经济业务使企业的资产（在建工程）增加（50 000+600+400）元，使企业的负债（应交税费）减少（8000+60+24）元，同时使企业的资产（银行存款）减少（50 000+8000+600+60+400+24）元。根据借贷记账法的账户结构和记账规则，该项经济业务的会计分录如下：

借：在建工程——在安装设备　　　　　　　　　　　　　　　　　51 000

借：应交税费——应交增值税（进项税额）　　　　　　　　　　　8084

　贷：银行存款　　　　　　　　　　　　　　　　　　　　　　　　　59 084

知识链接

运费及装卸费的增值税率

《营业税改征增值税试点实施办法》第十五条　增值税税率：

（一）纳税人发生应税行为，除本条第（二）项、第（三）项、第（四）项规定外，税率为6%。

（二）提供交通运输、邮政、基础电信、建筑、不动产租赁服务，销售不动产，转让土地使用权，税率为11%。

（三）提供有形动产租赁服务，税率为17%。

（四）境内单位和个人发生的跨境应税行为，税率为零。具体范围由财政部和国家税务总局另行规定。

所以，外地采购材料运费，运费按照11%抵扣增值税，装卸费按照6%抵扣增值税。

采购人员的差旅费，以及市内零星运杂费不计入材料采购费用，作为管理费用列支。

《关于调整增值税税率的通知》财税〔2018〕32号　纳税人发生增值税应税销售行为或者进口货物，原适用17%和11%税率的，税率分别调整为16%、10%。

3.“固定资产”账户

（1）固定资产概念及核算内容：《企业会计准则第4号——固定资产》规定固定资产是指同时具有下列特征的有形资产：第一，为生产商品、提供劳务、出租或经营管理而持有的；第二，使用寿命超过一个会计年度。使用寿命，是指企业使用固定资产的预计期间，或者该固定资产所能生产产品或提供劳务的数量。

“固定资产”账户核算外购不需要安装的固定资产、外购需安装但已安装完毕、自建工程完工由在建工程账户中结转的固定资产、投资者投入、盘盈、接受捐赠以及存在弃置义务的固定资产的增减变动情况及其结余情况。

（2）“固定资产”账户的类型及账户结构：本账户属于资产类账户，账户结构是借方登记因各种原因增加的固定资产原始价值（包括在建工程完工转入、购进、接受投资、盘盈等原因增加）；贷方登记因各种原因减少的固定资产原始价值（包括报废、处置、投资转出、盘亏、非常损失等原因减少）；期末借方余额，表示企业实际持有的固定资产原始价值。

知识链接

非正常损失

《营业税改征增值税试点实施办法》第二十八条规定：非正常损失，是指因管理不善造成货物被盗、丢失、霉烂变质，以及因违反法律法规造成货物或者不动产被依法没收、销毁、拆除的情形。

与《增值税暂行条例实施细则》对非正常损失的表述相比，本条款增加了“因违反法律法规造成货物或者不动产被依法没收、销毁、拆除的情形。”因为上述原因同样可归集于“管理不善”。无论是被执法部门依法没收还是强令自行销毁、拆除，均不可能产生销项税额。但是由于其违反行政法规在先，因此责任在于纳税人，其进项税额如果予以抵扣将产生不了对违法行为的惩戒效果。

这条规定是进项税额不得从销项税额中抵扣的其中一条，视同销售的例外情形。

（3）"固定资产"明细账的设置：固定资产根据其用途不同设明细账，进行明细分类核算。一般分为"生产用固定资产""非生产用固定资产""租出固定资产""未使用固定资产""不需要固定资产""融资租赁固定资产""接受捐赠固定资产"等。

"固定资产"账户的核算内容及其结构如表4-9所示。

表4-9　"固定资产"账户的核算内容及其结构表

借方	固定资产（资产类）	贷方
期初余额：××× 增加的固定资产的原始价值	减少的固定资产的原始价值	
期末余额：企业拥有的固定资产原始价值		

【经济业务4-5】仁卫药业有限责任公司9月4日,9月3日购入需要安装的机器设备已安装完毕并交付使用,安装费600元,增值税率10%,增值税60元,以现金付讫。

【工作步骤】该项经济业务使企业的资产（固定资产）增加（51 000+600）元,同时使企业的资产（在建工程）减少51 000元、资产（库存现金）减少660元,使企业的负债（应交税费——应交增值税）减少60元。根据借贷记账法的账户结构和记账规则,该项经济业务的会计分录如下：

借:固定资产——生产用固定资产	51 600
借:应交税费——应交增值税（进项税额）	60
贷:在建工程——在安装设备	51 000
贷:库存现金	660

【经济业务4-6】仁卫药业有限责任公司9月4日购入300 000元的房屋,仓储使用,增值税率16%,增值税48 000元,款项以银行存款付讫。

【工作步骤】该项经济业务使企业的资产（固定资产）增加300 000元,使企业的负债（应交税费–应交增值税–进项税额）减少2000元,使企业的负债（应交税费–待抵扣进项税额）减少46 000,同时使企业的资产（银行存款）减少348 000元。根据借贷记账法的账户结构和记账规则,其会计分录如下：

借:固定资产——房屋	300 000
借:应交税费——应交增值税（进项税额）	2000
借:应交税费——待抵扣进项税额	46 000
贷:银行存款	348 000

ER-4-3

购进不动产的《增值税会计处理规定》

应交税费——应交增值税（进项税额）$2000 = \dfrac{48\,000}{24}$

增值税48 000元,分两年抵扣,每月抵扣2000元。

案例分析

案例

某公司购入 100 000 元的房屋，增值税率 16%，增值税 16 000 元，款项以银行存款付讫。该公司所作的会计分录如下：

借：固定资产　　　　　　　　　　　　　　　　　　　　　　　　　100 000

借：应交税费——应交增值税（进项税额）　　　　　　　　　　　　16 000

　　贷：银行存款　　　　　　　　　　　　　　　　　　　　　　　116 000

请问这样做正确吗？为什么？

分析

不正确。根据《增值税会计处理的规定》（财会〔2016〕22 号）的通知规定：一般纳税人自 2016 年 5 月 1 日后取得并按固定资产核算的不动产或者 2016 年 5 月 1 日后取得的不动产在建工程，其进项税额按现行增值税制度规定自取得之日起分 2 年从销项税额中抵扣。所以错了。

正确的做法是：

借：固定资产——房屋　　　　　　　　　　　　　　　　　　　　　100 000

借：应交税费——应交增值税（进项税额）　　　　　　　　　　　　666.67

借：应交税费——待抵扣进项税额　　　　　　　　　　　　　　　15 333.33

　　贷：银行存款　　　　　　　　　　　　　　　　　　　　　　　116 000

其中

$$666.67 = \frac{16\ 000}{24}$$

【经济业务 4-7】仁卫药业有限责任公司 9 月 5 日购入办公用的电脑、打印机等 8000 元，增值税率 16%，增值税 1280 元，款项未付。

【工作步骤】该项经济业务使企业的资产（固定资产）增加 8000 元，使企业的负债（应交税费-应交增值税-进项税额）减少 1280 元，同时使企业的负债（应付账款）增加 9280 元。根据借贷记账法的账户结构和记账规则，其会计分录如下：

借：固定资产——电脑、打印机　　　　　　　　　　　　　　　　　8000

借：应交税费——应交增值税（进项税额）　　　　　　　　　　　　1280

　　贷：应付账款　　　　　　　　　　　　　　　　　　　　　　　9280

（二）采购原材料设置的主要账户

采购原材料设置的主要账户有："在途物资""原材料""应交税费——应交增值税"等，与供货单位发生结算关系的对应账户有"银行存款""应付账款""应付票据""预付账款"等。其中，"应交税费——应交增值税"在采购固定资产处已经使用过，账户核算内容相同。

1."在途物资"账户

（1）在途物资概念及核算内容：在途物资指企业已经采购但尚未运抵企业，或虽已运抵企业但尚未验收入库的外购材料的实际采购成本（提示：材料的采购成本有实际采购成本与计划采购成本之分,本教材指实际采购成本)。材料的实际采购成本包括 2 部分:①材料的买价;②购入材料发生的采购费用。本账户核算某种材料的实际采购成本的增减变动情况及其结余情况。

材料的买价:供货单位开具发票的总金额包括 2 部分,一部分是材料的单价×数量的金额,即买价,另一部分是增值税金额。增值税专用发票格式见项目五图 5-1。

采购费用:为采购某种材料而发生的相关费用,包括以下 4 方面的费用:第一,外地运杂费,包括采购材料时发生的运输费、装卸费、保险费、包装费和仓储费等;第二,运输途中发生的合理损耗;第三,入库前的加工整理或挑选费用等;第四,应负担的其他费用,如进口关税等。

(2)"在途物资"账户的类型及账户结构:本账户属于资产类账户,账户结构是借方登记外购材料实际采购成本的增加数,贷方登记到货验收入库后转入"原材料"账户的采购成本数;期末借方余额,表示在途材料的实际成本。

(3)"在途物资"账户明细账的设置:本账户根据材料种类、品种不同设置明细账,进行明细分类核算,适合采用专用的"横线登记式"账页格式的明细账。

"在途物资"账户的核算内容及其结构如表 4-10 所示。

表 4-10　"在途物资"账户的核算内容及其结构表

借方	在途物资(资产类)	贷方
期初余额:××× ① 材料的买价 ② 材料的采购费用	结转入库材料的实际采购成本	
期末余额:在途材料的实际采购成本		

2. "原材料"账户

(1)原材料概念及核算内容:原材料指已经验收入库的各种材料的实际采购成本以及其他原因增加的原材料的实际成本。本账户核算某种库存材料的增减变动情况及其结存情况。

(2)"原材料"账户的类型及账户结构:本账户属于资产类账户,账户结构是借方登记各种原因增加的材料的实际采购成本,如验收入库的、盘盈的、接受捐赠的以及接受投资的等;贷方登记各种原因减少的材料的实际采购成本,如生产领用、售出、盘亏以及非常损失等;期末借方余额,表示库存材料的实际采购成本。

(3)"原材料"账户明细账的设置:"原材料"账户与"在途物资"账户相同应根据原材料的种类、品种不同设置明细账,进行明细分类核算,适合采用"数量金额式"账页格式的明细账。

"原材料"账户的核算内容及其结构如表 4-11 所示。

表 4-11　"原材料"账户的核算内容及其结构表

借方	原材料(资产类)	贷方
期初余额:××× 增加的材料的实际成本	减少的材料的实际成本	
期末余额:库存材料的实际采购成本		

▶▶ **课堂活动**

说一说"在途物资"与"原材料"2 个账户之间的对应关系。

3. "应付账款"账户

（1）应付账款概念及核算内容：应付账款是指企业因购买材料和接受劳务等而形成的债务。本账户核算应付账款的增减变动情况及其结存情况。

（2）"应付账款"账户的类型及账户结构：本账户属于负债类账户，账户结构是贷方登记应付未付的购货款及应付接受劳务的款项，借方登记实际偿付或已开出商业汇票抵付的应付款项。期末如果贷方余额，表示尚未偿还的应付款项，是企业的负债；如果借方余额则意义就不同了，表示预付的款项，是企业的资产。这是一个双重性质的账户，在以后涉及相关的内容中讲述。

（3）"应付账款"账户明细账的设置：本账户明细账根据供货单位不同设置明细账，进行明细分类核算，适合采用"三栏式"账页格式的明细账。

"应付账款"账户的核算内容及其结构如表4-12所示。

表4-12　"应付账款"账户的核算内容及其结构表

借方　　　应付账款（负债类）　　　贷方	
期初余额：×××	期初余额：×××
实际偿付或已开出商业汇票抵付的应付款项	本期应付未付的购货款及应付接受劳务的款项
期末余额：预付的款项	期末余额：尚未偿付的应付款项

4. "应付票据"账户

（1）应付票据概念及核算内容：应付票据是指企业购买材料、商品和接受劳务等开出的商业汇票，包括银行承兑汇票和商业承兑汇票。本账户核算应付票据的增减变动情况及其结存情况。

（2）"应付票据"账户的类型及账户结构：本账户属于负债类账户，账户结构是贷方登记企业开出、承兑的商业汇票或以商业承兑汇票抵付货款、应付账款的款项；借方登记到期时支付的款项；期末贷方余额，表示企业尚未到期的商业汇票票面金额。

（3）"应付票据"账户明细账的设置：本账户根据供货单位不同设置明细账，进行明细分类核算。适合采用"三栏式"账页格式的明细账。

"应付票据"账户的核算内容及其结构如表4-13所示。

表4-13　"应付票据"账户的核算内容及其结构表

借方　　　应付票据（负债类）　　　贷方	
票据到期时支付的款项	期初余额：××× 企业开出、承兑的商业汇票或以商业承兑汇票抵付货款、应付账款的款项
	期末余额：尚未到期的商业汇票票面金额

知识链接

应付账款与应付票据

应付账款与应付票据两者都是由于交易而引起的负债，都属于流动负债，但应付账款是尚未结清的债务，而应付票据是一种期票，是延期付款的证明，有承诺付款的票据作为凭据。

5. "预付账款"账户

（1）预付账款概念及核算内容：预付账款是指企业根据合同规定预付的各项款项。本账户核算预付账款的增减变动情况及其结存情况。

（2）"预付账款"账户的类型及账户结构：本账户属于资产类账户，账户结构是借方登记企业因购货而预付的款项、补付预付不足的款项，结算时记在本账户的贷方。本账户期末借方余额，表示企业预付的款项，是企业的资产；期末如为贷方余额，则意义就不同了，表示企业尚未补付的预付不足的款项，性质为应付的款项，是企业的负债。预付账款与应付账款账户相同是一个双重性质的账户。

（3）"预付账款"账户明细账的设置：本账户根据供货单位不同设置明细账，进行明细分类核算，适合采用"三栏式"账页格式的明细账。

"预付账款"账户的核算内容及其结构如表 4-14 所示。

表 4-14 "预付账款"账户的核算内容及其结构表

借方	预付账款（资产类）	贷方
期初余额：×××	期初余额：×××	
因购货而预付的款项、补付预付不足的款项	结算时	
期末余额：预付的款项	期末余额：尚未补付的预付不足的款项即应付的款项	

知识链接

"预付账款"账户与"应付账款"账户可以设置一个账户

如果预付款项情况不多，可以不设置本账户，将预付的款项直接记入"应付账款"账户的借方，结算时记在"应付账款"账户的贷方。

三、采购成本的计算与结转

采购成本有固定资产采购成本和材料采购成本 2 种。

（一）固定资产采购成本的计算及结转

1. 固定资产采购成本的计算 固定资产采购成本从理论上讲，它应包括企业为购建某项固定资产达到可使用状态前所发生的一切合理的、必要的支出。

固定资产采购成本=固定资产原价+运费+装卸费用+安装调试费用+预计弃置费用的现值+应分摊的借款利息、外币借款折合差额以及应分摊的其他间接费用

2. 固定资产采购成本的结转 借记"固定资产"，贷记"在建工程"。

（二）材料采购成本的计算及结转

1. 材料实际采购成本的计算 某种材料的实际采购成本=某种材料的买价+该种材料应负担的采购费用

（1）材料的买价：是指材料的单价×数量的金额。

根据发票上的金额，某种材料的买价直接记入该种材料的实际采购成本。

（2）采购费用：专为一种材料而发生的费用，直接记入该种材料的实际采购成本；为多种材料而共

同发生的费用,采用适当的分配标准(重量、体积、买价)比例,分配记入各种材料的实际采购成本。

$$采购费用分配率=\frac{采购费总额}{材料总重量(总买价)}$$

某种材料应负担的采购费用=该种材料的总重量(或体积、买价)×采购费用分配率

例1:仁卫药业有限责任公司购入A、B、C三种材料,共发生采购费用700元,3种材料的重量分别为:10吨、20吨、5吨;买价分别为:16 000元、20 000元、6000元。计算3种材料分别应负担的采购费用。

【工作步骤】

(1)根据重量分配:

$$3种材料采购费用分配率=\frac{700}{35}=20\ 元/吨$$

3种材料应负担的采购费用分别为:

A种材料应负担的采购费用=10×20=200元

B种材料应负担的采购费用=20×20=400元

C种材料应负担的采购费用=5×20=100元

(2)根据买价分配:

$$3种材料采购费用分配率=\frac{700}{42\ 000}=1.67\%$$

3种材料应负担的采购费用分别为:

A种材料应负担的采购费用=1.67%×16 000=267元

B种材料应负担的采购费用=1.67%×20 000=334元

C种材料应负担的采购费用=1.67%×6 000=100元

注意根据买价分配和根据重量分配的结果有差异,但差异不大。如果没特殊要求一般根据重量分配,计算比较简单。

2.材料采购成本计算表 材料采购成本计算过程一般列示在表4-15这样格式的一张表中,它是一张自制的原始凭证。

表4-15 ×××材料采购成本计算表

材料名称	单位	数量	买价（元）	采购费用（元）	总成本（元）	单位成本（元）
⋮ ⋮						
合计						

例2:根据例1的材料采购成本计算过程编制"材料采购成本计算表",如表4-16所示。

表4-16 A、B、C三种材料采购成本计算表

材料名称	单位	数量	买价（元）	采购费用（元）	总成本（元）	单位成本（元）
A	吨	10	16 000	200	16 200	1620

材料名称	单位	数量	买价（元）	采购费用（元）	总成本（元）	单位成本（元）
B	吨	20	20 000	400	20 400	1020
C	吨	5	6000	100	6100	1222
合计	—	35	42 000	700	42 700	—

3. 材料采购成本的核算　材料采购成本的核算包括材料入库前和入库后的核算。

材料入库前其会计分录如下：

借：在途物资——×××材料　　　　　　　　　　　　　　　　×××

借：应交税费——应交增值税（进项税额）　　　　　　　　　　×××

　　贷：银行存款（或应付账款、应付票据等）　　　　　　　　×××

例3：若例1中的材料尚未验收入库，采购费用以银行存款支付，写出其会计分录。

【工作步骤】其会计分录如下：

借：在途物资——A　　　　　　　　　　　　　　　　　　　　200

借：在途物资——B　　　　　　　　　　　　　　　　　　　　400

借：在途物资——C　　　　　　　　　　　　　　　　　　　　100

　　贷：银行存款　　　　　　　　　　　　　　　　　　　　　700

材料入库后的核算，即材料采购成本的结转，其会计分录如下：

借：原材料——×××材料　　　　　　　　　　　　　　　　　×××

　　贷：在途物资——×××材料　　　　　　　　　　　　　　×××

例4：若例1中的材料已经验收入库，结转其实际采购成本，写出其会计分录。

【工作步骤】其会计分录如下：

借：原材料——A　　　　　　　　　　　　　　　　　　　　　200

借：原材料——B　　　　　　　　　　　　　　　　　　　　　400

借：原材料——C　　　　　　　　　　　　　　　　　　　　　100

　　贷：在途物资——A　　　　　　　　　　　　　　　　　　200

　　贷：在途物资——B　　　　　　　　　　　　　　　　　　400

　　贷：在途物资——C　　　　　　　　　　　　　　　　　　100

四、核算采购原材料过程主要经济业务的会计处理实务

仁卫药业有限责任公司2018年9月份发生以下经济业务：

【经济业务4-8】9月6日，向长虹公司购入生产保和丸所用的山楂2000kg，增值税专用发票列材料单价7元，买价计14 000元，增值税率16%，增值税2240元，共计16 240元。同时采购金银花40kg，单价18元，买价计720元，增值税率16%，值税115.2元，共计835.2元。运杂费由销售方长虹公司负担。货款未付，材料尚在途中。

【工作步骤】 该项经济业务使企业的资产(在途物资)增加 14 000+720 元,使企业的负债(应交税费)减少 2355.2(2240+115.2)元,同时使企业的负债(应付账款)增加 17 075.2(16 240+835.2)元。根据借贷记账法的账户结构和记账规则,其会计分录如下:

借:在途物资——山楂	14 000
借:在途物资——金银花	720
借:应交税费——应交增值税(进项税额)	2355.2
贷:应付账款——长虹公司	17 075.2

【经济业务4-9】 9 月 7 日,向长虹公司购入生产保和丸所用的茯苓 1000kg,增值税专用发票列材料单价 25 元,计 25 000 元,增值税率 16%,增值税 4000 元,共计 29 000 元,货款以商业承兑汇票抵付,期限半年。同时以银行存款支付运费 240 元以及 24 元的增值税,增值税率 10%,装卸费 160 元及增值税 9.6 元,增值税率 6%。材料尚在途中。

【工作步骤】 该项经济业务使企业的资产(在途物资)增加 25 400(25 000+240+160)元,使企业的负债(应交税费)减少 4033.6(4000+24+9.6)元,同时使企业的负债(应付票据)增加 29 000 元,资产(银行存款)减少 433.6(240+160+24+9.6)元。根据借贷记账法的账户结构和记账规则,其会计分录如下:

借:在途物资——茯苓	25 400
借:应交税费——应交增值税(进项税额)	4033.6
贷:应付票据	29 000
贷:银行存款	433.6

【经济业务4-10】 9 月 8 日,山楂、茯苓、金银花 3 种材料运抵企业验收入库。资料见表 4-17。

表 4-17　山楂、茯苓、金银花 3 种材料运抵企业验收入库资料表

材料名称	数量(kg)	单价(元)	买价(元)	采购费用(元)	总成本(元)	单位成本(元)
山楂	2000	7	14 000	0	14 000	7
茯苓	1000	25	25 000	400	25 400	25.4
金银花	40	18	720	0	720	18
合计	3040	—	39 720	400	40 120	—

【工作步骤】

借:原材料——山楂	14 000
借:原材料——茯苓	25 400
借:原材料——金银花	720
贷:在途物资——山楂	14 000
贷:在途物资——茯苓	25 400
贷:在途物资——金银花	720

【经济业务4-11】 9 月 9 日,向红星公司采购六味地黄丸所用的熟地黄、牡丹皮,货款已付,材料

尚未验收入库。资料见表4-18。

表4-18 采购熟地黄、牡丹皮资料表

材料名称	数量（kg）	单价（元）	总买价（元）	增值税率（%）	增值税（元）
熟地黄	2500	20	50 000	16	8000
牡丹皮	2000	15	30 000	16	4800
合计	4500	—	80 000	—	12 800

【工作步骤】

借：在途物资——熟地黄　　　　　　　　　　　　　　　　50 000

借：在途物资——牡丹皮　　　　　　　　　　　　　　　　30 000

借：应交税费——应交增值税（进项税额）　　　　　　　　12 800

　　贷：银行存款　　　　　　　　　　　　　　　　　　　　92 800

【经济业务4-12】9月9日购入的熟地黄和牡丹皮2种材料，共发生采购费用900元，款项以银行存款支付。计算这2种材料分别应负担的采购费用。（分配标准以所购材料的重量或买价都可以）

【工作步骤】根据重量分配：

熟地黄和牡丹皮2种材料采购费用分配率 = $\dfrac{900}{2500+2000}$ = 0.2元/kg

熟地黄和牡丹皮两种材料应负担的采购费用分别为：

熟地黄应负担的采购费用 = 2500×0.2 = 500元

牡丹皮材料应负担的采购费用 = 2000×0.2 = 400元

借：在途物资——熟地黄　　　　　　　　　　　　　　　　500

借：在途物资——牡丹皮　　　　　　　　　　　　　　　　400

　　贷：银行存款　　　　　　　　　　　　　　　　　　　　900

【经济业务4-13】9月10日，熟地黄、牡丹皮2种材料运抵企业验收入库。资料见表4-19。

表4-19 熟地黄、牡丹皮2种材料运抵企业验收入库资料表

材料名称	数量（kg）	单价（元）	总买价（元）	采购费用（元）	总成本（元）	单位成本（元）
熟地黄	2500	20	50 000	500	50 500	20.2
牡丹皮	2000	15	30 000	400	30 400	15.2
合计	4500	—	80 000	900	80 900	—

【工作步骤】

借：原材料——熟地黄　　　　　　　　　　　　　　　　50 500

借：原材料——牡丹皮　　　　　　　　　　　　　　　　30 400

　　贷：在途物资——熟地黄　　　　　　　　　　　　　　　50 500

　　贷：在途物资——牡丹皮　　　　　　　　　　　　　　　30 400

【经济业务4-14】9月10日，以银行存款偿还前欠长虹公司货款17 075.2元。

【工作步骤】

借：应付账款——长虹公司　　　　　　　　　　　　　　　　17 075.2

　　贷：银行存款　　　　　　　　　　　　　　　　　　　　　17 075.2

▶▶ **边学边练**

采购过程的经济业务的核算练习，详见以下资料：

1. 目标检测的综合题（一）练习会计分录的编制练习二。

2. 根据实训三 实训内容 5~10 的业务题编制会计分录。

点滴积累 Ⅴ

1. 采购过程的主要经济业务包括：①企业用货币资金购买生产所需的设备、材料，并同供应单位发生结算关系，以银行存款、应付账款、应付票据、预付账款等支付设备、材料的买价、增值税和采购费用等；②核算材料的实际采购成本并结转。

2. 采购过程设置的主要账户有："在建工程""固定资产""在途物资""原材料""应交税费——应交增值税"等，与供货单位发生结算关系的对应账户有："银行存款""应付账款""应付票据""预付账款"等。

3. 材料实际采购成本的计算及结转

某种材料的实际采购成本=某种材料的买价+该种材料应负担的采购费用

材料采购成本的结转，其会计分录如下：

借：原材料——×××材料　　　　　　　　　　　　　　　　×××

　　贷：在途物资——×××材料　　　　　　　　　　　　　　×××

任务三　生产过程经济业务及其成本的核算

一、生产过程的主要经济业务

生产阶段是劳动者运用劳动资料对劳动对象进行加工生产出产品的阶段。生产过程既是产品的制造过程，又是物化劳动和活劳动的耗费过程，是两者的统一。这个阶段有 2 条线：一条是投入（耗费），一条是产出（创造）。生产过程的经济业务是工业企业整个资金运动过程中业务最复杂的。因此，这一阶段的主要经济业务有：

1. **投入**　在生产过程中为了生产出产品要投入各种生产要素，包括材料、人工、固定资产耗费和其他费用等，这些投入称费用。关于费用的概念及分类在项目二会计要素中有详细描述。在这一阶段企业的资金由储备资金形态转化为生产资金形态。

2. **产出**　生产过程结束后最终产出产品。企业的资金进而再转化为成品资金形态。

3. **制造费用的归集、分配和结转**

4. **产品生产成本的计算与结转**　在生产过程中发生的耗费多种多样，需要归集、分类，最终要记入产品的生产成本。

二、核算生产过程经济业务设置的主要账户

核算生产过程的经济业务,设置的主要账户有:"生产成本""制造费用""应付职工薪酬""累计折旧""管理费用""财务费用""应付利息""库存商品"等。

1. "生产成本"账户

(1)生产成本概念及核算内容:生产成本是指产品完工入库前发生的各项支出。生产成本包括直接费用和分配转入的制造费用。直接费用包括直接材料(原材料、辅助材料、备品备件等)、直接人工(生产人员的工资、补贴、津贴、福利费、五险一金、工会经费、教育培训经费等)及其他直接费用(燃料及动力等);制造费用是指企业内的分厂、车间为组织和管理生产所发生的各项共同费用,包括分厂、车间管理人员工资、折旧费、维修费、修理费、办公费、差旅费等。本账户核算生产成本的增减变动情况及其结余情况。

(2)"生产成本"账户的类型及账户结构:本账户属于成本类账户,借方登记尚未完工入库的产品发生的各项支出;贷方登记已经完工入库转入"库存商品"账户的各项支出。期末借方余额,表示期末尚未完工产品的各项支出。

(3)"生产成本"账户明细账的设置:本账户根据产品种类、品种不同设置明细账,进行明细分类核算,适合采用"借方多栏式"账页格式的明细账。

"生产成本"账户的核算内容及其结构如表 4-20 所示。

表 4-20 "生产成本"账户的核算内容及其结构表

借方	生产成本(成本类)	贷方
期初余额:××× ①直接材料 ②直接人工 ③其他直接费用 ④分配转入的制造费用	生产完工并已验收入库的产品的实际生产成本,转入"库存商品"账户的借方	
期末余额:表示尚未完工的产品的实际生产成本		

2. "制造费用"账户

(1)制造费用概念及核算内容:制造费用是指企业内的分厂、车间为组织和管理生产所发生的各项共同费用,包括分厂、车间管理人员工资、折旧费、维修费、修理费、办公费、差旅费等。本账户核算制造费用的增减变动情况及其结余情况。

(2)"制造费用"账户的类型及账户结构:本账户属于成本类账户,借方登记实际发生的各项制造费用;贷方登记月末分配转入产品"生产成本"账户的制造费用;期末结转后,本账户无余额。

(3)"制造费用"账户明细账的设置:本账户根据分厂、车间不同设置明细账(小型企业可按费用项目不同设置明细账),进行明细分类核算,适合采用"借方多栏式"账页格式的明细账,也有专用的明细账。

"制造费用"账户的核算内容及其结构如表 4-21 所示。

表 4-21　"制造费用"账户的核算内容及其结构表

借方	制造费用(成本类)	贷方
期初余额:××× 当月生产产品发生的各项制造费用		月末分配结转记入有关产品的生产成本的制造费用
分配结转后无余额		

3. "应付职工薪酬"账户

(1)职工薪酬的概念及核算内容:职工薪酬是指企业为获得职工提供的服务或解除劳动关系而给予的各种形式的报酬或补偿。职工薪酬包括短期薪酬、离职后福利、辞退福利和其他长期职工福利。企业提供给职工配偶、子女、受赡养人、已故员工遗属及其他受益人等的福利,也属于职工薪酬。本账户核算应付职工薪酬的增减变动情况及其结余情况。

(2)"应付职工薪酬"账户的类型及账户结构:本账户属于负债类账户,贷方登记应由本月负担但尚未支付的职工薪酬;借方登记本月实际支付的职工薪酬;期末通常贷方余额,表示企业应付未付的职工薪酬,如果借方余额,表示多付职工的薪酬。

(3)"应付职工薪酬"账户明细账的设置:本账户根据职工薪酬的项目不同设置明细账,进行明细分类核算,适合采用"贷方多栏式"账页格式的明细账,也有专用的明细账。

"应付职工薪酬"账户的核算内容及其结构如表 4-22 所示。

表 4-22　"应付职工薪酬"账户的核算内容及其结构表

借方	应付职工薪酬(负债类)	贷方
期初余额:××× 实际支付的各项薪酬		期初余额:××× 应由本月负担但尚未支付的职工薪酬
期末余额:表示多付职工的薪酬		期末余额:表示应付未付职工的薪酬

4. "累计折旧"账户

(1)累计折旧概念及核算内容:固定资产由于损耗而减少的价值就是固定资产的折旧,将每月计提的折旧加起来,就是累计折旧。本账户核算累计折旧的增减变动情况及其结余情况。

知识链接

"累计折旧"账户与"固定资产"账户的关系

累计折旧的发生意味着固定资产价值的减少,但为了不影响"固定资产"账户按固定资产的原始价值反映会计期间增减变动情况及其结余情况,又要能够核算固定资产因损耗而减少的价值,需要设置专门账户,即"累计折旧"账户。"累计折旧"账户是"固定资产"账户的抵减账户。

---

(2)"累计折旧"账户的类型及账户结构:本账户属于资产类账户,贷方登记每月计提的固定资产折旧额;借方登记因各种原因引起的固定资产原始价值减少(即贷记"固定资产"账户)的同时,注

销其已计提的折旧额;期末贷方余额,表示现有固定资产已计提的累计折旧额。

(3)"累计折旧"账户明细账的设置:本账户根据固定资产的类别或项目不同设置明细账,进行明细分类核算,适合采用专用的"固定资产及折旧明细账"。

"累计折旧"账户的核算内容及其结构如表 4-23 所示。

表 4-23　"累计折旧"账户的核算内容及其结构表

借方	累计折旧(资产类)	贷方
因固定资产原始价值减少而注销其已计提的折旧额	期初余额:××× 计提的折旧额	
	期末余额:表示企业现有固定资产已计提的累计折旧额	

5."管理费用"账户

(1)管理费用概念及核算内容:管理费用是指企业行政管理部门为组织和管理生产经营活动而发生的各项费用,包括企业在筹建期间内发生的开办费、董事会和行政管理部门在企业的经营管理中发生的或者应由企业统一负担的公司经费(包括行政管理部门的人工、办公费和差旅费等)、工会经费、董事会费、聘请中介机构费、咨询费(含顾问费)、诉讼费、业务招待费、技术转让费、矿产资源补偿费、研究费用、排污费等。本账户核算管理费用的增减变动情况及其结余情况。

(2)"管理费用"账户的类型及账户结构:本账户属于损益类账户,借方登记发生的各项管理费用;贷方登记期末转入"本年利润"账户的管理费用;期末结转后,本账户无余额。

(3)"管理费用"账户明细账的设置:本账户根据费用项目不同设置明细账,进行明细分类核算,适合采用"借方多栏式"账页格式的明细账,也有专用明细账。

"管理费用"账户的核算内容及其结构如表 4-24 所示。

表 4-24　"管理费用"账户的核算内容及其结构表

借方	管理费用(损益类)	贷方
各项管理费用发生时记入之数	期末将本账户余额转入"本年利润"账户之数	
结转后期末无余额		

6."财务费用"账户

(1)财务费用概念及核算内容:财务费用是指企业为筹集生产经营资金而发生的各项费用。包括利息支出(减利息收入)、汇兑损益以及相关的手续费等。本账户核算财务费用的增减变动情况及其结余情况。

(2)"财务费用"账户的类型及账户结构:本账户属于损益类账户,借方登记发生的各项财务费用;贷方登记发生的冲减财务费用的利息收入、汇兑收益以及期末转入"本年利润"账户的财务费用;期末结转后,本账户无余额。

(3)"财务费用"账户明细账的设置:本账户根据费用项目不同设置明细账,进行明细分类核算,适合采用"借方多栏式"明细账,也有专用明细账。

"财务费用"账户的核算内容及其结构如表 4-25 所示。

表 4-25　"财务费用"账户的核算内容及其结构表

借方	财务费用(损益类)	贷方
各项财务费用发生时记入数	①发生的冲减财务费用的利息收入、汇兑收益等;②期末将本账户余额转入"本年利润"账户之数	
结转后期末无余额		

7. "应付利息"账户

(1)应付利息概念及核算内容:应付利息是指企业根据合同约定应支付的利息。包括吸收的存款、分期付息到期还本的短期借款、企业债券等应支付的利息。本账户核算应付利息的增减变动情况及其结余情况。

(2)"应付利息"账户的类型及账户结构:本账户属于负债类账户,贷方登记应付而未付的利息数;借方登记已付的利息数;期末贷方余额表示应付而未付的利息数。

(3)"应付利息"账户明细账的设置:本账户根据存款人或债权人不同设置明细账,进行明细分类核算。

"应付利息"账户的核算内容及其结构如表 4-26 所示。

表 4-26　"应付利息"账户的核算内容及其结构表

借方	应付利息(负债类)	贷方
已提取的实际支付的利息数	期初余额:××× 计提应由本期期间费用负担但尚未支付的利息数	
	期末余额:已计提但尚未支付的利息数	

8. "库存商品"账户

(1)库存商品概念及核算内容:库存商品是指企业库存的各种产品或商品。包括已经完工入库的各种产品、外购的商品、接收投资的产品以及盘盈的产品等的实际成本。本账户核算库存商品的增减变动情况及其结余情况。

(2)"库存商品"账户的类型及账户结构:本账户属于资产类账户,借方登记各种原因增加的库存商品的实际成本;贷方登记各种原因减少的库存商品的实际成本。例如:销售、盘亏、霉变等;期末借方余额表示库存的产品或商品的实际成本。

(3)"库存商品"账户明细账的设置:本账户根据库存商品的种类、品种不同设置明细账,进行明细分类核算,适合采用"数量金额式"账页格式的明细账。

"库存商品"账户的核算内容及其结构如表 4-27 所示。

表 4-27　"库存商品"账户的核算内容及其结构表

借方	库存商品(资产类)	贷方
期初余额:××× 各种原因增加的库存商品的实际成本	各种原因减少的库存商品的实际成本	
期末余额:库存商品的实际成本		

三、核算生产过程主要经济业务的会计处理实务

仁卫药业有限责任公司 2018 年 9 月份发生以下经济业务：

【经济业务 4-15】9 月 10 日,各部门领用材料如表 4-28 所示。

表 4-28 各部门领用材料表

领用单位	产量 （件）	领用材料名称	领用数量 （kg）	单位成本 （元）	领用金额 （元）
六味地黄丸生产部门	500	熟地黄	2000	20.2	40 400
		牡丹皮	1500	15.2	22 800
保和丸生产部门	350	山楂	1500	7	10 500
		茯苓	800	25.4	20 320
中成药车间	—	金银花	20	18	360
		山楂	10	7	70
管理部门	—	金银花	10	18	180
		山楂	5	7	35

【工作步骤】生产两种中成药的部门领用的材料应分别记入两种中成药的"生产成本"账户的借方,车间一般耗用材料,应记入"制造费用"账户的借方,行政管理部门领用的材料不应记入产品生产成本,应记入"管理费用"账户的借方;同时共领用原材料合计 94 665 元,使企业的库存原材料减少,应记入"原材料"账户的贷方。其会计分录如下:

借:生产成本——六味地黄丸   63 200

借:生产成本——保和丸   30 820

借:制造费用——中成药车间   430

借:管理费用   215

    贷:原材料——熟地黄   40 400

    贷:原材料——牡丹皮   22 800

    贷:原材料——山楂   10 605

    贷:原材料——金银花   540

    贷:原材料——茯苓   20 320

【经济业务 4-16】9 月 30 日核算本月应付的电费 3570 元。其中,生产六味地黄丸用电 2000 元,生产保和丸用电 900 元,车间用电 470 元,行政管理部门用电 200 元。

【工作步骤】电费分别是产品、车间、行政管理部门耗用,所以,分别记入"生产成本""制造费用""管理费用"账户的借方;同时由于未付电费形成负债记入"应付账款"账户的贷方。其会计分录如下:

借:生产成本——六味地黄丸   2000

借:生产成本——保和丸   900

借:制造费用——中成药车间	470
借:管理费用——电费	200
贷:应付账款——供电局	3570

【经济业务4-17】9月30日核算本月应付职工工资59 000元,其中生产六味地黄丸工人工资26 000元,生产保和丸工人工资18 000元,车间管理人员工资9000元,行政管理人员工资6000元。

【工作步骤】工资分别支付给生产产品的工人、车间管理人员、行政管理人员,所以,分别记入"生产成本""制造费用""管理费用"账户的借方;同时由于未付工资形成负债记入"应付职工薪酬"账户的贷方。其会计分录如下:

借:生产成本——六味地黄丸	26 000
借:生产成本——保和丸	18 000
借:制造费用——中成药车间	9000
借:管理费用——工资	6000
贷:应付职工薪酬——工资	59 000

【经济业务4-18】9月30日,分别按职工工资总额的10%、1%、2%、2.5%、12%,提取本月职工的医疗保险、失业保险、工会经费、职工教育经费以及住房公积金。

【工作步骤】本月职工工资总额为59 000元,提取的各项费用的总比例为工资总额的27.5%,所以,提取的费用分别为:

生产六味地黄丸工人工资计提的费用26 000×27.5%=7150元

生产保和丸工人工资计提的费用18 000×27.5%=4950元

车间管理人员工资计提的费用9000×27.5%=2475元

行政管理人员工资计提的费用6000×27.5%=1650元

各项费用分别用于生产产品的工人、车间管理人员、行政管理人员,所以,分别记入"生产成本""制造费用""管理费用"账户的借方;同时由于各项费用还未使用形成负债记入"应付职工薪酬"账户的贷方。其会计分录如下:

借:生产成本——六味地黄丸	7150
借:生产成本——保和丸	4950
借:制造费用——中成药车间	2475
借:管理费用——医保等	1650
贷:应付职工薪酬——医保等	16 225

【经济业务4-19】9月30日,按职工工资总额的20%,提取本月职工的养老保险。

【工作步骤】本月职工工资总额为59 000元,按照比例分别提取的养老保险为:

生产六味地黄丸工人工资计提的养老保险26 000×20%=5200元

生产保和丸工人工资计提的养老保险18 000×20%=3600元

车间管理人员工资计提的养老保险9000×20%=1800元

行政管理人员工资计提的养老保险6000×20%=1200元

其会计分录如下：

借:生产成本——六味地黄丸	5200
借:生产成本——保和丸	3600
借:制造费用——中成药车间	1800
借:管理费用——养老保险	1200
贷:应付职工薪酬——养老保险	11 800

【经济业务 4-20】9 月 30 日,董事会批准了职工自愿辞退方案。自愿接受辞退的职工 1 人,根据工龄及级别给予一定的补偿,补偿金共 5000 元。

【工作步骤】自愿接受辞退的职工补偿金 5000 元,导致企业的"管理费用"增加,记入其借方,由于只是形成方案还没有支付给自愿接受辞退的职工,所以,导致企业欠职工的负债增加,记入"应付职工薪酬"贷方。其会计分录如下:

借:管理费用——辞退福利	5000
贷:应付职工薪酬——辞退福利	5000

【经济业务 4-21】9 月 30 日,以银行存款 59 000 元,发放职工工资。

【工作步骤】该业务引起"应付职工薪酬"这项负债减少,同时引起"银行存款"这项资产减少。其会计分录如下:

借:应付职工薪酬——工资	59 000
贷:银行存款	59 000

【经济业务 4-22】9 月 30 日,固定资产原值 2 861 100 元,计提本月固定资产折旧额 18 425 元,其中:车间用固定资产折旧额 14 425 元,行政管理部门用固定资产折旧额 4000 元。

【工作步骤】计提的折旧涉及车间和行政管理部门,所以,分别记入"制造费用""管理费用"账户的借方;同时计提的折旧记入"累计折旧"账户的贷方。其会计分录如下:

借:制造费用——折旧费	14 425
借:管理费用——折旧费	4000
贷:累计折旧	18 425

【经济业务 4-23】用银行存款 900 元支付下季度报刊杂志费。

【工作步骤】根据权责发生制本月支付的 900 元费用,不应该本月承担,而需要下季度 3 个月分别分摊,所以,应借记"预付账款"账户;同时引起银行存款减少,贷记"银行存款"。其会计分录如下:

借:预付账款——报刊杂志费	900
贷:银行存款	900

【经济业务 4-24】摊销应该由本月负担的报刊杂志费 300 元。

【工作步骤】该业务使等待本月摊销由以前的会计期间预付的账款减少 300 元,应贷记"预付账款"账户;同时根据权责发生制本月应承担 300 元的报刊杂志费责任,借记"管理费用"账户。其会计分录如下:

借:管理费用——报刊杂志费　　　　　　　　　　　　　　　　　　300
　贷:预付账款——报刊杂志费　　　　　　　　　　　　　　　　　　300

【经济业务4-25】假定2018年7月1日向银行借入一笔生产经营用短期借款120 000元,期限为6个月,年利率为8%。根据与银行签署的借款协议,该项借款的本金到期后一次归还;利息分月计提,按季支付。

【工作步骤】有关会计处理如下:

(1)7月1日借入短期借款时:

借:银行存款　　　　　　　　　　　　　　　　　　　　　　　120 000
　贷:短期借款　　　　　　　　　　　　　　　　　　　　　　　120 000

(2)7月末,计提7月份应计利息时:

借:财务费用——利息支出　　　　　　　　　　　　　　　　　　800
　贷:应付利息　　　　　　　　　　　　　　　　　　　　　　　800

本月应计提的利息额=120 000×8%÷12=800元

8月末计提8月份应计利息时,会计分录与7月份相同。

(3)9月末计提本月利息并支付第三季度银行短期借款利息时:

借:应付利息　　　　　　　　　　　　　　　　　　　　　　　1600
借:财务费用——利息支出　　　　　　　　　　　　　　　　　　800
　贷:银行存款　　　　　　　　　　　　　　　　　　　　　　　2400

本例中,7月、8月已经计提的利息为1600元,再加上9月份的利息800元,实际支付利息2400元,贷记"银行存款"账户。

第4季度的会计处理同上。

(4)2019年1月1日偿还银行短期借款本金时:

借:短期借款　　　　　　　　　　　　　　　　　　　　　　　120 000
　贷:银行存款　　　　　　　　　　　　　　　　　　　　　　　120 000

【经济业务4-26】开出转账支票购买办公用品2000元,增值税率16%,增值税320元。

【工作步骤】该业务引起管理费用增加2000元,记入"管理费用"账户的借方;支付增值税使负债应交税费减少320元,记入"应交税费"账户的借方,同时引起银行存款减少2320元,记入"银行存款"账户的贷方。其会计分录如下:

借:管理费用——办公用品　　　　　　　　　　　　　　　　　　2000
借:应交税费——应交增值税(进项税额)　　　　　　　　　　　　320
　贷:银行存款　　　　　　　　　　　　　　　　　　　　　　　2320

四、制造费用的归集、分配与结转

1. 制造费用的归集　月末将本月发生并逐一记入"制造费用"账户借方的费用数额加起来就是归集。

2. 制造费用的分配 制造费用是产品成本项目的组成部分,所以,月末要将借方发生的制造费用全部转入"生产成本"账户中。如果制造费用是为生产一种产品发生的,则全部转入该种产品"生产成本"明细账户中;如果制造费用是为生产多种产品而发生的,则要按一定标准,将制造费用在多种产品之间进行分配,然后转入各种产品"生产成本"明细账中。分配的标准一般有:按生产工人工资比例分配,按生产工人工时比例分配,按机器工时比例分配等。在实际工作中,一般选择按生产工人工资比例分配制造费用的较多。企业在选择分配标准时,应结合本企业的具体情况进行选择。

$$制造费用分配率=\frac{制造费用总额}{生产工人的工资总额}\times100\%$$

某产品应负担的制造费用=制造费用分配率×该种产品生产工人工资总额

制造费用的分配一般通过编制"制造费用分配表"列示,"制造费用分配表"格式如表 4-29 所示。

表 4-29 制造费用分配表

产品名称	分配标准	分配金额(元)
⋮		
合计		

3. 制造费用的结转 前面已述制造费用是产品成本项目的组成部分,所以月末将制造费用从"制造费用"账户的贷方转入"生产成本"账户的借方,结转其会计分录如下:

借:生产成本——×××产品　　　　　　　　　　　　　　　×××

　　贷:制造费用——×××分公司(车间或项目)　　　　　　　×××

【经济业务 4-27】将本月发生的制造费用 28 600 元分配转入六味地黄丸和保和丸两种产品的生产成本中去。

【工作步骤】

(1)制造费用的归集:根据本项目【经济业务 4-15】~【经济业务 4-26】,计算出制造费用如表4-30所示。

表 4-30 制造费用的核算

借方	制造费用	贷方
(15) 430		
(16) 470		
(17) 9000		
(18) 2475		
(19) 1800		
(22) 14 425		
	(27)28 600	
28 600	28 600	

期末余额:0

（2）制造费用的分配

$$制造费用分配率=\frac{制造费用总额}{生产工人的工资总额}\times100\%$$

$$=\frac{28\ 600}{26\ 000+18\ 000}=0.65$$

六味地黄丸应承担的制造费用=26 000×0.65=16 900 元

保和丸应承担的制造费用=18 000×0.65=11 700 元

编制制造费用分配表如表4-31所示。

表 4-31　制造费用分配表

产品名称	分配标准	分配金额（元）
六味地黄丸	0.65	16 900
保和丸	0.65	11 700
合计	0.65	28 600

（3）制造费用的结转：其结转时会计分录如下：

借：生产成本——六味地黄丸	16 900
借：生产成本——保和丸	11 700
贷：制造费用	28 600

五、产品生产成本的计算与结转

1. **产品生产成本的计算**　生产成本是指企业为生产产品所发生的各项生产费用的总和。它与期间费用对应是构成费用的主要组成部分之一,是对象化的生产费用。包括4个成本项目:直接材料费用、直接人工费用、其他直接费用和分配转入的制造费用。前三项构成直接费用,最后一项也称为间接费用。产品生产成本的计算是指将记入产品生产成本的费用项目归集起来,登记产品生产成本明细账,编制"产品生产成本计算单（表）"和"库存商品入库单",计算出完工产品的总成本和单位成本的一种方法。"产品生产成本计算单（表）"格式如表4-32所示。是一张自制的原始凭证。

表 4-32　六味地黄丸、保和丸生产成本计算单（表）

成本项目	六味地黄丸（500 件）		保和丸（350 件）	
	总成本（元）	单位成本（元）	总成本（元）	单位成本（元）
直接材料	63 200	126.4	30 820	88.06
直接人工	38 350	76.70	26 550	75.86
其他直接费用	2000	4.00	900	2.57
分配转入的制造费用	16 900	33.80	11 700	33.43
合计	120 450	240.90	69 970	199.91

表 4-32 中的总成本是根据项目四的【经济业务 4-15】~【经济业务 4-27】"生产成本"的借方发生的金额汇总出来的。

2. 产品生产成本的结转　产品生产成本的结转,是指月末根据"生产成本计算单"归集的生产费用,结合有关期初在产品数量、本期投入量和期末在产品数量等资料,从生产成本明细账贷方转出,生产成本明细账借方余额则为该产品的在产品成本。结转时"库存商品"账户是"生产成本"账户的对应账户。结转时其会计分录如下:

借:库存商品——×××产品　　　　　　　　　　　　　　　　　　　　×××
　　贷:生产成本——×××产品　　　　　　　　　　　　　　　　　　　×××

【经济业务 4-28】9 月 30 日,计算并结转本月完工入库产品的生产成本。其中六味地黄丸 500 件,实际生产成本 120 450 元;保和丸 350 件,实际生产成本 69 970 元。

【工作步骤】产品完工入库意味着库存商品增加,记入"库存商品"的借方;同时意味着正在生产的产品即生产成本减少,记入"生产成本"的贷方。

其结转时会计分录如下:

借:库存商品——六味地黄丸　　　　　　　　　　　　　　　　120 450
借:库存商品——保和丸　　　　　　　　　　　　　　　　　　 69 970
　　贷:生产成本——六味地黄丸　　　　　　　　　　　　　　　　120 450
　　贷:生产成本——保和丸　　　　　　　　　　　　　　　　　　 69 970

▶▶ **边学边练**

生产过程的经济业务的核算练习,详见以下资料:

1. 目标检测的综合题(一)练习会计分录的编制练习三。
2. 根据实训三实训内容 11~25 的业务题编制会计分录。

点滴积累 ∨

1. 生产过程的主要经济业务有投入;产出;制造费用的归集、分配和结转;产品生产成本的计算和结转。

2. 生产过程设置的主要账户有"生产成本""制造费用""应付职工薪酬""累计折旧""管理费用""销售费用""财务费用""应付利息""库存商品"等。

3. 制造费用的归集是指月末将本月发生并逐一记入"制造费用"账户借方的费用数额加起来;制造费用的分配是指按一定标准将归集起来的制造费用加以分配,并编制"制造费用分配表";制造费用的结转是指期末将分配的制造费用转入产品的"生产成本"账户中。

4. 产品生产成本的计算是指将构成产品生产成本的项目归集起来编制"产品生产成本计算单(表)";产品生产成本的结转是指产品生产完工后转入"库存商品"账户中。

任务四　销售过程经济业务及其成本的核算

一、销售过程的主要经济业务

销售过程是企业将验收入库的产成品投放市场销售出去,取得销售收入的过程。在销售过程中,企业一方面以货币资金、应收账款、应收票据、预收账款等形式取得销售收入和收到销项增值税额,另一方面还会发生一些为实现收入而发生的支出。主要有:第一,销售费用,如销售产品的运输费、装卸费、包装费和广告费等;第二,企业还应当根据国家有关税法的规定,计算缴纳企业销售活动应负担的税金及附加;第三,付出库存商品。被售出的库存商品的实际生产成本就转化为销售成本(主营业务成本),计算并结转主营业务成本也是销售过程的主要业务。

除此以外,企业还可能发生一些其他经济业务,取得其他业务收入和发生其他业务成本。计算并结转其他业务成本也是销售过程的主要业务。

二、核算销售过程经济业务设置的主要账户

核算销售过程的经济业务设置的主要账户有:"主营业务收入""主营业务成本""税金及附加""销售费用""应收账款""应收票据""预收账款""其他业务收入""其他业务成本"等。

1. "主营业务收入"账户

(1)主营业务收入概念及核算内容:主营业务收入是指企业在销售产品、提供劳务等日常活动中所实现的收入。本账户核算主营业务收入的增减变动情况及其结余情况。

(2)"主营业务收入"账户的类型及账户结构:本账户属于损益类账户,贷方登记企业销售产品、提供劳务所实现的收入;借方登记发生的销售退回或销售折让以及期末转入"本年利润"账户的收入;期末结转后,本账户无余额。

(3)"主营业务收入"账户明细账的设置:本账户根据主营业务的种类不同设置明细账,进行明细分类核算,适合采用"贷方多栏式"账页格式的明细账。

"主营业务收入"账户的核算内容及其结构如表 4-33 所示。

表 4-33　"主营业务收入"账户的核算内容及其结构表

借方	主营业务收入(损益)	贷方
①已实现的主营业务收入发生的销售退回或销售折让的数额 ②期末将本期实现的主营业务收入转入"本年利润"账户的数额	销售产品、提供劳务实现的主营业务收入	
	结转后期末无余额	

2. "主营业务成本"账户

(1)主营业务成本概念及核算内容:主营业务成本是指企业因销售产品、提供劳务等主营业务

收入时应结转的成本。比如,已销库存商品的生产成本。本账户核算主营业务成本的增减变动情况及其结余情况。

(2)"主营业务成本"账户的类型及账户结构:本账户属于损益类账户,借方登记销售产品、提供劳务应结转的实际成本;贷方登记发生销售退回的产品或销售折让已结转的销售成本以及期末将本账户的余额转入"本年利润"账户的数额;期末结转后,本账户无余额。

(3)"主营业务成本"账户明细账的设置:本账户根据主营业务的种类不同设置明细账,进行明细分类核算,适合采用"借方多栏式"账页格式的明细账。

"主营业务成本"账户的核算内容及其结构如表4-34所示。

表4-34　"主营业务成本"账户的核算内容及其结构表

借方	主营业务成本(损益类)	贷方
已销售产品或提供劳务的成本转入之数	①发生销售退回的产品或销售折让已结转的销售成本; ②期末将本期主营业务成本转入"本年利润"账户的数额	
结转后期末无余额		

3."销售费用"账户

(1)销售费用概念及核算内容:销售费用是指企业在销售产品过程中发生的各项费用,包括保险费、包装费、展览费和广告费、运输费、装卸费以及为销售本企业产品而专设销售机构(含销售网点、售后服务网点等)的职工薪酬、业务费、折旧费等经营费用。本账户核算销售费用的增减变动情况及其结余情况。

(2)"销售费用"账户的类型及账户结构:本账户属于损益类账户,借方登记发生的各项销售费用;贷方登记期末转入"本年利润"账户的销售费用;期末结转后,本账户无余额。

(3)"销售费用"账户明细账的设置:本账户根据费用项目不同设置明细账,进行明细分类核算,适合采用"借方多栏式"账页格式的明细账。

"销售费用"账户的核算内容及其结构如表4-35所示。

表4-35　"销售费用"账户的核算内容及其结构表

借方	销售费用(损益类)	贷方
产品销售过程中发生的各项销售费用	期末将本期销售费用转入"本年利润"账户的数额	
结转后期末无余额		

4."税金及附加"账户

(1)税金及附加概念及核算内容:税金及附加是指企业生产经营过程中发生的相关税费。包括消费税、资源税、城市维护建设税和教育费附加以及房产税、土地使用税、车船使用税、印花税等。本账户核算税金及附加的增减变动情况及其结余情况。

(2)"税金及附加"账户的类型及账户结构:本账户属于损益类账户,借方登记计算的应交的税金及附加;贷方登记期末转入"本年利润"账户的税金及附加;期末结转后,本账户无余额。

(3)"税金及附加"账户明细账的设置:本账户根据税金及附加的种类不同设置明细账,进行明细分类核算,适合采用"三栏式"账页格式的明细账。

"税金及附加"账户的核算内容及其结构如表4-36所示。

表4-36　"税金及附加"账户的核算内容及其结构表

借方	税金及附加(损益类)	贷方
按规定计算的应负担的税金及附加	期末转入"本年利润"账户的税金及附加	
结转后期末无余额		

提示:"税金及附加"账户就是"营改增"以前的"营业税金及附加"账户,但是核算内容少了营业税,增加了房产税、土地使用税、车船使用税及印花税。

5. "应收账款"账户

(1)应收账款概念及核算内容:应收账款是指企业因销售产品、提供劳务等经营活动应收取的款项。包括应收取的货款、销项增值税以及代购货单位垫付的包装费、运杂费等款项。本账户核算应收账款的增减变动情况及其结余情况。

(2)"应收账款"账户的类型及账户结构:本账户属于资产类账户,借方登记应收取的各项款项;贷方登记实际收回的应收款项。如果期末借方余额,表示应收而未收回的款项,此时它是一个资产性质的账户;如果期末贷方余额,表示预收的款项,此时它是一个负债性质的账户。可见它是一个双重性质的账户。

(3)"应收账款"账户明细账的设置:本账户根据购货单位或接受劳务单位不同设置明细账,进行明细分类核算,适合采用"三栏式"账页格式的明细账。

"应收账款"账户的核算内容及其结构如表4-37所示。

表4-37　"应收账款"账户的核算内容及其结构表

借方	应收账款(资产类)	贷方
期初余额:××× 应收而未收回的款项	实际收回的款项	
期末余额:尚未收回的款项	期末余额:预收的款项	

6. "应收票据"账户

(1)应收票据概念及核算内容:应收票据是指企业因销售产品、提供劳务等而收到的商业汇票,包括银行承兑汇票和商业承兑汇票。本账户核算应收票据的增减变动情况及其结余情况。

(2)"应收票据"账户的类型及账户结构:本账户属于资产类账户,借方登记因销售产品、提供劳务等而收到开出承兑商业汇票的票面金额;贷方登记商业汇票到期收到的金额;期末借方余额,表示企业持有商业汇票的票面金额。

(3)"应收票据"账户明细账的设置:本账户根据开出承兑商业汇票的单位不同设置明细账,进行明细分类核算,适合采用"三栏式"账页格式的明细账。

"应收票据"账户的核算内容及其结构如表4-38所示。

表 4-38 "应收票据"账户的核算内容及其结构表

借方	应收票据(资产类)	贷方
期初余额:××× 企业收到商业汇票的票面金额		到期已承兑的商业汇票的票面金额
期末余额:尚未到期商业汇票的票面金额		

知识链接

应收账款与应收票据

相同点:应收账款与应收票据两者都是由于商品交易而引起的债权,都属于流动资产。

不同点:应收账款是尚未结清的债权,而应收票据是一种期票,是延期收款的证明,是付款方承诺到付款期限时无条件支付汇票确定的金额给收款人的票据。

7. "预收账款"账户

(1)预收账款概念及核算内容:预收账款是指企业按照合同规定向购货单位预收的款项。本账户核算预收账款的增减变动情况及其结余情况。

(2)"预收账款"账户的类型及账户结构:本账户属于负债类账户,贷方登记向购货单位预收的款项以及购货单位补付的款项;借方登记销售实现的收入和收到的增值税销项税额以及退回购货单位多付的款项。期末如果贷方余额,表示企业向购货单位预收的款项(尚未结算或结算后应退还部分),此时它是负债性质的账户;期末如果借方余额,表示应由购货单位补付的款项,此时它是一个资产性质的账户。可见它是一个双重性质的账户。

(3)"预收账款"明细账的设置:本账户根据购货单位不同设置明细账,进行明细分类核算,适合采用"三栏式"账页格式的明细账。

"预收账款"账户的核算内容及其结构如表 4-39 所示。

表 4-39 "预收账款"账户的核算内容及其结构表

借方	预收账款(负债类)	贷方
期初余额:××× ①销售实现的收入 ②收到的增值税销项税额 ③退回购货单位多付的款项		期初余额:××× ①向购货单位预收的款项 ②购货单位补付的款项
期末余额:表示应由购货单位补付的款项即应收款项		期末余额:表示企业向购货单位预收的款项(尚未结算或结算后应退还的部分)

知识链接

应收账款与预收账款

预收账款情况是不多的,也可将预收的款项直接记入"应收账款"账户的贷方,结算时登记在"应收账款"账户的借方。

8. "其他业务收入"账户

(1)其他业务收入概念及核算内容:其他业务收入是指除主营业务活动以外的相关经营活动实现的收入,包括出租固定资产、出租无形资产、出租包装物、销售材料、用材料进行非货币性交换或债务重组等实现的收入。本账户核算其他业务收入的增减变动情况及其结余情况。

(2)"其他业务收入"账户的类型及账户结构:本账户属于损益类账户,贷方登记实现的其他业务收入;借方登记期末结转到"本年利润"账户的其他业务收入;期末结转后,本账户无余额。

(3)"其他业务收入"账户明细账的设置:本账户根据其他业务收入的种类不同设置明细账,进行明细分类核算,适合采用"贷方多栏式"账页格式的明细账。

"其他业务收入"账户的核算内容及其结构如表4-40所示。

表4-40 "其他业务收入"账户的核算内容及其结构表

借方	其他业务收入(损益类)	贷方
期末将贷方余额转入"本年利润"账户的收入	其他相关活动实现的收入	
	结转后期末无余额	

9. "其他业务成本"账户

(1)其他业务成本概念及核算内容:其他业务成本是指除主营业务活动以外的其他相关经营活动所发生的支出,包括销售材料的成本、出租固定资产的折旧额、出租无形资产的摊销额、出租包装物的成本或摊销额等。本账户核算其他业务成本的增减变动情况及其结余情况。

(2)"其他业务成本"账户的类型及账户结构:本账户属于损益类,借方登记企业发生的其他业务成本;贷方登记期末结转到"本年利润"账户的其他业务成本数额;期末结转后,本账户无余额。

(3)"其他业务成本"账户明细账的设置:本账户根据其他业务成本的种类不同设置明细账,进行明细分类核算,适合采用"借方多栏式"账页格式的明细账。

"其他业务成本"账户的核算内容及其结构如表4-41所示。

表4-41 "其他业务成本"账户的核算内容及其结构表

借方	其他业务成本(损益类)	贷方
发生的其他业务成本	期末将借方余额转入"本年利润"账户之数	
	结转后期末无余额	

三、营业成本的计算与结转

营业成本是指已销售对象的实际成本,包括主营业务成本和其他业务成本。

(一)营业成本的计算

1. 主营业务成本的计算   公式如下:

主营业务成本=已销售库存商品的数量×已销售库存商品的单位生产成本

由于每批入库的产品的单位生产成本不同,所以,可以用加权平均法计算库存商品的单位生产成本。

2. 其他业务成本的计算　其他业务成本的计算方法与主营业务成本的计算方法相同。其他业务成本包括销售材料的成本、出租固定资产的折旧额、出租无形资产的摊销额、出租包装物的成本或摊销额等。比如销售材料的其他业务成本=已销售材料的数量×已销售材料的单位实际采购成本。

（二）营业成本的结转

营业成本的结转方法与前面原材料的采购成本、产品生产成本的结转方法相同。其结转时的会计分录为：

借：主营业务成本（其他业务成本）　　　　　　　　　　　　　　　　　×××

　　贷：库存商品（原材料等）　　　　　　　　　　　　　　　　　　　　×××

四、核算销售过程主要经济业务的会计处理实务

仁卫药业有限责任公司2018年9月份发生以下经济业务：

（一）一般销售的核算

【经济业务4-29】9月20日，向省医药公司销售六味地黄丸200件，增值税专用发票列每件单价356元，计71 200元，增值税率16%，增值税11 392元；销售保和丸120件，每件单价296元，计35 520元，增值税率16%，增值税5683.2元；货款与税款合计123 795.2元，收到转账支票一张，填写进账单后一并送存银行。见表4-42。

表4-42　销售情况表

材料名称	数量（件）	单价（元）	主营业务收入（元）	增值税率（%）	销项增值税（元）
六味地黄丸	200	356	71 200	16	11 392
保和丸	120	296	35 520	16	5683.2
合计	320	—	106 720	—	17 075.2

【工作步骤】销售六味地黄丸和保和丸使企业主营业务收入增加106 720元，记入"主营业务收入"账户的贷方，收到的增值税销项税额合计17 075.2元，记入"应交税费——应交增值税"账户的贷方；款项全部收到并存入银行，应记入"银行存款"账户的借方。其会计分录为：

借：银行存款　　　　　　　　　　　　　　　　　　　　　123 795.2

　　贷：主营业务收入——六味地黄丸　　　　　　　　　　　71 200

　　贷：主营业务收入——保和丸　　　　　　　　　　　　　35 520

　　贷：应交税费——应交增值税（销项税额）　　　　　　　17 075.2

【经济业务4-30】9月20日，用现金支付销售六味地黄丸和保和丸的运费300元以及增值税30元，增值税率10%，装卸费200元及增值税12元，增值税率6%。

【工作步骤】该笔经济业务发生的运费、装卸费导致销售费用增加，记入"销售费用"的借方，同时根据增值税会计处理的规定，运费及装卸费应该按照一定税率缴纳增值税，记入"应交税费——应交增值税"的借方，另外，以现金支付导致现金减少，记入"库存现金"账户的贷方。其会计分录为：

借:销售费用	500
借:应交税费——应交增值税	42
贷:库存现金	542

【经济业务4-31】9月21日,向人民医院销售六味地黄丸90件,增值税专用发票列单价356元,计32 040元,增值税率16%,增值税5126.4元。价税合计37 166.4元,款未收回。

【工作步骤】销售六味地黄丸的货款、税款尚未收回,形成企业对购货方的债权,记入"应收账款"账户的借方;同时销售产品使企业主营业务收入增加,记入"主营业务收入"账户的贷方,应收的增值税(销项税额)记入"应交税费——应交增值税"账户的贷方。其会计分录为:

借:应收账款——人民医院	37 166.4
贷:主营业务收入——六味地黄丸	32 040
贷:应交税费——应交增值税(销项税额)	5126.4

【经济业务4-32】9月22日,向京都药店销售保和丸10件,增值税专用发票列单价296元,计2960元,增值税率16%,增值税473.6元,货款与税款共计3433.6元,对方以商业承兑汇票抵付,期限3个月。

【工作步骤】因采用的是延期或分期付款的商业承兑汇票方式结算,应收的款项3433.6元,记入"应收票据"账户的借方,实现的主营业务收入2960元,应记入"主营业务收入"账户的贷方,应收的增值税销项税额473.6元,应记入"应交税费——应交增值税"账户的贷方。其会计分录为:

借:应收票据——商业承兑汇票	3433.6
贷:主营业务收入——保和丸	2960
贷:应交税费——应交增值税(销项税额)	473.6

【经济业务4-33】9月23日,收到人民医院归还前欠货款和税款金额37 166.4元。

【工作步骤】银行存款增加,应记入"银行存款"账户的借方;同时应收账款减少,应记入"应收账款"账户的贷方。其会计分录为:

借:银行存款	37 166.4
贷:应收账款——人民医院	37 166.4

【经济业务4-34】以银行存款支付产品广告费5000元,增值税率6%,增值税300元。

【工作步骤】由于产品广告费的发生表明销售费用增加,应记入"销售费用"账户的借方;支付的增值税300元,应记入"应交税费——应交增值税"账户的借方;同时以银行存款支付,应记入"银行存款"账户的贷方。其会计分录为:

借:销售费用——广告费	5000
借:应交税费——应交增值税	300
贷:银行存款	5300

（二）销售折扣与折让的核算

1. **销售折扣**　是指销货方在赊销和商业信誉的情况下,为了推销产品和及时收回销货款,往往给予购货方一定的销售折扣。销售折扣分为商业折扣和现金折扣。

（1）商业折扣也称价格折扣：是指销货方为了鼓励购买者多买产品而在价格上给予的折扣，即购买越多，价格越低。商业折扣是从产品价格中直接扣减，扣减后的价格才是实际销售价格。由于商业折扣在交易发生时已经确定，在会计实务中，销售收入直接按扣除商业折扣的金额计算，不需要特殊处理。

（2）现金折扣：是指销货方在采用赊销方式销售货物或提供劳务时，为了鼓励购货方在一定的期限内尽早偿还货款，按协议许诺给予购货方一定比例的扣减。现金折扣的条件表示为：5/10，2/20，n/30（10天以内付款，可享受5%的折扣，10天以上未超过20天付款可享受2%的折扣，超过20天但未超过30天付款按全价付款，超过30天后付款应付滞纳金）。现金折扣发生在销货之后，是一种融资性质的理财费用。在现金折扣的情况下，应收账款的入账价值有2种计算方法：即总价法和净价法。我国现行会计制度规定采用总价核算法。

总价法和净价法

【经济业务4-35】9月23日，向中心医院销售六味地黄丸200件，每件售价356元，计71 200元增值税率16%，增值税11 392元，货款税款共计82 592元。规定付款条件为5/10，2/20，n/30。中心医院已于9天内即9月30日付款。要求采用总价法核算。（现金折扣）

【工作步骤】对上述业务作如下会计处理：

（1）销售产品时根据发货票及有关单证作会计分录为：

借：应收账款——中心医院	82 592
贷：主营业务收入——六味地黄丸	71 200
贷：应交税费——应交增值税（销项税额）	11 392

（2）10日内收到中心医院交来款项时，根据结算凭证等作会计分录为：

借：银行存款	79 032
借：财务费用——理财费	3560(71 200×5%)
贷：应收账款——中心医院	82 592

如果20天内收到货款根据结算凭证等作会计分录为：

借：银行存款	81 168
借：财务费用——理财费	1424(71 200×2%)
贷：应收账款——中心医院	82 592

如果超过20天，但未超过30天收到货款根据结算凭证等作会计分录为：

借：银行存款	82 592
贷：应收账款——中心医院	82 592

2. 销售折让 是指企业在销售产品时，因产品品种、质量不符合购买方要求或与合同不符等原因，为了使购买方接受购进而给予的价格减让。对实际发生的销售折让，无论何时销售，一律冲减当期的销售收入。其会计分录为：

借：主营业务收入——×××产品销售折让	×××

借:应交税费——应交增值税(销项税额转出)　　　　　　　　　　　　　×××
　　贷:应收账款等账户　　　　　　　　　　　　　　　　　　　　　　　×××

【经济业务4-36】9月24日,向某医药公司销售保和丸150件,每件售价296元,计44 400,增值税率16%,增值税为7104元,应收款项计51 504元。因该药品临近有效期,购买方要求退货,经协商决定给予购买方每件30元的价格折让。5天后本公司收到货款39 900(150×266)和税款6384(39 900×16%)共计46 284元,存入银行。(销售折让)

【工作步骤】对上述业务作如下会计处理:

(1)发出产品时,根据结算凭证等作会计分录为:

借:应收账款——某医药公司　　　　　　　　　　　　　　　　　　51 504
　　贷:主营业务收入——保和丸　　　　　　　　　　　　　　　　44 400
　　贷:应交税费——应交增值税(销项税额)　　　　　　　　　　7104

(2)决定销售折让,收到款项时,根据结算凭证等作会计分录为:

借:银行存款　　　　　　　　　　　　　　　　　　　　　　　　46 284
借:主营业务收入——保和丸销售折让　　　　　　　　　　　　　4500
借:应交税费——应交增值税(销项税额转出)　　　　　　　　　720(4500×16%)
　　贷:应收账款——中心医院　　　　　　　　　　　　　　　　51 504

知识链接

发生销售折让增值税发票的规定

《营业税改征增值税试点实施办法》第四十二条:纳税人发生应税行为,开具增值税专用发票后,发生开票有误或者销售折让、中止、退回等情形的,应当按照国家税务总局的规定开具红字增值税专用发票;未按照规定开具红字增值税专用发票的,不得按照本办法第三十二条和第三十六条的规定扣减销项税额或者销售额。

【经济业务4-37】月末结转本月已销六味地黄丸490件,单位成本240.9元,总成本118 041元,保和丸280件,单位成本199.91元,总成本55 974.8元。

【工作步骤】结转已销售2种产品的实际成本,一方面,使企业的销售成本增加,应记入"主营业务成本"账户的借方;另一方面使库存商品六味地黄丸和保和丸的库存数量减少,应记入"库存商品"账户的贷方。其会计分录为:

借:主营业务成本——六味地黄丸　　　　　　　　　　　　　　118 041
借:主营业务成本——保和丸　　　　　　　　　　　　　　　　55 974.8
　　贷:库存商品——六味地黄丸　　　　　　　　　　　　　　118 041
　　贷:库存商品——保和丸　　　　　　　　　　　　　　　　55 974.8

【经济业务4-38】9月25日,将库存闲置的山楂300kg出售,单价8元,收到货款2400元及增值税384元存银行,增值税率16%,山楂成本2100元,结转其成本。

【工作步骤】山楂是生产保和丸的原材料,销售山楂不是企业的主要业务,所以,不应该记入主营业务收入,而应作为其他业务收入,记入"其他业务收入"账户的贷方;同时收到其他业务收入的16%的销项增值税384元,记入"应交税费"的贷方,收到的款项,记入"银行存款"账户的借方。其会计分录为:

借:银行存款 2784

　　贷:其他业务收入——出售山楂 2400

　　贷:应交税费——应交增值税(销项税额) 384

结转已销售山楂的实际成本,一方面使企业的销售成本增加,应记入"其他业务成本"账户的借方,另一方面使原材料山楂的库存数量减少,应记入"原材料"账户的贷方。其会计分录为:

借:其他业务成本——山楂 2100

　　贷:原材料—— 山楂 2100

【经济业务4-39】9月30日,收到本月出租房屋的租金6000元及增值税600元,增值税率10%,存入银行。房屋每月应计提折旧2000元,结转其成本。

【工作步骤】出租房屋的租金6000元收入不属于主营业务收入,而应作为其他业务收入,记入"其他业务收入"账户的贷方;另外,提供不动产租赁服务的增值税率为10%,收到增值税600元,记入"应交税费"的贷方;收到的租金及增值税6600元存银行,记入"银行存款"账户的借方。其会计分录为:

借:银行存款 6600

　　贷:其他业务收入——租金 6000

　　贷:应交税费——应交增值税(销项税额) 600

知识链接

不动产租赁服务的增值税率

《营业税改征增值税试点实施办法》第十五条第二款:(二)提供交通运输、邮政、基础电信、建筑、不动产租赁服务,销售不动产,转让土地使用权,税率为11%。

关于调整增值税税率的通知 财税〔2018〕32号纳税人发生增值税应税销售行为或者进口货物,原适用17%和11%税率的,税率分别调整为16%、10%。

因出租房屋实现了6000元的其他业务收入,是以房屋的磨损折旧作为成本的,所以,一方面使企业的成本增加,应记入"其他业务成本"账户的借方,另一方面使企业的房屋的折旧增加,应记入"累计折旧"账户的贷方。其会计分录为:

借:其他业务成本——房屋折旧 2000

　　贷:累计折旧——房屋 2000

【经济业务4-40】月末经计算本月应交增值税10 160.4元,其中应交的城市维护建设税711.23元、教育费附加304.81元。

【工作步骤】本月应交的城市维护建设税、教育费附加增加,应记入"税金及附加"账户的借方,月末计算出应交税费后,应于下月初上缴,所以暂记入"应交税费"账户的贷方。其会计分录为:

借:税金及附加 1016.04

  贷:应交税费——应交城市维护建设税 711.23

  贷:应交税费——应交教育费附加 304.81

城市维护建设税、教育费附加是以本月应交增值税为税基计算的,税率分别是7%、3%。根据本项目【经济业务4-1】~【经济业务4-39】的经济业务,计算出应交增值税为10 160.4元。计算过程如表4-43所示。

表4-43 应交税费——应交增值税的核算

借方		贷方	
(4)	8084	(29)	17 075.2
(5)	60	(31)	5126.4
(6)	2000	(32)	473.6
(7)	1280	(35)	11 392
(8)	2355.2	(36)	7104
(9)	4033.6	(38)	384
(11)	12 800	(39)	600
(26)	320		
(30)	42		
(34)	300		
(36)	720		
本期合计	31 994.8	本期合计	42 155.2
		期末余额	10 160.4

应交城市维护建设税 = 10 160.4×7% = 711.23 元

应交教育费附加 = 10 160.4×3% = 304.81 元

【经济业务4-41】将本月应交增值税、城建税、教育费附加,共计11 176.44元,通过银行上缴国库。

【工作步骤】交纳税金时,使企业的负债减少,应记入"应交税费"账户的借方;同时,以银行存款上缴,应记入"银行存款"账户的贷方。其会计分录为:

借:应交税费——应交增值税 10 160.4

借:应交税费——应交城市维护建设税 711.23

借:应交税费——应交教育费附加 304.81

  贷:银行存款 11 176.44

▶▶ **边学边练**

销售过程的经济业务的核算练习，详见以下资料：

1. 目标检测的综合题（一）练习会计分录的编制练习四。

2. 根据实训三 实训内容 26~34 的业务题编制会计分录。

点滴积累 ✓

1. 销售过程的主要经济业务为企业一方面以货币资金、应收账款、应收票据、预收账款等取得销售收入和收到销项增值税额，另一方面还会发生一些为实现收入而发生的支出。 主要有：销售费用、交纳企业销售活动应负担的税金及附加、付出库存商品；除此之外，企业还可能发生一些其他经济业务，取得其他业务收入和发生其他业务成本。 营业成本的计算并结转也是销售过程的主要业务。

2. 核算销售过程的经济业务设置的主要账户有"主营业务收入""主营业务成本""税金及附加""应收账款""应收票据""预收账款""其他业务收入""其他业务成本"等。

3. 营业成本的计算及结转，其结转时的会计分录为：

借：主营业务成本（其他业务成本） ×××

　　贷：库存商品（原材料等） ×××

任务五　其他经济业务的核算

一、其他经济业务

企业发生的经济业务，除了前述的资金筹集业务、供应过程业务、生产过程业务、销售过程业务等主要经济业务外，还会发生一些其他经济业务，比如：投资、职工个人借款还款、报销差旅费、收取押金、归还押金、交纳罚款、收取罚款、捐赠等业务，这些业务的发生同样对企业的经营成果产生影响。

二、核算其他经济业务设置的主要账户

核算其他经济业务设置的主要账户有："其他应收款""其他应付款""营业外收入""营业外支出""投资收益""资产处置损益""其他收益"等。

1."其他应收款"账户

（1）其他应收款的概念及核算内容：其他应收款是指除应收票据、应收账款、预付账款、应收股利等以外的其他各种应收、暂付的款项。本账户核算其他应收款的增减变动情况及其结余情况。

（2）"其他应收款"账户的类型及账户结构：本账户属于资产类账户，借方登记其他各种应收、暂付的款项，贷方登记收回或转销的各种应收、暂付的款项；期末借方余额，反映企业尚未收回的其他应收款。

(3)"其他应收款"账户明细账的设置:本账户根据其他应收款的项目和对方单位(或个人)不同设置明细账,进行明细分类核算,适合采用"三栏式"账页格式的明细账。

"其他应收款"账户的核算内容及其结构如表4-44所示。

表4-44　"其他应收款"账户的核算内容及其结构表

借方	其他应收款(资产类)	贷方
期初余额:××× 发生的其他各种应收、暂付款项	收回或转销的各种应收、暂付款项	
期末余额:尚未收回的其他应收款项		

2."其他应付款"账户

(1)其他应付款的概念及核算内容:其他应付款是指除应付票据、应付账款、预收账款、应付职工薪酬、应付利息、应交税费等以外的其他各项应付、暂收的款项。本账户核算其他应付款的增减变动情况及其结余情况。

(2)"其他应付款"账户的类型及账户结构:本账户属于负债类账户,贷方登记发生的其他各种应付、暂收的款项;借方登记支付的其他各种应付、暂收的款项;期末贷方余额,表示企业尚未支付的其他应付、暂收款项。

(3)"其他应付款"账户明细账的设置:本账户根据其他应付款的项目和对方单位(或个人)不同设置明细账,进行明细分类核算,适合采用"三栏式"账页格式的明细账。

"其他应付款"账户的核算内容及其结构如表4-45所示。

表4-45　"其他应付款"账户的核算内容及其结构表

借方	其他应付款(负债类)	贷方
实际支付的其他各种应付、暂收款项	期初余额:××× 发生的其他各种应付、暂收款项	
	期末余额:尚未支付的其他应付、暂收款项	

3."营业外收入"账户

(1)营业外收入的概念及核算内容:营业外收入是指企业发生的与日常生产经营活动无直接关系的(即非日常活动、偶发的活动)应记入当期损益的利得,反映企业发生的营业利润的外收益包括与企业日常活动无关的政府补助、盘盈利得、罚没利得、捐赠利得等。本账户核算营业外收入的增减变动情况及其结余情况。

(2)"营业外收入"账户的类型及账户结构:本账户属于损益类账户,贷方登记实现的各种营业外收入;借方登记期末转入"本年利润"账户的营业外收入;期末结转后,本账户无余额。

(3)"营业外收入"账户明细账的设置:本账户根据营业外收入的项目不同设置明细账,进行明细分类核算,适合采用"贷方多栏式"账页格式的明细账。

"营业外收入"账户的核算内容及其结构如表4-46所示。

表 4-46　"营业外收入"账户的核算内容及其结构表

借方	营业外收入（损益类）	贷方
期末将贷方余额转入"本年利润"账户之数	实现的各项营业外收入	
	结转后期末无余额	

4．"营业外支出"账户

（1）营业外支出的概念及核算内容：营业外支出是指企业发生的与日常生产经营活动无直接关系的即非日常活动、偶发的活动应记入当期损益的损失，反映企业发生的营业利润的外支出包括公益性捐赠支出、非常损失、盘亏损失、非流动资产毁损报废损失等。本账户核算营业外支出的增减变动情况及其结余情况。

（2）"营业外支出"账户的类型及账户结构：本账户属于损益类账户，借方登记发生的各项营业外支出；贷方登记期末转入"本年利润"账户的营业外支出；期末结转后，本账户无余额。

（3）"营业外支出"账户明细账的设置：本账户根据营业外支出的项目不同设置明细账，进行明细分类核算，适合采用"借方多栏式"账页格式的明细账。

"营业外支出"账户的核算内容及其结构如表 4-47 所示。

表 4-47　"营业外支出"账户的核算内容及其结构表

借方	营业外支出（损益类）	贷方
发生的各项营业外支出	期末将借方余额转入"本年利润"账户之数	
结转后期末无余额		

5．"投资收益"账户

（1）投资收益的概念及核算内容：投资收益是指企业确认的因对外投资而取得的收益或发生的投资损失。本账户核算某种材料投资收益的增减变动情况及其结余情况。

（2）"投资收益"账户的类型及账户结构：本账户属于损益类账户，贷方登记取得的投资收益以及期末投资净损失的转出数；借方登记发生的投资损失以及期末投资净收益的转出数；期末无论是贷方余额（投资收益），还是借方余额（投资损失），都要结转到"本年利润"账户；期末结转后，本账户无余额。

（3）"投资收益"账户明细账的设置：本账户根据投资项目、投资单位不同设置明细账，进行明细分类核算，适合采用"三栏式"账页格式的明细账，也可以采用"借贷双方多栏式"账页格式的明细账。

"投资收益"账户的核算内容及其结构如表 4-48 所示。

表 4-48　"投资收益"账户的核算内容及其结构表

借方	投资收益（损益类）	贷方
①发生的投资损失； ②期末投资净收益的转出数	①实现的投资收益 ②期末投资净损失的转出数	
结转后期末无余额	结转后期末无余额	

6."资产处置损益"账户

(1)资产处置损益的概念及核算内容:财会〔2017〕30号文件规定:本账户核算企业出售划分为持有待售的非流动资产(金融工具、长期股权投资和投资性房地产除外)或处置组(子公司和业务除外)时确认的处置利得或损失,以及处置未划分为持有待售的固定资产、在建工程、生产性生物资产及无形资产而产生的处置利得或损失。债务重组中因处置非流动资产产生的利得或损失和非货币性资产交换中换出非流动资产产生的利得或损失也在本科目核算内。

(2)"资产处置损益"账户类型及账户结构:本账户属于损益类账户,贷方登记处置过程中收到的价款以及期末结转借方余额到本年利润的转销数,借方登记处置过程中发生的相关税费以及期末结转贷方余额到本年利润的转销数。期末结转后无余额。

企业处置持有待售的非流动资产或处置组时,按处置过程中收到的价款,借记"银行存款"等科目,按相关负债的账面余额,借记"持有待售负债"科目,按相关资产的账面余额,贷记"持有待售资产"科目,按其差额借记或贷记本科目,已计提减值准备的,还应同时结转已计提的减值准备;按处置过程中发生的相关税费,借记本科目,贷记"银行存款""应交税费"等科目。期末,应将本科目余额转入"本年利润"科目,本科目结转后应无余额。

(3)"资产处置损益"账户明细账的设置:本科目按照处置的资产类别或处置组进行明细核算。

"资产处置损益"账户的核算内容及其结构如表4-49所示。

表4-49　"资产处置损益"账户的核算内容及其结构表

借方	资产处置损益(损益类)	贷方
①处置过程中发生的相关税费(损失) ②期末结转贷方余额到本年利润的转销数		①处置过程中收到的价款(利得) ②期末结转借方余额到本年利润的转销数
结转后期末无余额		结转后期末无余额

7."其他收益"账户

(1)其他收益的概念及核算内容:财会〔2017〕30号文件规定:"其他收益"项目,反映计入其他收益的政府补助等。"其他收益"科目核算总额法下与日常活动相关的政府补助以及其他与日常活动相关且应直接计入本科目的项目。

(2)"其他收益"账户类型及账户结构:本账户属于损益类账户,贷方登记收到的与日常活动相关的政府补助以及其他与日常活动相关且应直接计入本科目的金额,借方登记期末转入本年利润的转销数。期末结转后无余额。

对于总额法下与日常活动相关的政府补助,企业在实际收到或应收时,或者将先确认为"递延收益"的政府补助分摊计入收益时,借记"银行存款""其他应收款""递延收益"等科目,贷记"其他收益"科目。期末,应将本科目余额转入"本年利润"科目,本科目结转后应无余额。

(3)"其他收益"账户明细账的设置:本科目按照收到的补助项目不同进行明细核算。

"其他收益"账户的核算内容及其结构表如4-50所示。

表 4-50 "其他收益"账户的核算内容及其结构表

借方	其他收益(损益类)	贷方
期末转入本年利润的转销数	① 收到的与日常活动相关的政府补助 ② 其他与日常活动相关且应直接计入本科目的金额	
结转后期末无余额	结转后期末无余额	

知识链接

"资产处置收益"和"其他收益"账户设置的渊源

　　"资产处置收益"和"其他收益"账户是财会〔2017〕30号文件《财政部关于修订印发一般企业财务报表格式的通知》中财务报表新增的项目中的两个，增加"资产处置收益"源于2017年5月28日施行的《企业会计准则第42号——持有待售的非流动资产、处置组和终止经营》，"资产处置收益"是报表中的项目，会计科目是"资产处置损益"。增加"其他收益"源于2017年6月12日施行的《企业会计准则第16号——政府补助》。该准则要求将与企业日常活动相关的政府补助，应当按照经济业务实质，计入其他收益或冲减相关成本费用。与企业日常活动无关的政府补助，仍应当计入"营业外收入"。这两个科目实际上是把原来在"营业外收入"和"营业外支出"的部分核算内容另外设置科目单独核算设置增加的两个新科目，也就是说"营业外收入"和"营业外支出"比原来瘦身了。

三、核算其他经济业务的会计处理实务

仁卫药业有限责任公司2018年9月份发生以下经济业务：

【经济业务4-42】9月27日，批发部采购员张明去广州出差预借差旅费5000元，财务科支付现金。

【工作步骤】预借差旅费使企业向张明收取款项的权利增加，记入"其他应收款"账户的借方；同时企业的库存现金也减少，记入"库存现金"账户的贷方。所以，根据借款单作如下会计分录：

借：其他应收款——张明　　　　　　　　　　　　　　　5000

　　贷：库存现金　　　　　　　　　　　　　　　　　　5000

【经济业务4-43】9月29日，采购员张明出差归来，实际发生差旅费4700元，其余余款交回现金。

【工作步骤】报销差旅费和收取张明交回的现金使企业向张明收取款项的权利减少，记入"其他应收款"账户的贷方；同时使企业的管理费用和库存现金增加，分别记入"库存现金""管理费用"账户的借方。所以，根据出差原始票据、收据等作如下会计分录：

借：管理费用——差旅费　　　　　　　　　　　　　　　4700

借：库存现金　　　　　　　　　　　　　　　　　　　　300

　　贷：其他应收款——张明　　　　　　　　　　　　　5000

【经济业务4-44】收到某市医药公司租用包装物的押金350元。

【工作步骤】该项业务发生后，一方面，库存现金增加，应记入"库存现金"账户的借方；另一方

面,押金是需要在未来返还的,导致企业负债增加,应记入"其他应付款"账户的贷方。所以,根据收据等作如下会计分录:

借:库存现金 350
　贷:其他应付款——某市医药公司 350

【经济业务4-45】因销售产品出租给某市医药公司一批包装物,对方逾期未归还,按规定没收其押金,原收取包装物押金350元,包装物账面价值320元。

【工作步骤】出租包装物收取的押金是通过"其他应付款"账户核算的。若租用单位逾期未退还包装物,按规定没收其押金,将大于包装物账面价值的没收押金作为企业的营业外收入,记入"营业外收入"账户的贷方;同时企业的负债减少,冲减"其他应付款",记入该账户的借方;另外,企业也减少了320元的包装物,应记入"周转材料"账户的贷方。其会计分录如下:

借:其他应付款——某市医药公司 350
　贷:营业外收入——罚没利得 30
　贷:周转材料——包装物 320

【经济业务4-46】对违反企业制度的员工罚款200元。

【工作步骤】对收到的现金应记入"库存现金"账户的借方;同时按照规定应确认为营业外收入,记入"营业外收入"账户的贷方。其会计分录如下:

借:库存现金 200
　贷:营业外收入——罚没利得 200

【经济业务4-47】9月29日,向当地儿童福利院捐款10 000元,经批准列入"营业外支出"。

【工作步骤】公益性捐款按照规定应确认为营业外支出,记入"营业外支出"账户的借方,同时使银行存款减少,记入"银行存款"账户的贷方。其会计分录如下:

借:营业外支出——捐款 10 000
　贷:银行存款 10 000

【经济业务4-48】根据投资协议,从投资单位分来投资利润50 000元,收到转账支票一张,开具"收款收据"交给联营单位。

【工作步骤】该笔经济业务发生后,一方面,使资产要素中的银行存款增加50 000元,应借记"银行存款"账户;另一方面,收入要素中的投资收益同时增加50 000元,应贷记"投资收益"账户。其会计分录如下:

借:银行存款 50 000
　贷:投资收益——投资单位 50 000

▶▶ 边学边练

其他经济业务的核算练习,详见以下资料:

1. 目标检测的综合题(一)练习会计分录的编制练习五。

2. 根据实训三 实训内容35~39的业务题编制会计分录。

点滴积累 ✓

1. 其他经济业务主要有职工个人借款还款、报销差旅费、收取押金、归还押金、交纳罚款、收取罚款、捐赠等。

2. 核算其他经济业务设置的账户有"其他应收款""其他应付款""营业外收入""营业外支出""投资收益"等。

任务六 利润形成与利润分配业务的核算

一、利润形成业务的核算

利润是指企业在一定会计期间的经营成果,包括营业利润、利润总额和净利润。

企业作为独立核算的经济实体,应当以自己的经营收入抵补其支出,并为投资者提供一定的投资收益。因此,企业应努力增加利润,这既是企业发展的目标,也是企业持续经营的重要基础。

(一)利润的形成

营业利润=营业收入-营业成本-税金及附加-销售费用-管理费用-财务费用-资产减值损失±公允价值变动损益±投资收益±资产处置损益+其他收益

其中:营业收入=主营业务收入+其他业务收入

营业成本=主营业务成本+其他业务成本

利润总额=营业利润+营业外收入-营业外支出

净利润=利润总额-所得税费用

企业所得税费用=应纳税所得额×适用税率

> **知识链接**
>
> 利润总额与应纳税所得额
>
> 利润总额是根据会计制度规定计算的利润数,应纳税所得额是根据税法规定对总利润额调整之后的所得额,两者可能不一致。 会计实务中,应纳税所得额的计算和核算是比较复杂的,为简化计算,本教材所讲的利润总额不需要调整,与应纳税所得额相同。

(二)核算利润形成设置的账户

利润形成过程中涉及的账户大部分在前面都学习过,只有以下4个账户没有学习过,它们是:"资产减值损失""公允价值变动损益""本年利润"和"所得税费用"。其中"资产减值损失"账户在"项目七财产清查"中学习,"公允价值变动损益"在以后的专业课中学习,在此不介绍了,只介绍"本年利润"和"所得税费用"两个账户。

1. "本年利润"账户

(1)本年利润的概念及核算内容:本年利润是指某一会计期间企业实现的净利润(或发生的净亏损)。

(2)"本年利润"账户的类型及账户结构:本账户属于所有者权益类账户,贷方登记期末从"主营业务收入""其他业务收入""营业外收入""投资收益(投资净收益)""资产减值损失"以及"公允价值变动损益(贷方余额)"等账户的借方转入的数额;借方登记期末从"主营业务成本""税金及附加""其他业务成本""销售费用""管理费用""财务费用""营业外支出""投资收益(借方余额投资净损失)""资产减值损失""公允价值变动损益"(借方余额)以及"所得税费用"等账户的贷方转入的数额。年度终了,应将本年收入和支出相抵后结出本年实现的净利润(即贷方余额),转入"利润分配——未分配利润"账户的贷方;如为净亏损(即借方余额),转入"利润分配——未分配利润"账户的借方;结转后,本账户应无余额。

(3)"本年利润"账户明细账的设置:本账户明细账是专用的,适合采用"借贷双方多栏式"账页格式的明细账。

"本年利润"账户的核算内容及其结构如表4-51所示。

表4-51 "本年利润"账户的核算内容及其结构表

借方	本年利润(所有者权益类)	贷方
主营业务成本	主营业务收入	
其他业务成本	其他业务收入	
销售费用	营业外收入	
税金及附加	投资收益贷方余额	
管理费用	公允价值变动损益贷方余额	
财务费用	资产处置损益贷方余额	
营业外支出	其他收益	
资产减值损失		
投资收益借方余额		
公允价值变动损益借方余额		
资产处置损益借方余额		
期末余额:表示发生的亏损总额	期末余额:表示实现的利润总额	
所得税费用		
期末余额:表示发生的亏损额	期末余额:表示实现的净利润额	

在此特别提示"所得税费用"账户也是损益类账户,但是结转时不能与其他损益类账户一起结转,因为在它结转之前的利润额表示实现的利润总额,只有当计算出利润总额并经过调整为应纳税

所得额之后,才能计算出所得税费用,才能结转。在它结转之后的利润额表示实现的净利润额。总利润和净利润含义是不一样的,会计核算两种利润的资料都需要提供。所以,注意"所得税费用"账户的特殊性。

2."所得税费用"账户

(1)所得税费用的概念及核算内容:所得税费用是指按照规定从当期利润总额中扣除的费用。

(2)"所得税费用"账户的类型及账户结构:本账户属于损益类账户,借方登记按税法规定计算的应交所得税费用;贷方登记期末转入"本年利润"账户的所得税费用;期末结转后,本账户无余额。

(3)"所得税费用"账户明细账的设置:本账户根据"当期所得税费用""递延所得税费用"设置明细账,进行明细分类核算,适合采用"三栏式"账页格式的明细账。

"所得税费用"账户的核算内容及其结构如表4-52所示。

表4-52 "所得税费用"账户的核算内容及其结构表

借方	所得税费用(损益类)	贷方
本期计算出应交的所得税费用	期末将借方余额转入"本年利润"账户的所得税费用	
结转后期末无余额		

(三)核算利润形成业务的会计处理实务

仁卫药业有限责任公司2018年9月份发生以下经济业务:

【经济业务4-49】9月末将本期损益类账户(不包括"所得税费用")发生额结转入"本年利润"账户,核算利润总额。

【工作步骤】

(1)收益类账户本期发生额转入"本年利润"账户贷方。

该项经济业务,引起了企业收入要素和所有者权益要素发生变化。一方面,使收入要素中的主营业务收入减少252 820元、其他业务收入减少8400元、营业外收入减少230元和投资收益减少50 000元,应分别借记"主营业务收入""其他业务收入""营业外收入"和"投资收益"账户;另一方面,结转收入使所有者权益要素中的"本年利润"项目增加了311 450元,应贷记"本年利润"账户。其会计分录为:

借:主营业务收入　　　　　　　　　　　　　　252 820
借:其他业务收入　　　　　　　　　　　　　　8400
借:营业外收入　　　　　　　　　　　　　　　230
借:投资收益　　　　　　　　　　　　　　　　50 000
　贷:本年利润　　　　　　　　　　　　　　　311 450

(2)支出类账户本期发生额转入"本年利润"账户借方。

该项经济业务,引起了企业费用要素和所有者权益要素发生变化。一方面,使所有者权益要素中的"本年利润"项目减少 224 256.84 元,应借记"本年利润"账户;另一方面,引起费用要素中的主营业务成本减少 174 015.80 元、税金及附加减少 1016.04 元、其他业务成本减少 4100 元、销售费用减少 5500 元,管理费用减少 23 265 元、财务费用减少 4360 元、营业外支出减少 10 000 元、应分别贷记"主营业务成本""税金及附加""其他业务成本""销售费用""管理费用""财务费用""营业外支出"账户。其会计分录为:

借:本年利润	224 256.84
贷:主营业务成本	174 015.80
贷:税金及附加	1016.04
贷:其他业务成本	4100
贷:销售费用	5500
贷:管理费用	25 265
贷:财务费用	4360
贷:营业外支出	10 000

【经济业务 4-50】 期末计算 9 月份应交所得税费用。

【工作步骤】 9 月份的利润总额 = 311 450-224 256.84 = 87 193.16

9 月份的所得税费用 = 87 193.16×25% = 21 798.29 元

所得税费用发生,应记入"所得税费用"账户的借方;同时,所得税费用在未上缴之前,形成企业的负债,应记入"应交税费"账户的贷方。其会计分录为:

借:所得税费用	21 798.29
贷:应交税费——应交所得税费用	21 798.29

【经济业务 4-51】 结转本期应交所得税费用。

【工作步骤】 结转本期应交所得税费用,引起企业费用要素和所有者权益要素发生变化。一方面,使所有者权益要素中的"本年利润"项目减少,应借记"本年利润"账户;另一方面,引起费用要素中的所得税费用也减少,应贷记"所得税费用"账户。其会计分录为:

借:本年利润	21 798.29
贷:所得税费用	21 798.29

9 月份净利润 = 利润总额-所得税费用 = 87 193.16-21 798.29 = 65 394.87 元

利润形成过程核算见表 4-53 所示。

表 4-53　本年利润账户核算

借方	本年利润	贷方
(49)224 256.84	(49)311 450	
	利润总额 87 193.16	
(50)所得税费用　21 798.29		
	净利润 65 394.87	

二、利润分配业务的核算

利润分配的前提是有可供分配的利润。可供分配的利润数=期初未分配的利润（利润分配——未分配利润的贷方余额）+当期净利（"本年利润"贷方余额转入之数）+盈余公积补亏、分配的股利-当期亏损（"本年利润"借方余额转入之数）

（一）利润分配的顺序

企业实现利润后，必须按一定程序对税后利润进行分配，一般按下列顺序进行：

1. 弥补以前年度亏损

2. 提取盈余公积金 盈余公积金分法定盈余公积金和任意盈余公积金。法定盈余公积金按照税后利润扣除前项后的10%提取，任意盈余公积金主要是上市公司按照股东大会的决议提取；

3. 向投资者分配利润（股份公司称股利）

（二）核算利润分配业务设置的账户

核算利润分配设置的账户有："利润分配""盈余公积""应付股利"等。

1. "利润分配"账户

(1)利润分配的概念及核算内容："利润分配"账户，用来核算企业利润的分配（或亏损的弥补）和历年分配（或亏损的弥补）后的积存余额。

(2)"利润分配"账户的类型及账户结构：本账户属于所有者权益类账户，借方登记年终时从"本年利润"账户的贷方转来的全年亏损总额以及按规定实际分配的利润数；贷方登记年终时从"本年利润"账户借方转来的全年实现的净利润总额；贷方余额表示历年积存的未分配利润；借方余额则表示历年积存的未弥补亏损。同时，将"利润分配"账户所属其他明细科目的余额转入本账户的"未分配利润"明细科目。结转后，本账户除"未分配利润"明细科目外，其他明细账户无余额。

(3)"利润分配"账户明细账的设置：本账户根据"提取法定盈余公积""提取任意盈余公积""应付现金股利或利润""转作股本的股利""盈余公积补亏"和"未分配利润"等设置明细账，进行明细分类核算，适合采用"三栏式"账页格式的明细账。

"利润分配"账户的核算内容及其结构如表4-54所示。

表4-54 "利润分配"账户的核算内容及其结构表

借方	利润分配（所有者权益类）	贷方
期初余额：×××	期初余额：×××	
①年终"本年利润"账户的借方余额转入之数；	①年终"本年利润"账户的贷方余额转入之数；	
②已实际分配的利润数	②盈余公积补亏、分配股利之数	
期末余额：未弥补的亏损	期末余额：未分配的可供以后年度分配的利润	

"利润分配"账户与"本年利润"账户

每期的净利润经过分配后,净利润也就减少了,所以,利润分配完全可以通过"本年利润"账户核算。即分配利润时,记入"本年利润"账户的借方,但是,这时的"本年利润"账户的余额含义就不是净利润了,而是分配后的余额。所以,为了使"本年利润"账户连续、完整地反映全年累计实现的净利润总额,检查利润计划的完成情况,分配的净利润不记入"本年利润"账户的借方,而是通过设置"利润分配"账户,记入该账户的借方,以提供管理所需要的核算指标。"利润分配"账户与"本年利润"账户两者是调整账户关系。

2. "盈余公积"账户

(1)盈余公积的概念及核算内容:盈余公积是指企业从净利润中提取的盈余公积。包括法定盈余公积金和任意盈余公积。

(2)"盈余公积"账户的类型及账户结构:本账户属于所有者权益类账户,贷方登记从净利润中提取的盈余公积数;借方登记盈余公积的使用数,如转增资本、弥补亏损等;期末贷方余额,表示企业按照规定提取的盈余公积结存额。

(3)"盈余公积"账户明细账的设置:本账户根据"法定盈余公积""任意盈余公积"设置明细账,进行明细分类核算,适合采用"三栏式"账页格式的明细账。

"盈余公积"账户的核算内容及其结构如表4-55所示。

表4-55　"盈余公积"账户的核算内容及其结构表

借方	盈余公积(所有者权益类)	贷方
按规定支用的盈余公积数额	提取的盈余公积金数额	
	期末余额:盈余公积金结存数额	

3. "应付股利"账户

(1)应付股利的概念及核算内容:应付股利是指企业根据股东大会或类似机构审议确定分配的现金股利或利润。

(2)"应付股利"账户的类型及账户结构:本账户属于负债类账户,贷方登记根据通过的应付股利方案计算的应支付给投资者的现金股利或利润;借方登记实际支付的金额;期末贷方余额,表示企业应付未付给投资者的现金股利或利润。非股份有限公司通常将该账户改为"应付利润"。

(3)"应付股利"账户明细账的设置:本账户根据投资者不同设置明细账,进行明细分类核算,适合采用"三栏式"账页格式的明细账。

"应付股利"账户的核算内容及其结构如表4-56所示。

表 4-56　"应付股利"账户的核算内容及其结构表

借方	应付股利（负债类）	贷方
实际支付的股利数额或利润额	应付给投资者的现金股利或利润	
	期末余额：尚未支付的股利或利润	

（三）核算利润分配业务的会计处理实务

【经济业务 4-52】将"本年利润"账户的贷方余额 65 394.87 元转入"利润分配——未分配利润"账户。

【工作步骤】结转"本年利润"账户贷方余额，一方面导致本年利润减少，应记入"本年利润"账户的借方，另一方面导致可供分配的利润增加，应记入"利润分配"账户的贷方。其会计分录为：

借：本年利润　　　　　　　　　　　　　　　　　　　　65 394.87

　　贷：利润分配——未分配利润　　　　　　　　　　　　　65 394.87

【经济业务 4-53】经研究决定，按净利润的 10% 提取法定盈余公积金，按 5% 提取任意盈余公积金。

【工作步骤】应提取的法定盈余公积 = 65 394.87×10% ≈ 6539.49 元

应提取的任意盈余公积 = 65 394.87×5% ≈ 3269.74 元

提取盈余公积，意味着利润分配，使企业的利润减少，应记入"利润分配"账户的借方；同时，使企业的盈余公积金增加，应记入"盈余公积"账户的贷方。其会计分录为：

借：利润分配——提取法定盈余公积　　　　　　　　　　6539.49

借：利润分配——提取任意盈余公积　　　　　　　　　　3269.74

　　贷：盈余公积——法定盈余公积金　　　　　　　　　　　6539.49

　　贷：盈余公积——任意盈余公积金　　　　　　　　　　　3269.74

【经济业务 4-54】根据董事会决议，从可供投资者分配的利润中分配给投资者利润 50 000 元，其中甲方 60%，乙方 40%。

可供投资者分配的利润 = 65 394.87−6539.49−3269.74 = 55 585.64 元

【工作步骤】分配给投资者利润，意味着利润分配，使企业的利润减少，应记入"利润分配——应付股利"账户的借方；同时，利润在未支付给投资者之前，形成企业的负债，应记入"应付股利"账户的贷方。其会计分录为：

借：利润分配——应付股利　　　　　　　　　　　　　　50 000

　　贷：应付股利——甲方　　　　　　　　　　　　　　　　30 000

　　贷：应付股利——乙方　　　　　　　　　　　　　　　　20 000

【经济业务 4-55】以银行存款向投资者分配股利 50 000 元。

【工作步骤】支付投资者股利，使企业的负债减少，应记入"应付股利"账户的借方；同时，以银行存款支付，应记入"银行存款"账户贷方。其会计分录为：

借：应付股利——甲方　　　　　　　　　　　　　　　　30 000

借：应付股利——乙方　　　　　　　　　　　　　　　　20 000

贷：银行存款　　　　　　　　　　　　　　　　　　　　　　　　　　50 000

【经济业务 4-56】 将"利润分配"明细账中的其他明细账余额结转到"未分配利润"明细账中。

【工作步骤】 将"利润分配——提取法定盈余公积""利润分配——提取任意盈余公积""利润分配——应付股利"账户的借方余额从其贷方转入"利润分配——未分配利润"账户的借方，一方面，使"利润分配——未分配利润"账户减少，应借记"利润分配——未分配利润"账户；另一方面，将已分配的利润的明细账余额从贷方转出，应分别记在"利润分配——提取法定盈余公积""利润分配——提取任意盈余公积""利润分配——应付股利"账户的贷方。其会计分录为：

借：利润分配——未分配利润　　　　　　　　　　　　　　　　　　59 809.23
　　贷：利润分配——提取法定盈余公积　　　　　　　　　　　　　　6539.49
　　贷：利润分配——提取任意盈余公积　　　　　　　　　　　　　　3269.74
　　贷：利润分配——应付现金股利　　　　　　　　　　　　　　　　50 000

以上利润分配的核算过程，如表 4-57 所示。

表 4-57　利润分配的核算

▶▶ 边学边练

利润分配过程的经济业务的核算练习，详见以下资料：

1. 目标检测的综合题（一）练习会计分录的编制练习六。

2. 根据实训三 实训内容 40~46 的业务题编制会计分录。

3. 目标检测的综合题（三）计算题。

点滴积累 ∨

1. 利润包括营业利润、利润总额、净利润。

2. 核算利润形成设置的账户有本年利润、所得税费用等。

3. 利润分配的顺序为第一，弥补以前年度亏损；第二，提取盈余公积金；第三，向投资者分配股利或利润。

4. 核算利润分配设置的账户有利润分配、盈余公积、应付股利。

实训三　工业企业主要经济业务及其成本的核算

【实训目的】

通过对工业企业主要经济业务的会计核算（主要是会计分录），进一步熟悉借贷记账法的记账原理。

【实训内容】

仁卫药业有限责任公司2018年9月份发生下列经济业务：

1. 从银行取得期限为1年的借款60 000元，存入银行。

2. 向银行借入期限为3年的借款200 000元，存入银行。

3. 收到投资者投资款120 000元，存入银行。

4. 接受投资者投入设备一台，原价120 000元，评估价值100 000元。

5. 购入不需安装设备一台，买价100 000元，增值税16 000元，运杂费6000元，增值税600元。所有款项以银行存款支付。

6. 从东方公司购入A材料1000kg，单价18元，增值税进项税额为2880元，运费500元，增值税50元，装卸费80元，增值税4.8元。货、税款及运费均以银行存款支付，材料验收入库。

7. 从西方公司购入B材料2000kg，单价50元，增值税进项税额为16 000元，货、税款均未支付，但材料尚在运输途中。

8. 向南方公司购入：

C材料　5000kg　　单价20元　　计100 000元

D材料　3000kg　　单价25元　　计75 000元

两种材料共付运费4000元，增值税400元，支付的增值税进项税额共计28 400元。货、税款及运费均以银行存款支付，材料验收入库。（材料的运费按材料的重量比例分摊）。

9. 以银行存款归还前欠西方公司货款117 000元。

10. 向西方公司购入的B材料到达企业，验收入库。

11. 生产车间购买办公用品300元，付现金。

12. 行政部门人员出差预借差旅费1200元，付现金。

13. 以银行存款3000元，支付预定下年度的报刊杂志款。

14. 材料仓库本月发出材料。其中用于甲产品生产 68 000 元,乙产品生产 47 000 元,车间一般耗用 9300 元,企业管理部门耗用 2400 元。

15. 计提本月应付职工工资 140 000 元,其中甲产品生产工人工资 60 000 元,乙产品生产工人工资 40 000 元,车间管理人员工资 25 000 元,公司管理人员工资 15 000 元。

16. 银行存款发放本月份职工工资 140 000 元。

17. 按本月工资总额的 27.5% 计提职工的各项保险、公积金及经费。

18. 以银行存款预付租入固定资产的租金 4500 元。

19. 摊销应由本期负担的预付费用 1500 元。其中车间负担 900 元,企业管理部门负担 600 元。

20. 计提本期固定资产折旧 11 400 元。其中车间计提 7 800 元,行政管理部门计提 3600 元。

21. 计提本期应负担的银行借款利息 800 元。

22. 以现金购买行政管理部门使用的办公用品 500 元。

23. 企业管理部门人员出差开会,原预借 1200 元,现开会回来,报销差旅费 1000 元,其余归还现金。

24. 将本月发生的制造费用转入"生产成本"账户。(按生产工人工资比例分摊制造费用)。

25. 本月生产的甲产品 800 件,乙产品 1000 件,全部完工验收入库,结转其实际生产成本。

26. 销售甲产品 500 件,单价 300 元,增值税为 24 000 元,款项全部收到存入银行。

27. 销售乙产品 800 件,单价 200 元,增值税为 25 600 元,并以现金代垫运费 1000 元及增值税 100 元,飞云公司的全部款项尚未收到。

28. 以银行存款 6000 元支付销售甲乙产品的广告费。

29. 以银行存款 800 元支付甲乙产品的参展费。

30. 结转已售出产品的实际生产成本。

31. 收到飞云公司汇来前欠货款,存入银行。

32. 销售原材料一批,该批材料的实际成本 5000 元,销售价款 8000 元,增值税为 1280 元,货款及税款收到存入银行。

33. 按应交增值税的 7% 和 3% 分别计提应交城建税及应交教育费附加。

34. 以银行存款上缴增值税、城市维护建设税和教育费附加。

35. 捐赠某小学现金 5000 元作为该校操场修缮费。

36. 收到供货单位违约罚款 1200 元存入银行。

37. 收到滞纳金罚款 5000 元存入银行。

38. 发生一笔非常损失 4500 元,以银行存款支付。

39. 收到投资公司分来利润 60 000 元存入银行。

40. 月末将各损益类账户余额全部结转入"本年利润"账户,并计算出利润总额。

41. 根据利润总额计算所得税费用,所得税税率 25%。(假定无纳税调整事项)。

42. 将计算出的所得税费用结转入"本年利润"账户,计算出净利润。

43. 将净利润转入"利润分配"账户。

44. 分别按照本月所实现的净利润的 10% 和 5% 的比例提取法定盈余公积和任意盈余公积。

45. 按照本月所实现利润的60%向投资者分配利润。

46. 将"利润分配"各明细账的余额转入"利润分配——未分配利润"明细账中。

【实训要求】

根据上述经济业务,编制会计分录。

【实训注意】

完成本实训要求必须熟悉以下知识点:

1. 会计要素、会计科目;

2. 借贷记账法的内容;

3. 工业企业资金运动各阶段发生的主要经济业务;

4. 核算工业企业资金运动各阶段发生的经济业务所需要设置的账户;

5. 每个账户的名称、种类、登记方法、核算内容、明细分类等;

6. 工业企业资金运动各阶段的成本的计算及结转。(各阶段的成本有采购成本、生产成本、营业成本)。

【实训检测】

通过以上实训请思考:

1. 结转的含义是什么?

2. "固定资产"与"累计折旧"账户,"本年利润"与"利润分配"账户之间的关系如何?

3. 采购成本、生产成本、营业成本之间的关系如何?

目标检测

一、选择题

(一) 单项选择题

1. 在下列账户中,期末需直接结转到"本年利润"账户的是(　　)

　　A. 预付账款　　　　　　B. 应付利息　　　　　　C. 制造费用　　　　　　D. 管理费用

2. 下列账户中同"主营业务收入"账户发生对应关系的账户是(　　)

　　A. 主营业务成本　　　　B. 销售费用　　　　　　C. 税金及附加　　　　　D. 本年利润

3. 企业购入材料发生的运杂费等采购费用,应记入(　　)账户

　　A. 管理费用　　　　　　B. 原材料　　　　　　　C. 生产成本　　　　　　D. 销售费用

4. 下列属于"其他业务收入"的是(　　)

　　A. 利息收入　　　　　　　　　　　　　　　　B. 投资收益

　　C. 清理固定资产净收益　　　　　　　　　　　D. 出售材料收入

5. 企业实现的净利润是利润总额减去(　　)

　　A. 增值税　　　　　　　B. 消费税　　　　　　　C. 所得税费用　　　　　D. 营业税金及附加

6. "预付账款"账户属于哪一类账户(　　)

　　A. 资产类账户　　　　　　　　　　　　　　　B. 负债类账户

C. 损益类账户   D. 所有者权益类账户

7. "累计折旧"账户按其所反映的经济内容分类,属于的账户类别是(   )

    A. 资产类   B. 负债类   C. 备抵调整类   D. 费用类

8. 购进材料未付款时,则未结算的款项作为一项(   )

    A. 资产   B. 负债   C. 费用   D. 收入

9. 财务成果账户的借方余额表示(   )

    A. 利润总额   B. 亏损总额   C. 收益额   D. 费用额

10. 固定资产计提的折旧应该直接记入(   )

    A. "固定资产"账户的贷方   B. "累计折旧"账户的贷方

    C. "累计折旧"账户的借方   D. "生产成本"账户的借方

(二)多项选择题

1. 下列账户中,期末余额在账户贷方的有(   )

    A. 资产类账户   B. 成本费用类账户   C. 负债类账户

    D. 权益类账户   E. 收入类账户

2. 一般纳税人材料的采购费用是由(   )构成的

    A. 材料买价   B. 支付的增值税

    C. 运杂费   D. 运输途中合理损耗

    E. 入库前的挑选整理费

3. 下列应转入"本年利润"账户的有(   )

    A. 制造费用   B. 投资收益   C. 盈余公积

    D. 所得税费用   E. 财务费用

4. 下列项目应在"财务费用"账户核算的有(   )

    A. 销售人工资   B. 汇兑损益   C. 银行短期借款利息

    D. 银行存款利息   E. 办理银行汇款的手续费

5. 产品生产成本包括(   )

    A. 直接人工   B. 直接材料   C. 制造费用

    D. 管理费用   E. 直接耗费的水电费

6. 期间费用包括(   )

    A. 销售费用   B. 管理费用   C. 财务费用

    D. 制造费用   E. 直接费用

7. 下列项目中应在"销售费用"账户中核算的有(   )

    A. 广告费   B. 包装费   C. 商品展览费

    D. 销售人员的工资   E. 差旅费

8. 下列项目中应在"管理费用"账户中核算的有(   )

    A. 差旅费   B. 行政办公用品费   C. 工会经费

　　D. 车间设备修理费　　　　　　　　E. 银行短期借款利息

9. 企业产品销售收入应负担的各种税金,应记入"税金及附加"账户中核算的有(　　　)

　　A. 城建税　　　　　　　　B. 资源税　　　　　　　　C. 增值税

　　D. 教育费附加　　　　　　E. 消费税

10. 下列属于成本类的会计科目是(　　　)

　　A. 生产成本　　　　　　　B. 销售费用　　　　　　　C. 管理费用

　　D. 财务费用　　　　　　　E. 制造费用

二、判断题

1. 企业在销售过程中所发生的展览费、广告费以及为销售本企业产品而专设销售机构的经费,均通过"销售费用"账户进行核算。(　　　)

2. 银行存款利息收入应计入"营业外收入"账户。(　　　)

3. 工业企业购进材料,在运输途中支付的各种运输费用应计入生产成本。

4. 购入固定资产所支付的增值税应计入固定资产成本。(　　　)

5. 企业转让无形资产所取得的收入应记入"其他业务收入"科目。(　　　)

6. 企业转让无形资产的成本应通过"营业外支出"科目核算。(　　　)

7. 短期借款的利息一般是按季结算的。(　　　)

8. 企业发生的借款利息应计入"管理费用"账户。(　　　)

9. 企业生产产品过程中发生的直接费用可以直接记入"生产成本"账户,而间接费用则要经过分配后才能记入"生产成本"账户。(　　　)

10. 期末"应付职工薪酬"账户的贷方余额表示应付未付的职工薪酬。(　　　)

11. 管理费用和销售费用的发生,直接关系到当期产品成本的高低。(　　　)

12. 制造费用只能按生产产品工人工资的比例在各种产品之间进行分配。(　　　)

13. "所得税费用"是一个损益类账户,而且是利润表中的一个项目名称。(　　　)

14. 购买固定资产所支付的运费应计入当期损益。(　　　)

15. 企业在采购过程中所支付的增值税,一律借记"应交税费——应交增值税(进项税额)"。(　　　)

16. 购买原材料所支付的采购费用应计入"销售费用"账户。(　　　)

17. "制造费用"账户期末一般无余额。(　　　)

18. "累计折旧"账户和"固定资产"账户的余额方向相反。(　　　)

19. 企业计提生产车间固定资产折旧时,应借记"生产成本"账户,贷记"累计折旧"账户。(　　　)

20. 企业交纳的城建税应通过"税金及附加"科目核算。(　　　)

三、简答题

1. 简述工业企业资金运动各阶段发生的主要经济业务。

2. 将核算工业企业资金运动各阶段发生的经济业务所需要设置的账户归类,列示在表4-58中。

表4-58　核算工业企业资金运动各阶段发生的经济业务所需要设置的账户表

各阶段名称	运用的主要账户（至少写出5个）
资金筹集阶段	
采购阶段	
生产阶段	
销售阶段	
利润形成及利润分配阶段	

3. 企业的3种利润之间关系如何?

4. 利润分配的顺序如何?

5. 本年利润和利润分配之间的关系怎样?

四、综合题

(一) 练习会计分录的编制

练　习　一

【实训目的】

练习筹资的核算。

【实训资料】

仁卫药业有限责任公司2018年9月份发生下列经济业务:

1. 向工商银行借入一年期借款200 000元,存入银行。

2. 向工商银行借入二年期借款400 000元,存入银行。

3. 以银行存款370 000元归还已到期的短期借款。

4. 用银行存款420 000元归还已到期的三年期借款。

5. 收到A公司投资款300 000元,存入银行。

6. 收到B公司以商标权向本公司的投资,评估价为250 000元。

7. 收到D公司作为投资的新设备一台,该设备确认的价值为150 000元。

8. C公司以一新建厂房向本公司投资价值1 000 000元。

9. E公司抽回投资120 000元,公司以银行存款支付。

10. 经批准将盈余公积280 000元,转增资本。

【实训要求】

根据以上资料编制会计分录。

练　习　二

【实训目的】

练习材料采购过程的核算及采购成本的计算。

【实训资料】

仁卫药业有限责任公司生产逍遥丸和猴头健胃灵,2018年9月份发生下列经济业务:

1. 从鸿达公司购进甘草1000kg,单价12元,共计12 000元,增值税进项税额1920元,货款、税金均采用转账支票付讫,原材料已验收入库。

2. 从飞翔公司购进白芍700kg,单价20元,共计14 000元,增值税进项税额2240元,运费500元,增值税额50元,原材料已验收入库,货款、税金、运费均未支付。

3. 向光明公司购入以下原材料:

甘草600kg,单价12元,共计7200元;

白芍200kg,单价20元,共计4000元。

支付的增值税进项税额共计1792元。

两种材料共发生运杂费1500元,增值税税额150元。货款、税金、运杂费均以银行存款支付,材料尚未验收入库。

4. 向光明公司购入的甘草600kg,白芍200kg,已验收入库,结转两种材料的实际采购成本。(材料的运杂费按材料重量比例分摊。)

5. 向环宇公司购入当归800kg,单价60元,货款计48 000元,增值税进项税额为7680元,发票账单已到但款未付,材料尚在途中。

6. 以现金支付上述当归一种材料的运费共计80元,增值税税额8元。

7. 向环宇公司购进的当归已验收入库,结转当归的实际采购成本。

8. 以银行存款归还前欠飞翔公司货款。

9. 向前进公司购入柴胡700kg,单价4元,货款计2800元,增值税进项税额为448元,前进公司代垫运费100元及增值税10元,货、税款及代垫运费已由银行存款付讫,材料已验收入库。

【实训要求】

根据以上资料编制会计分录。并计算所购原材料的采购总成本及单位成本。

练 习 三

【实训目的】

练习产品生产过程的核算及生产成本的核算。

【实训资料】

仁卫药业有限责任公司2018年9月份发生下列经济业务:

1. 生产车间本月领用甘草1500kg、白芍800kg、当归600kg、柴胡500kg,甘草单价12元、白芍单价20元、当归单价60元、柴胡单价4元,其中:生产逍遥丸车间领用甘草1000kg、白芍500kg、当归600kg、柴胡500kg,生产猴头健胃灵车间领用甘草500kg,白芍300kg。

2. 计提本月职工工资54 000元,其中:生产逍遥丸的车间工人工资23 000元,生产猴头健胃灵的车间工人工资22 000元,车间管理人员工资3000元,行政管理部门人员工资6000元。

3. 计提本月固定资产折旧5000元,其中车间使用的固定资产折旧3500元,企业管理部门使用的固定资产折旧1500元。

4. 以银行存款发放工资54 000元

5. 以银行存款支付生产车间水电费2000元。

6. 计提本月应负担的短期借款利息1200元。

7. 以银行存款预付下年度的财产保险费9600元。

8. 摊销应由本月负担的财产保险费800元,其中应由车间负担的保险费500元,应由企业管理部门负担的保险费300元。

9. 职工张华出差,预借差旅费1800元,财务部门以现金支付。

10. 张华出差归来,报销差旅费1500元,退回现金300元。

11. 将本月发生的制造费用按两种产品生产工人的工资比例进行分配。

12. 本月生产的产品全部完工验收入库,其中逍遥丸800件,猴头健胃灵500件。结转完工产品的实际生产成本。

【实训要求】

根据以上资料编制会计分录。并计算逍遥丸与猴头健胃灵的生产成本。

练 习 四

【实训目的】

练习产品销售过程的核算。

【实训资料】

仁卫药业有限责任公司2018年9月份发生下列经济业务:

1. 销售给本市医药公司逍遥丸600件,单价150元(不含增值税),计90 000元,增值税销项税额14 400元,货、税款共计104 400元,开出"增值税专用发票",药品已由对方提走,货款、税款尚未收到。

2. 销售给外地腾飞药业猴头健胃灵300件,单价100元(不含增值税),开出"增值税专用发票",发票上列货款30 000元,增值税销项税额4800元。款项均未收到。同时以银行存款支付运费200元及增值税20元,装卸费100元及增值税6元。

3. 收到本市医药公司支付的逍遥丸货款及增值税款,存入银行。

4. 以银行存款支付广告费3000元及增值税180元。

5. 出售多余原材料白芍一批,取得价款收入1500元及增值税240元存入银行。账面价值为1200元。

6. 接银行通知,已收取出租固定资产的租金收入3000元及增值税300元。

7. 按应交增值税的7%和3%分别计提应交城建税及应交教育费附加。

8. 结转本月已销两种产品的销售成本。

【实训要求】

根据以上资料编制会计分录。

练 习 五

【实训目的】

练习其他经济业务的核算。

【实训资料】

仁卫药业有限责任公司 2018 年 9 月份发生下列经济业务：

1. 发生确实无法偿还的应付账款一笔，金额 3500 元，经批准转作营业外收入。

2. 因销售商品出租给本市医药公司包装物一批，收取市医药公司交来的包装物押金 600 元，存入银行。

3. 市医药公司将包装物丢失，未能返还包装物，没收其全部押金 600 元，包装物账面成本价 450 元。

4. 企业因火灾造成库存商品柴胡净损失 1200 元。

【实训要求】

根据以上资料编制会计分录。

练 习 六

【实训目的】

练习利润形成及利润分配的核算。

【实训资料】

见实训一至实训五的资料

【实训要求】

1. 月末将各损益类账户余额全部结转入"本年利润"账户，并计算出利润总额。

2. 根据利润总额计算所得税费用，所得税税率 25%。（假定无纳税调整事项）。

3. 将计算出的所得税费用结转入"本年利润"账户，计算出净利润。

4. 将净利润转入"利润分配"账户。

5. 分别按照本月所实现的净利润的 10% 和 5% 的比例提取法定盈余公积和任意盈余公积。

6. 按照本月所实现利润的 60% 向投资者分配利润。

7. 将"利润分配"各明细账的余额转入"利润分配——未分配利润"明细账中。

（二）练习成本的计算

练 习 一

【实训目的】

练习材料采购成本的计算。

【实训资料】

仁卫药业有限责任公司 2018 年 9 月从外地购入白芍 400kg，单价 20 元；甘草 300kg，单价 12 元；货款共计 11 600 元，增值税进项税额共计 1856 元；运费共计 280 元，增值税 28 元。（按外购材料重量比例分配）。价税款及运费均以银行存款支付。白芍、甘草均已如数验收入库，其中白芍以现金支付检验费 40 元。

【实训要求】

计算白芍、甘草的采购费用、采购总成本、单位成本各是多少元？将计算结果列示在材料采购成本计算表中。

练 习 二

【实训目的】

练习产品生产成本的计算。

【实训资料】

仁卫药业有限责任公司生产逍遥丸、猴头健胃灵两种产品。2018年9月,逍遥丸月初在产品数量100件,成本60 000元。其中,直接材料40 000元,直接人工12 000元,制造费用8000元。猴头健胃灵全部系9月份新投产,在产品数量50件。本月没有新投产逍遥丸。9月份为生产逍遥丸、猴头健胃灵两种产品共发生生产费用80 000元,其中,逍遥丸直接材料30 000元,生产工人工资16 000元;猴头健胃灵直接材料20 000元,生产工人工资4 000元;基本生产车间共发生制造费用10 000元(按生产工人工资比例分配)。当月末,逍遥丸100件全部完工验收入库,猴头健胃灵50件全部尚未完工。

【实训要求】

根据以上资料,分别计算逍遥丸本月产成品总成本、单位成本,猴头健胃灵月末在产品总成本。将计算结果列示在产品生产成本计算表中。

(三)练习利润的计算

【实训目的】

练习利润形成的计算。

【实训资料】

仁卫药业有限责任公司2018年9月份,主营业务收入为60 000元,主营业务成本为38 000元,税金及附加为4000元,其他业务收入为2000元,其他业务成本为1000元,销售费用为2000元,管理费用为2500元,财务费用为1500元,投资收益为4500元,营业外收入为500元,营业外支出为2000元,所得税税率为25%。

【实训要求】

请依据上述资料计算该公司当月的营业利润、利润总额及净利润(无纳税调整事项)各为多少元?

(周凤莲)

会计基本技能

项目五

会计凭证

情景导学 ∨ ....

情景描述

毕业五年的大学同学王丽和张红,想一起创业。 经多方考察,她们决定开一家药店。两人各自拿出 4 万元积蓄,做为投资,此外,她们以年利率 4.75% 从银行借得 2 年期的借款 2 万元,共筹资金 10 万元。 两人开始办理开办药店需要的手续及门面房。 在一条繁华的步行街上租到一间店面,房租一年 10 万元,预交一年。 装修花费 1 万元,买进一台收银专用票箱 200 元,办理各种证件花费 1 万元,进 2.5 万元的药品,她们俩的药店开业了。 这时,她们两人犯愁了,怎样把这些资金和开支记录下来?

学前导语

会计载体有 3 个,分别是会计凭证、会计账簿、会计报表。 会计凭证是记载会计信息的第一环节。 通过本项目的学习你将认识各种会计凭证并能规范地编制各种凭证,完成会计核算的第一环节。 本项目将带领同学们认识各种填制原始凭证和记账凭证,才能将两人开办药店所筹资金及开支进行归类、整理,并确定会计分录而编制记账凭证,记入账簿里。

任务一 会计凭证概述

一、会计凭证的概念

会计凭证是记录经济业务、明确经济责任、作为记账依据的书面证明。为了保证会计记录的真实性和可靠性,各单位对记入账户的每一项经济业务,都必须有真凭实据(书面凭据)来证明经济业务的发生或完成情况。因此,合法地取得、正确地填制和审核会计凭证,是会计核算的基本方法之一,也是会计核算工作的起点,在会计核算中具有重要作用。

ER-5-1

会计凭证的
作用

二、会计凭证的分类

会计主体发生的经济业务内容复杂丰富,用于记录、监督经济业务的会计凭证也多种多样。为了认识、掌握和运用会计凭证,首先要对会计凭证加以分类。会计凭证按其填制的程序和用途不同,可以分为原始凭证和记账凭证两大类。

（一）原始凭证

原始凭证,又称单据,是指在经济业务发生或完成时取得或填制的,用以记录或证明经济业务的发生或完成情况的原始凭据。原始凭证是在经济业务发生的过程中直接产生的,是经济业务发生的最初证明,具有法律效力。它是进行会计核算的原始资料和主要依据,一般将它附在记账凭证后面。如各类发票、税单、罚单、银行票据、进料单、出货单、领料单、入库单、薪资明细表等等。凡不能证明经济业务发生或完成的各种单证,均不能作为原始凭证据以记账,如购料申请单、购销合同、银行对账单等。

（二）记账凭证

记账凭证,又称记账凭单,是会计人员根据审核无误的原始凭证按照经济业务的内容加以归类,并据以确定会计分录后所填制的会计凭证,作为登记账簿的直接依据。

▶▶ 课堂活动

　　仁卫药业有限责任公司总经理出差回来报销车票,请问车票是会计凭证吗? 如果是,属于原始凭证还是记账凭证?

记账凭证和原始凭证同属于会计凭证,但两者存在着以下差别:

1. 填制人员不同　原始凭证大多是由本单位或外单位的经办人员填制的,而记账凭证则一律是由本单位的会计人员填制的。

2. 填制依据不同　原始凭证是根据已经发生或完成的经济业务填制的,而记账凭证则是根据经审核无误后的原始凭证填制的。

3. 填制方式不同　原始凭证只是经济业务发生或完成情况的原始证明,而记账凭证则依据会计科目对已经发生或完成的经济业务进行初步归类、整理。

4. 发挥作用不同　原始凭证是填制记账凭证的依据,而记账凭证则是登记会计账簿的依据。

点滴积累　∨

　　1. 会计凭证是记录经济业务、明确经济责任、作为记账依据的书面证明。

　　2. 会计凭证按其填制的程序和用途不同, 可以分为原始凭证和记账凭证 2 大类。

任务二　原始凭证

一、原始凭证的分类

原始凭证的种类很多,可以从不同的角度进行分类。

1. 原始凭证按来源不同分为外来原始凭证和自制原始凭证

(1)外来原始凭证:是指在经济业务发生或完成时,从其他单位或个人手中取得的原始凭证。

如由供货单位开具的增值税专用发票、增值税普通发票、发货票、收款单位或个人开出的收据、职工出差取得的火车票、汽车票等。增值税专用发票、增值税普通发票、收款单位开出的收据如图5-1、图5-2、图5-3所示。

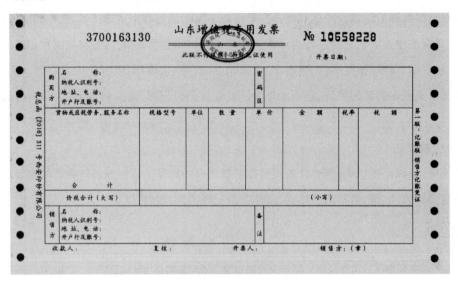

图 5-1 增值税专用发票

76mm×177.8mm   57mm×177.8mm

图 5-2 增值税普通发票

公司收款收据

No:
日期：　年　月　日

今收到 _____ , 金额

（人民币大写）_____ 。

￥_____

此 据。

单位盖章：_____

制票：_____　　　　会计：_____　　　　出纳：_____

图 5-3　收款收据

知识链接

增值税专用发票

增值税专用发票现为电脑版，由电脑统一开具。相关栏目的说明：①购买方：由操作员录入；②密码区：电脑开票完成时自动生成，不需要录入；③货物或应税劳务、服务名称、规格型号、单位、数量、单价和税率由操作员录入，其他栏目数据由计算机自动生成；④销售方及开票人。这些资料在企业购买 IC 卡时，基础信息注册后自动生成，不需要输入。

（2）自制原始凭证：是指由本单位有关部门或经办人员，在执行或完成某项经济业务时填制的，仅供本单位内部使用的原始凭证。如收料单、领料单、限额领料单、借款单、工资表等。领料单、限额领料单格式如表 5-1、表 5-2 所示。

表 5-1　领料单

领料单位：　　　　　　　　　　　　　　　　　　编号：
用　　途：　　　　　　　年　月　日　　　　　　仓库：

材料编号	名称及规格	计量单位	数量		单价	金额
			请领	实领		
备注					合计	

发料人：　　　　审批人：　　　　领料人：　　　　记账：

表5-2 限额领料单

领料部门：　　　　　　　　　　　　　　　　　　　　　　　　　　　　编号：

用途：　　　　　　　　　　　　　　　　年　月　日　　　　　　　　　仓库：

材料类别	材料编号	名称及规格	计量单位	领用限额	实际领用	单价	金额	备注

供应部门负责人（签章）				生产计划部门负责人（签章）				
日期	领用				退料			限额结余
	请领数量	实发数量	发料人签章	领料人签章	退料数量	退料人签章	收料人签章	
合计								

▶▶ 课堂活动

月末编制的工资分配表是外来原始凭证还是自制原始凭证？

2. 原始凭证按填制手续及内容不同分为一次凭证、累计凭证和汇总凭证

（1）一次凭证：是指填制手续一次完成、只记录一项经济业务的原始凭证。如各种外来原始凭证，自制原始凭证中的收料单、领料单、借款单等。借款单格式如表5-3所示。

表5-3 借款单

2018 年 9 月 10 日

借款单位	供应部采购员李明		
借款理由	差旅费		
借款数额	人民币（大写）：（壹仟元整）　　　　　　（小写）：¥（1000.00）		
部门负责人意见	情况属实，请王总签批！　　　　　文宾	借款人　　　　　（签章）	李明
企业负责人意见	同意支付！　　　　　王洪	会计负责人意见	请方虹按实款支付！　　　　　刘力

会计：　　　　　　　　　　　　　　　　　出纳：

（2）累计凭证：是指在一定时期内可以多次连续记录若干同类经济业务，直至记录了最后一项经济业务后才完成其凭证手续的原始凭证。其特点是：一张凭证可以多次登记相同性质的经济业务，随时结出累计数及结余数，并按照限额进行控制，期末按实际发生额记账。累计凭证是多次有效的原始凭证，具有代表性的是"限额领料单"。如表5-2所示。

（3）汇总凭证：是指根据若干项同类经济业务的原始凭证汇总编制而成的一种凭证。汇总凭证合并了同类型的经济业务,减轻了记账工作量。常用的汇总原始凭证有:收料凭证汇总表、发料凭证汇总表、工资结算汇总表等。发料凭证汇总表格式如表 5-4 所示。

表 5-4 发料凭证汇总表 第 号
年 月 单位:元 附件 张

日期	领料单 张数	贷方科目: 原材料	借方科目		
			生产成本	制造费用	管理费用
合计					

综上所述,原始凭证的分类归纳如图 5-4 所示。

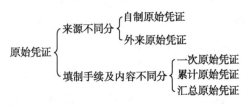

图 5-4 原始凭证分类图

原 始 凭 证 签章

二、原始凭证的基本内容

由于不同经济业务的内容和经济管理要求不同,记录经济业务的各种原始凭证其具体内容和格式也不尽相同。正确填制原始凭证,是保证账簿记录能够如实反映经济活动情况的关键。因此,完整的原始凭证必须具备下列基本内容:

1. **原始凭证的名称** 任何原始凭证都应有名称,如发票、领料单等。

2. **填制凭证的日期** 原始凭证上的日期,应是经济业务发生或完成的日期。

3. **原始凭证的编号** 如果是发票,税务局购买时已经具有。

4. **接受凭证的单位名称**

5. **经济业务的基本内容** 包括品种、数量、单位、单价和金额等内容。

6. **填制单位和经办人员的签章**

▶▶ **课堂活动**

原始凭证填制单位和经办人员必须签章。 为什么?

为了满足经营管理的需要,自制原始凭证除应包括上述内容之外,还可补充必要的内容。例如,在有关的原始凭证上注明计划定额或合同编号等。有些经济业务在不同单位中经常发生,为了统一管理,主管部门可以印制统一格式的凭证。例如,人民银行统一印制的支票,中国铁路总公司统一印制的铁路运单等。

三、原始凭证的填制

（一）填制原始凭证的基本要求

为了保证原始凭证记录的真实性、合理性、合法性，对原始凭证必须按以下要求填制。

1. 原始凭证所反映的经济业务必须合法和真实可靠；

2. 内容完整、项目齐全，手续完备；

3. 凭证应字迹清楚、整齐规范，不得随意涂改、刮擦、挖补；

4. 及时填制并送交财会部门。

（二）填制原始凭证应注意的问题

原始凭证是在经济业务发生时填制和取得的会计凭证。为符合填制原始凭证的基本要求，应注意以下问题：

1. 从外单位取得的原始凭证必须盖有填制单位的公章（一般盖财务或发票专用章），否则不能作为报账的依据。有些特殊的原始凭证，出于习惯和使用单位认为不易伪造，可不加盖公章。如：火车票。从个人处取得的原始凭证应有填制人员的签章。从外单位取得的原始凭证如有遗失，应取得原签发单位盖有财务专用章的证明，并注明原始凭证的编号、金额和内容等，经单位负责人批准后，可代作原始凭证。对确实无法取得证明的，如飞机票、火车票、轮船票、汽车票等凭证，由当事人写出详细情况，经由单位负责人批准后，可代作原始凭证。

2. 自制原始凭证同样具有法律效力，应具备完整的签审手续。经办人、负责人、审核人、签领人应签章；经办单位负责人所指定的人员的签章也视为有效。

3. 对外开出的原始凭证须加盖本单位公章，一般盖发票（或财务）专用章。

知识链接

公 章

"公章"是具有法律效力和规定用途，能够证明单位身份和性质的印鉴，如业务公章、财务专用章、发票专用章、收款专用章或结算专用章等。

---

4. 购买实物的原始凭证，必须有验收说明；支付款项的原始凭证，必须有收款单位和收款人的收款证明。

5. 各种原始凭证应按编号连续使用。一式几联的原始凭证必须用双面复写纸复写套写或打印机套打，各联的内容必须完全相同，联次不得缺少。因填写错误等原因而作废，应在填错的凭证上加盖"作废"戳记，与存根一起保存，不得任意销毁。

6. 已销售物品的退回，实物应当验收入库。退款时应先填制退货发票。以现金退款的要取得对方收据；以银行存款退款则应当以银行结算凭证作为证明。

7. 职工因公借款应填写正式借款单作为记账凭证的附件。

8. 经上级有关部门批准的经济业务，应当将批准文件作为原始凭证附件。如果批准文件需要单独归档的,应当在凭证上注明批准机关名称、日期和文件字号。

9. 发现原始凭证有错误的,应当由开出单位重开或者更正。在更正处应当加盖开出单位的公章。

案例分析

案例

2018 年 9 月 10 日,仁卫药业有限责任公司出纳赵明在办理报销工作中,收到两张乙公司开具的销货发票均有更改迹象:其中一张发票更改了用途,另一张发票更改了金额。两张发票均盖有乙公司的单位印章。出纳赵明全部予以报销。

分析

出纳赵明将原始凭证均予以报销的做法是不正确的。根据《会计基础工作规范》的规定,原始凭证记载内容有错误的,应当由开具单位重开或更正,所以第一张发票是可以报销的。原始凭证的金额出现错误的不得更正,只能由原始凭证开具单位重新开具,所以第二张发票不能报销,必须重新开具。

---

10. 金额数字的大小写必须规范书写及正确运用。

(1)规范地书写及运用小写金额数字

1)小写金额用阿拉伯数字书写,阿拉伯数字 1~9 及 0 的规范写法如下:

"1"不能写短,且要合乎斜度要求,防止改为"4""6""7""9";

"2"必须写成头仰、下半部稍大且交叉为 0,防止改为"3"或"7";

"3"上弧略小于下弧度,落笔应平,防止改为"8";

"4"顶部留有缺口,不能封闭,左边竖的高度约为账表格下半格的 1/2,中竖上起下半格的右边线,下至下半格底线,防止改为"6";

"5"上边一横适当拉长,下边末笔稍平,防止改为"6";

"6"可适当扩大其字体,使起笔上伸到数码格的 1/4 处,下圆要明显,以防改为"8"或"4";

"7"上部横笔要平且低于账表格下半格的 1/4,下面伸出底线外,约占下格的 1/4,防止改为"6"或"9";

"8"上下圆圈上小下大,必须封口,右角略出格外,防止改为"6";

"9"圆圈必须封口,起笔低于账表格下半格的 1/4,落笔伸出底线外,约占下格的 1/4,防止改为"8";

"0"字体大小与其他数字相同,圆圈必须封口,防止改为"6"或"9"。

另外除 4、5 以外的各单数字,均应一笔写成,不能人为地增加数字的数划。

总之,"7""9"两字的落笔可下伸到底线外,约占下格的 1/4 位置;"6""8""9""0"都必须把圆圈笔画写顺,并一定要封口;"2""3""5""8"应各自成体,避免混同。

阿拉伯数字手写体规范写法见图 5-5。

2)小写金额的运用要求如下:①一组数字应按照自左向右的顺序书写,不可逆方向书写。②数

字有一定的倾斜度(数字与底线成60度的倾斜)并以向左下方倾
斜为好。③每位数字(7、9除外)紧靠底线且不要顶满格(行)。一
般来讲,每位数字约占预留格子(或空行)的1/2空格位置。每位
数字上方预留1/2空格位置,可以在订正错误记录时使用。④每
位数字之间一般不要连结,但不可预留间隔(以不增加数字为好);

阿拉伯数字手写体字样

**图 5-5 阿拉伯数字手写体
规范写法**

在没有数字格的会计书写中,同一行相邻数字之间应空出半个数字的位置。⑤阿拉伯小写金额数字
前面,均应填写人民币符号"¥",人民币符号"¥"与阿拉伯数字之间不得留有空白。⑥金额数字一
律填写到角分,无角分的,写"00"或符号"-";有角无分的,分位写"0",不得用符号"-"。

(2)规范地书写及运用大写金额

1)大写金额数字的规范写法:中文大写金额数字应用正楷或行书填写,如壹、贰、叁、肆、伍、陆、
柒、捌、玖、拾、佰、仟、万、亿、元、角、分、零、整(正)等字样。不得用一、二(两)、三、四、五、六、七、八、
九、十、毛、零(或0)填写,不得自造简化字。

2)大写金额的运用:①大写金额数字前应标明"人民币"字样,大写数字应紧接"人民币"字样填
写。未印"人民币"字样的,应加填"人民币"3个字。②大写金额到元或角为止的,后面要写"整"或
"正"字,大写金额数字有"分"的,"分"后面不写"整"(或"正")字。③阿拉伯数字中间有"0"时,中
文大写金额要写"零"字。如¥1508.50,应写成"人民币壹仟伍佰零捌元伍角整";小写金额为
¥1705.03,大写金额应写成"人民币壹仟柒佰零伍元零叁分";小写金额为¥234.05,大写金额应写
成"人民币贰佰叁拾肆元零伍分"。④阿拉伯数字中间连续有几个"0"时,中文大写金额中间可以只
写一"零"字。如小写金额为¥1008.14,大写金额应写成"人民币壹仟零捌元壹角肆分"。但如果阿
拉伯数字万位或元位是"0"而千位和角位不是"0"时,中文大写金额中可以只写一个零字,也可以不
写"零"字。如小写金额为¥2270.45,大写金额可写成"人民币贰仟贰佰柒拾元零肆角伍分",或者
写成"人民币贰仟贰佰柒拾元肆角伍分";小写金额为¥205 000.45,大写金额可写成"人民币贰拾万
伍仟元零肆角伍分",或者写成"人民币贰拾万伍仟元肆角伍分"。⑤现行结算票据的出票日期必须
使用中文大写。为防止篡改票据的出票日期,在填写月、日时,月为壹、贰和壹拾的,日为壹至玖和壹
拾、贰拾和叁拾的,应在其前加"零";日为拾壹至拾玖的,应在其前加"壹"。如1月14日,应写成
"零壹月壹拾肆日";10月30日,应写成"零壹拾月零叁拾日"。票据出票日期使用小写填写的,银
行不予受理。大写日期未按要求规范填写的,银行可予受理,但由此造成损失的,由出票人自行
承担。

▶▶ 边学边练

数字大小写的正确书写及运用见实训四、实训五、实训六。

(三)原始凭证填制实例

1. 根据【经济业务4-29】填制增值税专用发票,具体格式如表5-5所示。

表 5-5　增值税专用发票

山东省增值税专用发票

3700163130

发票联

NO＿10658228

日期：2018 年 09 月 20 日

购买方	名　　　称：省医药公司 纳税人识别号：14010279704366 地址、电话：南京路 19 号 开户行及账号：工行北园支行 34803075045						密码区	
货物或应税劳务服务名称	规格型号	单位	数量	单价	金　额	税率	税额
六味地黄丸 保和丸		件 件	200 120	356 296	￥71 200 ￥35 520	16%	￥11 392 ￥5683.20
合　　　计			320		￥106 720		￥17 075.20
价税合计（大写）壹拾贰万叁仟柒佰玖拾伍元贰角整					（小写）￥123 795.20		
销售方	名　　　称：仁卫药业有限责任公司 纳税人识别号：13450003719371 地址、电话：解放路 16 号 开户行及账号：工行南园支行					备注		

收款人：赵明　　　　复核：张红红　　　　开票人：赵明　　　　销货单位（章）

2. 根据【经济业务 4-13】填制入库单，具体格式如表 5-6 所示。

表 5-6　仁卫药业有限责任公司原材料入库单

供货单位：红星公司

2018 年 9 月 9 日

编号	品名	单位	规格、型号	数　量	单位成本	金额（元）
	熟地黄	公斤		2500	20.2	50 500
	牡丹皮	公斤		2000	15.2	30 400
	合计	—		4500	—	80 900

保管员：徐辉　　　　　　　　　　　制单：王一

四、原始凭证的审核

为了如实反映经济业务的发生和完成情况，充分发挥会计的监督职能，保证会计信息的真实、合法、完整和准确，会计人员必须对原始凭证进行严格审核。审核的内容主要包括：

1. 审核原始凭证的真实性　原始凭证作为会计信息的基本信息源，其真实性对会计信息的质量具有决定性的影响。对原始凭证真实性的审核主要包括凭证日期是否真实、业务内容是否真实、数据是否真实等。对外来原始凭证，必须有填制单位公章和填制人员签章。对自制原始凭证，必须有经办部门和经办人员的签名或盖章。

2. 审核原始凭证的合法性　合法性审核主要是审核原始凭证上记载的经济业务是否符合国家的政策法令、制度办法等规定要求，是否履行了规定的凭证传递和审核程序，是否有贪污腐败等行为。如果原始凭证涉及的经济业务内容违反法律法规，会计人员要向本单位领导汇报，提出拒绝执行的意见，必要时，可向上级领导机关反映有关情况。对于弄虚作假、营私舞弊、伪造、涂改凭证等违法乱纪行为，必须及时揭露，并向领导汇报，严肃处理。

3. 审核原始凭证的合理性　合理性审核主要是审核原始凭证所记载经济业务是否符合企业生产经营活动的需要,是否符合有关计划和预算等。

4. 审核原始凭证的完整性　完整性审核主要是审核原始凭证格式是否符合规定要求,各项要素是否齐全,内容是否完整,有关人员签章是否齐全,凭证联次是否正确等。如果手续不完备,应由经办人员补办。

5. 审核原始凭证的正确性　正确性审核主要是审核原始凭证各项数字金额的计算及填写是否正确,大小写金额是否一致,数字和文字的书写是否清楚,有无刮、擦、挖、补、涂改、伪造等现象。

6. 审核原始凭证的及时性　原始凭证的及时性是保证会计信息质量的基础。为此,要求在经济业务发生或完成时须及时填制有关原始凭证,及时进行凭证的传递。审核时应注意审查凭证的填制日期,尤其是支票、银行汇票、银行本票等时效性较强的原始凭证,更应仔细验证其签发日期。

点滴积累 V

1. 原始凭证按来源不同分为外来原始凭证和自制原始凭证。 原始凭证按填制手续及内容不同分为一次凭证、累计凭证和汇总凭证。
2. 原始凭证的基本内容包括原始凭证的名称、填制凭证的日期、凭证的编号、接受凭证的单位名称、经济业务的基本内容、填制单位和经办人员的签章。
3. 原始凭证的填制必须符合 4 个基本要求,即合法和真实可靠; 内容完整、项目齐全,手续完备; 书写规范; 及时填制并送交财会部门。
4. 原始凭证填制应注意的 10 个问题。
5. 审核原始凭证的内容应具有真实性、合法性、合理性、完整性、正确性、及时性。

任务三　记账凭证

一、 记账凭证的分类

由于原始凭证种类繁多、格式不一,不便于在原始凭证上编制会计分录,据以记账,所以有必要将各种原始凭证所反映的经济内容加以归类整理,确认为某一会计要素后,编制记账凭证。记账凭证是登账的直接依据。从原始凭证到记账凭证是经济信息转换成会计信息的过程,是会计的初始确认阶段。

记账凭证按其填制的方式不同,分为复式记账凭证和单式记账凭证。

（一）复式记账凭证

复式记账凭证是指将一项经济业务所涉及的会计科目及其发生额全部集中填制在一张记账凭证上的记账凭证。复式记账凭证按其用途不同,又可分为专用记账凭证和通用记账凭证两种。

1. 专用记账凭证　是指记录不同性质的经济业务,要采用不同格式的记账凭证。它可分为收款凭证、付款凭证和转账凭证 3 种。收款凭证、付款凭证和转账凭证的划分,有利于区别不同经济业务,进行分类管理,有利于经济业务的检查。但是专用记账凭证工作量大,适用于规模较大,收付款业务较多的单位;对于经济业务较少的单位则可以采用通用记账凭证来记录所有经济业务。

(1)收款凭证:是指专门用来记录现金和银行存款收款业务的记账凭证。它是根据现金或银行存款收入业务的原始凭证填制的。其格式如表5-7所示。

表5-7 收款凭证的格式

收 款 凭 证

借方科目: 年 月 日 制单编号

对方单位(或缴款人)	摘要	贷方科目		金额									记账符号	
		总账科目	明细科目	千	百	十	万	千	百	十	元	角	分	
														附
														凭
														证
		合计金额												张

会计主管 记账 稽核 出纳 制单

(2)付款凭证:是指专门用于记录现金和银行存款付款业务的记账凭证。它是根据现金或银行存款付款业务的原始凭证填制的。其格式如表5-8所示。

表5-8 付款凭证格式

付 款 凭 证

贷方科目: 年 月 日 制单编号

对方单位(或缴款人)	摘要	借方科目		金额									记账符号	
		总账科目	明细科目	千	百	十	万	千	百	十	元	角	分	
														附
														凭
														证
		合计金额												张

会计主管 记账 稽核 出纳 制单

▶▶ **课堂活动**

观察收款凭证、付款凭证在格式上主要区别在哪里?

(3)转账凭证:是指用于记录转账业务的记账凭证。它是根据转账业务的原始凭证填制的。其格式如表5-9所示。

表 5-9 转账凭证格式

转 账 凭 证

年 月 日 制单编号

对方单位	摘要	借方		贷方		金额										记账符号	附凭证
		总账科目	明细科目	总账科目	明细科目	千	百	十	万	千	百	十	元	角	分		
																	张

会计主管　　　记账　　　稽核　　　制单

2. 通用记账凭证 简称记账凭证,是指记录不同性质的经济业务均采用同一格式的记账凭证。通用记账凭证的格式与专用记账凭证中的转账凭证基本相同。收款、付款和转账业务都填制该种记账凭证。其格式如表 5-10 所示。

表 5-10 通用记账凭证格式

记 账 凭 证

年 月 日 制单编号

对方单位	摘要	借方		贷方		金额										记账符号	附凭证
		总账科目	明细科目	总账科目	明细科目	千	百	十	万	千	百	十	元	角	分		
																	张

会计主管　　　记账　　　稽核　　　出纳　　　制单

(二)单式记账凭证

单式记账凭证是在一张凭证上只填写经济业务所涉及的一个会计科目及其金额的记账凭证。如果一项经济业务涉及几个会计科目,就要填制几张凭证。它反映的内容单一,便于分工记账和编制科目汇总表。但一张凭证不能反映一项经济业务的全貌,不便于检查会计分录的正确性,目前已很少采用。

▶▶ 课堂活动

单式记账凭证是单式记账法使用的记账凭证，复式记账凭证是复式记账法使用的记账凭证，这种
说法正确吗？

综合上述，记账凭证的分类归纳如图5-6所示。

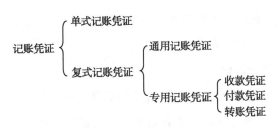

图5-6　记账凭证分类图

二、记账凭证的基本内容

由于记账凭证所反映的经济业务不同，因而在具体格式上也有一些差异。但是，作为记账的直
接依据，都必须满足记账的需要而具备以下基本内容：

1. 记账凭证的名称和编号；

2. 填制凭证的日期；

3. 经济业务的摘要；

4. 应借、应贷的会计科目（包括总分类科目和明细分类科目）和金额；

5. 记账符号；

6. 所附原始凭证的张数；

7. 填制、审核、记账、会计主管的签名盖章，收付款凭证还应有出纳人员的签章。

三、记账凭证的填制

各种记账凭证都必须按照规定的格式和内容及时、正确地填制。填制时要求格式统一、内容完
整、科目运用正确、对应关系清晰、摘要简练、编制及时。最后要按照"有借必有贷，借贷必相等"的
记账规则进行检查后，才能据以登记入账。

（一）记账凭证填制的基本要求

1. 审核无误　即在对原始凭证审核无误的基础上填制记账凭证。这是内部牵制制度的一个重
要环节。

2. 内容完整　即记账凭证应该包括的内容都要具备。应该注意的是：以自制的原始凭证或者
原始凭证汇总表代替记账凭证使用的，也必须具备记账凭证所应有的内容；记账凭证的日期，一般为
编制记账凭证当天的日期，按权责发生制核算基础计算收益、分配费用、结转成本利润等调整分录和
结账分录的记账凭证，虽然需到下月才能编制，仍应填写当月月末的日期，以便在当月的账内进行

登记。

3. 分类正确 即根据经济业务的内容,正确区别不同类型的原始凭证,正确应用会计科目。在此基础上,记账凭证可以根据每一张原始凭证填制,或者根据若干张同类原始凭证汇总编制,也可以根据原始凭证汇总表填制;但不得将不同内容和类别的原始凭证汇总表填制在一张记账凭证上。

4. 连续编号 即记账凭证应当连续编号。这有利于分清会计事项处理的先后顺序,便于记账凭证与会计账簿之间的核对,确保记账凭证的完整。

（二）记账凭证填制应注意的问题

1. 除结账和更正错误外,记账凭证必须附有原始凭证并注明所附原始凭证的张数。所附原始凭证张数的计算,一般以原始凭证的自然张数为准。与记账凭证中的经济业务记录有关的每一张证据,都应当作为记账凭证的附件。如果记账凭证中附有原始凭证汇总表,则应该把所附的原始凭证和原始凭证汇总表的张数一起计入附件的张数之内。但报销差旅费等的零散票券,可以粘贴在一张纸上,作为一张原始凭证。一张原始凭证如涉及几张记账凭证的,可以将该原始凭证附在一张主要的记账凭证后面,在其他记账凭证上注明该主要记账凭证的编号或者附上该原始凭证的复印件。

2. 一张原始凭证所列的支出需要由 2 个以上的单位共同负担时,应当由保存该原始凭证的单位开给其他应负担单位原始凭证分割。原始凭证分割单必须具备原始凭证的基本内容,包括凭证的名称、填制凭证的日期、填制凭证单位的名称或填制人的姓名、经办人员的签名或盖章、接受凭证单位的名称、经济业务内容、数量、单价、金额和费用的分担情况等。

案例分析

案例

2018 年 9 月 10 日,甲公司收到一张应由甲公司与乙公司共同负担费用支出的原始凭证,甲公司会计人员张某以该原始凭证及应承担的费用进行账务处理,并保存该原始凭证;同时应乙公司要求将该原始凭证复印件提供给乙公司用于账务处理。

分析

甲公司会计人员张某将原始凭证复印件提供给乙公司用于账务处理的做法是不正确的。根据《会计基础工作规范》的规定,一张原始凭证所列的支出需要由两个以上的单位共同负担时,应当由保存该原始凭证的单位开具原始凭证分割单给其他应负担的单位,而不是给复印件。

---

3. 记账凭证编号的方法有多种。专用记账凭证采用分类编号法。可以根据现金收付、银行存款收付和转账业务 3 类分别编号,也可以根据现金收入、现金支出、银行存款收入、银行存款支出和转账 5 类进行编号。各单位应当根据本单位业务繁简程度、人员多寡和分工情况来选择便于记账、查账、内部稽核、简单严密的编号方法。通用记账凭证采用统一编号法。所有业务统一编号。一笔经济业务需要填制 2 张或者 2 张以上记账凭证的,可以采用分数编号法编号,如 1 号会计事项需要

填制 3 张记账凭证,就可以编成 $1^1/_3$、$1^2/_3$、$1^3/_3$ 号。无论采用哪一种编号方法,都应该按月顺序编号,即每月都从 1 号编起,顺序编至月末。

4. 填制记账凭证时如果发生错误,应该重新填制。已经登记入账的记账凭证在当年内发现错误的,可以用红字注销法进行更正。在会计科目应用上没有错误,只是金额错误的情况下,也可以按正确数字同错误数字之间的差额,另编一张调整(补充、注销)记账凭证。发现以前年度的记账凭证有错误时,应当用蓝字填制一张更正的记账凭证。

5. 实行会计电算化的单位,其机制记账凭证应当符合记账凭证的一般要求,并应认真审核,做到会计科目使用正确,数字准确无误。打印出来的机制记账凭证上,要加盖制单人员、审核人员、记账人员和会计主管人员印章或者签章,以明确责任。

6. 记账凭证填制完成后,如有空行,应当在金额栏目自最后一笔金额数字下的空行处至合计数上的空行处划线注销。

7. 正确编制会计分录并保证借贷平衡。必须根据国家统一会计制度的规定和经济业务的内容,正确使用会计科目和编制会计分录,记账凭证借、贷方的金额必须相等,合计数必须计算正确。

8. 摘要应与原始凭证内容一致,能正确反映经济业务的主要内容,表述简短精练。应能使阅读的人通过摘要就能了解该项经济业务的性质、特征,判断出会计分录的正确与否,一般不必再去翻阅原始凭证或询问有关人员。

9. 只涉及现金和银行存款之间收入或付出的经济业务,只填制付款凭证,不填制收款凭证,以免重复。

▶ 课堂活动

涉及现金和银行存款之间收入或付出的经济业务,只填制付款凭证,不填制收款凭证,以免重复,这里的“重复”指什么?

(三)记账凭证的填制方法

1. 收款凭证的填制方法 收款凭证是根据有关现金和银行存款收入业务的原始凭证填制的。收款凭证左上方的“借方科目”应填写“现金”或“银行存款”科目。“年月日”为填制记账凭证的时间。右上方为收款凭证编号,应按顺序编写,即:分别自“第 1 号”顺序编起,一般每月重编一次。“摘要”栏应填写经济业务的简要说明。“贷方科目”填写与“现金”或“银行存款”科目相对应的总账科目和明细科目。“金额”栏填写经济业务的发生额。“合计”栏的金额表示该凭证所发生经济业务的所有金额。“记账符号”栏应注明记入账簿的页码,或以“√”代替,表示已经记账。凭证右边的“附凭证张数”填列该记账凭证所附原始凭证的张数。凭证的最下方分别填列有关人员的签章,以明确责任。

项目四中【经济业务 4-33】 这笔经济业务发生后应填制收款记账凭证,其格式如表 5-11所示。

表 5-11　收款凭证的格式

收款凭证

借方科目:银行存款　　　　　　2018 年 9 月 23 日　　　　　　制单编号银收 1 号

对方单位(或缴款人)	摘要	贷方科目		金额									记账符号
		总账科目	明细科目	千	百	十	万	千	百	十	元	角	分	
人民医院	归还款	应付账款	人民医院				3	7	1	6	6	4	0	
		合计金额					¥	3	7	1	6	6	4	0	

附凭证 1 张

会计主管:张华　　　记账:王丽　　　稽核:张红红　　　出纳:赵明　　　制单:吴玉

2. 付款凭证的填制方法　付款凭证是根据有关现金和银行存款付款业务的原始凭证填制的。付款凭证左上方"贷方科目"应填写"现金"或"银行存款"科目,"借方科目"应填写与"现金"或"银行存款"相对应的有关科目。其他栏目的填制与收款凭证基本相同。

对于现金和银行存款之间相互划转的业务,如从银行提取现金或将现金存入银行,为避免重复记账,一般只编制付款凭证,而不再编制收款凭证。

出纳人员在办理收款或付款业务后,应在原始凭证上加盖"收讫"或"付讫"的戳记,以免重收重付。

项目四中【经济业务 4-42】 这笔经济业务发生后应填制付款记账凭证,其格式如表 5-12 所示。

表 5-12　付款凭证的格式

付 款 凭 证

贷方科目:库存现金　　　　　　2018 年 9 月 27 日　　　　　　制单编号现付 1 号

对方单位(或缴款人)	摘要	贷方科目		金额									记账符号
		总账科目	明细科目	千	百	十	万	千	百	十	元	角	分	
	预借差旅费	其他应收款	张明					5	0	0	0	0	0	
		合计金额						¥	5	0	0	0	0	0	

附凭证 1 张

会计主管:张华　　　记账:王丽　　　稽核:张红红　　　出纳:赵明　　　制单:吴玉

3. 转账凭证的填制方法　转账凭证是根据转账业务的原始凭证填制的。转账凭证将一项经济业务中所涉及的全部会计科目,按照先借后贷的顺序记入"会计科目"栏中的"总账科目"和"明细科目",其他项目的填写与收、付款凭证基本相同。

项目四中【经济业务 4-37】这笔经济业务发生后应填制转账凭证,其格式如表 5-13 所示。

表 5-13 转账凭证的格式

转 账 凭 证

2018 年 9 月 30 日　　　　　　　　制单编号转 1 号

对方单位	摘要	借方		贷方		金额										记账符号	附凭证
		总账科目	明细科目	总账科目	明细科目	千	百	十	万	千	百	十	元	角	分		
	转成本	主营业务成本	六味地黄丸	库存商品	六味地黄丸		1	1	8	0	4	1	0	0			
	转成本	主营业务成本	保和丸	库存商品	保和丸			5	5	9	7	4	8	0			
																	1
						￥	1	7	4	0	1	5	8	0			张

会计主管:张华　　　　记账:王丽　　　　稽核:张红红　　　　出纳:赵明　　　　制单:吴玉

4. 通用记账凭证的填制方法　收款、付款和转账业务都填制该种凭证。这种凭证的格式与转账凭证基本相同。在实际工作中,小型企业、行政事业单位或者收付款业务较少的单位,可以采用通用记账凭证。

项目四中【经济业务 4-43】这笔经济业务发生后填制记账凭证,其格式如表 5-14 所示。

表 5-14 记账凭证的格式

记 账 凭 证

2018 年 9 月 27 日　　　　　　　　制单编号 1 号

对方单位	摘要	借方		贷方		金额										记账符号	附凭证
		总账科目	明细科目	总账科目	明细科目	千	百	十	万	千	百	十	元	角	分		
	预借差旅费	其他应收款	张明	库存现金					5	0	0	0	0	0			
																	1
						￥			5	0	0	0	0	0			张

会计主管:张华　　　　记账:王丽　　　　稽核:张红红　　　　出纳:赵明　　　　制单:吴玉

▶▶ 边学边练

通用和专用记账凭证的填制见实训八　记账凭证的编制。

专用记账凭证的填制方法

四、记账凭证的审核

为了使记账凭证符合记账要求,在登记账簿前必须由专人对记账凭证进行严格的审核。审核的主要内容有:

1. 记账凭证的真实性 审核记账凭证是否附有原始凭证;记账凭证的内容与所附原始凭证的内容是否一致;记账凭证上填写的原始凭证张数与实际原始凭证张数是否一致。

2. 记账凭证的正确性 审核记账凭证上所列应借、应贷会计科目是否恰当,科目对应关系是否清晰,借、贷方的金额是否正确。

3. 记账凭证的完整性 审核记账凭证的各项内容是否按规定的要求填写完整;如日期、凭证编号、摘要、附件张数及有关人员的签章等是否齐全。

4. 记账凭证书写的清晰性 审核记账凭证中的记录是否文字工整、数字清晰,是否按规定进行填写等。

在审核中如果发现错误,应当及时按规定的方法更正,审核无误后才能据以记账。

点滴积累 ∨

1. 复式记账凭证分为通用记账凭证和专用记账凭证。 专用记账凭证又可分为收款记账凭证、付款记账凭证和转账记账凭证。

2. 记账凭证的基本内容包括记账凭证的名称和编号;填制凭证的日期;经济业务的摘要;应借、应贷的会计科目和金额;记账符号;所附原始凭证的张数;填制、审核、记账、会计主管的签名盖章。

3. 记账凭证的填制必须符合的基本要求有审核无误、内容完整、分类正确、连续编号。

4. 记账凭证填制应注意 9 个问题。

5. 记账凭证的审核包括审核记账凭证的真实性、会计分录的正确性、记账凭证的完整性、凭证书写的清晰性。

任务四　会计凭证的传递与保管

一、会计凭证的传递

会计凭证的传递,是指凭证从取得或填制时起,经过审核、记账、装订到归档保管时止,在单位内部各有关部门和人员之间按规定的时间、路线办理业务手续和进行处理的过程。会计凭证的传递,主要包括凭证的传递路线、传递时间和传递手续 3 个方面的内容。

各单位应根据经济业务的特点、机构设置、人员分工情况,以及经营管理上的需要,明确规定会计凭证的联次及流程。既要使会计凭证经过必要的环节进行审核和处理,又要避免会计凭证在不必要的环节停留,从而保证会计凭证沿着最简捷、最合理的路线传递。

会计凭证的传递时间,是指各种凭证在各经办部门、环节所停留的最长时间。它应考虑各部门和有关人员,在正常情况下办理经济业务所需时间来合理确定。一切会计凭证的传递和处理,都应在报告期内完成。否则,将会影响会计核算的及时性。

会计凭证的传递手续,是指在凭证传递过程中的衔接手续。应该做到既完备严密,又简便易行。

凭证的收发、交接都应按一定的手续制度办理,以保证会计凭证的安全和完整。

会计凭证的传递路线、传递时间和传递手续,还应根据实际情况的变化及时加以修改,以确保会计凭证传递的科学化、制度化。

二、会计凭证的保管

会计凭证是各项经济活动的历史记录,是重要的经济档案。为了便于随时查阅利用,各种会计凭证在办理好各项业务手续,并据以记账后,应由会计部门加以整理、归类、装订、编目并送交档案部门妥善保管。

(一)会计凭证的整理归类

会计部门在记账以后,应定期(一般为每月)将会计凭证加以归类整理,即把记账凭证及其所附原始凭证,按记账凭证的编号顺序进行整理,在确保记账凭证及其所附原始凭证完整无缺后,将其折叠整齐,加上封面、封底,装订成册,并在装订线上加贴封签,以防散失和任意拆装。在封面上要注明单位名称、凭证种类、所属年月和起讫日期、起讫号码、凭证张数等。会计主管或指定装订人员要在装订线封签处签名或盖章,然后入档保管。

对于那些数量过多或各种随时需要查阅的原始凭证,可以单独装订保管,在封面上注明记账凭证的日期、编号、种类,同时在记账凭证上注明"附件另订"。各种经济合同和重要的涉外文件等凭证,应另编目录,单独登记保管,并在有关记账凭证和原始凭证上注明。

图 5-7 会计凭证封面

会计凭证封面格式如图 5-7 所示。

凭证装订前的排序、粘贴及折叠

企业和其他组织会计档案保管期限表

财政总预算、行政单位、事业单位和税收会计档案保管期限表

(二)会计凭证的借阅

会计凭证原则上不得借出,如有特殊需要,须报请批准,但不得拆散原卷册,并应限期归还。需要查阅已入档的会计凭证时,必须办理借阅手续。其他单位因特殊原因需要使用原始凭证时,经本

单位负责人批准,可以复制。但向外单位提供的原始凭证复印件,应在专设的登记簿上登记,并由提供人员和收取人员共同签名或盖章。

点滴积累 ∨

1. 会计凭证的传递包括凭证的传递路线、传递时间和传递手续 3 个方面的内容。 会计凭证的传递时间是指各种凭证在各经办部门、环节所停留的最长时间。
2. 会计凭证的保管包括会计凭证的整理归类、装订、编目并送交档案部门保管及会计凭证的借阅。

实训四　阿拉伯数字的书写

【实训目的】

规范书写阿拉伯数字。

【实训内容】

阿拉伯数字书写表见表 5-15。

表 5-15　阿拉伯数字书写表

大写金额	小写金额
人民币陆仟肆佰零玖元伍角整	
人民币陆仟零柒元壹角肆分	
人民币壹仟陆佰捌拾元零叁角贰分	
人民币壹拾万柒仟元零伍角叁分	

【实训要求】

请将表 5-15 中的大写金额的小写数字填入相应的位置。

【实训注意】

完成本实训必须熟练记住小写金额书写的规范要求。

【实训检测】

会计工作中阿拉伯数字 0、1、2、3、4、5、6、7、8、9 书写时的具体要求有哪些?

实训五　大写金额的书写

【实训目的】

规范地书写大写金额。

【实训内容】

大写金额的书写表见表 5-16。

表 5-16　大写金额的书写表

小写金额	大写金额
￥213.5	
￥6050.09	
￥1000.56	
￥107006.08	

【实训要求】

请将表 5-16 中的小写数字的大写金额填入相应的位置。

【实训注意】

1. 中文大写金额数字应用正楷或行书填写。

2. 完成本实训必须熟练记住大写金额书写的规范要求。大写金额的规范写法:壹、贰、叁、肆、伍、陆、柒、捌、玖、拾、佰、仟、万、亿、元、角、分、零、整。

【实训检测】

会计工作中如何正确运用大写金额?

实训六　票据出票日期的填写

【实训目的】

规范的书写票据的出票日期。

【实训内容】

票据的出票日期的填写表见表 5-17。

表 5-17　票据的出票日期的填写表

票据出票日期小写	票据出票日期大写
1 月 15 日	
2 月 13 日	
8 月 5 日	
10 月 20 日	

【实训要求】

请将表 5-17 中的小写出票日期的大写日期填入相应的位置。

【实训注意】

出票日期必须大写,票据出票日期使用小写填写的,银行不予受理。

【实训检测】

会计工作中如何正确书写出票日期?

实训七　增值税专用发票的填制

【实训目的】

练习增值税专用发票的填制。

【实训内容】

仁卫药业有限责任公司2018年9月18日销售给莱阳医药公司逍遥丸600件,单价150元(不含增值税),计90 000元,增值税率16%,增值税销项税额14 400元,货、税款共计104 400元,开出"增值税专用发票",药品已由对方提走,货款、税款尚未收到。

【实训要求】

请根据以上经济业务填写表5-18增值税专用发票。

表5-18　增值税专用发票

3700163130　　　　　　　　　　山东省增值税专用发票　　　　　　　　　　NO__10658228

发　票　联　　　　　　　　　　日期:年　月　日

购买方	名　称: 纳税人识别号: 地址、电话: 开户行及账号:				密码区			
货物或应税劳务服务名称	规格型号	单位	数量	单价	金　额	税率 16%	税额	
合　　计								
价税合计(大写)　　　　　　　　　　(小写)								
销售方	名　称: 纳税人识别号: 地址、电话: 开户行及账号:				备注			

收款人:赵明　　　复核:张红红　　　开票人:赵明　　　销货单位(章)

【实训注意】

1. 开票时,企业名称要写全称。

2. 2018年7月1日以后,增值税发票必须有税号,不符合规定的发票,不得作为税收凭证。

3. 报销要及时,发票时间尽量不要跨年,否则不能税前扣除。

4. 开具增值税发票时,发票内容应按照实际销售情况如实开具,不得根据购买方要求填开与实际交易不符的内容。

【实训检测】

1. 增值税专用发票必须按哪些规定开具?

2. 增值税专用发票开错后应该怎么处理?

实训八 记账凭证的编制

【实训目的】

熟练地编制通用记账凭证和专用记账凭证。

【实训内容】

1. 项目四正文中的【经济业务 4-1】~【经济业务 4-56】。

2. 项目四目标检测的"四、综合题(一)练习一至练习六"的经济业务题。

3. 项目四"实训三 工业企业主要经济业务及其成本的核算"的实训内容。

【实训要求】

根据实训内容中的 3 套经济业务任选一套编制通用记账凭证和专用记账凭证。

【实训注意】

完成本实训要求必须熟悉以下知识点:

1. 原始凭证和记账凭证的异同点及关系;

2. 通用记账凭证的填制要求和填制方法;

3. 专用记账凭证的分类、填制要求和填制方法。

【实训检测】

通过实训请思考:

1. 哪些企业适合编制通用记账凭证? 通用记账凭证的编号方法?

2. 哪些企业适合编制专用记账凭证? 专用记账凭证的编号方法?

3. 专用记账凭证与通用记账凭证的区别?

4. 记账凭证与原始凭证的区别与联系如何?

5. 原始凭证是会计核算的基础,记账凭证是会计核算的起点。这种说法正确吗? 为什么?

目标检测

一、选择题

(一) 单项选择题

1. 会计凭证按其( )不同,可以分为原始凭证和记账凭证

    A. 填制的方式   B. 取得的来源

    C. 填制的程序和用途   D. 反映经济业务的次数

2. 以下所列不能作为记账依据的是( )

    A. 发货票   B. 经济合同   C. 收料单   D. 领料单

3. 会计人员对不合法、不真实的原始凭证应( )

    A. 不予受理   B. 要求更正、补充

    C. 自己更正、补充   D. 应予受理但应报告行政领导人

4. 下列会计凭证中属于自制原始凭证的是(　　)

    A. 收款凭证　　　　　　　　　　　　　B. 付款凭证

    C. 收料单　　　　　　　　　　　　　　D. 银行结算凭证

5. 会计凭证的传递,是指(　　),在单位内部有关部门及人员之间的传递程序和传递时间

    A. 会计凭证从取得到编制成记账凭证时止

    B. 从取得原始凭证到登记账簿时止

    C. 从填制记账凭证到编制会计报表时止

    D. 会计凭证从填制时到归档时止

6. 从银行提取现金备用的经济业务,应填制的记账凭证是(　　)

    A. 一张转账凭证　　　　　　　　　　　B. 一张收款凭证

    C. 一张付款凭证　　　　　　　　　　　D. 一张收款凭证和一张付款凭证

7. 会计分录在会计实际工作中是填写在(　　)上

    A. 记账凭证　　　B. 原始凭证　　　　C. 会计账户　　　　D. 会计账簿

8. 原始凭证和记账凭证的相同点是(　　)

    A. 反映的经济业务内容相同　　　　　　B. 编制的时间相同

    C. 具体作用相同　　　　　　　　　　　D. 具体要素相同

9. 限额领料单属于(　　)

    A. 一次凭证　　　　　　　　　　　　　B. 外来凭证

    C. 汇总凭证　　　　　　　　　　　　　D. 累计凭证

10. 专用记账凭证按其(　　)不同,通常分为收款凭证、付款凭证和转账凭证 3 种

    A. 反映经济业务内容　　　　　　　　　B. 填制用途

    C. 填制手续　　　　　　　　　　　　　D. 填制人员

(二)多项选择题

1. 属于原始凭证的有(　　)

    A. 收料单　　　　　　　B. 发票　　　　　　　C. 入库单

    D. 经济合同　　　　　　E. 申请单

2. 专用记账凭证可分(　　)种

    A. 收款凭证　　　　　　B. 转账凭证　　　　　C. 记账凭证

    D. 付款凭证　　　　　　E. 原始凭证

3. 下列原始凭证中,属于自制凭证的是(　　)

    A. 购货发票　　　　　　B. 入库单　　　　　　C. 领料单

    D. 工资单　　　　　　　E. 借款单

4. 各种原始凭证必须具备的基本内容有(　　)

    A. 名称和日期　　　　　　　　　　　　B. 填制和接受单位名称

    C. 应借应贷的科目名称　　　　　　　　D. 经济业务的数量、金额

E. 填制单位和经办人员的签章

5. 记账凭证必须具备的基本内容有( )

    A. 填制的日期   B. 凭证编号和经济业务内容摘要

    C. 会计科目和记账金额   D. 所附原始凭证张数

    E. 接受凭证的单位名称

6. 记账凭证可以根据( )填制

    A. 原始凭证   B. 原始凭证汇总表   C. 实际发生的经济业务

    D. 购销合同书   E. 银行对账单

7. 根据审核无误的原始凭证编制记账凭证是为了( )

    A. 确定会计分录   B. 证明经济业务已经发生或完成

    C. 明确经济责任   D. 据以登记会计账簿

    E. 填制发票

8. 限额领料单同时属于( )

    A. 原始凭证   B. 记账凭证   C. 累计凭证

    D. 自制凭证   E. 付款凭证

9. 原始凭证审核时应注意( )

    A. 凭证反映业务的合法性   B. 所运用会计科目的正确性

    C. 凭证项目是否填写齐全   D. 凭证项目是否填写完整

    E. 数字计算有无错误

10. 下列项目属于外来原始凭证( )

    A. 购物发票   B. 火车票   C. 材料入库单

    D. 领料单   E. 增值税专用发票

二、判断题

1. "收料单"是一种外来的原始凭证。( )

2. 原始凭证都是以实际发生或完成的经济业务为依据而填制的。( )

3. 所有的记账凭证都应附有原始凭证。( )

4. 填制原始凭证,汉字大写金额数字一律用正楷或草书书写。( )

5. 发料凭证汇总表是一种汇总凭证。( )

6. 自制原始凭证都应由会计人员填制,以保持原始凭证填制的正确性。( )

7. 原始凭证发生错误的,正确的更正方法是由出具单位在原始凭证上更正。( )

8. 各种凭证不得随意涂改、刮擦、挖补,若填写错误,应用红字更正法予以更正。( )

9. 一次凭证只能反映一项经济业务,累计凭证可以反映若干项无关的经济业务。( )

10. 记账凭证在编制时发生错误,可以重新进行编制。( )

三、简答题

1. 什么是会计凭证、原始凭证、记账凭证？并说明三者关系。

2. 简述原始凭证、记账凭证的分类。

3. 简述原始凭证包含的基本内容、填制的要求、填制时应注意的问题以及原始凭证的审核要求。

4. 简述记账凭证包含的基本内容、填制的要求、填制时应注意的问题以及记账凭证的审核要求。

四、综合题

分析下列经济业务,完成两个要求:

1. 说明每一笔经济业务涉及的原始凭证名称。

2. 说明每一笔经济业务应编制的专用记账凭证名称。

经济业务如下:

1. 从银行提取现金;

2. 销售商品一批,货款还未收到;

3. 购买一批材料,货款已经从银行账户上划走;

4. 车间领用原材料一批生产产品;

5. 用银行存款支付广告费。

（于治春）

项目六

会计账簿

项目六PPT

导学情景

情景描述

2018 年 12 月，仁卫药业有限责任公司召开 2018 年营销企划会。会上，各部门负责人对公司已有的各主要产品在来年的生产、销售的计划安排及其对应的利润贡献等问题畅所欲言却又各执己见，一时难以形成统一意见。这时，公司总经理贾海要求财务科长张华对公司各主要产品在 2018 年的成本、销售额以及营业利润等情况向会议做一简要介绍，以备决策。张华取出各产品的主营业务收入明细账、主营业务成本明细账等账簿，对各主要产品在 2018 年的收入总额、成本总额及其相对 2017 年的增减情况等向会议做了简要汇报。由于账簿提供了各产品全面、系统的收入、成本及增减情况等决策有用信息，会议很快对各主要产品在 2019 年的生产、销售的的计划安排形成一致意见。

学前导语

仁卫药业有限责任公司在会议上很快形成一致意见是因为账簿提供的信息具有比凭证更全面的综合性，满足了各部门对信息使用的需求。跟我们一起走进项目六的学习，学完之后你也能熟练地依据凭证登记各类账簿，为相关信息使用者提供需要的信息。账簿和会计凭证同样是会计载体之一，是记录会计信息的载体，是会计核算的第二个环节。

任务一　会计账簿概述

一、会计账簿的概念

会计账簿，简称账簿，是由具有一定格式、互有联系的账页组成，以会计科目为户名，以会计凭证为依据，用来全面、序时、系统地记录和反映各项经济业务的簿籍。

设置账簿是会计工作的一个重要环节，登记账簿则是会计核算的一种专门方法。科学地设置账簿和正确地登记账簿对于全面完成会计核算工作具有重要意义。

> **知识链接**
>
> 会计账簿与账户的关系
>
> 账户存在于账簿之中，账簿中的每一账页就是账户的存在形式和载体，没有账簿，账户就无法存在；账簿序时、分类地记载经济业务，是在个别账户中完成的。因此，账簿只是一个外在形式，账户才是它的真实内容。账簿与账户的关系是形式和内容的关系。

ER-6-1

设置账簿和
登记账簿的
意义

二、会计账簿的分类

会计账簿的种类繁多,不同的账簿,其用途、形式、内容和登记方法都各不相同。为了更好地了解和使用各种账簿,有必要对账簿进行分类。账簿可以根据其用途、外表形式、账页格式等不同进行分类。

（一）根据账簿的用途不同分类

账簿根据用途不同分为序时账簿、分类账簿和备查账簿。

1. 序时账簿　也称日记账,是根据经济业务完成时间的先后顺序进行逐日逐笔登记的账簿。在古代会计中也把它称为"流水账"。日记账又可分为普通日记账和特种日记账。普通日记账是将企业每天发生的所有经济业务,不论其性质如何,根据其先后顺序,编成会计分录记入账簿;特种日记账是根据经济业务性质单独设置的账簿,它只把特定项目根据经济业务顺序记入账簿,反映其详细情况,如库存现金日记账和银行存款日记账。特种日记账的设置,应根据业务特点和管理需要而定,特别是那些发生频繁、需严加控制的项目,应予以设置。

2. 分类账簿　是对全部经济业务根据总分类账和明细分类账进行分类登记的账簿。总分类账簿,简称总账,是根据总账科目开设账户,用来分类登记全部经济业务,提供总括核算资料的账簿。明细分类账簿,简称明细账,是根据总账科目所属明细科目开设账户,用以分类登记某一类经济业务,提供明细核算资料的账簿。

3. 备查账簿　又称辅助账簿,是对某些在日记账和分类账等主要账簿中未能记载的会计事项或记载不全的经济业务进行补充登记的账簿。所以,备查账簿也叫补充登记簿。它可以对某些经济业务的内容提供必要的参考资料。备查账簿的设置应视实际需要而定,并非一定要设置,而且没有固定格式。

（二）根据账簿的外表形式不同分类

账簿根据外表形式不同分为订本式账簿、活页式账簿和卡片式账簿。

1. 订本式账簿　是把具有一定格式的账页加以编号并订成固定本册的账簿。它可以避免账页的散失或被抽换,但不能根据需要增减账页。一本订本账簿同一时间只能由一人记账,不便于会计人员分工协作记账,也不便于计算机打印记账。但特种日记账,如库存现金日记账、银行存款日记账以及总分类账必须采用订本账簿。订本式账簿见图6-1。

图6-1　订本式账簿

2. 活页式账簿　是把零散的账页装在账夹内,可以随时增添账页的账簿。它可以根据需要灵活添页或排列,但账页容易散乱丢失。活页账簿由于账页并不事先固定装订在一起,同一时间可以由若干会计人员分工记账,也便于计算机打印记账。一般明细账都采用活页账簿。活页式账簿见图 6-2。

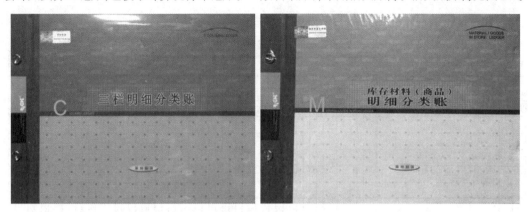

图 6-2　活页式账簿

3. 卡片式账簿　是将硬卡片作为账页,存放在卡片箱内保管的账簿。它实际上是一种活页账簿。为了防止因经常抽取造成破损而采用硬卡片形式,可以跨年度使用。如固定资产明细账常采用卡片账簿。卡片式账簿见图 6-3。

图 6-3　卡片式账簿

(三) 根据账簿的账页格式不同分类

账簿根据账页格式不同分为三栏式账簿、多栏式账簿、数量金额式账簿和横线登记式账簿等。

1. 三栏式账簿　是指设有借方、贷方和余额 3 个基本栏目的账簿。一般适用于日记账、总账和只需要进行金额核算而不需要进行数量核算的债权债务类明细账。格式如表 6-1 所示。

表 6-1　三栏式账簿

三栏式账页

_____科目_____

年		记账凭证号数	摘　要	对方科目	借　方								贷　方								借或贷	余　额							
月	日				千	百	十	万	千	百	十	元	角	分	千	百	十	万	千	百	十	元	角	分		千	百	十	万	千	百	十	元	角	分

169

2. 多栏式账簿　是指在借方、贷方 2 个基本栏目上根据需要分设若干专栏的账簿,以提供明细项目的详细资料。但专栏设在借方还是贷方,根据实际需要来定。它适用于有关费用、成本和利润的明细账。格式见表 6-2 所示。

表 6-2　多栏式账簿

多栏式账页

				账号	
				页次	总页码

科目＿＿＿＿＿＿＿＿＿

年		凭证编号	摘　要	亿千百十万千百十元角分	亿千百十万千百十元角分	亿千百十万千百十元角分	亿千百十万千百十元角分
月	日						

3. 数量金额式账簿　是指在借方、贷方和余额 3 个基本栏目内又分别设置数量、单价、金额 3 个栏目,借以反映财产物资的实物数量和价值量。它适用于既要进行金额核算,又要进行数量核算的账户。如原材料、库存商品等明细账。格式见表 6-3 所示。

表 6-3　数量金额式账簿

数量金额式账页

本账页数	
本户页数	

最高存量＿＿＿＿＿＿＿＿
最低存量＿＿＿＿＿＿＿＿
编号＿＿＿＿规格＿＿＿＿　　单位(　)名称＿＿＿＿＿＿

年		凭号证数	摘要	账页	借　方			贷　方			结　存			稽核
月	日				数量	单价	金额 百十万千百十元角分	数量	单价	金额 百十万千百十元角分	数量	单价	金额 百十万千百十元角分	

4. 横线登记式账簿 其基本结构是账户从借方到贷方的同一行内,记录某一经济业务从发生到结束的所有事项。这种账户一般适用于需要逐笔结算经济业务的明细账,如:材料采购、其他应收款——备用金明细账等。格式如表6-4所示。

表6-4 横线登记式账簿

横线登记式账页

账号	总页码
页次	

科目

年		凭证编号	摘 要	借方金额										年		凭证编号	摘 要	贷方金额										余额									
月	日			亿	千	百	十	万	千	百	十	元	角	分	月	日			亿	千	百	十	万	千	百	十	元	角	分	亿	千	百	十	万	千	百	十	元	角	分

综上所述,会计账簿的分类如图6-4所示。

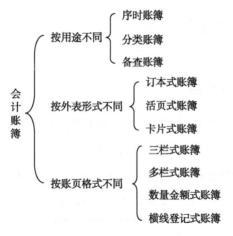

图6-4 会计账簿分类图

案例分析

案例

李先生大学毕业后自主创业,注册成立了一家药品经销公司。因为公司刚起步,业务量较少,为节约开支,李先生就自己临时兼任出纳。由于所学财务知识有限,对会计核算业务也不熟悉,李先生在记日记账时经常出现差错。为此,他购置了一本活页账簿,前半部分登记库存现金收支业务,后半部分登记银行存款收支业务；当出现记账错误时，就把该份账页重新抄写正确后换掉。这样，即使有差错，账簿中也不会出现涂改的痕迹了。

分析

根据财政部颁布的《会计基础工作规范》（财会字〔1996〕19号）和2008年5月发布的《企业内部控制规范》的规定，现金日记账和银行存款日记账应由企业出纳人员负责登记。

现金日记账和银行存款日记账必须采用订本式账簿，不得使用活页式账簿。

记账出现差错时，应按规定的更正方法予以更正，不能随意撤换账页。

点滴积累 ∨

1. 会计账簿是由具有一定格式的相互联结的账页组成，是根据会计科目开设户头，以会计凭证为依据，用来全面、连续、系统地记录各项经济业务的簿籍。

2. 会计账簿的分类

（1）账簿根据用途不同分为序时账簿、分类账簿和备查账簿。

（2）账簿根据外表形式不同分为订本账簿、活页账簿和卡片账簿。

（3）账簿根据账页格式不同分为三栏式账簿、多栏式账簿、数量金额式账簿和横线登记式账簿。

任务二　会计账簿的启用与登记

一、会计账簿的基本内容

账簿的格式是多种多样的，不同格式的账簿所包括的具体内容也是不尽相同的，但各种账簿都应具备以下4项基本内容：封面、扉页、账页、封底。

1. 封面　主要标明账簿的名称和记账单位名称。格式见表6-5所示。

表6-5　会计账簿封面

单位名称：＿＿＿＿＿＿＿＿＿＿＿＿＿＿＿＿＿＿＿＿＿＿＿＿＿＿＿

账簿名称：＿＿＿＿＿＿＿＿＿＿＿＿＿＿＿＿＿＿＿＿＿＿＿＿＿＿＿

年　　度：＿＿＿＿＿＿＿＿＿＿＿＿＿＿＿＿

全年共＿＿＿＿＿册　　　　　　　　　　本册是第＿＿＿＿＿号

本账簿共　　　　　张　　自第　　　　页起至第　　　　页止

全宗号	
案卷号	
目录号	
保管期限	

财务负责人：　　　　　　　　装订人：

2. **扉页** 包括:①账簿启用登记和经管人员一览表,格式见表6-6;②账户目录,格式见表6-7所示。

表6-6 账簿启用登记和经营人员一览表

单位名称						公章			
账簿名称		（第　册）							
账簿编号									
账簿页数		本账簿共计　页							
启用日期		公 元　年　月　日							
经管人员	单位主管		财务主管		复核		记账		
	姓名	盖章	姓名	盖章	姓名	盖章	姓名	盖章	
接交记录	经管人员		接管			交出			
	职别	姓名	年	月	日	盖章	年	月	日	盖章
备注									

表6-7 账户目录表

编号	科目	起讫页次	编号	科目	起讫页次	编号	科目	起讫页次

3. **账页** 账页是账簿用来记录具体经济业务的载体,其格式因记录经济业务的内容不同而有所不同,但基本内容应包括:①账户的名称;②登记账户的日期栏;③凭证种类和号数栏;④摘要栏(简要说明所记录的经济业务内容);⑤金额栏(借方、贷方和余额栏);⑥总页次和分户页次。

关于账页的各种格式详见项目六任务一的表6-1~表6-4所示。

4. **封底** 没有内容,与封面一起起到保护账页的作用。

二、会计账簿的启用规则

新的会计年度开始,每个会计主体都应该启用新的会计账簿。在启用新账簿时,应在账簿的有关位置记录以下相关信息:

1. **设置账簿的封面与封底** 除订本账不另设封面以外,各种活页账都应设置封面和封底,并登记单位名称、账簿名称和所属会计年度。

2. 填写账簿启用及经管人员一览表　在启用新会计账簿时,应首先填写在扉页上印制的"账簿启用及经管人员一览表"中的启用说明,其中包括单位名称、账簿名称、账簿编号、起止日期、单位负责人、主管会计、审核人员和记账人员等项目,并加盖单位公章。在会计人员发生变更时,应办理交接手续并填写"账簿启用及经管人员一览表"中的交接说明。

3. 填写账户目录　总账应根据会计科目的编号顺序填写科目名称及启用页号。在启用活页式明细分类账时,应根据所属会计科目填写科目名称和页码,在年度结账后,撤去空白账页,填写使用页码。

账簿的更换
和保管

三、会计账簿的登记规则

《会计基础工作规范》(以下简称《规范》)对登记会计账簿所应遵循的基本要求作了具体的规定:"会计人员应当根据审核无误的会计凭证登记会计账簿"。《规范》第六十条规定了(一)~(八)8项要求,《规范》第六十一条规定了第(九)项要求。登记的基本要求是:

(一)准确完整

"登记会计账簿时,应当将会计凭证的日期、编号、业务内容摘要、金额和其他有关资料逐项记入账内,做到数字准确、摘要清楚、登记及时、字迹工整"。

(二)注明记账符号

"登记完毕后,要在记账凭证上签字或者盖章,并注明已经登账的符号,表示已经记账"。在记账凭证上设有专门的栏目供注明记账的符号,以免发生重记或漏记。

(三)书写留空

"账簿中书写的文字和数字上面要适当留空格,不要写满格,一般占账簿横格高度的1/2"。这样,在一旦发生登记错误时,能比较容易地进行更正,同时也方便查账工作。阿拉伯数字在书写时应有一定的斜度,一般向右倾斜60度左右,即数码的中心斜线与底平线为60度的夹角。

(四)正常记账使用蓝黑墨水

"登记账簿要用蓝黑墨水或碳素墨水书写,不得使用圆珠笔(银行的复写账簿除外)或铅笔书写"。

(五)特殊记账使用红墨水

"下列情况,可以用红色墨水记账:

1. 根据红字冲账的记账凭证,冲销错误记录;

2. 在不设借贷栏的多栏式账页中,登记减少数;

3. 在三栏式账户的余额栏前,如未印明余额方向的,在余额栏内登记负数余额;

4. 根据国家统一会计制度的规定可以用红字登记的其他会计记录"。

(六)顺序连续登记

"各种账簿根据页次顺序连续登记,不得跳行、隔页。如果发生跳行、隔页,应当将空行、空页划线注销,或者注明'此行空白''此页空白'字样,并由记账人员签名或者盖章"。这对堵塞在账簿登记中可能出现的漏洞,是十分必要的防范措施。

（七）结出余额

"凡需要结出余额的账户,结出余额后,应当在'借或贷'栏内写明'借'或'贷'等字样。没有余额的账户,应当在'借或贷'等栏内写'平'字,在余额栏内用'Ø'表示"。"库存现金日记账和银行日记账必须逐日结出余额"。

（八）过次承前

"每一账页登记完毕结转下页时,应当结出本页合计数及余额,写在本页最后一行和下页第一行有关栏内,并在摘要栏内注明'过次页'和'承前页'字样;也可以将本页合计数及余额只写在下页第一行有关栏内,并在摘要栏内注明'承前页'字样"。也就是说,"过次页"和"承前页"的方法有2种:

1. 在本页最后一行内结出发生额合计数及余额,然后过次页并在次页第一行承前页。

2. 只在次页第一行承前页写出发生额合计数及余额,不在上页最后一行写发生额合计数及余额后过次页。

（九）当天核对

"实行会计电算化的单位,发生收款和付款业务的,在输入收款凭证和付款凭证的当天必须将库存现金日记账和银行存款日记账与库存现金核对无误"。因为在以机器或其他磁性介质储存的状态下,各种资料或数据的直观性不强,而且信息处理的过程不明,不便于进行某些会计操作和进行内部或外部审计,对会计信息的安全和完整也可能存在不利影响。

点滴积累 ∨

1. 账簿的基本内容包括封面、扉页、账页及封底。
2. 账簿的启用规则为设置账簿的封面与封底、填写账簿启用及经管人员一览表、填写账户目录。
3. 账簿的登记规则为要求准确完整、注明记账符号、书写留空、正常记账使用蓝黑墨水、特殊记账使用红墨水、顺序连续登记、结出余额、过次承前、定期打印。

任务三　会计账簿的设置与登记

一、会计账簿设置的原则

每一个会计主体需要设置那些账簿,应当根据经济业务的特点和管理上的需要来确定。设置账簿应当符合以下原则:

1. 设置账簿要能保证全面、系统地反映和监督各单位的经济活动情况,为经营管理提供系统、分类的核算资料。

2. 设置账簿要在满足实际需要的前提下,考虑人力和物力的节约,力求避免重复记账。

3. 设置账簿的格式,应根据所记录的经济业务的内容和需要提供的核算指标进行设计,力求简便实用,避免烦琐重复。

一般都要设置总账、明细账和日记账。

案例分析

案例

T市财政局对该市某合伙药企进行常规会计年检时发现以下情况:该合伙药企业规模较小,业务量也少,且没有建立完整的账簿记录。据此,T市财政局要求该药企必须依法建账,办理正常的会计核算。企业方认为,合伙企业无须独立企业法人地位,且每位合伙人均依法承担无限连带责任,可以不用建账;该合伙企业无国有资产投入,无须接受国家监督,T市财政局进行的会计年检属于政府对合伙企业正常经营的干涉。

分析

合伙企业必须依法建账。《会计法》规定,国家机关、社会团体、公司、企业、事业单位和其他组织,都应按照《会计法》的规定设置账簿,进行会计核算。

合伙企业必须依法接受财政部门的监督。《会计法》规定,任何企业的会计核算必须依法接受国家监督,财政部门代表国家行使监督职能。

二、会计账簿的格式与登记方法

下面分别介绍日记账、总账和明细账的格式与登记方法。

(一)日记账的格式与登记方法

1. 库存现金日记账的格式与登记方法 库存现金日记账的格式一般采用三栏式账簿,也有的单位采用多栏式账簿。三栏式库存现金日记账设有借方、贷方和余额 3 个基本的金额栏,也有的称为收入、支出和结余 3 个基本栏目。

库存现金日记账是由出纳员根据库存现金的收、付款凭证和与库存现金有关的银行存款付款凭证(从银行提取库存现金的业务),逐日逐笔顺序登记的。

库存现金日记账中的"年月日""凭证字号""摘要""对方科目"均根据库存现金收款凭证或付款凭证逐日逐笔进行登记。"借方"栏根据库存现金收款凭证登记,"贷方"栏根据库存现金付款凭证登记。但对于从银行提取库存现金的业务,因只填制银行存款付款凭证,所以提取库存现金的收入数额,根据银行存款付款凭证记入库存现金日记账的"借方"栏。每日终了,应当结出库存现金收入(借方)和支出(贷方)的合计数及结余数(余额),并将结余数与库存现金实存数核对,做到账实相符。

根据"项目四"仁卫药业有限责任公司 2018 年 9 月发生的【经济业务 4-1】~【经济业务 4-56】中涉及库存现金增减的经济业务登记"库存现金日记账"。涉及库存现金收支的经济业务有 4 笔,分别是【经济业务 4-5】【经济业务 4-30】【经济业务 4-42】及【经济业务 4-43】。假定该公司编制的是通用记账凭证,以经济业务的序号代表记账凭证的编号,假定期初余额为 6600 元登账过程及结果如表

6-8 所示。

表 6-8　**库存现金日记账**（三栏式）

第　　页

2018 年		凭证编号	摘要	对方科目	借方	贷方	余额
月	日						
9	1		期初余额				6600
9	4	5	支付安装费	在建工程		660	5940
9	20	30	支付运费等	销售费用、应交税费		542	5398
9	27	42	张明预借差旅费	其他应收款		5000	398
9	29	43	张明报销差旅费	其他应收款、管理费用	300		698
9	30		本月合计		300	6202	698

▶▶ **课堂活动**

库存现金日记账中的"借方"栏除根据现金收款凭证登记外，还依据哪类凭证登记？ 为什么？

为什么不能直接根据原始凭证登记账簿，必须编制记账凭证？

2. 银行存款日记账的格式与登记方法　银行存款日记账的格式一般为三栏式账簿,但也有的单位使用多栏式账簿。三栏式银行存款日记账格式与三栏式库存现金日记账基本相同,不再列示。

银行存款日记账是由出纳员根据银行存款的收、付款凭证及与银行存款有关的库存现金付款凭证(库存现金存入银行的业务),逐日逐笔顺序登记的。银行存款日记账应根据开户银行和存款种类不同分别设置明细账。

▶▶ **课堂活动**

银行存款日记账的"借方"栏除根据银行存款收款凭证登记外,还依据哪类凭证登记？ 为什么？

银行存款日记账中的"年月日""凭证类号""摘要""对方科目"等栏,应根据银行存款的收款凭证或付款凭证逐日逐笔进行登记。"借方"栏根据银行存款收款凭证登记,"贷方"栏根据银行存款付款凭证登记。但对于将库存现金存入银行的业务,因只填制库存现金付款凭证,所以将库存现金存入银行的数额,根据库存现金付款凭证记入银行存款日记账的"借方"栏。每日终了,应当结出存款余额。

▶▶ **边学边练**

现金日记账和银行存款日记账的登记方法,见"实训九 登记日记账"。

（二）总分类账的格式与登记方法

总分类账简称总账,是根据总分类账户规定的核算内容连续地记录经济业务的账簿,以货币作为计量单位。其格式一般采用三栏式,即分为借方金额、贷方金额、余额 3 栏。

以仁卫药业有限责任公司 2018 年 9 月"固定资产"总分类账为例,格式如表 6-9 所示。假定 9

月 1 日收到投资者投入的固定资产 2 100 000 元作为期初余额,本公司购置固定资产业务有 4 笔,分别是项目四的【经济业务 4-4】、【经济业务 4-5】、【经济业务 4-6】、【经济业务 4-7】。登账过程及结果如下表6-9所示。

表 6-9　固定资产总分类账

第　　页

2018 年		凭证编号	摘要	借方	贷方	借或贷	余额
月	日						
9	1		期初余额			借	2 100 000
9	4	5	购置设备	51 600		借	2 151 600
9	4	6	购置厂房	300 000		借	2 451 600
9	5	7	购置办公设备	8000		借	2 459 600
			…				
9	30		本月合计	359 600		借	2 459 600

总分类账的登记方法取决于单位采用的账务处理程序。既可以根据记账凭证逐笔登记,也可以根据科目汇总表或汇总记账凭证登记(详见项目九账务处理程序)。

（三）明细分类账的格式与登记方法

明细分类账的账页格式一般有"三栏式""多栏式""数量金额式"和"横线登记式"。

1. 三栏式明细账　其格式与总账基本相同,设有借方、贷方和余额 3 个栏目,适用于只反映金额的经济业务,它一般记录只有金额而没有实物数量的经济业务。如:应收账款、应付账款、短期借款等明细科目。三栏式明细账中的"年月日""凭证字号""摘要""借贷方发生额"等栏,根据记账凭证及其所附原始凭证汇总表逐笔进行登记。

以仁卫药业有限责任公司 2018 年 9 月"其他应收款——张明"明细账为例,依据项目四的【经济业务 4-42】、【经济业务 4-43】登账,登账过程及结果如表6-10 所示。

表 6-10　其他应收款明细分类账

明细科目:张明

第　　页

2018 年		凭证编号	摘要	借方	贷方	借或贷	余额
月	日						
9	1		期初余额			平	0
9	27	42	预借差旅费	5000		借	5000
9	29	43	报销差旅费及收回借款		5000	平	0
9	30		本月合计	5000	5000	平	0

2. 多栏式明细账　多栏式明细账是根据经济业务的特点和经营管理的要求,在某一总分类账项下,对属于同一级会计科目的明细项目设置若干栏目,用以在同一张账页中集中反映各有关明细项目的详细资料。它主要适用于生产成本、制造费用、管理费用、本年利润等科目的明细核算。由于各种多栏式明细账所记录的经济业务内容不同,所需要核算的指标也不同,因此,栏目的设置也不尽

相同。可以借方多栏式、贷方多栏式或借贷方多栏式。比如"生产成本明细账"它是一个借方多栏式的明细账账页的格式。

多栏式明细账中的"年月日""凭证类号""摘要"等栏,根据记账凭证及其所附原始凭证汇总表逐笔进行登记。借方多栏式明细账各明细项目的贷方发生额因其未设置贷方专栏,则用红字登记在借方栏及明细项目专栏内,以表示对该项目的金额的冲销及转出。贷方多栏式明细账各明细项目的借方发生额因其未设置借方专栏,则用红字登记在贷方栏及明细项目专栏内,以表示对该项目的金额的冲销及转出。

以仁卫药业有限责任公司 2018 年 9 月份的"生产成本——六味地黄丸"明细账为例,依据项目四的【经济业务 4-15】【经济业务 4-16】【经济业务 4-17】【经济业务 4-27】登账,登账过程及结果如表6-11 所示。

表 6-11　生产成本明细分类账

明细科目:六味地黄丸

2018 年		摘要	凭证编号	借方					
月	日			直接材料	直接人工	制造费用	其他直接费用	…	合计
9	1	月初余额		0	0	0	0		0
9	10	领用材料	15	63 200					63 200
9	30	生产用电费	16				2000		2000
9	30	生产工人工资	17		38 350				38 350
9	30	分配制造费用	27			16 900			16 900
9	30	合计		63 200	38 350	16 900	2000		120 450
9	30	结转完工产品成本		63 200	38 350	16 900	2000		120 450

▶ 课堂活动

　　"主营业务收入"明细账应设置为哪种明细账账页格式?

3. 数量金额式明细账　数量金额式明细账是在借方、贷方和余额 3 个栏目下再分别设置数量、单价、金额 3 个栏目。它适用于既要进行金额核算又要进行数量核算的经济业务。如原材料、库存商品等。数量金额式明细账,以原始凭证为依据根据经济业务发生的时间先后顺序逐日逐笔进行登记。数量栏根据实际入库、出库和结存的财产数量进行登记。入库单价栏和金额栏根据入库材料的单位成本登记。出库栏和结存栏中的单价栏和金额栏、登记时间、登记金额取决于企业所采用的期末存货计价方法。

以仁卫药业有限责任公司 2018 年 9 月份的"库存商品——六味地黄丸"明细账为例,依据项目四的【经济业务 4-28】【经济业务 4-37】登账,登账过程及结果如表6-12 所示。

表6-12 **库存商品明细分类账**

类别: 存放地点:

品名或规格:六味地黄丸 编号:

储备定额: 计量单位:件

2018年		凭证号	摘要	收入（借方）			发出（贷方）			结存（余额）		
月	日			数量	单价	金额	数量	单价	金额	数量	单价	金额
9	1		期初余额							0		0
9	30	28	完工入库	500	240.9	120 450				500	240.9	120 450
9	30	37	销售转出				490	240.9	118 041	10	240.9	2409
9	30		本月合计	500	240.9	120 450	490	240.9	118 041	10	240.9	2409

4. 横线登记式明细账 横线登记式明细账是在账页的同一行内,记录某项经济业务从发生到结束的所有事项。这样可以清楚地反映经济业务的进展情况,如材料采购业务的付款和收料情况,差旅费备用金的借支和报销收回情况等。这种账户一般适用于需要逐笔结算经济业务的明细账,如材料采购、在途物资、应收票据和其他应收款——备用金明细账等。以仁卫药业有限责任公司2018年9月份的"在途物资——山楂"明细账为例,依据项目四的【经济业务4-8】及【经济业务4-10】登账,登账过程及结果如表6-13所示。

表6-13 **在途物资明细账**

明细科目:山楂

第 页

2018年		凭证号	摘要	借方金额	2018年		凭证号	摘要	贷方金额	余额
月	日				月	日				
9	6	8	购入	14 000	9	8	10	验收入库	14 000	0
9	30		本月合计	14 000	9	30		本月合计	14 000	0

三、总分类账户与明细分类账户的平行登记

(一)总分类账户与明细分类账户的关系

总分类账户是根据总分类科目设置的,用于对会计要素具体内容进行总括分类核算的账户,简称总账账户或总账。总分类账户一般只用价值指标进行计量。例如:设置和登记"原材料"总分类账户就可以提供有关全部材料的期初余额、本期发生额和期末余额情况,可以概括了解材料的储备和使用情况。

明细分类账户是根据明细分类科目设置的,用于对会计要素具体内容进行明细分类核算的账户,简称明细账户。

总分类账户反映所属明细分类账户的总括资料,它对明细分类账户起着控制、统驭作用。明细分类账户是对总分类账户的详细分类,是对总分类账户内容的细项进行核算,对总分类账户起补充说明的作用。如"原材料"总账账户只能反映其收入、发出和结存的总金额,要了解具体是哪种材料,就必须在总账账户下开设明细账户,如"A 材料""B 材料""C 材料"等。

（二）总分类账户与明细分类账户的平行登记

所谓平行登记，就是对每一项经济业务，都要以会计凭证为依据，既要记入有关总分类账户，又要记入其所属的明细账分类账户。平行登记既可以满足管理上对总括会计信息和详细会计信息的需求，又可以检验账户记录的完整性和正确性。

总分类账户与明细分类账户平行登记的要点可以概括为以下 4 个方面：

1. 依据相同 同一经济业务，登记总分类账户与明细分类账户时，都要以相同的会计凭证为依据，既登记有关总分类账户，又登记其所属明细分类账户。

2. 方向相同 同一经济业务，登记总分类账户和明细分类账户时，借贷方向必须一致。在登记总分类账户借方的同时，也要记入其所属明细分类账户的借方；登记总分类账户贷方的同时，也要记入其所属明细分类账户的贷方。

3. 期间相同 同一经济业务，在登记总分类账户和其所属明细分类账户过程中，不必同时进行，但必须在同一个会计期间全部完成。

▶▶ **课堂活动**

在登记总分类账户和其所属明细分类账时，要求期间相同，是指两者必须在同一天登记吗？

4. 金额相等 记入总分类账户的金额，应与记入其所属明细分类账的金额合计数相等。

总分类账户与其所属明细分类账户通过平行登记，在金额上形成了如下等式关系：

（1）总分类账户借方（或贷方）发生额＝所属各明细分类账户借方（或贷方）发生额之和。

（2）总分类账户借方（或贷方）余额＝所属各明细分类账户借方（或贷方）余额之和。

以上 2 个平衡等式是检验总分类账户与其所属明细分类账户登记过程是否正确的理论依据。

（三）编制总账与明细账核对表

总分类账户与其所属明细分类账户登记结束后，登记过程是否正确需要验证。方法是根据总分类账户与其所属明细分类账户在金额上形成的等式关系编制核对表来进行。总分类账户与其所属明细分类账核对表格式如表 6-14 所示。

表 6-14 总分类账户与其所属明细分类账核对表

账户名称		期初余额		本期发生额		期末余额	
总分类账户	明细分类账户	借方	贷方	借方	贷方	借方	贷方
	合计						

现以"原材料"为例，说明总分类账户与其所属明细分类账户的平行登记过程。

【经济业务 6-1】 仁卫药业有限责任公司 2018 年 9 月 1 日成立，期初"原材料"总账余额为 0 元，按材料名称设置以下明细账：熟地黄、牡丹皮、山楂、茯苓、金银花。各明细账期初余额均为 0 元。

9 月份该公司有关"原材料"收付业务见项目四的【经济业务 4-10】、【经济业务 4-13】、【经济业务 4-15】和【经济业务 4-38】。

1. 根据【经济业务4-10】9月8日,向长虹公司购入的山楂、茯苓、金银花3种材料运抵企业验收入库,入库资料表见表6-15。

表6-15 山楂、茯苓、金银花3种材料入库资料表

材料名称	数量（kg）	单价（元）	买价（元）	采购费用（元）	总成本（元）	单位成本（元）
山楂	2000	7	14 000	0	14 000	7
茯苓	1000	25	25 000	400	25 400	25.4
金银花	40	18	720	0	720	18
合计	3040	-	39 720	400	40 120	-

借:原材料——山楂   14 000

借:原材料——茯苓   25 400

借:原材料——金银花   720

    贷:在途物资——山楂   14 000

    贷:在途物资——茯苓   25 400

    贷:在途物资——金银花   720

2. 根据【经济业务4-13】9月9日,向红星公司采购的熟地黄、牡丹皮两种材料运抵企业验收入库,入库资料表见表6-16。

表6-16 熟地黄、牡丹皮入库资料表

材料名称	数量（kg）	单价（元）	总买价（元）	采购费用（元）	总成本（元）	单位成本（元）
熟地黄	2500	20	50 000	500	50 500	20.2
牡丹皮	2000	15	30 000	400	30 400	15.2
合计	4500	-	80 000	900	80 900	-

借:原材料——熟地黄   50 500

借:原材料——牡丹皮   30 400

    贷:在途物资——熟地黄   50 500

    贷:在途物资——牡丹皮   30 400

3. 根据【经济业务4-15】9月10日,各部门领用材料如表6-17所示。

表6-17 各部门领用材料表

领用单位	产量（件）	领用材料名称	领用数量（kg）	单位成本（元）	领用金额（元）
六味地黄丸生产部门	500	熟地黄	2000	20.2	40 400
		牡丹皮	1500	15.2	22 800
保和丸生产部门	350	山楂	1500	7	10 500
		茯苓	800	25.4	20 320

领用单位	产量（件）	领用材料名称	领用数量（kg）	单位成本（元）	领用金额（元）
中成药车间	—	金银花	20	18	360
		山楂	10	7	70
管理部门	—	金银花	10	18	180
		山楂	5	7	35

借：生产成本——六味地黄丸　　　　　　　　63 200

借：生产成本——保和丸　　　　　　　　　　30 820

借：制造费用　　　　　　　　　　　　　　　430

借：管理费用　　　　　　　　　　　　　　　215

　　贷：原材料——熟地黄　　　　　　　　　40 400

　　贷：原材料——牡丹皮　　　　　　　　　22 800

　　贷：原材料——山楂　　　　　　　　　　10 605

　　贷：原材料——茯苓　　　　　　　　　　20 320

　　贷：原材料——金银花　　　　　　　　　540

4. 根据【经济业务4-38】9月25日，将库存闲置的山楂300kg出售，单价8元，收到2400元及增值税384元存银行。山楂成本2100元，结转其成本。

借：银行存款　　　　　　　　　　　　　　　2784

　　贷：其他业务收入——出售山楂　　　　　2400

　　贷：应交税费——应交增值税（销项税额）　384

借：其他业务成本——出售山楂　　　　　　　2100

　　贷：原材料——山楂　　　　　　　　　　2100

根据上述资料编制的会计分录，登记"原材料"总账及其所属明细账结果如表6-18～表6-23所示。

表 6-18　原材料（总账）

第　页

2018 年		凭证编号	摘要	借方	贷方	借或贷	余额
月	日						
9	1		期初余额			借	0
9	8	10	购入	40 120		借	40 120
9	9	13	购入	80 900		借	121 020
9	10	15	部门领用		94 665	借	26 355
9	25	38	售出		2100	借	24 255
9	30		本月合计	121 020	96 765	借	24 255

表 6-19 原材料明细分类账

类别:　　　　　　　　　　　　　　　　　　　　　　存放地点:
品名或规格:熟地黄　　　　　　　　　　　　　　　　编号:
储备定额:　　　　　　　　　　　　　　　　　　　　计量单位:kg

2018 年		凭证号	摘要	收入（借方）			发出（贷方）			结存（余额）		
月	日			数量	单价	金额	数量	单价	金额	数量	单价	金额
9	1		期初余额							0		0
9	9	13	购入	2500	20.2	50 500				2500	20.2	50 500
9	10	15	生产领用				2000	20.2	40 400	500	20.2	10 100
9	30		本月合计	2500	20.2	50 500	2000	20.2	40 400	500	20.2	10 100

表 6-20 原材料明细分类账

类别:　　　　　　　　　　　　　　　　　　　　　　存放地点:
品名或规格:牡丹皮　　　　　　　　　　　　　　　　编号:
储备定额:　　　　　　　　　　　　　　　　　　　　计量单位:kg

2018 年		凭证号	摘要	收入（借方）			发出（贷方）			结存（余额）		
月	日			数量	单价	金额	数量	单价	金额	数量	单价	金额
9	1		期初余额							0		0
9	9	13	购入	2000	15.2	30400				2000	15.2	30 400
9	10	15	生产领用				1500	15.2	22 800	500	15.2	7600
9	30		本月合计	2000	15.2	30400	1500	15.2	22 800	500	15.2	7600

表 6-21 原材料明细分类账

类别:　　　　　　　　　　　　　　　　　　　　　　存放地点:
品名或规格:山楂　　　　　　　　　　　　　　　　　编号:
储备定额:　　　　　　　　　　　　　　　　　　　　计量单位:kg

2018 年		凭证号	摘要	收入（借方）			发出（贷方）			结存（余额）		
月	日			数量	单价	金额	数量	单价	金额	数量	单价	金额
9	1		期初余额							0		0
9	8	10	购入	2000	7	14 000				2000	7	14 000
9	10	15	部门领用				1515	7	10 605	485	7	3395
9	25		售出				300	7	2100	185	7	1295
9	30		本月合计	2000	7	14 000	1815	7	12 705	185	7	1295

表6-22 原材料明细分类账

类别：　　　　　　　　　　　　　　　　　　存放地点：
品名或规格：茯苓　　　　　　　　　　　　　编号：
储备定额：　　　　　　　　　　　　　　　　计量单位：kg

2018年		凭证号	摘要	收入（借方）			发出（贷方）			结存（余额）		
月	日			数量	单价	金额	数量	单价	金额	数量	单价	金额
9	1		期初余额							0		0
9	8	10	购入	1000	25.4	25 400				1000	25.4	25 400
9	10	15	生产领用				800	25.4	20 320	200	25.4	5080
9	30		本月合计	1000	25.4	25 400	800	25.4	20 320	200	25.4	5080

表6-23 原材料明细分类账

类别：　　　　　　　　　　　　　　　　　　存放地点：
品名或规格：金银花　　　　　　　　　　　　编号：
储备定额：　　　　　　　　　　　　　　　　计量单位：kg

2018年		凭证号	摘要	收入（借方）			发出（贷方）			结存（余额）		
月	日			数量	单价	金额	数量	单价	金额	数量	单价	金额
9	1		期初余额							0		0
9	8	10	购入	40	18	720				40	18	720
9	10	15	部门领用				30	18	540	10	18	180
9	30		本月合计	40	18	720	30	18	540	10	18	180

根据"原材料"总账及其所属明细账的登账结果，即表6-18～表6-23的结果，编制两者的核对表，如表6-24所示。

表6-24 原材料总分类账户与其所属明细分类账核对表

单位：元

账户名称		期初余额		本期发生额		期末余额	
总分类账户	明细分类账户	借方	贷方	借方	贷方	借方	贷方
原材料	熟地黄	0		50 500	40 400	10 100	
	牡丹皮	0		30 400	22 800	7600	
	山楂	0		14 000	12 705	1295	
	茯苓	0		25 400	20 320	5080	
	金银花	0		720	540	180	
	合计	0		121 020	96 765	24 255	

从上述平行登记的结果核对表中可以看出，"原材料"总分类账户的期初和期末余额及本期借方和贷方发生额，与其所属明细分类账户的期初、期末余额之和以及本期借方和贷方发生额之和都是相等的。如果两者不相等，要及时查明原因，更正账户记录，以保证会计资料的正确性。

▶▶ 边学边练

总账和明细账的平行登记练习，见实训十 总账和明细账的平行登记。

点滴积累 ∨ ....

1. 日记账、总账、明细分类账的格式及登记方法。

2. 总分类账户和明细分类账户平行登记的要点有依据相同、方向相同、期间相同、金额相等。

任务四 对账与结账

一、对账

为了确保账簿记录的正确性,会计人员在记账之后,还必须进行账簿记录的核对,即对账。对账工作一般在月末进行,若遇特殊情况,如有关人员办理调动手续前或发生非常事件后,应随时进行对账。对账工作的主要内容包括:账证核对、账账核对、账实核对。

1. 账证核对 账证核对就是将各种账簿记录与有关的会计凭证相核对,做到账证相符。账簿是根据审核无误的会计凭证登记的,但在实际工作中,由于种种原因仍然可能发生账证不符的情况,因此,记完账后,要将账簿记录与会计凭证进行核对。

2. 账账核对 账账核对就是在账证核对的基础上,将各种账簿之间的有关数字相核对,做到账账相符。账账核对的主要内容包括:

(1)总分类账户之间相核对:核对总分类账各账户的本期借方发生额合计数与贷方发生额合计数,期末借方余额合计数与贷方余额合计数,是否分别对应相符。

(2)总分类账与所属明细分类账相核对:总分类账各账户的本期发生额合计数和期末余额与其所属明细分类账户的相应数字是否相符。如表 6-18 原材料总账与表 6-19 ~ 表 6-23 各原材料明细账的相应金额的核对相符。

(3)总分类账与日记账相核对:库存现金日记账、银行存款日记账的本期发生额合计数及期末余额与库存现金、银行存款总账的相应数字是否相符。

(4)会计部门的各种实物明细账同财产物资保管、使用部门的明细账相核对,3 种账户的发生额以及期末余额是否相符。

3. 账实核对 账实核对是在账账核对的基础上,将各种财产物资的账面余额与实有数额相核对,做到账实相符。账实核对的主要内容包括:

(1)库存现金日记账账面余额与库存现金实有数额相核对;

(2)银行存款日记账账面余额与银行对账单的余额相核对;

(3)各项财产物资明细账账面余额与财产物资的实有数额相核对;

(4)有关债权债务明细账账面余额与对方单位账面记录相核对。

二、错账的更正

错账的更正必须按照规定的方法,针对错账的不同情况,使用对应的更正方法予以更正。

（一）产生错账的情况

1. 影响借贷平衡的错账 通常有倒码、错位、反方、一方漏记等。

（1）倒码：就是相邻数字颠倒，如 78 错记为 87；

（2）错位：就是多记或少记位数，如 300 错记为 3000，或 3000 错记为 300；

（3）反方：就是记错借贷方向，如将借方发生额错记到贷方，出现一方重记，而另一方未记；

（4）借贷两方一方记账，另一方漏记。

以上错账在试算平衡时能够发现。

2. 不影响借贷平衡的错账

（1）重记整笔业务；

（2）漏记整笔业务；

（3）串户，即把甲账户发生额错记入乙账户中；

（4）整笔业务借贷方向记反；

（5）几种错误交织，差数相互抵消。

以上错账在试算平衡时不易被发现。

（二）错账的查找方法

查找错账的方法主要有 2 种：个别检查法和全面检查法。

1. 个别检查法 所谓个别检查法就是针对错账的数字来进行检查的方法。这种方法适用于检查方向记反、数字错位和数字颠倒等造成的记账错误。个别检查法又可以分为差数法、倍数法和除 9 法 3 种。

差数法就是记账人员首先确定错账的差数，再根据差数去查找错误的方法。这种方法对于发现漏记账目比较有效，也很简便。

倍数法也叫除 2 法，首先算出借方和贷方的差额，再根据差额的一半来查找错误的方法，这种方法适用于会计账簿因栏次错写而造成的方向错误。

除 9 法就是先算出借方与贷方的差额，再除以 9 来查找错误的方法，适用于两种情况，即数字错位和数字颠倒。

2. 全面检查法 全面检查法就是对一定时期的账目进行全面核对的检查方法，具体又分为两种：顺查法和逆查法。

顺查法就是根据记账的顺序，从头到尾依次检查原始凭证、记账凭证、总账、明细账以及会计科目余额表等。

逆查法是与记账的顺序相反，也就是首先检查科目余额表中数字的计算是否正确，其次检查各账户的计算是否正确，再次核对各账簿与记账凭证是否相符，最后检查记账凭证与原始凭证是否相符。

▶ 课堂活动

因一方漏记而导致的错账，适合采用哪一种查找方法查找错误？

（三）错账的更正方法

会计人员发现账簿记录错误时，不准涂改、挖补、刮擦或者用药水消除字迹，不准重新抄写，必须根据错账的性质和具体情况采用正确的方法进行更正。更正错账的方法有划线更正法、红字更正法和补充登记法 3 种。

1. 划线更正法　结账前发现账簿记录有文字或数字错误，而记账凭证没有错误，可以采用划线更正法。更正时，先在错误的文字或数字正中划一条红线表示注销，必须保持划去的数字或文字清晰可辨，以便审查，然后在红线的上方用蓝字填写正确的文字或数字，并由记账人员在更正处盖章，以明确责任。但应注意：对于错误的数字应当全部划线更正，不得只更正其中的错误数字。对于文字错误，则可以只更正错误的部分。例如：过账时笔误，将 5460 元误记为 4560 元。这时采用划线更正法进行更正：应先将 4560 元划一条红线注销，然后在其上方空白处用蓝字填写正确的 5460 元，并在更正处盖章，而不能只将"45"更正为"54"。

2. 红字更正法　红字更正法，又称赤字冲账法，一般有 2 种情况。

（1）记账后，发现记账凭证中应借、应贷会计科目有错误，从而引起账簿记录错误。更正的方法是：先用红字金额填制一张与原记账凭证完全相同的记账凭证，在摘要栏中注明"更正 x 月 x 日第 x 张凭证的错误"，并据以用红字金额登记入账，冲销原有错误记录。然后再用蓝字填制一张正确的记账凭证，并据以登记入账。

【经济业务 6-2】生产六味地黄丸领用熟地黄一批，价值 3000 元。填制记账凭证时，误作如下记录，并已登记入账。

借：制造费用　　　　　　　　　　　　　　　　　　　　3000
　贷：原材料——熟地黄　　　　　　　　　　　　　　　　　　3000

上述错误属于会计科目错，误将"生产成本"科目记为"制造费用"科目。发现上述错误更正时，先用红字金额编制一张与原记账凭证完全相同的记账凭证，并据以用红字登记入账，冲销原错误记录。

借：制造费用　　　　　　　　　　　　　　　　　　　　3000
　贷：原材料——熟地黄　　　　　　　　　　　　　　　　　　3000

注：上述 □ 中的数字表示红字，后面的含义相同。

然后用蓝字编制一张正确的记账凭证并登记入账，会计分录为：

借：生产成本——六味地黄丸　　　　　　　　　　　　　　3000
　贷：原材料——熟地黄　　　　　　　　　　　　　　　　　　3000

（2）记账后，发现记账凭证和账簿记录中应借、应贷会计科目并无错误，只是所记金额大于应记金额。更正的方法是：根据多记金额用红字填制一张与原凭证相同的记账凭证，在摘要栏中注明"更正×月×日第×号凭证多记数"，并据以用红字登记入账，以冲销多记金额。

如上述业务中的金额误记为 30 000 元，所用会计科目正确，并已登记入账。则更正时，根据多记金额 27 000 元，填制一张应借、应贷会计科目与原记账凭证相同的记账凭证；并据以用红字登记

入账,以冲销多记金额。会计分录为:

借:生产成本——六味地黄丸 　　　　　　　　　　　　　　 $\boxed{27\ 000}$

　　贷:原材料——熟地黄 　　　　　　　　　　　　　　　 $\boxed{27\ 000}$

3. 补充登记法　补充登记法,又称补充更正法。记账后发现记账凭证和账簿记录中应借、应贷会计科目无错误,只是所记金额小于应记金额。更正的方法是:根据少记金额用蓝字填制一张与原记账凭证应借、应贷会计科目相同的记账凭证,在摘要栏中注明"补记×月×日第×号凭证少记数"并据以登记入账,以补充少记的金额。

如上述业务中的金额误记为 300 元,所用会计科目正确,并已登记入账。更正时,根据少记金额 2700 元,用蓝字填制一张应借、应贷会计科目与原记账凭证相同的记账凭证,并据以登记入账,以补充少记的金额。会计分录为:

借:生产成本——六味地黄丸 　　　　　　　　　　　　　　　　2700

　　贷:原材料——熟地黄 　　　　　　　　　　　　　　　　　 2700

以上几种错账更正方法,除划线更正法外,其余方法在填制更正的记账凭证时,均应在记账凭证的摘要栏内注明原记账凭证的日期和编号以及更正的理由,以便查核。

▶▶ **课堂活动**

1. 会计人员在填制记账凭证时,会计科目正确,将 650 元错记为 560 元,并且已登记入账,月末结账时发现此笔错账,更正时应采用何种更正法?

2. 记账凭证一般需要后附原始凭证,更正的记账凭证后附有原始凭证吗?

三、结账

(一)结账的含义

结账就是把一定时期内所发生的经济业务,在全部登记入账的基础上,结算出每个账户的本期发生额和期末余额,并将期末余额转入下期或下年新账(期末余额结转到下期即为下期期初余额)。

为了保证结账工作的顺利进行,结账前应该做好一些准备工作,具体包括检查凭证和账簿的正确性,进行相应的账项调整,如收入的确认、成本的结转等。简单地说,结账工作主要由 2 部分构成,一是结出总分类账和明细分类账的本期发生额合计和期末余额,并将余额在本期和下期之间进行结转;二是损益类账户,即收入、成本费用类账户的结转,并计算本期利润或亏损(利润的确定一般在年结时进行)。另外,企业因撤销、合并而办理账务交接时,也需要办理结账手续。

(二)结账的步骤

1. 检查结账日截止以前账簿记录的完整性和正确性,不能漏记、重记每一项经济业务,也不能有错误的记账分录。

2. 在有关经济业务都已经登记入账的基础上,将各种收入、成本和费用等账户的余额进行结转,编制各种转账分录。

3. 计算出各账户的本期发生额合计及期末余额,并进行结转。

（三）结账的方法

结账分为月结、季结和年结 3 种。月结时,应在本月最后一笔记录下面划一条通栏单红线,表示本月经济业务到此为止。然后,在红线下面一行结算出本月发生额及月末余额,并在摘要栏内注明"本月合计"字样。最后,再在本行下面划一条通栏单红线,表示月结工作完成;季结时,应在各账户本季度最后一个月的月结下边一行,结算出本季度发生额和季末余额,并在摘要栏内注明"本季合计"字样。最后,再在本行下面划一条通栏单红线,表示季结工作完成;年结时,应在 12 月份月结下面(需办理季结的,应在第 4 季度季结下面)结出本年累计发生额和年末余额,在摘要栏内注明"本年累计"字样。在本行下面划通栏双红线,表示年底封账。年度结账后,各账户的年末余额,应转入下年度的新账簿。以仁卫药业有限责任公司 2018 年 9 月"原材料"总分类账为例,结账过程如表 6-25 所示。

更换账簿时,应将上年度各账户的余额直接记入新年度相应的账簿中,并在旧账簿中各账户年终余额的摘要栏内加盖"结转下年"戳记。同时,在新账簿中相关账户的第一行摘要栏内加盖"上年结转"戳记,并在余额栏内记入上年余额。

表 6-25　原材料总分类账

账户名称：　　　　　　　　　　　　　　　　　　　　　　　　　　　　　　第　页

2018 年		凭证编号	摘要	借方	贷方	借或贷	余额	备注
月	日							
9	1		期初余额			平	0	
9	8	15	购入	40 120		借	40 120	
9	9	16	购入	80 900		借	121 020	
9	10	20	部门领用		94 665	借	26 355	
9	25	43	售出		2100	借	24 255	
9	30		本月合计	121 020	96 765	借	24 255	上、下划通栏红线
			……					
12	31		本月合计	……	……	借	……	上、下划通栏红线
12	31		本季合计	……	……	借	……	下划通栏红线
			本年累计	……	……	借	……	下划通栏双红线

▶ **课堂活动**

说说结账与封账的区别。

点滴积累 ∨

1. 对账的主要内容包括账证核对、账账核对、账实核对。

2. 错账的类型及查找法

（1）影响借贷平衡的错账：如倒码、错位,适合除 9 法查找；一方反方,适合除 2 法查找；一方漏记适合差数法查找。

（2）不影响借贷平衡的错账：适合全面法查找。

3. 更正错账的方法有划线更正法、红字更正法、补充登记法。

4. 结账是把一定时期内所发生的经济业务，在全部登记入账的基础上，结算出每个账户的本期发生额和期末余额，并将期末余额转入下期或下年新账。结账有月结、季结和年结。

实训九　登记日记账

【实训目的】

练习日记账的登账方法。

【实训内容】

资料1:仁卫药业有限责任公司2018年9月初现金和银行存款日记账的余额分别为2000元和100 000元。

资料2:该公司9月份发生的经济业务如下:

(1)9月1日,提取现金1000元,以备零星使用。

(2)9月1日,向其开户行借入短期借款100 000元,存入银行。

(3)9月2日,向东方公司购入原材料A材料一批,重量1000kg,每千克10元。增值税税率16%,材料已验收入库,所有款项均以银行存款支付。

(4)9月2日,收取包装物押金10 000元,存入银行。

(5)9月3日,以银行存款支付电话费500元。

(6)9月3日,购买办公用打印纸,付现金100元。

(7)9月3日,出售旧报纸,收取现金100元。

(8)9月4日,职工小白预借差旅费2000元,付现金。

(9)9月5日,向南方公司销售A产品5件,每件1000元,产品已发出,增值税税率16%,款项收到存入银行。

(10)9月7日,职工小白报销差旅费1500元,其余现金500元退回。

(11)9月7日,以银行存款退还包装物押金10 000元。

(12)9月8日,开出转账支票一张,支付产品广告费10 000元。

(13)9月9日,以银行存款支付保险费3000元。

(14)9月12日,收回现金1000元,为职工小卫前借借款。

(15)9月12日,以银行存款购入设备一台,价值20 000元。

(16)9月13日,以银行存款归还短期借款20 000元。

(17)9月14日,收到职工小任违章罚款200元,以现金收讫。

(18)9月14日,收到长城公司前欠货款2000元,已存入银行。

(19)9月15日,出租仓库,收取租金5000元,存银行。

（20）9 月 15 日,将现金 1000 元存入银行。

【实训要求】

1. 根据资料 1 分别开设三栏式库存现金和银行存款日记账,并登记期初余额。

2. 根据资料 2 编制会计分录,填制收款凭证和付款凭证,逐笔登记库存现金和银行存款日记账,每日结出余额。

3. 计算库存现金和银行存款日记账的本期发生额合计及期末余额并进行月结。

银行存款日记账

科目

年		记账凭证号数	摘　要	对方科目	借　　方									贷　　方									借或贷	余　　额								
月	日				千	百	十	万	千	百	十	元	角	分	千	百	十	万	千	百	十	元	角	分		千	百	十	万	千	百	十	元	角	分

库存现金日记账

科目

年		记账凭证号数	摘　要	对方科目	借　　方									贷　　方									借或贷	余　　额								
月	日				千	百	十	万	千	百	十	元	角	分	千	百	十	万	千	百	十	元	角	分		千	百	十	万	千	百	十	元	角	分

【实训注意】

完成本实训要求必须熟悉以下知识点：

1. 库存现金和银行存款日记账的格式和登记方法。

2. 计算库存现金和银行存款日记账的本期发生额合计及期末余额并进行月结的方法。

【实训检测】

通过以上实训,请思考：

1. 库存现金和银行存款日记账为什么要做到日清月结?

2. 库存现金和银行存款日记账是由出纳登记的,那么库存现金和银行存款总账应该由谁登记? 登记后库存现金和银行存款日记账与库存现金和银行存款总账的金额之间又有怎样的关系? 为什么?

实训十　总账与明细账的平行登记

【实训目的】

掌握总分类账户与其所属明细分类账户的平行登记的方法。

【实训内容】

资料1:仁卫药业有限责任公司2018年9月份"原材料"与"应付账款"总账及其所属明细账的期初余额如下:

账户名称	材料名称	数量	单价	金额	账户名称	供应单位	金额
原材料	甲材料	5000kg	10	50 000	应付账款	祥云公司	30 000
	乙材料	600kg	50	30 000		飞云公司	40 000
合计				80 000	合计		70 000

资料2:该月份该公司发生材料收发和结算业务如下:

(1)2日,向祥云公司购入甲材料4000kg,每千克10元;乙材料500kg,每千克50元,材料入库,货款未付。

(2)8日,生产产品领用乙材料900kg,每千克50元。

(3)15日,以银行存款偿还前欠祥云公司货款30 000元。

(4)18日,向飞云公司购入乙材料400kg,每千克50元,材料入库,货款暂欠。

(5)22日,生产产品领用甲材料7000kg,每千克10元。

(6)28日,以银行存款偿还前欠飞云公司货款50 000元。

【实训要求】

1. 根据资料1开设"原材料""应付账款"三栏式总账和"原材料""应付账款"明细账,并登记期初余额。

2. 根据资料2所编制的记账凭证(会计分录),登记"原材料""应付账款"总账和"原材料""应付账款"明细账(其余总账、明细账略)的本期借贷方发生额。

3. 计算出"原材料""应付账款"总账和"原材料""应付账款"明细账的本期借贷方发生额合计及期末余额。

4. 编制总账与明细账核对表。

【实训注意】

完成本实训要求必须熟悉以下知识点:

1. 总分类账和明细分类账的格式及登记方法;

2. 总分类账和明细分类账平行登记的要点及核对方法;

3. 总分类账与其所属明细分类账在数量上的平衡关系。

【实训检测】

通过以上实训请思考:

1. 总账、日记账的格式一般为三栏式,只进行金额核算,而明细分类账的格式种类比较多,为什么?

2. 总分类账和明细分类账为什么要平行登记?

目标检测

一、选择题

(一)单项选择题

1. 登记账簿的依据是( )

    A. 经济合同   B. 会计分录   C. 记账凭证   D. 有关文件

2. 日记账根据分类用途属于( )

    A. 序时账簿   B. 备查账簿   C. 分类账簿   D. 联合账簿

3. 我国现行采用的现金日记账和银行存款日记账属于( )

    A. 普通日记账   B. 特种日记账   C. 分录日记账   D. 转账日记账

4. 现金和银行存款日记账,根据有关凭证( )

    A. 逐日逐笔登记   B. 逐日汇总登记   C. 定期汇总登记   D. 一次汇总登记

5. 总分类账和日记账必须采用( )账簿

    A. 活页式   B. 订本式   C. 卡片式   D. 备查式

6. 生产成本明细账一般采用( )明细账

    A. 三栏式   B. 多栏式   C. 数量金额式   D. 任意格式

7. "实收资本"明细账的账页可以采用( )

    A. 三栏式   B. 活页式   C. 数量金额式   D. 卡片式

8. 下列做法错误的是( )

    A. 现金日记账采用三栏式账簿   B. 产成品明细账采用数量金额式账簿

    C. 生产成本明细账采用三栏式账簿   D. 制造费用明细账采用多栏式账簿

9. 以下哪项不符合账簿平时管理的具体要求（   ）

    A. 各种账簿应分工明确,指定专人管理

    B. 账簿不能随意交与其他人员管理

    C. 会计账簿除需要与外单位核对外,一般不能携带外出

    D. 会计账簿只允许在财务室内随意翻阅查看

10. 某会计人员根据记账凭证登账时,误将 400 元记为 4000 元,更正这种记账错误的方法
    是（   ）

    A. 红字冲销法   B. 补充登记法

    C. 划线更正法   D. 以上 3 种任意一种都可以

（二）多项选择题

1. 下列属于序时账的有（   ）

    A. 普通日记账   B. 银行存款日记账   C. 明细分类账

    D. 库存现金日记账   E. 总分类账

2. 数量金额式明细分类账的账页格式一般适用于（   ）

    A. 库存商品明细账   B. 应交税金明细账   C. 应付账款明细款

    D. 原材料明细账   E. 生产成本明细账

3. 下列应设置备查账簿登记的事项有（   ）

    A. 固定资产卡片   B. 已采购的材料   C. 临时租入的固定资产

    D. 受托加工材料   E. 应收票据

4. 账簿根据其外表形式分类,可分为（   ）

    A. 序时账簿   B. 订本式账簿   C. 活页式账簿

    D. 卡片式账簿   E. 分类账簿

5. 下列必须采用订本式账簿的有（   ）

    A. 现金日记账   B. 固定资产明细账   C. 银行存款日记账

    D. 管理费用总账   E. 管理费用明细账

6. 会计账簿应具备的基本要素有（   ）

    A. 封面   B. 扉页   C. 账页

    D. 封底   E. 定期打印

7. 下列会计凭证中,可以作为登记库存现金日记账的依据的是（   ）

    A. 库存现金收款凭证   B. 库存现金付款凭证   C. 支票存根

    D. 银行存款付款凭证   E. 汇款凭证

8. 必须逐日结出余额的账簿是（   ）

    A. 现金总账   B. 银行存款总账   C. 现金日记账

    D. 银行存款日记账   E. 总分类账

9. 下列错误中,可以用红字更正法更正的有（   ）

A. 结账后发现的一切登记错误

B. 发现记账凭证中会计科目和金额都有错误,并且已经登记入账

C. 发现记账凭证中所记会计科目有错,并已登记入账

D. 在结账前发现记账凭证无误,但账簿记录中文字或数字过账错误

E. 记账后,发现记账凭证和账簿记录中应借、应贷会计科目并无错误,只是所记金额大于应记金额

10. 用红墨水登记账簿只能用于下列( )情况

A. 采用红字更正法更正错误

B. 在不设减少栏的账页中,登记减少金额

C. 采用划线更正法更正错误

D. 采用补充登记法更正错误

E. 在三栏式账户的余额栏前,如未印明余额方向的,在余额栏内登记负数余额

二、判断题

1. 在实际工作中,经济业务比较简单、总账科目为数不多的单位,为了简化记账工作,可以把序时账簿和分类账簿结合起来,在一本账簿中进行登记,这种账簿称为联合账簿。( )

2. 会计年度终了,应将活页账装订成册,活页账一般只适用于总分类。( )

3. 总分类账的登记,可以根据记账凭证登记,也可以根据科目汇总表或汇总记账凭证总登记。( )

4. 日记账是逐笔序时登记的,故月末不必与总账进行核对。( )

5. 对于记账过程中的数字错误,若个别数码错误,采用划线更正法时,只需将错误数码划去并填上正确数码即可。( )

6. 在结账前,若发现登记的记账凭证科目有错误,必须用划线更正法予更正。( )

7. "原材料"账户的明细核算通常是采用三栏式明细账。( )

8. 现金日记账和银行存款日记账必须采用订本式账簿。( )

9. 总分类账对明细分类账起着统驭作用。( )

10. 账簿与账户是形式与内容的关系。( )

三、简答题

1. 简述会计账簿的分类。

2. 明细账的账页格式有哪几种?分别适用于哪些账户?

3. 简述是总分类账户和明细分类账户平行登记的要点。

4. 对账工作包括哪些方面?

5. 更正错账的方法有哪些?简述各种更正方法的适用范围。

6. 什么是结账?结账的方法?

四、综合题

（一）资料

仁卫药业有限责任公司财务科副科长吴玉在 2018 年 9 月底结账前对账时发现以下错账：

1. 用库存现金购买办公用品 1330 元，其中：厂部 900 元，车间 430 元。编制的会计分录为：

借：管理费用   900

借：制造费用   430

    贷：库存现金   1330

在过账时，"制造费用"账户记录为 340 元。

2. 收到购货单位还来欠款 19 700 元，存入银行。编制的会计分录为：

借：银行存款   19 700

    贷：应付账款   19 700

3. 计提车间生产用固定资产折旧 4600 元，编制的会计分录为：

借：制造费用   46 000

    贷：累计折旧   46 000

4. 用库存现金支付职工工资 36 000 元，编制的会计分录为：

借：应付职工薪酬   3 600

    贷：库存现金   3 600

（二）要求

1. 指出上述错账的类型及应采用的更正方法。

2. 编制错账更正的会计分录。

（孔凡军）

项目七

财产清查

项目七PPT

导学情景 ∨

情景描述

某企业副总李某将其公司闲置的一台气相分析仪器借给其亲戚使用,但未办理任何手续。月底,盘点人员在清查过程中发现盘亏了一台仪器,价值 25 000 元,已提折旧 3000 元。经调查,此事是李副总所为,由李副总负责向其亲戚要回设备。亲戚此时称设备被盗,无法返还。此账务负责人问及李副总处理意见时,李副总建议按照设备报废正常处理。请问:李副总针对此事的处理是否符合规定? 如不符合,应如何正确处理?

学前导语

在对会计信息质量的要求中,财务报表信息的可靠性最为重要。为避免信息在传输过程中受主客观因素干扰而失真,进一步核实日常核算信息是否如实反映情况,在编制财务报表前必须进行财产清查。通过财产清查,可查明各项财产物资的实际结存数与账面价值是否一致,以发现记账中的错误。若不一致,要查明原因,分清责任,并按规定的手续及时调整账面数字,直至账实相符。只有这样,才能保证根据账簿信息编制的财务报表真实可靠,从而提高会计信息质量。

任务一　财产清查概述

一、财产清查的内涵

(一)财产清查的概念

财产清查,又称"盘存",是指通过对本单位拥有的各项财产物资进行实地盘点和核对,查明企业实有财产物资、货币资金和结算款项的实有数额,确定账面结存数与实际结存数是否相符,以保证账实相符的一种会计专门方法。

财产清查是内部牵制制度的一部分,其目的在于定期确定内部牵制制度执行是否有效。

通过财产清查,可以发现记账中的错误,确定账实是否相符。若不相符,要查明原因,分清责任,并按规定的程序及时调整账面数字,直至账实相符。只有这样,才能保证财务报表内容真实可靠,从而提高会计信息质量。

（二）账实不符原因

理论上讲,任何单位的各项财产物资及往来款项的增减变动和结存情况,都必须通过账簿记录准确地反映出来,并保证其账存数与实存数完全相一致。但现实生活中各单位存在账实不符的情况却十分突出,有的有账无物、有的有物无账,还有的账物不符。导致账实差异的原因主要有主观和客观两个方面:

1. 主观原因

（1）保管人员在收发各项财产物资过程中,由于计量、检验不准确而发生品种、数量或质量上的差异;

（2）管理过程中的失责而导致财产物资发生的漏记、重记及错记等;

（3）由于手续不齐全、制度不严密而导致的错收、错付等;

（4）由于管理不善或工作失职而发生财产的损失、丢失、被盗;

（5）由于不法分子的贪污盗窃、营私舞弊而造成财产物资的损失;

（6）由于结算凭证的传递不及时而造成的未达账项。

2. 客观原因

（1）在财产物资的保管过程中,由于自然条件的变化所造成的自然损耗或升溢;

（2）某些化学物质的日久失效或变质等;

（3）由于意外灾害如水灾、地震等而造成的损失。

由于以上这些原因的存在,都会导致账实不符的情况出现。因此,定期或不定期地对财产物资进行清查,对严格会计核算、加强经营管理、提高经济效益具有重要意义。

知识链接

会计工作的内部牵制制度

内部牵制,是会计内部控制制度的重要内容之一,主要包括:①内部牵制制度的原则,即机构分离、职务分离、钱账分离、物账分离等;②对出纳等岗位的职责和限制性规定;③有关部门或领导对限制性岗位的定期检查办法。

（三）财产清查的一般步骤

财产清查是一项复杂细致的工作,其涉及面广、工作量大、政策性强。为了保证财产清查工作的顺利进行,按时保质完成清查工作,需要遵循一定的程序。

1. 成立专门的财产清查领导小组,全面、具体负责财产清查工作的组织和实施。

2. 组织清查人员学习有关政策规定,掌握有关法律、法规和相关业务知识,以提高财产清查工作的质量。

3. 制订财产清查的计划,确定清查的对象、范围、时间,配备相关的工作人员并明确任务和责任。

4. 会计部门、财产保管部门要对待查的财产物资的会计账目做好准备,如会计部门对总账、明细账等的登记入账、结出余额并核对,保证会计资料的真实可靠;财产保管部门对所保管的物资要做好明细账、标签、整理工作等;有关部门做好财产清查所需的各种计量器具、登记表册的准备工作。

5. 填制盘存清单。

6. 根据盘存清单填制货币资金、实物资产、往来款项等清查结果报告表。

二、财产清查的分类

为了合理地组织财产清查,正确地使用财产清查的方法,必须对财产清查进行科学的分类。财产清查常见的分类标志有按范围、按时间两种。

(一) 按财产清查的范围不同,分为全面清查和局部清查

1. 全面清查　全面清查是指对全部财产进行盘点和核对。对于全面清查,在这里重点介绍2个问题:一是清查的对象,二是清查的范围。

全面清查的对象就是所有权属于某单位的所有财产物资。归纳起来,主要包括货币资金、实物资产、债权、债务结算款项等。这里需要强调的是单位对财产物资的所有权,只要属于单位的,无论是存放于单位内部,还是单位外部,例如某些在途材料,都要作为全面清查的对象。

全面清查由于涉及范围比较广,工作量大,参与人员也比较多。所以,不经常进行,通常在以下几种情况下进行:

(1)年终决算前;

(2)按国家规定开展清产核资时,以准确核定资产;

(3)单位的撤销、解散、合并或改变隶属关系时,以明确经济责任;

(4)单位主要负责人调离或离任时。

2. 局部清查　局部清查是指根据需要,对某一部分特定的财产物资进行的盘点与核对。它主要的清查对象是流动性比较大的,或比较贵重容易出现问题的财产物资。局部清查的范围比较小,涉及的人员比较少,但是它的专业性比较强,不同类型的财产物资进行局部清查的频率也不尽相同。一般来说,局部清查有以下几种情况:

(1)对流动性较大的物资,如材料、在产品、低值易耗品、库存商品等,除年度清查外,每月末或季末还要轮流盘点或抽查;

(2)对于各种贵重物资,每月应清查盘点 1 次;

(3)库存现金应由出纳人员在每日业务终了时自行清查,以达到账实相符;

(4)对于银行存款和银行借款应每月同银行核对 1 次;

(5)对于债权、债务的往来款项,应每季核对 1 次。

(二) 按财产清查时间不同,分为定期清查和不定期清查

1. 定期清查　定期清查是指根据制度的规定预先计划安排时间对财产物资进行的盘点和核对。这种清查通常是在年末、季末、月末结账前进行。定期清查,可以是全面清查,也可以是局部清查。比如,在年终决算时进行清查,就是一种定期清查和全面清查。每天对单位库存现金的盘点就是一种定期清查和局部清查。

▶ 课堂活动

　　说说定期清查的必要性?

　　2. 不定期清查　不定期清查是指事先不规定清查的时间,而是根据临时需要对财产物资所进行的盘点与核对,不定期清查只能是局部清查。不定期清查一般在以下几种情况进行:

　　(1)更换财产物资或现金保管人员时,要对其所保管的财产物资或现金进行清查,以明确经济责任;

　　(2)发生意外灾害或损失时,要对遭受损失的有关财产物资进行清查,以查明损失情况;

　　(3)上级主管部门、财政、审计部门对本单位进行会计检查时,应按检查的要求及范围进行清查;

　　(4)进行临时性的清产核资时,要进行财产清查,以摸清家底。

点滴积累　∨

　　1. 财产清查,又称"盘存",是指通过对本单位拥有的各项财产物资进行实地盘点和核对,查明企业实有财产物资、货币资金和结算款项的实有数额,确定账面结存数与实际结存数是否相符,以保证账实相符的一种会计专门方法。
　　2. 账实不符的原因包括主观原因和客观原因两个方面。
　　3. 财产清查按照清查的范围不同分为全面清查和局部清查;按照清查的时间不同分为定期清查和不定期清查。

任务二　财产物资的盘存制度

　　财产物资的盘存制度是指在日常会计核算中采用什么方法确定各项财产物资的盘存数的一种制度。财产物资的盘存制度通常有永续盘存制和实地盘存制两种。

一、永续盘存制

　　又称账面盘存制,是指通过设置财产物资明细账,对日常发生的财产物资的增加或减少,根据会计凭证的记载在有关账簿中进行连续登记,并随时在账簿中结算出各项财产物资结存数的一种盘存制度。具体要求是:根据有关会计凭证将财产物资的收入或发出的数量和金额记在有关明细账的收入栏或支出栏,并及时计算出该财产物资在明细账上的结存数量和金额。计算公式如下:

$$账面期末结存数=账面期初结存数+本期增加数-本期减少数$$

　　采用永续盘存制,可以随时掌握和了解各项财产物资的增减变动和结存情况,有利于加强对财产物资的管理。但是,永续盘存制下的财产物资明细账的会计核算工作量较大,特别是月末结转存货成本时的计算工作比较集中。采用永续盘存制的单位,仍然要对各项财产物资进行定期或不定期的清查盘点,以便查明账实是否相符,对于账实不符的,要及时查明原因,按照有关规定进行处理,以达到账实相符的目的。

二、实地盘存制

又称定期盘存制,是指会计期末通过对单位各种财产物资进行实地盘点确定期末结存数量的一种制度。具体要求是:平时只在明细账簿中登记财产物资的收入数,不登记财产物资的发出数,期末根据对财产物资实地盘点的结存数倒挤出财产物资的减少数,完成账簿记录,使账实相符。计算公式如下:

$$本期减少数=账面期初结存数+本期增加数-期末实际结存数$$

采用实地盘存制,其优点是,由于平时不需要计算、记录财产物资的减少数和结存数,可以大大简化日常核算工作量,财产物资的收发手续也比较简便。其缺点是,正由于平时不作财产物资的减少记录,使得日常财产物资的实体流转与账面变化并不完全一致,且发货手续不严密,不利于对财产物资的控制和管理;期末所得的财产物资减少数是一个倒挤数,有可能把不正常的财产物资的损失数,如被盗、浪费、遗失或盘点遗漏等造成的损失都包括在发出成本中,这样就会影响日常核算的真实性,影响经营成果的核算。因此,与永续盘存制比较,没有安全性。它的适用范围一般只适用于核算那些价值比较低和数量不稳定、损耗比较大的鲜活商品。

由上可见,不同的财产物资盘存制度,对财产清查工作的要求、目的和作用是不相同的,但无论如何,财产清查工作是必不可少的。

案例分析

案例

仁卫药业有限责任公司2018年9月份发生下列业务:

(1)9月1日期初结存山楂500kg,单位成本5元;

(2)9月5日购进山楂300kg,单位成本5元;

(3)9月6日发出山楂600kg;

(4)9月20日购进山楂500kg,单位成本5元;

(5)9月28日发出山楂400kg;

(6)9月29日购进山楂材料200kg,单位成本5元;

(7)9月30日期末实际结存山楂材料480kg。

要求在永续盘存制和实地盘存制下分别计算本期发出山楂、期末库存山楂的成本以及期末账实差异。

分析

	永续盘存制	实地盘存制
本期发出山楂的成本	（600kg+400kg）×5元＝5000元	（500kg＋300kg＋500kg＋200kg－480kg）×5元＝5100元
期末库存山楂的成本	（500kg＋300kg－600kg＋500kg－400kg＋200kg）×5元＝2500元	480kg×5元＝2400元
期末账实差异	480kg×5元＝2400元	2400－2400＝0元

点滴积累 ∨

1. 财产物资的盘存制度有永续盘存制和实地盘存制两种。

2. 永续盘存制，又称账面盘存制，是指通过设置财产物资明细账，对日常发生的财产物资的增加或减少，根据会计凭证的记载在有关账簿中进行连续登记，并随时在账簿中结算出各项财产物资结存数的一种盘存制度。

3. 实地盘存制，又称定期盘存制，是指会计期末通过对单位各种财产物资进行实地盘点确定期末结存数量的一种制度。

任务三 财产清查的方法

由于所清查的财产内容繁多,形态、特点不一,故财产清查时所采用的方法应不同。下面我们将分别介绍几种财产物资的清查方法。

一、库存现金的清查

库存现金清查是指通过实地盘点的方法,确定库存现金的实存数,再与库存现金日记账的账面余额相核对,以查明账实是否相符,是证实资产负债表中所列库存现金是否存在的一项重要程序。

对于在什么时间盘点,有哪些人员参与盘点,应视被审计单位的具体情况而定,但必须有出纳员和被审计单位会计主管人员参加,并由注册会计师进行盘点。清查时除查明账实是否相符外,还需考察单位的库存现金管理制度的遵守情况,如库存限额是否超过,有无坐支现金、打"白条"等现象。

库存现金盘点过程中,需填写"库存现金盘点表",其格式如表7-1所示。库存现金盘点后,应将盘点的结果填入"库存现金盘点报告表",该表既是盘存的清单,又是账存数与实存数的对比表。其格式如表7-2所示。

表 7-1 库存现金盘点表

库存现金盘点表

单位名称:			编制人:		日期:
清查基准日:			复核人:		日期:
币种:					

清查日清点现金			核对账目	
货币面额	张数	金额	项目	金额
100元			清查基准日现金账面余额	
50元			加:清查基准日至清查日的现金收入	
20元			减:清查基准日至清查日的现金支出	
10元			减:借条	
5元			调整后现金余额	
2元			实点现金	
1元			长款	
5角			短款	
2角				
1角				
5分				
2分				
1分				
实点合计				

财务负责人: 出纳员: 日期:

注:清查基准日为清查截止日

表 7-2 库存现金盘点报告表

单位名称: 年 月 日

实存金额	账存金额	实存与账存对比		备注
		盘盈（长款）	盘亏（短款）	
盘点后得到的实存余额	现金日记账的余额	实存金额多于账存的金额	实存金额少于账存的金额	

盘点人签章: 出纳员签章:

二、银行存款的清查

银行存款的清查,主要采用核对的方法,即将本单位的银行存款日记账与银行对账单相核对,以查明账实是否相符。核对时,将本单位的银行存款日记账与银行对账单进行逐笔勾对。如果单位的银行存款日记账余额与银行对账单余额不相符,原因有二:一是企业与银行之间一方或双方记账有错;二是存在未达账项。

所谓未达账项,是由于单位与银行的记账时间的不一致而发生的一方已入账,而另一方尚未入账的会计事项。

单位与银行之间的未达账项有以下4种:

(1)企业已记收而银行尚未记收的款项:企业已记银行存款增加,而银行尚未入账;

(2)企业已记付而银行尚未记付的款项:企业已记银行存款减少,而银行尚未入账;

(3)银行已记收而企业尚未记收的款项:银行已记银行存款增加,而企业尚未入账;

(4)银行已记付而企业尚未记付的款项:银行已记银行存款减少,而企业尚未入账;

对于未达账项造成的双方账面余额不符,可通过编制"银行存款余额调节表"来调节。"银行存款余额调节表"的编制方法有5种。常用的是补记法,所谓补记法就是在企业银行存款日记账和银行对账单的余额的基础上,各自补记对方已入账而本单位尚未入账的账项,从而检查调节后的双方余额是否相符的方法。

ER-7-1

"银行存款余额调节表"的编制方法

调节后的余额计算公式如下:

企业银行存款日记账余额+银行已收企业未收款项−银行已付企业未付款项=银行对账单余额+企业已收银行未收款项−企业已付银行未付款项

案例分析

案例

仁卫药业有限责任公司财会部门实习生刘亮在实习期间发生这样一件事:

公司收到开户行邮寄过来的9月份银行存款对账单,这项工作由刘亮负责,他拿出银行存款日记账开始认真的逐笔核对。经核对发现,银行存款日记账余额为43 000,而银行对账单则显示公司余额是

39 000,有双方记录不符账项共计 5 项。 其中,有一项,公司日记账中数目与其原始凭证不符。 刘亮认为应该首先更正这笔错账,然后再调整其他未达账项,编制银行存款余额调节表。 请问:刘亮的做法是否正确? 企业编制"银行存款余额调节表"的目的是什么?

分析

刘亮的做法是正确的。 企业银行存款日记账与原始凭证不符,是记账人员错误记账导致,应立即进行错账更正再编制"银行存款余额调节表"。

现举例说明"银行存款余额调节表"的编制方法。

【经济业务 7-1】 仁卫药业有限责任公司 2018 年 9 月 30 日的银行存款日记账的余额为 26 270 元,银行对账单的余额为 28 010 元。经逐笔核对,发现有以下未达账项:

(1)9 月 29 日,该公司收到销货款的转账支票一张金额 10 960 元,并已入账,银行尚未入账;

(2)9 月 29 日,该公司开出支付货款的转账支票一张金额 10 220 元,并已入账,银行尚未入账;

(3)9 月 29 日,银行收到企业的委托收款 12 600 元并已入账,公司未接到通知,尚未入账;

(4)9 月 29 日,银行代付企业水电费、电话费共计 10 120 元并已入账,公司未接到通知,尚未入账。

要求:根据以上资料,编制"银行存款余额调节表"。

编制的"银行存款余额调节表"如表 7-3 所示。

表 7-3　银行存款余额调节表

2018 年 9 月 30 日　　　　　　　　　　　　　　　单位:元

项目	金额	项目	金额
企业银行存款日记账余额 加:银行已收,企业未收 减:银行已付,企业未付	26 270 (3)12 600 (4)10 120	银行对账单余额 加:企业已收,银行未收 减:企业已付,银行未付	28 010 (1)10 960 (2)10 220
调节后的余额	28 750	调节后的余额	28 750

通过"银行存款余额调节表"调节后,双方的余额应相等,如果不等,应进一步查明原因,予以纠正再平衡。此外,调节表只起到查明企业在清查日银行存款的实有数额的作用,不能作为企业将未达账项登记入账的依据,只有在收到银行的收付款通知后才能入账。

▶▶ 边学边练

编制"银行存款余额调节表",见实训十一　银行存款的清查。

三、实物资产的清查

实物资产的清查是指对原材料、库存商品、包装物、固定资产等有形物资的清查,是财产清查的重要内容。

（一）实物资产清查方法

由于实物的形态、体积、重量、堆放方式等不尽相同,因而所采用的清查方法也不尽相同,主要有实地盘点法和技术推算法2种。

1. **实地盘点法** 是指在财产物资的堆放现场,逐一清点或用计量器具度量来确定实物资产的实存数量的方法。大多数实物资产的清查,可采用此法。对于成件堆放、包装完整的财产物资,可按大件清点,必要时可以抽查;对于散装分散的物资,可以采取移位盘点、过秤盘点或分处盘点,防止漏盘或重盘;对于房屋及机器设备,不仅要盘点其数量和附属部件,而且要查明使用情况,以发现其使用和保管上存在的问题。

2. **技术推算法** 是指按一定的标准或公式对实物资产的数量推算出来的方法。该方法适用于数量大、笨重或价值低的不便于逐一清点或过磅的实物资产的清查,如矿石、煤炭等。

盘点时,实物保管人员必须在场。除了清点实物资产的实有数外,还要检查财产物资的质量及保管、使用情况。

（二）实物资产清查的步骤

1. 将实物盘存的结果填写在"盘存表"上,作为盘点结果的书面证明。其格式如表7-4所示。

表7-4 盘存表

单位名称：　　　　　　　　　　　　　　　　　　　　存放地点：
财产类别：　　　　　　　　　盘点时间：　　　　　　　编号：

编号	名称	规格	计量单位	数量	单价	金额	备注

盘点人：　　　　　　　　　　　　　实物保管人：

盘存表一般填制一式3份,一份由清点人员留存备查,一份交实物保管人员保存;一份交财会部门与账面记录相核对。

2. 根据"盘存表"与账簿记录的核对结果,编制"账存实存对比表"。该表是确定账存数与实存数的差异,调整账簿记录的原始凭证,是分析差异原因、明确经济责任的依据,其格式如表7-5所示。

表7-5 账存实存对比表

单位名称：　　　　　　　年 月 日　　　　　　　编号：

编号	名称及规格	计量单位	单价	账存		实存		对比结果				备注
				数量	金额	数量	金额	盘盈		盘亏		
								数量	金额	数量	金额	

会计主管：　　　　　　　复核：　　　　　　　制表：

▶▶ 边学边练

练习"账存实存对比表"的填制, 见实训十二 实物资产的清查。

四、往来款项的清查

往来款项的清查包括债权往来款项和债务往来款项的清查。债权往来款项的清查主要是对应收账款、其他应收款、预付账款等往来业务的清查。债务往来款项的清查主要是对应付账款、其他应付款、预收账款等往来业务的清查。一般采用发函询证的方法同往来单位核对账目。往来款项清查步骤如下：

1. 检查本企业各往来款项账目，确认总账与明细账的余额相等，各明细账余额相符；

2. 编制"往来款项对账单"一式两联送交刘方单位核刘，其中一联作为回单。其格式如表7-6所示；

3. 待接到往来单位退回的对账单后，若有不符，注明情况以备作进一步的核对，查清事件原因直至弄清结果；

4. 编制"往来款项清查报告表"，以备企业做相应账务处理或对往来单位的信用分析。其格式如表7-7所示。注明核对相符与不相符的款项，对不符款项按有争议、未达账项、无法收回等情况归类合并，针对具体情况及时采取措施予以解决，如及时催收应收的账款，积极处理呆账悬案等。

表7-6 往来款项对账单

往来款项原因	往来款项发生时间	信用截止期	经办人	金额	备注
往来单位意见					

清查单位盖章 　　　　　　　　　　往来单位盖章 　　　　　　　年 月 日

表7-7 往来款项清查报告表

账户名称： 　　　　　　　　年 月 日

户名（对方单位）	账面余额			余额不符的原因				备注
	本企业	对方单位	两者余额差额	未达账项	争议金额	无希望收回	其他	

复核： 　　　　　　　报告人： 　　　　　　　会计：

点滴积累 ∨

1. 银行存款余额调节表的编制方法有5种。常用的是补记法，所谓补记法就是在企业银行存款日记账和银行对账单的余额的基础上，各自补记对方已入账而本单位尚未入账的账项，从而检查调节后的双方余额是否相符的方法。

2. 实物资产财产清查的方法有实地盘点法、技术推算法、核对法及发函询证法。

任务四 财产清查结果的处理

一、财产清查结果处理的程序

对于财产清查中所发现的各种财产管理和会计核算方面的问题,首先应查明原因,分清责任,然后按国家有关规定对结果予以妥善处理。财产清查结果处理的程序如下:

1. **分析判断差异产生的性质,查明原因,明确责任** 对于财产清查中发现的财产物资账实不符的情况应查明原因,分清经济和法律责任,按规定报经有关部门审批处理。

2. **调整账簿记录,确保账实相符** 财产清查的主要目的,就是做到账实相符。由于财产清查的结果要报有关部门及领导批准,所以,在账务处理上分两步进行。审批之前,根据清查结果的原始凭证,编制记账凭证并登记入账,使账实相一致。审批之后,依据批复意见,再编制记账凭证,并登入有关账簿。

3. **总结经验教训,建立健全财产管理制度** 财产清查的目的,不仅是要查明企业财产的实有数额,发现差异及对清查结果进行处理,重要的是促进企业财务管理工作的改进和完善。针对发现的问题,总结经验,吸取教训,提出相应的改进措施,建立健全规章制度,加强查处各类岗位责任制。只有这样,才能更好地发挥财产清查的作用。

二、财产清查结果的账务处理

(一) 财产清查结果的账户设置

对财产清查结果进行账务处理时,应设置"待处理财产损溢""以前年度损益调整""资产减值损失"及"坏账准备"等账户。

1. **"待处理财产损溢"账户** "待处理财产损溢"账户用来核算企业在财产清查中查明、需处理的实物财产物资的盘盈(固定资产盘盈除外)、盘亏和毁损的价值。该账户属于资产类账户,借方登记待处理财产盘亏和毁损数以及结转经批准转销的待处理财产盘盈数;贷方登记待处理财产盘盈数以及结转经批准转销的待处理财产盘亏数;结转后无余额。一般设置"待处理固定资产损溢"和"待处理流动资产损溢"2个明细账户。该账户的核算内容及结构如表7-8所示。

▶▶ 课堂活动

为什么说"待处理财产损溢"账户是双重性质的账户?

表 7-8 "待处理财产损溢"账户的核算内容及结构表

借方	待处理财产损溢(资产类)	贷方
①待处理财产盘亏和毁损数 ②结转经批准转销的待处理财产盘盈数		①待处理财产盘盈数 ②结转经批准转销的待处理财产盘亏数
结转后无余额		结转后无余额

知识链接

关于"待处理财产损溢"的补充说明

1. 绕过待处理财产损溢的情况 企业在财产清查中查明的有关债权、债务的坏账收入或坏账损失，经确认批准后，按照有关会计分录直接转销，不需要通过"待处理财产损溢"账户核算。

2. 期末无余额 平时财产清查产生的盘盈、盘亏和毁损，在批准之前保留在"待处理财产损溢"账户中，经过批准以后记入相关的损益账户或其他账户。期末，如果尚未批准，仍然应将待处理财产损溢账户中的金额转入相关的损益账户或其他账户，期末无余额。

2. "以前年度损益调整"账户 本账户用来核算企业本年度发生的调整以前年度损益的事项以及本年度发现的重要前期差错更正涉及调整以前年度损益的事项。本账户属于损益类账户，借方登记调整减少以前年度利润或增加以前年度亏损，贷方登记企业调整增加以前年度利润或减少以前年度亏损。固定资产盘盈应作为前期差错，通过"以前年度损益调整"账户核算。结转后应无余额。该账户的核算内容及其结构，如表7-9 所示。

表 7-9 "以前年度损益调整"账户的核算内容及其结构表

借方	以前年度损益调整（损益类）	贷方
调整减少以前年度利润或增加以前年度亏损		调整增加以前年度利润或减少以前年度亏损
结转后期末无余额		结转后期末无余额

3. "坏账准备"账户 "坏账准备"账户是"应收账款"账户的备抵调整账户。本账户用来核算计提的坏账准备金额的增减变动情况以及结余情况。本账户属于资产类账户，贷方登记当期应计提的坏账准备金额；借方登记实际发生的坏账损失金额和冲减的坏账准备金额；期末余额一般在贷方，反映企业已经计提但尚未转销的坏账准备。该账户的核算内容及其结构，如表7-10 所示。

表 7-10 "坏账准备"账户的核算内容及其结构表

借方	坏账准备（资产类）	贷方
实际发生的坏账损失金额和冲减的坏账准备金额		计提的坏账准备金额
		期末余额：反映企业已经计提但尚未转销的坏账准备

4. "资产减值损失"账户 资产减值损失是指企业在资产负债表日，经过对资产的测试，判断资产的可收回金额低于其账面价值而计提资产减值损失准备所确认的相应损失。"资产减值损失"账户属于损益类账户，借方登记企业的应收款项、存货、固定资产、无形资产等资产发生减值的金额；贷方登记企业计提的坏账准备、存货跌价准备等相关资产的价值又得以恢复增加的金额（应在原已计提的减值准备金额内）以及结转到"本年利润"账户的金额；期末结转后本账户无余额。该账户的核算内容及其结构，如表7-11 所示。

表7-11 "资产减值损失"账户的核算内容及其结构表

借方	资产减值损失(损益类)	贷方
应收款项、存货、固定资产、无形资产等资产发生减值的金额		①计提的坏账准备、存货跌价准备等相关资产的价值又得以恢复增加的金额;②期末转入"本年利润"之数
结转后期末无余额		

（二）财产清查结果的账务处理步骤

根据财产清查结果的账务处理的规定。账务处理分审批前和审批后2步。

▶ 课堂活动

银行存款的清查结果需要进行账务处理吗？ 为什么？

1. 库存现金清查结果的账务处理 库存现金短缺或溢余,批准前,先通过"待处理财产损溢"账户核算。按管理权限经批准后,如为库存现金短缺,属于应由责任人赔偿或保险公司赔偿的部分,记入"其他应收款";属于无法查明原因的,记入"管理费用"。如为现金溢余,属于应支付给有关人员或单位的,记入"其他应付款";属于无法查明原因的,记入"营业外收入"。

【经济业务7-2】仁卫药业有限责任公司在财产清查中,查出现金短缺500元,后经查明500元系找现短缺50元,另450元由出纳赵明挪用。

【工作步骤】

(1)批准前:先记入"待处理财产损溢"账户的借方,同时调整"库存现金"账户。会计分录为:

借:待处理财产损溢——待处理流动资产损溢 500

　　贷:库存现金 500

(2)批准后:经批准,找现短缺50元记入"管理费用"账户,出纳赵明挪用应由其赔偿,记入"其他应收款"账户。会计分录为:

借:其他应收款——赵明 450

　　管理费用 50

　　贷:待处理财产损溢——待处理流动资产损溢 500

【经济业务7-3】仁卫药业有限责任公司在财产清查中,查出现金溢余800元,原因不明,经批准记入"营业外收入"账户。

【工作步骤】

(1)批准前:先记入"待处理财产损溢"账户的贷方,同时调整"库存现金"账户。会计分录为:

借:库存现金 800

　　贷:待处理财产损溢——待处理流动资产损溢 800

(2)批准后:会计分录为:

借:待处理财产损溢——待处理流动资产损溢 800

　　贷:营业外收入——盘盈 800

2. 存货清查结果的账务处理 发生存货盘盈时,批准前,应借记"原材料""库存商品"等账户,贷记"待处理财产损溢"账户。在按管理权限报经批准后,允许冲减管理费用,应借记"待处理财产损溢"账户,贷记"管理费用"账户。

发生存货盘亏或毁损时,应借记"待处理财产损溢"账户,贷记"原材料""库存商品"等账户。在按管理权限报经批准后,应由保险公司和过失人赔偿的,记入"其他应收款"账户;属于一般经营损失的部分,记入"管理费用"账户;属于非常损失的部分,记入"营业外支出"账户。

特别指出,如果是由于管理不善而造成的被盗、丢失、霉烂变质的损失,需要把该盘亏存货的进项税额转出。

【经济业务7-4】仁卫药业有限责任公司在财产清查中盘盈熟地黄20kg,单价20元,山楂150kg,单价5元。经查明盘盈材料系计量不准所致。

【工作步骤】

(1)批准前:先记入"待处理财产损溢"的贷方,同时调整"原材料"账户,会计分录为:

借:原材料——熟地黄　　　　　　　　　　　　　　　　　400
　　原材料——山楂　　　　　　　　　　　　　　　　　　750
　　贷:待处理财产损溢——待处理流动资产损溢　　　　　1150

(2)批准后:经批准盘盈的材料冲减"管理费用"。会计分录为:

借:待处理财产损溢——待处理流动资产损溢　　　　　　1150
　　贷:管理费用　　　　　　　　　　　　　　　　　　　1150

【经济业务7-5】仁卫药业有限责任公司在财产清查中,盘亏熟地黄200kg,计价4000元。经查,自然损耗50kg,其余因保管员过失造成短缺。

【工作步骤】

(1)批准前:先记入"待处理财产损溢"的借方,同时调整"原材料"账户,会计分录如下:

借:待处理财产损溢——待处理流动资产损溢　　　　　　1000
　　贷:原材料——熟地黄　　　　　　　　　　　　　　　1000
借:待处理财产损溢——待处理流动资产损溢　　　　　　3510
　　贷:原材料——熟地黄　　　　　　　　　　　　　　　3000
　　　　应交税费——应交增值税(进项税额转出)　　　　　510

(2)批准后:经批准自然损耗50kg列作"管理费用",其余由保管员赔偿列作"其他应收款"。会计分录为:

借:管理费用——原材料损耗　　　　　　　　　　　　　1000
　　贷:待处理财产损溢——待处理流动资产损溢　　　　　1000
借:其他应收款——保管员　　　　　　　　　　　　　　3510
　　贷:待处理财产损溢——待处理流动资产损溢　　　　　3510

3. 固定资产清查结果的账务处理

(1)盘盈的固定资产的账务处理:盘盈的固定资产应按重置成本确定其入账价值,借记"固定资产"账户,贷记"以前年度损益调整"账户。本年度盘盈说明是以前年度盘亏,从而使以前年度利润总额减少,所得税费用也少交,盈余公积也没有提等,所以,要用以前年度损益调整来分别核算。由于以前年度损益调整增加的"所得税费用",借记"以前年度损益调整",贷记"应交税费——应交所得税费用"等账户;由于以前年度损益调整减少的所得税费用,借记"应交税费——应交所得税费用",贷记"以前年度损益调整"。经调整后,应将"以前年度损益调整"的余额转入"利润分配——未分配利润"账户。

【经济业务7-6】仁卫药业有限责任公司在财产清查中发现之前购入的1台设备尚未入账,重置成本为12 000元。

根据《企业会计准则第28号——会计政策、会计估计变更和差错变更》规定,该盘盈固定资产作为前期差错进行处理。假定本公司按净利润的10%计提法定盈余公积,企业所得税税率为25%,不考虑其他因素的影响。

【工作步骤】

1)盘盈固定资产时,会计分录为:

借:固定资产 12 000

　贷:以前年度损益调整 12 000

2)调整所得税费用时,会计分录为:

借:以前年度损益调整 3000

　贷:应交税费——应交所得税 3000

3)结转留存收益时,会计分录为:

借:以前年度损益调整 9000

　贷:盈余公积——法定盈余公积 900

　　利润分配——未分配利润 8100

(2)盘亏的固定资产的账务处理:盘亏的固定资产,按盘亏固定资产的账面价值,借记"待处理财产损溢""累计折旧"等账户,贷记"固定资产"账户。按管理权限报经批准后,如果查明无责任人,则记入"营业外支出",如果查明应由责任人或保险公司赔偿的记入"其他应收款"。即借记"营业外支出——盘亏损失"账户或"其他应收款"账户,贷记"待处理财产损溢"账户。

【经济业务7-7】仁卫药业有限责任公司在财产清查中盘亏电脑2台,账面原价10 000元,已提折旧4000元,经查明盘亏无责任人。

【工作步骤】

1)批准前:先记入"待处理财产损溢"的借方,同时调整"固定资产"和"累计折旧"账户,会计分录为:

借:待处理财产损溢——待处理固定资产损溢 6000

　累计折旧 4000

　贷:固定资产——电脑 10 000

2)报经批准后,同意列作"营业外支出——盘亏损失",会计分录为:

借:营业外支出——盘亏损失 6000

　贷:待处理财产损溢——待处理固定资产损溢 6000

4. 无法收回或偿付的债权债务的账务处理

(1)无法收回的债权的账务处理:由于购货人拒付、破产、死亡等原因而无法收回的应收款项称为坏账。无法收回的应收款项的账务处理有2种情况。一种是企业不计提坏账准备的,直接记入管理费用,借记"管理费用"账户,贷记"应收账款"账户。另一种是企业计提坏账准备。企业计提坏账准备时,借记"资产减值损失——计提的坏账准备"账户,贷记"坏账准备"账户。确认无法收回的应收账款按管理权限报经批准后作为坏账转销时,应当冲减已计提的坏账准备。借记"坏账准备"账户,贷记"应收账款"等账户。

【经济业务7-8】仁卫药业有限责任公司根据公司具体情况,计提坏账准备10 000元。

【工作步骤】会计分录为:

借:资产减值损失——计提的坏账准备　　　　　　　　　　　　　　10 000

　贷:坏账准备　　　　　　　　　　　　　　　　　　　　　　　　　　10 000

【经济业务7-9】仁卫药业有限责任公司在财产清查中发现应收南方公司的货款因该公司撤销确实无法收回8000元,确认其为坏账损失。

【工作步骤】会计分录为:

借:坏账准备　　　　　　　　　　　　　　　　　　　　　　　　　　8000

　贷:应收账款——南方公司　　　　　　　　　　　　　　　　　　　8000

(2)无法偿付的债务的账务处理:发生确实无法支付的应付账款,应按其账面余额记入"营业外收入"账户。借记"应付账款"账户,贷记"营业外收入"账户。

【经济业务7-10】仁卫药业有限责任公司在财产清查中查明前欠东方公司的货款9000元因债务人死亡而无法偿付,经上报批准后转作"营业外收入"。

【工作步骤】会计分录为:

借:应付账款——东方公司　　　　　　　　　　　　　　　　　　　9000

　贷:营业外收入　　　　　　　　　　　　　　　　　　　　　　　　9000

▶ 边学边练

清查结果的批准前后的账务处理,见目标检测四、综合题及实训十二 实物资产的清查。

点滴积累 ⋁

1. 财产清查结果的账务处理应设置"待处理财产损溢""以前年度损益调整""资产减值损失"及"坏账准备"等账户。

2. 财产清查结果的账务处理包括对库存现金、存货、固定资产以及无法收回或无法偿付的往来款项清查结果的账务处理。 账务处理分审批前和审批后2步。

实训十一　银行存款的清查

【实训目的】

熟悉银行存款日记账、银行对账单,掌握银行存款的清查步骤,编制"银行存款余额调节表"。

【实训内容】

资料:仁卫药业有限责任公司 2018 年 9 月 5 日进行银行对账,9 月 1 日~9 月 5 日企业银行存款日记账账面记录与银行出具的 9 月 5 日对账单资料及对账后勾对的情况如表 7-12、表 7-13 所示。

表 7-12　企业银行存款日记账

日期	凭证字号	摘要	借方	贷方	方向	余额	标记
9-1		期初余额			借	100 000.00	
9-1	银付-001	付料款		30 000.00	借	70 000.00	√
9-1	银付-002	付料款		20 000.00	借	50 000.00	√
9-1	银收-001	收销货款	10 000.00		借	60 000.00	√
9-2	银收-002	收销货款	20 000.00		借	80 000.00	√
9-2	银付-003	交税金		80 000.00	借	0.00	√
9-3	银收-003	收销货款	60 000.00		借	60 000.00	
9-3	银付-004	取备用金		20 000.00	借	40 000.00	
9-5		期末余额			借	40 000.00	

表 7-13　银行对账单

日期	摘要	账单号	借方	贷方	方向	余额	标记
9-1	期初余额				贷	100 000.00	
9-2	转支	0000501	30 000.00		贷	70 000.00	√
9-2	转支	0000602	20 000.00		贷	50 000.00	√
9-2	收入存款	0000103		10 000.00	贷	60 000.00	√
9-3	收入存款	0000544		20 000.00	贷	80 000.00	√
9-3	转支	0000185	80 000.00		贷	0.00	√
9-4	收入存款	0000066		80 000.00	贷	80 000.00	
9-4	付出	0000207	70 000.00		贷	10 000.00	
9-5	期末余额				贷	10 000.00	

【实训要求】

1. 根据企业银行存款日记账和银行对账单,逐笔核对,找出未达账项。

2. 编制银行存款余额调节表。银行存款余额调节表如表 7-14 所示。

3. 说明调节后的余额表示的含义。

表 7-14　银行存款余额调节表

项目	金额（元）	项目	金额（元）
银行对账单余额		企业银行存款日记账余额	
加:企业已收银行未收 减:企业已付银行未付		加:银行已收企业未收 减:银行已付企业未付	
调整后余额		调整后余额	

【实训注意】

完成本实训要求必须熟悉以下知识点:

1. 调节后的余额计算公式　企业银行存款日记账余额+银行已收企业未收款项−银行已付企业未付款项=银行对账单余额+企业已收银行未收款项−企业已付银行未付款项

2. 银行对账单的借贷方表示的含义。

【实训检测】

通过以上实训请思考:

1. "银行存款余额调节表"中的未达账项只能起到对账的作用,不能作为调节账面记录的凭证。为什么?

2. 调整后的余额表示的含义是什么?

实训十二　实物资产的清查

【实训目的】

掌握实物资产的清查方法及清查结果的账务处理

【实训内容】

仁卫药业有限责任公司采用永续盘存制,于 2018 年末进行财产清查,根据盘存单与账面结存余额核对,发现下列账实不符情况:

(1)A 材料账面结存 620kg,实际盘点结果 600kg,单价 40 元。

(2)B 材料账面结存 540kg,实际盘点结果 550kg,单价 30 元。

(3)甲产品账面结存 80 件,实际盘点结果 75 件,单价 200 元。

【实训要求】

1. 填制"账存实存对比表",见表 7-15 所示。

2. 根据"账存实存对比表"进行账务处理。

表 7-15　账存实存对比表

单位名称：　　　　　　　　　　　　　　　　　　　　　　　2018 年 12 月 31 日

序号	名称	规格	计量单位	单价	实存		账存		实存与账存对比				备注
					数量	金额	数量	金额	盘盈		盘亏		
									数量	金额	数量	金额	
金额合计													

盘点人签章：　　　　　　　　　　　　　　　　　　　　　会计签章：

【实训注意】

完成本实训要求必须熟悉以下知识点：

1. 填制"账存实存对比表"的要求。

2. 实物资产清查后核算涉及的账户。

【实训检测】

通过以上实训请思考：

1. 实物资产盘盈、盘亏的原因？

2. 实物资产盘盈、盘亏的原因不同，账务处理不同，如何处理？

目标检测

一、选择题

（一）单项选择题

1. 对现金进行清查应采用的方法是（　　）

　A. 实地盘点法　　　　B. 技术推算法　　　　C. 抽样盘存法　　　D. 函询法

2. 对银行存款进行清查时，应采用的方法是（　　）

　A. 实地盘点法　　　　　　　　　　B. 同银行对账单核对

　C. 技术推算法　　　　　　　　　　D. 函询法

3. 按照财产清查对象的范围不同，财产清查分为（　　）

　A. 定期清查和不定期清查　　　　　B. 全面清查和局部清查

　C. 实物清查和现金清查　　　　　　D. 银行存款清查和往来款项清查

4. 下列各项中，不属于实物财产清查方法的是（　　）

　A. 实地盘点法　　　　B. 技术推算法　　　　C. 抽样盘存法　　　D. 函询法

5. 下列情况下，适合采用局部清查的方法进行财产清查的是（　　）

　A. 年终决算前　　　　　　　　　　B. 企业合并时

　C. 进行清产核资时　　　　　　　　D. 库存现金和银行存款的清查

217

6. 下列项目的清查采用向有关单位发函询证核对账目的方法的是(　　)

　　A. 原材料　　　　　　　B. 应收账款　　　　　　C. 库存现金　　　　　　D. 短期投资

7. 对于财产清查中所发现的财产物资盘盈、盘亏和毁损时,财会部门进行账务处理依据的原始凭证是(　　)

　　A. 银行存款余额调节表　　　　　　　　　B. 账存实存对比表

　　C. 盘存表　　　　　　　　　　　　　　　D. 入库单

8. 实地盘存制是(　　)

　　A. 期末结存数=期初余额+本期增加数-本期减少数

　　B. 本期累计结存数=本期增加数-本期减少数

　　C. 本期减少数=期初结存余额+本期增加数-期末实地盘点数

　　D. 本期增加数=期末结存余额-本期减少数-期初实地盘点数

9. "待处理财产损溢"账户属于(　　)账户

　　A. 资产类　　　　　　　B. 损益类　　　　　　　C. 成本类　　　　　　　D. 所有者权益类

10. 仁卫药业有限责任公司期末银行存款日记账余额为 856 400 元,银行送来的对账单余额为 786 500 元,经对未达账项调节后的余额为 895 700 元,则该公司在银行的实有存款是(　　)元。

　　A. 856 400　　　　　　B. 786 500　　　　　　C. 895 700　　　　　　D. 109 200

(二)多项选择题

1. 在下列情况中,企业应当进行局部清查的有(　　)

　　A. 企业总经理调离工作前　　　　　　　B. 库房失火后

　　C. 出纳人员调离工作前　　　　　　　　D. 库房管理员更换前

　　E. 企业改变隶属关系前

2. 下列项目中,属于不定期并且全面清查的是(　　)

　　A. 单位合并、撤销以及改变隶属关系　　B. 年终决算前

　　C. 企业股份制改制前　　　　　　　　　D. 单位主要领导调离时

　　E. 每季度对贵重物品的清查

3. 造成账实不符的原因主要有(　　)

　　A. 财产物资的自然损耗　　　　　　　　B. 财产物资收发计量错误

　　C. 财产物资的毁损、被盗　　　　　　　D. 会计账簿漏记、重记、错记

　　E. 未达账项

4. 财产清查的程序包括(　　)

　　A. 建立财产清查组织　　　　　　　　　B. 确定清查对象

　　C. 制定清查方案　　　　　　　　　　　D. 填制盘存清单

　　E. 填写清查结果报告表

5. 常用的实物资产的清查方法包括(　　)

A. 技术推算法　　　　　B. 账目核对法　　　　　C. 函证核对法

D. 实地盘点法　　　　　E. 抽查法

6. 在财产清查中,可以使用实地盘点法清查的项目有(　　　)

A. 存货　　　　　　　　B. 往来款项　　　　　　C. 固定资产

D. 银行存款　　　　　　E. 库存现金

7. 下列关于财产局部清查特点的表述中,正确的有(　　　)

A. 清查范围小　　　　　　　　　　B. 花费时间短

C. 涉及的人员较少　　　　　　　　D. 专业性不强

E. 局部清查都采用实地盘点法

8. 应下列各项中,属于现金清查内容的有(　　　)

A. 是否挪用现金　　　B. 是否白条抵库　　　C. 是否超限留存现金

D. 账实是否相符　　　E. 不必每天清查

9. 记入"待处理财产损溢"账户借方核算的是(　　　)

A. 盘亏的财产物资数额　　　　　　　B. 盘盈财产物资的转销数额

C. 盘盈的财产物资数额　　　　　　　D. 盘亏财产物资的转销数额

E. 以上情况均可

10. 下列哪种情况会使企业银行存款日记账余额大于银行对账单余额(　　　)

A. 企业已收,银行未收　　B. 企业已付,银行未付　　C. 银行已收,企业未收

D. 银行已付,企业未付　　E. 以上情况均可

二、判断题

1. 对于财产清查中查明的确实无法收回的应收账款,按规定手续经批准后应予以核销。(　　　)

2. 企业与外单位往来款项的清查,一般采取编制对账单邮寄给对方单位的方式进行核对,因此属于账账核对。(　　　)

3. 企业清查的各种财产物资的损溢,如果在期末结账前尚未经批准,在对外提供财务报表时,先不作任何处理。(　　　)

4. 银行存款余额调节表是会计档案。(　　　)

5. 定期清查一般在年末、季末、月末进行,可以是全面清查,也可以是局部清查。(　　　)

6. 存货盘亏、毁损的净损失一律记入"管理费用"账户。(　　　)

7. 采用永续盘存制,在账簿中,平时既登记增加数,又登记减少数,可随时根据账簿记录计算出结存数。(　　　)

8. 在仓库中对所有存货进行的盘点属于全面清查。(　　　)

9. "库存现金盘点报告表"只需要由盘点人员和会计机构负责人共同签章。(　　　)

10. 企业财产清查中,全面清查是定期进行的,局部清查是不定期清查的。(　　　)

三、简答题

1. 什么是财产清查？财产清查的种类包括哪几种？

2. 实地盘存制和永续盘存制各有哪些优缺点？

3. 简述各种清查方法的内容。

4. 什么是银行存款未达账项？包括哪几种情况？

5. 财产清查结果的账务处理涉及哪些主要账户？

四、综合题

仁卫药业有限责任公司 2018 年 12 月 31 日报表决算前进行财产清查时发现如下问题：

(1) 现金短缺 100 元，经查明是由于出纳收发错误造成的，经批准由出纳赔偿。

(2) 盘盈原材料熟地黄 100kg，单价为 20 元，经查明属于自然升溢。

(3) 盘亏原材料山楂 1000 kg，价款 5 元，增值税税率为 17%，经查明属于计量差错造成。

(4) 盘亏设备一台，国定资产原值为 10 000 元，已经计提折旧 5000 元，经查明属于失窃，可以获得保险公司赔偿 1000 元。

要求：做出上述事项批准前后的账务处理。

项目七习题

（孟慧明）

项目八

财务报告

项目八PPT

导学情景 ∨

情景描述

2019年1月的某天，仁卫药业有限责任公司总经理在股东大会上向股东展示了2018年公司的财务报表。并为股东说明以下2个问题：

（1）2018年，企业是否有盈利？

（2）2018年，企业组织的价值何在？

为什么利用企业的财务报表就能够说明这2个问题呢？

学前导语

企业的财务报表以"会计特有语言"总结企业经营过程中的财务状况和经营成果，其中企业的利润表回答了"企业组织是否盈利"，企业的资产负债表回答了"企业组织的价值何在"。你明白了吗？

任务一　财务报告概述

一、财务报告的概念

财务报告是指企业对外提供的反映企业某一特定日期财务状况和某一会计期间经营成果、现金流量等会计信息的书面文件。财务报告是财务会计部门提供财务会计信息资料的一种重要手段。

财务报告包括会计报表及其附注和其他应当在财务报告中披露的相关信息和资料。

1. **会计报表**　是财务报告的主体和核心，是指企业以一定的会计方法和程序，由会计账簿的数据整理得出的，以表格形式反映企业财务状况，经营成果和现金流量的书面文书。我国《企业会计准则——基本准则》规定，会计报表至少应当包括资产负债表、利润表、现金流量表、所有者权益（或股东权益）变动表和附注，即"四表一注"。小企业可以不编制现金流量表。

2. **附注**　为便于会计报表使用者理解会计报表的内容而对会计报表的编制基础、编制依据、编制原则和方法及主要项目等所做的解释。其目的是通过对会计报表本身作补充说明，以便更加全面、系统地反映企业财务状况、经营成果和现金流量的全貌，从而有助于向使用者提供更为有用的决策信息，帮助其做出更加科学合理的决策。其内容主要包括：①企业的基本情况披露；②会计报表的编制基础披露；③遵循企业会计准则声明的披露；④重要的会计政策和会计估计；⑤会计政策和会计估计变更以及差错更正的说明;⑥报表重要项目的说明。

3. 其他应当在财务会计报告中披露的相关信息和资料 即财务情况说明书,是指对企业财务状况,经营成果和现金流量有重大影响的其他事项。

二、会计报表的分类

企业会计报表可根据其反映的经济内容、资金运动形态、编制时间、编制文件、编制单位、服务对象等不同进行分类。

1. 根据会计报表反映的经济内容不同 分为资产负债表、利润表、现金流量表、所有者权益(或股东权益)变动表和报表附注。

2. 根据会计报表反映的资金运动形态不同 分为静态报表和动态报表。静态报表是反映企业在某一日期终了资金运动变化处于相对静止状态的报表,如资产负债表;动态报表是反映企业在一定时期内资金运动变化状况的报表,如利润表和现金流量表。

▶▶ 课堂活动

　如何理解资产负债表属于静态报表,利润表和现金流量表属于动态报表?

3. 根据会计报表编制期间不同 分为中期财务报表和年度财务报表。中期财务报表是指以短于一个完整会计年度的报告期间为基础编制的财务报表,包括月报、季报和半年报等。年度财务报表是指年度终了对外提供的财务报表。年度报表要求列示完整、反映全面;中期财务报表至少应当包括资产负债表、利润表、现金流量表和附注,附注可以相对简略。一般来讲,企业都要求分别编制月报、季报和年报,企业也可根据实际需要编制不同期间的会计报表。

4. 根据会计报表编制主体不同 分为个别报表、合并报表。个别报表是指各会计主体(如子公司、母公司)在自身会计核算的基础上,根据账簿资料编制的会计报表,它主要用以反映各会计主体自身的财务状况、经营成果和现金流量情况;合并报表是以母公司和子公司组成的企业集团为主体,根据母公司和所属子公司的财务会计报告,由母公司编制的综合反映企业集团财务状况、经营成果及现金流量的会计报表。

5. 根据会计报表编制的单位不同 分为基层报表和汇总报表。基层报表是由独立核算的基层单位编制的会计报表,用以反映本单位财务状况和经营成果的报表。汇总报表是指上级主管部门将自身的财务报表与其所属单位报送的基层报表汇总编制而成的会计报表。

▶▶ 课堂活动

　说说合并报表和汇总报表的区别。

6. 根据会计报表的服务对象不同 分为内部报表和外部报表。内部报表是指为适应企业内部经营管理需要而编制的不对外公开的会计报表。外部报表是指企业向外部的经济利益相关者提供的报表,供投资者、债权人、政府部门等使用的会计报表。

会计报表的分类如图 8-1 所示。

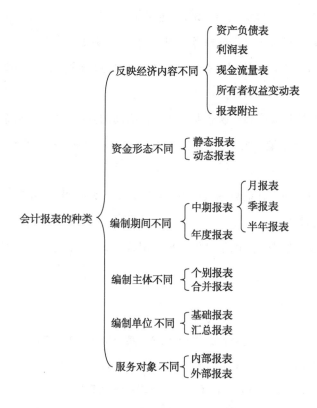

图 8-1　会计报表分类图

三、会计报表编制的基本要求

（一）会计报表编制前的准备工作

为了保证会计报表的质量,在编制会计报表前需要完成下列工作:

1. **核实资产**　主要包括:①清点现金和应收票据;②核对银行存款,编制银行存款余额调节表;③核对应收账款、预付账款和其他应收款;④清查各项存货;⑤检查投资回收和利润分配;⑥清查固定资产和在建工程。

2. **清理债务**　按照规定核实债务,并按规定程序报批,进行相应的会计处理。

3. **复核成本**　认真复核各项生产、销售项目的成本结转情况。

4. **内部调账**　检查相关的会计核算是否按照国家统一会计制度的规定进行;对于国家统一的会计制度没有规定统一核算方法的交易、事项,检查其是否按照会计核算的一般原则进行确认和计量以及相关账务处理是否合理。

5. **试算平衡**　结出有关会计账簿的余额和发生额,并核对各会计账簿之间的余额,进行试算平衡,保障账目的准确无误。

6. **结账**　将损益类账户结转,"本年利润"账户进行利润分配。

（二）会计报表的编制要求

在编制会计报表时,必须做到以下几方面:

1. **真实可靠** 会计报表的各项数字必须真实可靠,使之能够如实地反映编制单位经济活动的情况,以利于总结经验,分析问题,找出差距,改进工作。

2. **相关可比** 会计报表所提供的财务会计信息必须与报告使用者进行决策所需要的信息相关,并且便于报告使用者在不同企业之间及同一企业前后各期之间进行比较。

会计报表的报送期限

3. **全面完整** 会计报表应当反映企业生产经营活动的全貌,全面反映企业的财务状况、经营成果和现金流量。企业应当按照规定的会计报表的格式和内容编制会计报表。

4. **编报及时** 为保证会计信息的及时性,企业应及时编制报表,并根据国家规定的期限和程序及时报送。

纳税人财务会计报表的报送

5. **便于理解** 会计报表提供的信息可以被使用者理解,编制的会计报表应当清晰明了。

点滴积累 ∨

1. 财务报告是指企业对外提供的反映企业某一特定日期财务状况和某一会计期间经营成果、现金流量等会计信息的书面文件。 财务报告包括会计报表及其附注和其他应当在财务报告中披露的相关信息和资料。 会计报表是财务报告的核心。

2. 会计报表的分类可根据会计报表反映的经济内容不同分为资产负债表、利润表、现金流量表、所有者权益(或股东权益)变动表和报表附注;根据会计报表反映的资金运动形态不同分为静态报表和动态报表;根据会计报表编制时间不同分为中期财务报表(月报、季报和半年报)和年度财务报表;根据会计报表编制主体不同分为个别报表和合并报表;根据会计报表编制单位不同分为基础报表和汇总报表;根据会计报表的服务对象不同分为内部报表和外部报表。

任务二 资产负债表

一、资产负债表的概念

资产负债表是反映企业某一特定日期(通常为各会计期末)财务状况的会计报表。它是根据"资产=负债+所有者权益"这一会计等式,依照一定的分类标准和顺序,将企业在某一特定日期的全部资产、负债和所有者权益进行适当分类、汇总、排列后编制而成的静态会计报表。

资产负债表的作用

▶▶ **课堂活动**

有人将资产负债表比喻为一张企业财务流动的快照。 这句话你如何理解?

二、资产负债表的内容与结构

（一）资产负债表的内容

资产负债表由表首、基本部分和补充资料3部分组成。

1. **表首** 表首是报表的基本标志,列有报表名称、编制单位、报表编号、编报日期和金额单位等项目。由于资产负债表是反映会计期末资金运动的静态报表,所以编报的日期应填写报告期末最后一天的日期。

2. **基本部分** 基本部分是报表的主体。反映资产、负债、所有者权益3个会计要素之间的内在联系。依据"资产=负债+所有者权益"这一会计等式编制的。

▶▶ **课堂活动**

资产负债表编制的理论依据是什么?

3. **补充资料** 补充资料也是资产负债表的重要组成部分,列在资产负债表的下端。补充资料所提供的是使用者需要了解,但在基本部分中无法反映或难以单独反映的一些资料。比如:商业承兑汇票贴现的金额;融资租入固定资产的原价;库存商品的期末余额;商品削价准备的期末余额等。

（二）资产负债表的结构

资产负债表有2种基本格式:账户式和报告式。我国《企业会计准则——基本准则》规定资产负债表采用账户式结构。

ER-8-4

报告式资产负债表的基本格式

账户式资产负债表分为左右两方。左侧为资产,说明企业资源的分布状况,右侧为负债和所有者权益,反映企业资金的来源途径。从数量上看,资产总额=负债总额+所有者权益总额。

知识链接

报告式资产负债表的格式

报告式资产负债表的格式,是指垂直列示资产、负债和所有者权益项目的一种格式。即上资产、下负债和所有者权益的格式。

各个项目按照流动性的大小进行排列。流动性大的在前,流动性小的在后。

知识链接

资产负债表各项目的排列原则

《企业会计准则30号——财务报表列报》(2014)规定,资产负债表中的资产和负债应当分别以流动资产和非流动资产、流动负债和非流动负债列示。金融企业的资产和负债按照流动性列示,流动性强的排在前面,流动性弱的排在后面。

一般企业资产负债表的内容与结构如表 8-2 所示。

三、资产负债表的编制方法

ER-8-5

流动资产与流动负债的确认条件

资产负债表有"期末余额"和"年初余额"2 栏,以便进行比较,借以考核编制报表日各项资产、负债和所有者权益指标与上年末相比的增减变动情况。具体填列方法如下:

（一）资产负债表"年初余额"栏的数据填列方法

资产负债表的"年初余额"栏是根据上年末资产负债表"期末余额"栏所列数据直接填列。如果本年度资产负债表规定的各个项目的名称和内容同上年度不相一致,应对上年年末资产负债表各项目的名称和数字按照本年度的列报要求进行调整,按调整后的数据填入本表"年初余额"栏,并在附注中披露调整的原因和性质,以及调整的各项目金额。对上年年末比较数据进行调整不切实可行的,应当在附注中披露不能调整的原因。

（二）资产负债表"期末余额"栏的数据填列方法

期末余额是指某一会计期末的数据,如月末、季末、半年末或年末的数据。资产负债表"期末余额"栏的数据填列,可分为以下几种情况:

1. 依据总账账户期末余额直接填列 资产负债表"期末余额"各项目的全额主要是根据总账账户期末余额直接填列。主要项目有:交易性金融资产、应收票据、应收股利、应收利息、固定资产清理、工程物资、开发支出、递延所得税资产、短期借款、交易性金融负债、应付票据、应付职工薪酬、应交税费、应付利息、应付股利、其他应付款、预计负债、递延所得税负债、实收资本、资本公积、盈余公积等项目。其中"应付职工薪酬""应交税费"项目,应分别依据账户的期末贷方余额填列,若为借方余额,则以"－"号填列。

2. 依据总账账户的期末余额计算填列 例如"货币资金"项目,应依据"库存现金""银行存款""其他货币资金"账户的期末借方余额合计数填列。又如"存货"依据"在途物资""原材料""库存商品""发出商品""周转材料""委托加工物资""生产成本"等账户的期末借方余额合计数减去"存货跌价准备"账户期末贷方余额后的差额填列。

▶▶ **课堂活动**

某企业 2018 年 12 月 31 日结账后,"库存现金"余额为 20 000 元,"银行存款"余额为 4 000 000 元,"其他货币资金"余额为 500 000 元,则该公司 2018 年 12 月 31 日资产负债表中"货币资金"项目应填的金额应该为多少?

3. 依据总账账户所属的明细账户期末余额分析计算填列 例如,"应付账款"的金额,应根据"应付账款"账户和"预付账款"账户所属明细账户的期末贷方余额计算填列。"应收账款"的金额,应根据"应收账款"账户和"预收账款"账户所属明细账户的期末借方余额合计减去所计提的"坏账准备"期末余额后的金额填列。"预付账款"的金额,应根据"应付账款"账户和"预付账款"账户所属明细账户的期末借方余额计算填列。"预收账款"的金额,应根据"应收账款"账户和"预收账款"账户所属明细账户的期末贷方余额计算填列。

4. 依据总账账户和明细账户期末余额分析计算填列　例如,"长期借款"项目,应根据"长期借款"总账账户的期末余额减去"长期借款"所属明细账户中将于1年内到期且企业不能自主地将清偿义务展期的长期借款后的金额填列。另外还有"长期待摊费用""应付债券""持有至到期投资"等也是如此。

▶ **课堂活动**

某企业2018年12月31日长期借款项目情况如下:2016年1月1日借款300万元,借款期限为3年;2014年1月1日借款600万元,借款期限为5年;2017年1月1日借款450万元,借款期限为4年。请问该企业"长期借款"项目金额应该填制多少?　长期借款中应列入"1年内到期的非流动负债"项目的金额为多少?

5. 依据总账账户期末余额减去备抵账户余额后的净额填列　例如"固定资产"项目是根据"固定资产"总账账户期末借方余额减去"累计折旧"账户和"固定资产减值准备"备抵账户的期末贷方余额后的净额填列。另外还有"长期股权投资""无形资产""商誉""应收账款""其他应收款""应收股利""预付账款"等账户以及存货项目的填列也是如此。

此外,资产负债表中的合计和总计项目数字,应根据报表项目之间的关系计算填列。各合计和总计项目数字的计算公式如下:

资产总计=流动资产合计+非流动资产合计

负债和所有者权益总计=负债合计+所有者权益合计

四、资产负债表编制技术

【经济业务8-1】仁卫药业有限责任公司2018年9月30日有关账户的余额如表8-1所示。

表8-1　总分类账户期末余额表

2018年9月30日　　　　　　　　　　　　　　　　　　单位:元

账户名称	借方余额	账户名称	贷方余额
库存现金	1500	短期借款	135 000
银行存款	292 800	应付票据	156 000
应收票据	40 000	应付账款	437 840
应收账款	430 000	其他应付款	113 000
预付账款	49 700	预收账款	40 000
其他应收款	45 000	应付职工薪酬	67 700
原材料	642 540	应交税费	25 000
库存商品	454 500	长期借款	1 000 000
长期应收款	210 000	坏账准备	25 000
固定资产	2 818 000	累计折旧	124 000
无形资产	343 000	实收资本(股本)	2 500 000
长期待摊费用	145 000	资本公积	142 300

账户名称	借方余额	账户名称	贷方余额
		盈余公积	150 600
		利润分配	555 600
合计	5 472 040	合计	5 472 040

另外,该公司 2018 年 9 月 30 日有关明细分类账的余额如下:

1. 应收账款——南方公司　　　　　　　　500 000(借方)

　　应收账款——北方公司　　　　　　　　70 000(贷方)

2. 坏账准备——应收账款　　　　　　　　20 000(贷方)

　　坏账准备——其他应收账款　　　　　　5000(贷方)

3. 应付账款——东方公司　　　　　　　　12 160(借方)

　　应付账款——西方公司　　　　　　　　450 000(贷方)

4. 预付账款——甲公司　　　　　　　　　60 000(借方)

　　预付账款——乙公司　　　　　　　　　10 300(贷方)

5. 预收账款——丁公司　　　　　　　　　56 000(借方)

　　预收账款——丙公司　　　　　　　　　96 000(贷方)

6. 长期应收款明细分类账户将于一年内到期的金额为 50 000 元。

7. 长期借款明细分类账户将于一年内到期的金额为 200 000 元。

根据上述资料编制的资产负债表如表 8-2 所示。

表 8-2　资产负债表　　　　　　　　会企 01 表

编制单位:仁卫药业有限责任公司　　　　2018 年 9 月 30 日　　　　　　单位:元(列至角分)

资产	行次	期末余额	年初余额	负债和所有者权益(或股东权益)	行次	期末余额	年初余额
流动资产:	1			流动负债:	1		
货币资金	2	294 300	略	短期借款	2	135 000	略
以公允价值计量且其变动计入当期损益的金融资产	3			以公允价值计量且其变动计入当期损益的金融负债	3		
衍生金融资产	4			衍生金融负债	4		
应收票据及应收账款	5	576 000		应付票据及应付账款	5	616 300	
预付款项	6	72 160		预收款项	6	166 000	
其他应收款	7	40 000		应付职工薪酬	7	67 700	
存货	8	1 097 040		应交税费	8	25 000	
持有待售资产	9			其他应付款	9	113 000	

续表

资产	行次	期末余额	年初余额	负债和所有者权益（或股东权益）	行次	期末余额	年初余额
一年内到期的非流动资产	10	50 000		持有待售负债	10		
其他流动资产	11			一年内到期的非流动负债	11	200 000	
流动资产合计	12	2 129 500		其他流动负债	12		
非流动资产：	13			**流动负债合计**	13	1 323 000	
可供出售的金融资产	14			**非流动负债：**	14		
持有至到期投资	15			长期借款	15	800 000	
长期应收款	16	160 000		应付债券	16		
长期股权投资	17			其中：优先股	17		
投资性房地产	18			永续债	18		
固定资产	19	2 694 000		长期应付款	19		
在建工程	20			预计负债	20		
生产性生物资产	21			递延收益	21		
油气资产	22			递延所得税负债	22		
无形资产	23	343 000		其他非流动负债	23		
开发支出	24			**非流动负债合计**	24	800 000	
商誉	25			**负债合计**	25	2 123 000	
长期待摊费用	26	145 000		**所有者权益（或股东权益）：**	26		
递延所得税资产	27			实收资本（或股本）	27	2 500 000	
其他非流动资产	28			其他权益工具	28		
非流动资产合计	29	3 342 000		其中：优先股	29		
	30			永续债	30		
	31			资本公积	31	142 300	
	32			减：库存股	32		
	33			其他综合收益	33		
	34			盈余公积	34	150 600	
	35			未分配利润	35	555 600	
	36			**所有者权益（或股东权益）合计**	36	3 348 500	
资产总计	37	5 471 500		**负债和所有者权益（或股东权益）总计**	37	5 471 500	

表中各项目的金额填列说明如下。

（一）资产有关项目的金额填列说明

1. 货币资金=“库存现金”总账期末余额+“银行存款”总账期末余额+“其他货币资金”总账期末余额=1500+292 800+0=294 300

▲2. 应收票据及应收账款=“应收票据”总账期末余额-应收票据“坏账准备”明细账期末余额+“应收账款”明细账期末借方余额+“预收账款”明细账期末借方余额-应收账款“坏账准备”明细账贷方期末余额=40 000-0+500 000+56 000-20 000=576 000

“应收票据及应收账款”行项目,反映资产负债表日以摊余成本计量的、企业因销售商品、提供服务等经营活动应收取的款项,以及收到的商业汇票,包括银行承兑汇票和商业承兑汇票。该项目应根据“应收票据”和“应收账款”科目的期末余额,减去“坏账准备”科目中相关坏账准备期末余额后的金额填列。

3. 预付账款=“预付账款”明细账期末借方余额+“应付账款”明细账期末借方余额-预付账款“坏账准备”明细账贷方期末余额=60 000+12 160-0=72 160

▲4. 其他应收款=45 000+0+0-5000=40 000

“其他应收款”行项目,应根据“应收利息”“应收股利”和“其他应收款”科目的期末余额合计数,减去“坏账准备”科目中相关坏账准备期末余额后的金额填列。

5. 存货项目=“原材料”总账期末余额+“库存商品”期末余额=642 540+454 500=1 097 040

6. 一年内到期的非流动资产=“一年内到期的长期应收款”金额=50 000

7. 长期应收款=“长期应收款”期末余额-“明细账中一年内到期的长期应收款”金额-长期应收款“坏账准备”明细科目期末余额=210 000-50 000-0=160 000

▲8. 固定资产=“固定资产”期末余额-“累计折旧”总账期末余额-“固定资产减值准备”总账期末余额+“固定资产清理”科目的期末余额=2 818 000-124 000-0+0=2 694 000

“固定资产”行项目,反映资产负债表日企业固定资产的期末账面价值和企业尚未清理完毕的固定资产清理净损益。该项目应根据“固定资产”科目的期末余额,减去“累计折旧”和“固定资产减值准备”科目的期末余额后的金额,以及“固定资产清理”科目的期末余额填列。

9. 无形资产=“无形资产”期末余额-“累计摊销”期末余额-“无形资产减值准备”期末余额=343 000-0-0=343 000

10. 长期待摊费用=“长期待摊费用”总账期末余额-将于一年内摊销的长期待摊费用=145 000-0=145 000

（二）负债有关项目的金额填列说明

1. 短期借款=“短期借款”总账期末余额=135 000

▲2. 应付票据及应付账款=“应付票据”总账期末余额+“应付账款”明细账期末贷方余额+“预付账款”明细账期末贷方余额=156 000+450 000+10 300=616 300

“应付票据及应付账款”行项目,反映资产负债表日企业因购买材料、商品和接受服务等经营活动应支付的款项,以及开出、承兑的商业汇票,包括银行承兑汇票和商业承兑汇票。该项目应根据“应付票据”科目的期末余额,以及“应付账款”和“预付账款”科目所属的相关明细科目的期末贷方余额合计数填列。

3. 预收账款="预收账款"明细账期末贷方余额+"应收账款"明细账期末贷方余额=96 000+70 000=166 000

4. 应付职工薪酬="应付职工薪酬"总账期末余额=67 700

5. 应交税费="应交税费"总账期末余额=25 000

▲6. 其他应付款="其他应付款"总账期末余额+"应付利息"总账期末余额+"应付股利"总账期末余额=113 000+0+0=113 000

"其他应付款"行项目,应根据"应付利息"" 应付股利"和"其他应付款"科目的期末余额合计数填列。

7. 一年内到期的非流动负债=明细账中一年内到期的长期借款金额=200 000

8. 长期借款="长期借款"总账期末余额-明细账中一年内到期的长期借款金额=1 000 000-200 000=800 000

（三）所有者权益有关项目的金额填列说明

1. 实收资本="实收资本"总账期末余额=2 500 000

2. 资本公积="资本公积"总账期末余额=142 300

3. 盈余公积="盈余公积"总账期末余额 150 600

4. 未分配利润="利润分配"账户期末余额=555 600

ER-8-6

资产负债表的编制

带"▲"的是财会〔2018〕15 号《财政部关于修订印发 2018 年度一般企业财务报表格式的通知》中修订的项目。

财会〔2018〕15 号《财政部关于修订印发 2018 年度一般企业财务报表格式的通知》中有两个附件分别对应两套报表格式。附件 1 一般企业财务报表格式（适用于尚未执行新金融准则和新收入准则的企业），附件 2 一般企业财务报表格式（适用于已执行新金融准则和新收入准则的企业）。

ER-8-7

《财政部关于修订印发 2018 年度一般企业财务报表格式的通知》

表 8-2 的资产负债表、表 8-4 的利润表以及表 12-1 的资产负债表、表 12-2 的利润表使用了附件 1 的报表格式。附件 2 的报表格式分阶段实施。境内外同时上市企业，以及在境外上市并采用国际财务报告准则或企业会计准则编制财务报告的企业于 2018 年 1 月 1 日起施行；其他境内上市企业分别自 2019 年 1 月 1 日和 2020 年 1 月 1 日起施行；执行企业会计准则的非上市企业均自 2021 年 1 月 1 日起施行。允许提前执行。

ER-8-8

附件 1 一般企业财务报表格式

ER-8-9

附件 2 一般企业财务报表格式

▶ 边学边练

资产负债表的编制见实训十三 资产负债表的编制。

点滴积累 ∨

1. 资产负债表是反映企业某一特定日期财务状况的财务报表。

2. 资产负债表结构有账户式和报告式 2 种。 我国企业的资产负债表规定采用账户式结构。

3. 资产负债表编制的理论依据是"资产＝负债＋所有者权益"这一会计等式。

4. 资产负债表需填列"期末余额""年初余额"2 栏金额。 但不同科目填列方法不同。

任务三　利润表

一、利润表的概念

利润表又称损益表,是反映企业一定会计期间(年、半年、季度、月)经营成果的会计报表。由于它反映的是某一期间的情况,所以又称为动态报表。

编制利润表的主要目的是将企业经营成果的信息,提供给各类报表使用者作为决策的依据或参考。

利润表的作用

二、利润表的内容与结构

(一)利润表的内容

利润表有表首、正表 2 部分。其中表首包括报表名称、编制单位、编制日期、报表编号、货币名称、计量单位等;正表是利润表的主体,反映形成经营成果的各个项目和计算过程。

利润表是反映收入、费用、利润 3 个会计要素以及利得、损失之间的内在联系的会计报表。它是依据"收入-费用+利得-损失＝利润"这一会计等式编制的。

▶▶ 课堂活动

利润表的编制基础或理论依据是什么?

(二)利润表的结构

利润表结构有多步式和单步式 2 种,我国《企业会计准则——基本准则》规定,利润表采用多步式结构。

多步式利润表是指按企业最终利润形成的主要环节,依次分步计算最终利润的表达式,即采用逐项加减的报告式结构。多步式利润表主要分为 3 个步骤

第一步,以营业收入为基础,计算营业利润。

第二步,以营业利润为基础,计算利润总额。

第三步,以利润总额为基础,计算净利润。

利润有营业利润、利润总额、净利润之分,关于它们的形成过程、计算公式以及核算参见项目四任务六利润形成的核算的内容。

单步式利润表与多步式利润表的区别

单步式利润表是指将本期发生的全部收入与全部费用相抵，一次计算求得最终损益（收益）的表达式。这种格式比较简单，便于编制，但不便于分析企业利润的构成情况。适用于业务比较简单的服务咨询行业。

多步式利润表能清晰反映各种不同性质的收入与费用的内在联系和利润形成过程，便于使用者了解企业利润形成情况，便于分析比较。

一般企业利润表的内容与结构如表 8-4 所示。

三、利润表的编制方法

利润表各项目均需填列"本期金额"和"上期金额"2 栏。

（一）"上期金额"栏金额的填列方法

"上期金额"应当根据上年可比利润表的"本期金额"数据填列。如果上年该期利润表规定的各个项目的名称和内容同本期不相一致的，应对上年该期利润表各项目的名称和数字按本期的规定进行调整，填入利润表"上期金额"栏内。年终结账时，由于全年的收入和支出已全部转入"本年利润"科目，并且通过收支对比结出本年净利润的数额。因此，应将年度利润表中的"净利润"数字，与"本年利润"科目结转到"利润分配——未分配利润"科目的数字相核对，检查账簿记录和报表编制的正确性。

（二）"本期金额"栏金额的填列方法

1. 根据总账科目发生额直接填列 如"税金及附加""销售费用""管理费用""财务费用"等。"公允价值变动收益""投资收益"若为损失，则以"－"号填列。

2. 根据几个总账科目发生额计算填列 如"营业收入"项目，应根据"主营业务收入"账户和"其他业务收入"账户的发生额合计填列；"营业成本"项目，应根据"主营业务成本"账户和"其他业务成本"账户的发生额合计填列。

3. 根据公式计算填列 如"营业利润""利润总额""净利润"等项目应按照公式计算填列。

▶ 课堂活动

请思考为什么规定"如果上年度利润表中项目名称、内容与本年度利润表中不一致，应根据本年度的规定对上年度进行调整，保证 2 栏金额的可比性。"而不是规定根据上年度的规定对本年度项目进行调整？

四、利润表的编制技术

【经济业务 8-2】 仁卫药业有限责任公司 2018 年 9 月份损益类账户的发生额如表 8-3 所示。资料来自项目四正文中的【经济业务 4-1】~【经济业务 4-56】。

表 8-3 损益类账户发生额

仁卫药业有限责任公司　　　　　　2018 年 9 月　　　　　　金额单位:元

科目名称	贷方发生额	科目名称	借方发生额
主营业务收入	252 820	主营业务成本	174 015.80
其他业务收入	8 400	其他业务成本	4 100
营业外收入	230	销售费用	5 500
投资收益	50 000	管理费用	25 265
		财务费用	4 360
		营业外支出	10 000
		税金及附加	1 016.04
		所得税费用	21 798.29

根据表 8-3 资料,编制仁卫药业有限责任公司 2017 年 9 月份的利润表,如表 8-4 所示。

表 8-4 利润表　　　　　　　　　　　　　　　　　会企 02 表

编制单位:仁卫药业有限责任公司　　　　　　2018 年 9 月　　　　　　单位:元

项目	行次	本期金额	上期金额
一、营业收入	1	261 220.00	略
减:营业成本	2	178 115.80	
税金及附加	3	1 016.04	
销售费用	4	5 500.00	
管理费用	5	25 265.00	
研发费用	6		
财务费用	7	4 360.00	
其中:利息费用	8	800	
利息收入	9		
资产减值损失	10		
加:其他收益	11		
投资收益(损失以"-"号填列)	12	50 000.00	
其中:对联营企业和合营企业的投资收益	13		
公允价值变动收益(损失以"-"号填列)	14		
资产处置收益(损失以"-"号填列)	15		

项目	行次	本期金额	上期金额
二、营业利润（亏损以"-"号填列）	16	96 963.16	
加：营业外收入	17	230	
减：营业外支出	18	10 000.00	
其中：非流动资产处置损失	19		
三、利润总额（亏损总额以"-"号填列）	20	87 193.16	
减：所得税费用	21	21 798.29	
四、净利润（净亏损以"-"号填列）	22	65 394.87	
（一）持续经营净利润（亏损以"-"号填列）	23		
（二）终止经营净利润（亏损以"-"号填列）	24		
五、其他综合收益的税后净额	25		
（一）不能重分类进损益的其他综合收益	26		
（二）将重分类进损益的其他综合收益	27		
六、综合收益总额	28		
七、每股收益	29		
（一）基本每股收益	30		
（二）稀释每股收益	31		

利润表中的本期各项目金额填列说明如下：

1. 营业收入="主营业务收入"贷方累计发生额+"其他业务收入"贷方累计发生额=252 820.00+8 400.00=261 220.00

2. 营业成本="主营业务成本"借方累计发生额+"其他业务支出"借方累计发生额=174 015.80+4 100=178 115.80

3. 税金及附加="税金及附加"借方累计发生额=1016.04

4. 销售费用="销售费用"借方累计发生额=5500

5. 管理费用="管理费用"借方累计发生额=25 265

6. 财务费用="财务费用"借方累计发生额=4 360

7. 投资收益="投资收益"贷方累计发生额=50 000

8. 营业利润=营业收入-营业成本-税金及附加-销售费用-管理费用-财务费用+投资收益=261 220-178 115.80 -10161.04-5500-25 265-4 360+50 000=96 963.16

9. 营业外收入="营业外收入"贷方累计发生额=230

10. 营业外支出="营业外支出"贷方累计发生额=10 000

11. 利润总额＝营业利润＋"营业外收入"总账贷方累计发生额－"营业外支出"总账借方累计发生额＝96 963.16+230-10,000＝87 193.16

12. 所得税费用＝"所得税费用"贷方累计发生额＝21 798.29

13. 净利润＝利润总额－"所得税费用"总账借方累计发生额＝87 193.16－21 798.29＝65 394.87

利润表的编制

案例分析

案例

2018 年年末，某公司主管财务会计工作的王副总经理召集财务部李部长及相关人员开会，重点研究 2018 年财务决算相关事宜，同时财务部汇报几项工作，由领导商议决定。 以下是会议期间的部分发言：

王经理：今年公司业绩出现了亏损，为尽量减少损失，配合其他部门完成上级年初下的考核指标，财务部有何具体打算和措施？

李部长：根据财务部的初步推算，今年的收入同比下降18%，成本费用却上升了32%，要完成上级年初下达的减亏目标十分困难。 目前只能采用一些技术处理，考虑可以采用的三项措施：一是大华公司是与我公司有长期合作关系的大客户，可以与其协商，年末先向大华公司开具销售发票 940 万元，明年再用退货名义冲回，公司估计能减亏5%；二是可以延长固定资产折旧年限，从而减少折旧费用，估计能减亏3.5%；三是我们的长期贷款离到期还有很长时间，今年情况特殊，可以暂不计提利息，使财务费用减少 108 万元，减亏2%。 如果综合采取上述三项措施，预计可以实现年初的减亏目标。

王经理：可以执行。

问题：（1）李部长、王经理的做法是否正确？ 为什么？

（2）李部长采取让企业减亏的作假账的方式采用了什么原理？

分析

（1）该案例中李部长、王经理的做法是不正确的，属于做假账的行为。

（2）企业在会计准则允许的范围内也可以人为调整报表数字，并非假账。 假账或假报表，其实只有两种：虚增或虚减某项会计要素。 虚增假账就是装富，俗称"打肿脸充胖子"，具体手段包括虚增资产、虚报负债、虚增收入、虚减费用。 虚减假账就是"装穷卖苦、欺骗政府"，具体手段，隐瞒收入、隐瞒资产、虚增费用、夸大负债。 该案例中某公司的三种做法属于假账行为。 一是利用与大华公司开发票来完成减亏任务的行为属于无中生有，属于伪造会计凭证的行为，通过提高收入来减亏；二是调整固定资产折旧年限的行为属于随意变更会计方法，减少费用从而达到减亏的目的；三是不计提长期借款利息违反了权责发生制原则，减少财务费用，达到减亏的目的。 这 3 种方式都是法律所不允许的行为。

▶ 边学边练

利润表的编制详见实训十四 利润表的编制。

粉饰会计报
表的手段

点滴积累

1. 利润表是反映企业一定会计期间经营成果的会计报表。

2. 利润表是依据会计等式"收入-费用+利得-损失 =利润"编制的。

3. 我国企业利润表的结构规定采用多步式。

4. 利润表各项目均需填列"本期金额"和"上期金额"2栏金额。

实训十三　资产负债表的编制

【实训目的】

练习资产负债表的编制方法。

【实训内容】

仁卫药业有限责任公司 2018 年 9 月 30 日总分类账户期末余额表,如表 8-5 所示。

表 8-5　总分类账户期末余额表

2018 年 9 月 30 日　　　　　　　　　　　　　　单位:元

账户名称	借方余额	账户名称	贷方余额
库存现金	2000	短期借款	135 900
银行存款	561 700	应付票据	156 800
应收票据	200 000	应付账款	446 920
应收账款	439 800	其他应付款	113 980
其他应收款	45 890	应付职工薪酬	58 800
原材料	649 800	应交税费	25 900
生产成本	18 990	长期借款	1 500 000
库存商品	504 320	坏账准备	35 000
长期应收款	219 000	累计折旧	239 700
固定资产	2 907 800	实收资本(股本)	2 500 000
无形资产	249 900	资本公积	25 880
长期待摊费用	150 000	盈余公积	159 600
		利润分配	550 720
合计	5 949 200	合计	5 949 200

另外,该公司 2018 年 9 月 30 日有关明细分类账的余额如下:

(1)应收账款——南方公司　　　　　　　460 000(借方)

　　　应收账款——北方公司　　　　　　　20 200(贷方)

(2)应付账款——东方公司　　　　　　　23 080(借方)

　　　应付账款——西方公司　　　　　　　470 000(贷方)

(3)坏账准备——应收账款　　　　　　　30 000(贷方)

　　　坏账准备——其他应收账款　　　　　5000(贷方)

(4)长期应收款明细分类账户将于 1 年内到期的金额为 40 000 元。

(5)长期借款明细分类账户将于 1 年内到期的金额为 500 000 元。

【实训要求】

根据实训内容提供的资料编制该公司 2018 年 9 月份的资产负债表,见表 8-6。

表 8-6　资产负债表　　　　　　　　　　　　　　　　会企 01 表

编制单位:仁卫药业有限责任公司　　　　　　2018 年 9 月 30 日　　　　　　单位:元(列至角分)

资产	行次	期末余额	年初余额	负债和所有者权益(或股东权益)	行次	期末余额	年初余额
流动资产:	1			流动负债:	1		
货币资金	2		略	短期借款	2		略
以公允价值计量且其变动计入当期损益的金融资产	3			以公允价值计量且其变动计入当期损益的金融负债	3		
衍生金融资产	4			衍生金融负债	4		
应收票据及应收账款	5			应付票据及应付账款	5		
预付款项	6			预收款项	6		
其他应收款	7			应付职工薪酬	7		
存货	8			应交税费	8		
持有待售资产	9			其他应付款	9		
一年内到期的非流动资产	10			持有待售负债	10		
其他流动资产	11			一年内到期的非流动负债	11		
流动资产合计	12			其他流动负债	12		
非流动资产:	13			流动负债合计	13		
可供出售的金融资产	14			非流动负债:	14		
持有至到期投资	15			长期借款	15		

资产	行次	期末余额	年初余额	负债和所有者权益（或股东权益）	行次	期末余额	年初余额
长期应收款	16			应付债券	16		
长期股权投资	17			其中:优先股	17		
投资性房地产	18			永续债	18		
固定资产	19			长期应付款	19		
在建工程	20			预计负债	20		
生产性生物资产	21			递延收益	21		
油气资产	22			递延所得税负债	22		
无形资产	23			其他非流动负债	23		
开发支出	24			**非流动负债合计**	24		
商誉	25			**负债合计**	25		
长期待摊费用	26			**所有者权益（或股东权益）:**	26		
递延所得税资产	27			实收资本(或股本)	27		
其他非流动资产	28			其他权益工具	28		
非流动资产合计	29			其中:优先股	29		
	30			永续债	30		
	31			资本公积	31		
	32			减:库存股	32		
	33			其他综合收益	33		
	34			盈余公积	34		
	35			未分配利润	35		
	36			**所有者权益（或股东权益）合计**	36		
资产总计	37			**负债和所有者权益（或股东权益）总计**	37		

【实训注意】

完成本实训要求必须熟悉以下知识点:

1. 资产负债表的结构、内容以及编制理论依据。

2. 各项目的填列方法。

【实训检测】

通过以上实训请思考:

1. 资产负债表中的"应收账款""应付账款""预收账款""预付账款"4 个账户为什么说它们是

双重性质的账户?

    2. 资产负债表提供的信息对各有关信息的使用者起到什么作用?

实训十四 利润表的编制

【实训目的】

练习利润表的编制方法。

【实训内容】

仁卫药业有限责任公司 2018 年 9 月 30 日损益类账户期末余额如表 8-7 所示。

表 8-7 损益类账户期末余额表

2018 年 9 月 30 日   单位:元

科目名称	贷方发生额	科目名称	借方发生额
主营业务收入	5 000 000	主营业务成本	2 250 000
营业外收入	300 000	销售费用	600 000
其他业务收入	1 500 000	财务费用	100 000
投资收益	1 400 000	营业外支出	75 000
		其他业务成本	1 000 000

【实训要求】

根据以上资料编制该公司 2018 年 9 月份的利润表,见表 8-8。

表 8-8 利润表

             会企 02 表

编制单位:仁卫药业有限责任公司   2018 年 9 月   单位:元

项目	行次	本期金额	上期金额
一、营业收入	1		略
减:营业成本	2		
税金及附加	3		
销售费用	4		
管理费用	5		
研发费用	6		
财务费用	7		
其中:利息费用	8		
利息收入	9		
资产减值损失	10		
加:其他收益	11		

项目	行次	本期金额	上期金额
投资收益(损失以"-"号填列)	12		
其中:对联营企业和合营企业的投资收益	13		
公允价值变动收益(损失以"-"号填列)	14		
资产处置收益(损失以"-"号填列)	15		
二、营业利润(亏损以"-"号填列)	16		
加:营业外收入	17		
减:营业外支出	18		
其中:非流动资产处置损失	19		
三、利润总额(亏损总额以"-"号填列)	20		
减:所得税费用	21		
四、净利润(净亏损以"-"号填列)	22		
(一)持续经营净利润(亏损以"-"号填列)	23		
(二)终止经营净利润(亏损以"-"号填列)	24		
五、其他综合收益的税后净额	25		
(一)不能重分类进损益的其他综合收益	26		
(二)将重分类进损益的其他综合收益	27		
六、综合收益总额	28		
七、每股收益	29		
(一)基本每股收益	30		
(二)稀释每股收益	31		

【实训注意】

完成本实训要求必须熟悉以下知识点:

1. 利润表的结构、内容以及编制理论依据。

2. 各项目的填列方法。

【实训检测】

通过以上实训请思考:

1. 利润表对企业经营决策起到什么作用?

2. 对其他信息使用者有什么意义?

目标检测

一、选择题

（一）单项选择题

1. 关于财务报表的编制前的准备工作,说法正确的是(   )

    A. 编制报表前,进行局部财产清查、核实债务,并按规定程序报批,进行相应的会计处理

    B. 为了尽快编制财务报表,可以将结账日提前

    C. 编制报表前,检查相关的会计核算是否按照国家统一的会计制度的规定进行

    D. 遵守重要性原则

2. 会计报表按资金运动形态划分,可分为(   )

    A. 静态报表和动态报表   B. 年报、月报和季报

    C. 本企业报表和合并报表   D. 工业企业报表和商业企业报表

3. "货币资金"项目的填制依据不包括(   )

    A. 库存资金   B. 银行存款

    C. 其他货币资金   D. 有价证券

4. 资产负债表是反映企业(   )的会计报表。

    A. 某一期间的财务状况   B. 某一特定日期的经营成果

    C. 某一期间的经营成果   D. 某一特定日期的财务状况

5. "应收账款"账户所属明细账户如有贷方余额,应在资产负债表(   )项目中反映。

    A. 预付账款   B. 预收账款

    C. 应收账款   D. 应付账款

6. 我国资产负债表采用的格式是(   )

    A. 账户式   B. 报告式

    C. 单步式   D. 多步式

7. 在填制"应收账款"项目时与之无关的项目是(   )

    A. "应收账款"   B. "预收账款"

    C. "预付账款"   D. "坏账准备"

8. 如果企业本月利润表中的主营业务收入为1000万元,其他业务收入为650万元,营业成本为150万元,管理费用为100万元,财务费用为50万元,则营业利润应填(   )万元。

    A. 1000   B. 1500

    C. 1400   D. 1350

9. 利润表中的项目应根据总分类账的(   )填列。

    A. 期末余额   B. 发生额

    C. 期初余额   D. 期初余额+发生额

10. 下列各项中,(   )不会影响营业利润金额增减。

A. 资产减值损失　　　　　　　　　　B. 财务费用

C. 投资收益　　　　　　　　　　　　D. 营业外收入

（二）多项选择题

1. 财务会计报告内容包括（　　　）

A. 财务报表　　　　　　B. 财务报表附注　　　　　C. 财务情况说明书

D. 年度计划　　　　　　E. 财务预算

2. 下列报表中属于动态报表的有（　　　）

A. 利润表　　　　　　　B. 资产负债表　　　　　　C. 利润分配表

D. 现金流量表　　　　　E. 成本表

3. 下列项目,应在利润表"营业成本"项目中列示的有（　　　）

A. 主营业务成本　　　　B. 劳务成本　　　　　　　C. 生产成本

D. 工程成本　　　　　　E. 其他业务成本

4. 填制资产负债表"存货"项目的主要依据有（　　　）

A. 生产成本　　　　　　B. 原材料　　　　　　　　C. 工程物资

D. 材料成本差异　　　　E. 存货跌价准备

5. 填制资产负债表"货币资金"项目的主要依据有（　　　）

A. 股权投资　　　　　　B. 库存现金　　　　　　　C. 银行存款

D. 债券投资　　　　　　E. 股票投资

6. 会计报表编制期间不同,可分为（　　　）

A. 汇总报表　　　　　　B. 季度报表　　　　　　　C. 月份报表

D. 合并报表　　　　　　E. 年度报表

7. 会计报表的编制必须做到（　　　）

A. 全面完整　　　　　　B. 真实可靠　　　　　　　C. 编报及时

D. 相关科比　　　　　　E. 便于理解

8. 利用资产负债表的资料,可以了解（　　　）

A. 企业资产的构成及状况　　　　　　B. 企业负债总额及结构

C. 所有者权益及其构成情况　　　　　D. 企业偿债能力和支付能力

E. 企业财务结构

9. 下列各项中,（　　　）属于非流动负债。

A. 应付债券　　　　　　B. 应付股利　　　　　　　C. 长期借款

D. 长期应付款　　　　　E. 应付职工薪酬

10. 下列资产负债表项目中,根据总账余额直接填制的有（　　　）

A."应收账款"　　　　　B."应付票据"　　　　　　C."预付款项"

D."短期借款"　　　　　E."固定资产"

二、判断题

1. 季度、月度财务报告通常仅指财务报告,至少应该包括资产负债表、利润表和现金流量。( )

2. 资产负债表中的"长期待摊费用"项目应根据"长期待摊费用"账户的余额直接填列。( )

3. 利润表是反映企业在一定会计期间经营成果的报表,属于静态报表。( )

4. 资产负债表的表头部分应列明报表的名称、编制报表的单位名称、编制日期和金额的计量单位。( )

5. 企业利润表中的利润总额由营业利润和营业外收支净额组成。( )

6. 利润表的格式主要有多步式和单步式2种,我国企业的利润表采用多步式结构。( )

7. 账户式结构指的是资产负债表按上下顺序依次排列资产、负债及所有者权益项目。( )

8. "无形资产"项目应根据"无形资产"科目期末余额减去"累计摊销"科目余额后的净额填列。( )

9. "应收账款"科目所属明细科目期末有贷方余额的,应在资产负债表"预收款项"项目内填列。( )

10. 编制财务报表的过程,实质上就是对日常会计核算资料,按照一定的指标体系,进行综合加工整理,并系统化的过程。( )

三、简答题

1. 什么是财务会计报告? 简述财务会计报告的构成内容与编制要求。

2. 什么是财务会计报表? 简述财务会计报表的分类。

3. 什么是资产负债表? 编制的理论依据是什么? 结构如何?

4. 什么是利润表? 编制的理论依据是什么? 结构如何?

5. 简述多步式利润表的编制步骤。

四、综合题

(一) 资料

1. 以下是仁卫药业有限责任公司 2018 年 9 月 30 日"应收账款""预收账款""应付账款""预付账款"账户所属明细科目的期末余额。

账户名称	明细账户	方向	期末余额
应收账款	A 公司	借	50 000.00
	B 公司	贷	30 000.00
预收账款	C 公司	贷	10 000.00
	D 公司	借	5000.00
应付账款	E 公司	借	100 000.00
	F 公司	贷	60 000.00
预付账款	G 公司	贷	150 000.00
	H 公司	借	80 000.00

2. 应收账款已计提坏账准备 1500 元。

（二）要求

根据上述资料计算资产负债表中"应收账款""预收账款""应付账款""预付账款"项目的金额。

（薛美娟）

项目九

会计账务处理程序

情景导学

情景描述

某公司是一家中型规模的公司，平时业务量较多，为了简化登账的工作量，会计每10天汇总一次记账凭证，并据以登记总账。小赵是刚新来的会计，他根据自己学过的知识，知道根据通用记账凭证可以汇总，根据专用记账凭证也可以汇总，可以编制科目汇总表，也可以编制汇总记账凭证，那么到底用哪一种呢？各有什么适用条件和优缺点？

学前导语

业务量不是很多的企业平时可以编制通用记账凭证，汇总时根据通用记账凭证编制记账凭证汇总表，也称科目汇总表；业务量比较多的企业平时编制专用记账凭证，汇总时根据专用记账凭证编制汇总记账凭证。

任务一　会计账务处理程序概述

在会计工作中，设置账户、填制和审核原始凭证、填制记账凭证、登记账簿、编制会计报表等这些会计核算方法并不是孤立的，而是按一定的形式结合在一起而形成的一个会计方法体系。要科学地组织会计工作，就取决于能否有序、合理地运用这个方法体系，而关键在于必须确定一个合理的账务处理程序。

一、会计账务处理程序的意义

会计账务处理程序也称会计核算组织程序或会计核算形式，是指会计凭证、会计账簿、会计报表相结合的方式，包括会计凭证和账簿的种类、格式，会计凭证与账簿之间的联系方法，由原始凭证到编制记账凭证、登记明细分类账、编制会计报表的工作程序和方法等。

科学合理地选择适用本单位的账务处理程序具有以下重要意义：①有利于会计工作程序的规范化。确定合理的凭证、账簿与报表之间的联系方式，保证会计信息加工过程的严密性，提高会计信息的质量。②有利于保证会计记录的完整性、正确性。通过凭证、账簿及报表之间的牵制作用，增强会计信息的可靠性。③有利于减少不必要的会计核算环节，通过井然有序的账务处理程序，提高会计工作效率，保证会计信息的及时性。

二、会计账务处理程序的分类

会计账务处理程序有多种形式,通常采用的主要账务处理程序有 3 种:记账凭证账务处理程序、汇总记账凭证账务处理程序和科目汇总表账务处理程序。

上述 3 种账务处理程序既有共同点,又有差异。它们的共同点是基本的程序模式相同,主要表现在:任何一种账务处理程序,都必须依据合法的原始凭证或原始凭证汇总表编制记账凭证,依据记账凭证及所附原始凭证登记账簿、对账,结账后依据账簿记录编制会计报表,即原始凭证→记账凭证→账簿记录→会计报表。各种账务处理程序的差异点主要在登记总分类账的依据和方法上不同。

目前,各单位采用的账务处理程序除以上 3 种外,还有多栏式日记账账务处理程序和日记总账账务处理程序。

各单位应采用何种账务处理程序,由各单位自主选用或设计。

点滴积累　∨ ···

1. 会计账务处理程序也称会计核算组织程序或会计核算形式,是指会计凭证、会计账簿、会计报表相结合的方式。
2. 会计账务处理程序主要有 3 种: 记账凭证账务处理程序、汇总记账凭证账务处理程序和科目汇总表账务处理程序。 另外还有多栏式日记账账务处理程序和日记总账账务处理程序。

任务二　记账凭证账务处理程序

一、记账凭证账务处理程序的概念及特点

记账凭证账务处理程序是指直接根据记账凭证逐笔登记总分类账的一种账务处理程序。它是会计核算中最基本的一种账务处理程序,其他各种账务处理程序都是在其基础上发展而形成的。记账凭证账务处理程序的特点是:直接根据各种记账凭证逐笔登记总分类账。

二、记账凭证账务处理程序的会计凭证和账簿的设置

采用记账凭证账务处理程序时,记账凭证一般采用收款凭证、付款凭证和转账凭证 3 种格式来反映单位的收款业务、付款业务和转账业务。也可以设置一种通用式记账凭证格式,用于反映全部的经济业务。其账簿组织一般应设置三栏式现金日记账、银行存款日记账、三栏式总分类账及各种格式的明细分类账。

三、记账凭证账务处理的一般程序

1. 根据原始凭证编制汇总原始凭证;
2. 根据原始凭证或汇总原始凭证编制记账凭证;

3. 根据收款凭证、付款凭证逐笔登记现金和银行存款日记账；

4. 根据记账凭证及有关原始凭证或汇总原始凭证，登记各种明细分类账；

5. 根据收款凭证、付款凭证和转账凭证逐笔登记总分类账；

6. 期末，按对账的要求将现金日记账、银行存款日记账、明细分类账分别与总分类账进行核对相符；

7. 根据总分类账和明细分类账的记录及有关资料编制会计报表。

记账凭证账务处理程序，如图 9-1 所示。

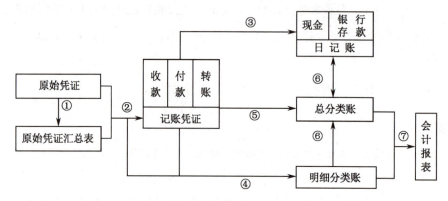

图 9-1　记账凭证账务处理程序流程图

▶▶ 边学边练

　　熟悉记账凭证账务处理程序，见实训十五 记账凭证账务处理程序。

四、记账凭证账务处理程序的优缺点及适用范围

记账凭证账务处理程序的优点是：①账务处理程序简单明了，易于理解；②总分类账直接根据记账凭证逐笔登记，因而总分类账可以较详细地反映经济业务的发生情况，便于查账、对账。其缺点是：登记总分类账的工作量较大。所以，记账凭证账务处理程序一般适用于规模小、业务量少的单位。在使用时，应尽量将原始凭证进行汇总，编制成汇总原始凭证，再根据汇总原始凭证编制记账凭证，从而减少记账凭证的数量，以减轻登记总分类账的工作量。

点滴积累 ∨

1. 记账凭证账务处理程序的特点为直接根据记账凭证逐笔登记总分类账，它是最基本的账务处理程序。

2. 凭证设置可以是通用记账凭证，也可以分设收款凭证、付款凭证和转账凭证。

3. 账簿设置需要设置现金日记账、银行存款日记账、明细账和总分类账。

4. 记账凭证账务处理程序的优点为简单明了、易于理解，总分类账可以较详细地反映经济业务的发生情况。缺点为登记总分类账的工作量较大。

5. 适用范围为规模较小、经济业务量较少的单位。

任务三　科目汇总表账务处理程序

一、科目汇总表账务处理程序的概念及特点

科目汇总表账务处理程序又称记账凭证汇总表核算程序,它是根据记账凭证定期编制科目汇总表,再根据科目汇总表登记总分类账的一种账务处理程序。它是为克服记账凭证账务处理程序的缺点,在记账凭证账务处理程序的基础上发展演变来的。科目汇总表账务处理程序的特点:登记总分类账的依据是科目汇总表,在记账凭证和总分类账之间增加了科目汇总表这个工具。

二、科目汇总表账务处理程序的会计凭证及账簿的设置

科目汇总表账务处理程序下的记账凭证、账簿组织与记账凭证账务处理程序下基本相同。但在记账凭证方面,除设置收款凭证、付款凭证和转账凭证外,还应增设科目汇总表;在账簿方面,应设置三栏式现金日记账、银行存款日记账,三栏式总分类账以及各种格式的明细分类账。

三、科目汇总表的编制方法及编制技术

科目汇总表的编制方法就是将一定时期内的全部记账凭证,按相同的会计科目进行归类汇总编制而成。首先,根据记账凭证将本期各会计科目的发生额过入有关"T"形账户;然后计算各账户的本期借方发生额合计数与贷方发生额合计数;最后,将各账户的借、贷方发生额合计数过入科目汇总表的有关行内。具体汇总方式可分为 2 种:

1. 全部汇总　是将一定时期(10 天、半个月、1 个月)的全部记账凭证汇总到一张科目汇总表内的汇总方式。

【经济业务 9-1】仁卫药业有限责任公司 2018 年 9 月份发生如下交易或事项:

①3 日,收回东方公司前欠货款 22 000 元,存入银行。

②5 日,以银行存款 40 000 元归还银行短期借款。

③10 日,基本生产车间加工产品领用熟地黄 750kg,计 15 000 元。

④15 日,出售产品一批,售价 60 000 元,增值税销项税额 9600 元,货款收到存入银行。

⑤18 日,车间生产产品领用熟地黄 1500kg,计 30 000 元;山楂 800kg,计 4000 元。

⑥20 日,以银行存款购进熟地黄 750kg,单价 20 元,价款计 15 000 元;山楂 4800kg,单价 5 元,价款计 24 000 元,增值税进项税额共计 6240 元,材料已验收入库。

⑦30 日,结转已完工入库产品的制造成本 60 000 元。

⑧30 日,结转本月产品销售成本 40 000 元,并转入"本年利润"账户。

⑨30 日,结转本月产品销售收入,转入"本年利润"账户。

【工作步骤】根据【经济业务 9-1】的资料编制的科目汇总表如表 9-1 所示。

表 9-1　科目汇总表

2018 年 9 月 30 日

会计科目	账页	本期发生额		记账凭证起讫日
		借方	贷方	
银行存款		91 600	85 240	
应收账款			22 000	
原 材 料		39 000	49 000	
生产成本		49 000	60 000	
库存商品		60 000	40 000	
短期借款		40 000		
应交税费		6240	9600	
主营业务成本		40 000	40 000	
主营业务收入		60 000	60 000	
本年利润		40 000	60 000	
合计		425 840	425 840	

2. **分类汇总**　是将一定时期(10 天、半个月、1 个月)的全部记账凭证分别按现金收款凭证、银行存款收款凭证、现金付款凭证、银行存款付款凭证和转账凭证 5 类进行汇总,也可以分别按收款凭证、付款凭证和转账凭证 3 类进行汇总。

在实际工作中,由于汇总方式不同,科目汇总表可以采用不同的格式。

四、科目汇总表账务处理的一般程序

1. 根据原始凭证编制汇总原始凭证;

2. 根据原始凭证或汇总原始凭证编制记账凭证;

3. 根据收款凭证、付款凭证逐笔登记现金日记账或银行存款日记账;

4. 根据原始凭证或汇总原始凭证和记账凭证登记各种明细分类账;

5. 根据各种记账凭证定期编制科目汇总表;

6. 根据科目汇总表登记总分类账;

7. 期末,将现金日记账、银行存款日记账和明细分类账的余额与有关总分类账的余额核对相符;

8. 期末,根据总分类账和明细分类账的记录,编制财务会计报告。

科目汇总表账务处理程序一般程序如图 9-2 所示。

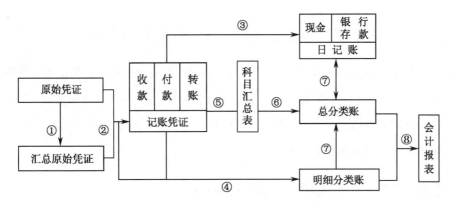

图 9-2　科目汇总表账务处理程序流程图

五、科目汇总表账务处理程序的优缺点及适用范围

科目汇总表账务处理程序的优点是:①将记账凭证通过科目汇总表汇总后登记总账,大大减轻了总账的登记工作量;②通过编制科目汇总表,可以对发生额进行试算平衡,从而及时发现错误,保证记账工作质量;③简明易懂,方便易学。其缺点是:科目汇总表不能明确反映账户之间的对应关系,不便于查对账目。这种账务处理程序的适用范围较广,特别适用于规模大、业务量多的大、中型企业单位。

> **点滴积累** ∨
>
> 1. 科目汇总表账务处理程序的特点为编制科目汇总表并据以登记总分类账。
>
> 2. 凭证设置与记账凭证账务处理程序基本相同。
>
> 3. 账簿设置与记账凭证账务处理程序基本相同。
>
> 4. 科目汇总表账务处理程序的优点为可以减轻登记总分类账的工作量,并可以做到试算平衡,简明易懂,方便易学。 缺点为不能反映账户对应关系,不便于查对账目。
>
> 5. 适用范围为规模大、业务量多的大、中型企业单位。

任务四　汇总记账凭证账务处理程序

一、汇总记账凭证处理程序的概念及特点

汇总记账凭证账务处理程序是根据原始凭证或汇总原始凭证编制记账凭证,定期根据专用记账凭证分类汇总编制汇总收款凭证、汇总付款凭证和汇总转账凭证,再根据汇总记账凭证登记总分类账的一种账务处理程序。汇总记账凭证账务处理程序是在记账凭证账务处理程序的基础上发展而来的。汇总记账凭证账务处理程序的特点:定期根据专用记账凭证编制汇总记账凭证,然后根据汇总记账凭证登记总账。

二、汇总记账凭证账务处理程序的会计凭证和账簿的设置

采用汇总记账凭证账务处理程序,在记账凭证方面,除设收款凭证、付款凭证和转账凭证3种记账凭证外,还应增设汇总收款凭证、汇总付款凭证和汇总转账凭证,其格式分别见表9-2、表9-3和表9-4。账簿种类方面与记账凭证账务处理程序一样,应设置三栏式现金日记账、银行存款日记账、三栏式总分类账及各种格式的明细分类账。

三、汇总记账凭证的编制方法及编制技术

汇总记账凭证的编制方法:先将各种记账凭证定期(一般为5天,最长不超过10天)在汇总记账凭证中汇总一次,月终计算出合计数,每月编制一张。

各种汇总记账凭证的具体编制方法如下:

1. 汇总收款凭证的编制方法 汇总收款凭证分别按现金、银行存款账户的借方设置,定期按贷方科目分别归类、汇总,一个月编制一张,月终结出合计数据以登记总分类账。

以【经济业务9-1】的资料为例,编制银行存款汇总收款凭证,10天汇总一次,编制结果如表9-2所示。

表9-2 汇总收款凭证

借方科目:银行存款　　　　　　　　　　2018年9月30日　　　　　　　　汇收字第1号

贷方科目	金额				总账账页
	1~10日 收字第1号 至__号	11~20日 收字第2号 至__号	21~30日 收字第__号 至__号	合计	
应收账款	22 000			22 000	
主营业务收入		60 000		60 000	
应交税费		9600		9600	
合计	22 000	69 600		91 600	

2. 汇总付款凭证的编制方法 汇总付款凭证分别按现金、银行存款账户的贷方设置,定期按借方科目归类、汇总,一个月编制一张,月终结出合计数并据以登记总分类账。

以【经济业务9-1】的资料为例,编制银行存款汇总付款凭证,10天汇总一次,编制结果如表9-3所示。

3. 汇总转账凭证的编制方法 汇总转账凭证既可按借方账户设置,也可按贷方账户设置,但在会计实务惯例中一般按每一贷方账户分别设置,并按相应的对应账户(借方账户)归类汇总,月末时结出其合计数,分别记入总分类账该汇总转账凭证应贷账户的贷方及各相应对应账户的借方。由于是按贷方科目设置,为便于汇总,所有转账凭证可以是"一借一贷"的会计分录或"一贷多借"的会计分录,不得编制"一借多贷"或"多借多贷"的会计分录,若遇"一借多贷"或"多借多贷"的会计分录,需分解为简单分录后再进行汇总。

表 9-3 汇总付款凭证

贷方科目:银行存款 　　　　　　　　　2018 年9 月 30 日 　　　　　　　　　汇付字第 1 号

借方科目	金额				总账账页
	1~10 日 付字第1 号 至 号	11~20 日 付字第2 号 至 号	21~30 日 付字第 号至 号	合计	
短期借款	40 000			40 000	
原材料		39 000		39 000	
应交税费		6240		6240	
合计	40 000	45 240		85 240	

以【经济业务 9-1】的资料为例,编制"原材料"科目的汇总转账凭证,10 天汇总一次,编制结果如表 9-4 所示。

表 9-4 汇总转账凭证

贷方科目:原材料 　　　　　　　　　2018 年9 月30 日 　　　　　　　　　汇转字第 1 号

借方科目	金额				总账账页
	1~10 日 转字第1 号 至 号	11~20 日 转字第2 号 至 号	21~30 日 转字第 号 至 号	合计	
生产成本	15 000	34 000		49 000	
合计	15 000	34 000		49 000	

案例分析

案例

表 9-4 编制的汇总转账凭证是按照每一贷方科目设置,按照借方科目汇总的。 为什么?

分析

主要是为了统一汇总方式,同时也是考虑减少汇总工作量。 例如原材料科目,在日常工作中各车间、部门领料频繁,发出原材料(原材料减少)的经济业务量明显较多,选择按贷方科目设置(原材料减少)、借方科目汇总,能够有效减少汇总工作量。

四、汇总记账凭证账务处理的一般程序

1. 根据原始凭证编制汇总原始凭证;

2. 根据原始凭证或汇总原始凭证编制记账凭证;

3. 根据收款凭证、付款凭证逐笔登记现金日记账和银行存款日记账;

4. 根据原始凭证或汇总原始凭证和记账凭证登记各种明细分类账;

5. 根据各种记账凭证编制汇总记账凭证；

6. 根据各种汇总记账凭证登记总分类账；

7. 期末,将现金日记账、银行存款日记账和明细分类账的余额与有关总分类账的余额核对相符；

8. 根据总分类账及有关明细分类账的记录,编制财务会计报告。

汇总记账凭证账务处理程序的一般程序如图9-3所示。

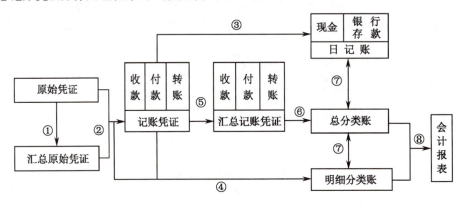

图9-3 汇总记账凭证账务处理程序流程图

五、汇总记账凭证账务处理程序的优缺点及适用范围

汇总记账凭证账务处理程序的优点是:①记账凭证通过汇总后登记总分类账,减轻了登记总账的工作量;②汇总记账凭证按会计科目的对应关系编制,便于了解账户的对应关系。其缺点是:按每一贷方科目编制汇总转账凭证,不利于会计核算的日常分工,当转账凭证较多时,编制汇总转账凭证的工作量较大。这种账务处理程序一般适用于经营规模较大、经营业务事项较多的单位,特别是收、付业务事项多而转账业务事项较少的单位。

以上3种账务处理程序虽各有特点,但又有密切联系,其主要区别是登记总账的依据和方法不同,其他内容相同。在实际工作中,各种账务处理程序往往可以结合运用,即某一部分会计凭证、账簿的设置和登记采用某一种账务处理程序,而另一部分会计凭证、账簿的设置和登记则采用另一种账务处理程序,以适应单位自身的业务特点和经营管理的需要。

▶▶ **课堂活动**

科目汇总表与汇总记账凭证的主要区别是什么?

点滴积累 ∨

1. 汇总记账凭证账务处理程序的特点为定期根据记账凭证分类编制汇总收款凭证、汇总付款凭证和汇总转账凭证,再根据汇总记账凭证登记总分类账。

2. 凭证设置除设置收款凭证、付款凭证和转账凭证之外,还应设置汇总收款凭证、汇总付款凭证和汇总转账凭证。

3. 账簿设置与记账凭证账务处理程序基本相同。

4. 汇总记账凭证账务处理程序的优点为减轻了登记总分类账的工作量,便于了解账户之间的对应关系。 缺点为不利于会计核算的日常分工,并且当转账凭证较多时,编制汇总转账凭证的工作量较大。

5. 适用范围为规模较大,经济业务较多的单位。

实训十五　记账凭证账务处理程序

【实训目的】

熟悉记账凭证账务处理程序的步骤。

【实训内容】

1. 项目四正文中的【经济业务 4-1】~【经济业务 4-56】。

2. 项目四"四、综合题(一)练习一~练习六"的经济业务题。

3. 项目四"实训三　工业企业主要经济业务及其成本的核算"的实训内容经济业务 1~46。

【实训要求】

根据以上资料,按记账凭证账务处理程序做如下工作:

1. 根据实训内容中的 3 套经济业务任选一套编制通用记账凭证和专用记账凭证。

2. 根据收款凭证、付款凭证逐日逐笔登记现金日记账和银行存款日记账。

3. 根据记账凭证及所附原始凭证登记有关明细分类账。

4. 直接根据记账凭证逐笔登记总分类账。

【实训注意】

完成本实训要求必须熟悉以下知识点:

1. 记账凭证账务处理程序的一般步骤;

2. 记账凭证的编制方法;

3. 记账凭证账务处理程序下日记账、明细分类账、总账的登记方法。

【实训检测】

通过以上实训请思考:

记账凭证账务处理程序有哪些优缺点以及适用范围如何?

目标检测

一、选择题

(一)单项选择题

1. 各种账务处理程序最主要的区别是(　　　)

　A. 编制会计凭证的依据和方法不同

　B. 登记现金日记账和银行存款日记账的依据和方法不同

C. 登记各种明细分类账的依据和方法不同

D. 登记总账的依据和方法不同 .

2. 下列各项中,属于最基本的账务处理程序是(　　)

A. 科目汇总表账务处理程序　　　　　　B. 记账凭证账务处理程序

C. 汇总记账凭证账务处理程序　　　　　D. 日记总账账务处理程序 .

3. 记账凭证账务处理程序的主要特点是(　　)

A. 根据各种记账凭证编制汇总记账凭证　　B. 根据各种记账凭证逐笔登记总分类账

C. 根据各种记账凭证编制科目汇总表　　　D. 根据各种汇总记账凭证登记总分类账

4. 科目汇总表汇总的是(　　)

A. 全部科目的借方发生额　　　　　　B. 全部科目的贷方发生额

C. 全部科目的借贷方余额　　　　　　D. 全部科目的借方和贷方发生额

5. 汇总收款凭证应按照现金或银行存款的(　　)

A. 借方设置　　　　　　　　　　　　B. 贷方设置

C. 借方或贷方设置　　　　　　　　　D. 对应科目的借方设置

(二) 多项选择题

1. 记账凭证账务处理程序的优点有(　　)

A. 登记总分类账的工作量较小

B. 账务处理程序简单明了,易于理解

C. 总分类账登记详细,便于查账、对账

D. 可以起到试算平衡的作用,保证总账登记的正确性

E. 适用于规模大、业务量多的大中型企业

2. 汇总记账凭证账务处理程序下,会计凭证方面除设置收款凭证、付款凭证、转账凭证外,还应设置(　　)

A. 科目汇总表　　　　　　B. 汇总收款凭证　　　　　　C. 汇总付款凭证

D. 汇总转账凭证　　　　　E. 以上全部包括

3. 各种账务处理程序的相同之处是(　　)

A. 根据原始凭证编制汇总原始凭证

B. 根据原始凭证及记账凭证登记明细分类账

C. 根据收、付款凭证登记现金日记账和银行存款日记账

D. 根据原始凭证和记账凭证登记各种总分类账

E. 根据总账和明细账编制会计报表

4. 汇总记账凭证账务处理程序下,记账凭证一般应采用(　　)形式

A. 一借一贷　　　　　　　B. 一借多贷　　　　　　　C. 一贷多借

D. 多借多贷　　　　　　　E. 以上全是

5. 科目汇总表核算形式下,月末应与总账核对的内容是(　　)

A. 现金日记账   B. 银行存款日记账   C. 汇总记账凭证

D. 明细账   E. 科目汇总表

二、判断题

1. 不论哪种账务处理程序,都必须设置日记账、总账和明细账。( )

2. 各种账务处理程序的主要区别在于登记总账的依据不同。( )

3. 记账凭证账务处理程序是一种最基本的账务处理程序。( )

4. 科目汇总表账务处理程序能科学反映账户间的对应关系,且便于核对账目。( )

5. 账务处理程序就是指记账程序。( )

6. 科目汇总表账务处理程序仅适用于经济业务并不复杂的中小型企业。( )

7. 记账凭证账务处理程序的特点在于将记账凭证分为收、付、转3种记账凭证。( )

8. 记账凭证是登记各种账簿的唯一依据。( )

9. 原始凭证可以作为登记各种账簿的直接依据。( )

10. 汇总记账凭证一律按每一账户的借方设置,并按其对应的贷方账户归类汇总。( )

三、简答题

简述3类账务处理程序的特点、优缺点及适用范围,列示在表中。

四、综合题

根据项目四的目标检测"四、综合题(一)练习会计分录的编制"练习三的生产过程的核算的资料里经济业务1~12所编制的会计分录编制科目汇总表,科目汇总表见表9-5。

表9-5 科目汇总表

会计科目	账页	本期发生额		记账凭证起讫日
		借方	贷方	
合计				

(于治春)

模块四

货币资金的管理

项目十

货币资金的管理概述

导学情景 ∨

情景描述

　　2018 年 9 月 6 日，仁卫药业有限责任公司办公室小王去某商场采购价格 2400 元的打印机一台，商场要求小王用现金支付，小王觉得用现金支付不符合有关规定，拒绝了该商场不合理的要求。

学前导语

　　现金又称库存现金，是指存放在企业并由出纳人员保管的现钞。现金是企业货币资金的一部分，本项目将带领大家一起学习企业对货币资金的管理和结算。

　　货币资金是指企业的资金在周转过程中暂时停留在货币形态上的资金，包括库存现金、银行存款和其他货币资金。

任务一　现金的管理

一、现金的概念

　　现金又称库存现金，是指存放在企业并由出纳人员保管的现钞，包括库存的人民币和各种外币。现金是流动性最大的一种货币资金，它可以随时用以购买所需物资、支付日常零星开支、偿还债务等。

二、现金的管理规定

　　现金管理就是对现金的收、付、存等各环节进行的管理。其主要内容包括以下几个方面：

（一）现金的使用范围

依据国务院颁布的《现金管理暂行条例》，企业可以在下列范围内使用现金：

1. 职工工资、津贴；

2. 个人劳务报酬；

3. 根据国家规定，颁发给个人的科学技术、文化艺术、体育等各种奖金；

4. 各种劳保、福利费用以及国家规定的对个人的其他支出；

5. 向个人收购农副产品和其他物资的价款；

6. 出差人员必须随身携带的差旅费；

7. 结算起点(1000元)以下的零星支出；

8. 中国人民银行规定的可支付现金的其他支出。

企业发生属于上述现金开支范围的支出,可向银行提取现金支付。凡不属于上述现金开支范围的支出,一律通过开户银行进行转账结算。

▶ **课堂活动**

仁卫药业有限责任公司于2018年9月2日购买打印机一台,单价1200元,请问能用现金支付吗?

(二) 现金的库存限额

为了零星开支需要,企业可根据规定经常保持一定数额的现金。企业库存现金的数额,由开户银行根据企业的实际需要予以核定,其最高限额一般以企业3~5天的日常零星开支所需的现金量核定。如果企业位居边远地区和交通不便地区,距开户银行较远,可以按多于5天、但不得超过15天的日常零星开支的需要量核定库存现金的限额。

企业对核定的库存现金限额,必须严格遵守,不得任意超过限额。对每天的现金结存数超过限额的部分,应及时送存开户银行。库存现金低于限额时,可以签发现金支票,从银行提取现金,补足限额。

(三) 现金的日常收支

按照《现金管理暂行条例》,企业的日常现金收支应遵守下列规定:

1. 企业的现金收入应于当日送存开户银行。当日送存确有困难的,由开户银行确定送存时间。

2. 企业支付现金,可以从本单位库存现金限额中支付或者从开户银行提取,不得从本单位的现金收入中直接支付(即坐支)。因特殊情况需要坐支现金的,应事先报经开户银行审批,由开户银行核定坐支范围和限额。坐支单位应当定期向开户银行报送坐支金额和使用情况。

3. 因采购地点不固定、交通不便、生产或者市场急需、抢险救灾以及其他特殊情况必须使用现金的,企业应当向开户银行提出申请,由本单位财会部门负责人签字盖章,经开户银行审批后,予以支付现金。

(四) 现金管理的内部牵制

内部牵制制度,是指凡涉及款项或者财务的收付、结算以及登记工作,必须由两人或者两人以上分工办理,以相互制约的工作制度。

钱账分管,即管钱的不管账,管账的不管钱。各单位应配备专职或兼职的出纳员,负责办理现金收付业务和现金保管业务,非出纳员不得经管现金收付业务和现金保管业务;出纳人员不得兼管企业的收入、费用、债权、债务等账簿的登记工作以及会计稽核和会计档案保管工作;

银行结算凭证的填写、有关印鉴也必须实行分管制度;出纳人员应根据经审核签字后的收、付款凭证,对有关业务进行现金收支;企业应定期或不定期地对库存现金进行清查,以保证库存现金的安全和完整。

案例分析

案例

2018 年 9 月,某市财政局派出检查组对市属某国有企业的会计工作进行检查。 检查中了解到以下情况:

1. 9 月 2 日,该企业从现金收入中直接支取 5 万元用于职工福利,会计科长称当时曾口头向总经理反映这样做不妥,但总经理要求其办理。

2. 9 月 10 日,该企业会计主管离任,由李某接任。 李某接任后安排王某任出纳。 因财务人员较少,该企业未设立会计档案机构,李某要求出纳兼管会计档案。

3. 9 月 14 日,该企业购买打印机一台,价值 2300 元,该企业以现金支付。

请指出该企业做法有哪些错误?

分析

1. 按照《现金管理暂行条例》,企业支付现金,可以从本单位库存现金限额中支付或者从开户银行提取,不得从本单位的现金收入中直接支付(即坐支)。

2. 《会计法》第三十七条规定:"会计机构内部应当建立稽核制度。 出纳人员不得兼任稽核、会计档案保管和收入、支出、费用、债权债务账目的登记工作。"

3. 按照《现金管理暂行条例》,结算起点(1000 元)以下的零星支出可以使用现金支付,结算起点(1000 元)以上的支出不得使用现金支付。

点滴积累 ∨

1. 现金又称库存现金,是指存放在企业并由出纳人员保管的现钞,包括库存的人民币和各种外币。 现金是流动性最大的一种货币资金。

2. 企业必须在国务院颁布的《现金管理暂行条例》范围内使用现金。

3. 企业的现金收支应该严格按照《现金管理暂行条例》办法执行。

任务二 银行存款的管理

一、银行存款的概念

银行存款,是指企业存放在银行或其他金融机构的货币资金。它是现代社会经济交往中的一种主要资金结算工具。

根据国家有关规定,凡是独立核算的企业,都必须在当地银行开设账户。企业在银行开设账户后,除按银行规定的企业库存现金限额保留一定的库存现金外,超过限额的现金都必须存入银行。企业经济活动所发生的一切货币收支业务,除按国家《现金管理暂行条例》中规定可以使用现金直接支付的款项外,其他都必须按银行支付结算办法的规定,通过银行账户进行转账结算。

二、银行存款的管理规定

银行存款管理,就是指企业对银行存款及相关内容进行的监督和管理。

1. **开立银行存款账户** 企业应在其所在地银行的分支机构或其他金融机构开立存款户,开户时,企业应持有关证明文件办理开户手续,并在银行预留有效印章样本,然后银行为企业确立账号。开户后,企业应将库存现金限额以外的所有货币资金存入银行。企业发生的各项经济往来,均按银行的有关规定进行结算。

2. **遵守银行结算纪律** 企业办理结算,必须严格执行银行结算办法规定的结算制度,遵守结算纪律。不得出租出借账户;不得签发空头支票和远期支票;不得套用银行信用。

知识链接

空 头 支 票

空头支票,是指支票持有人请求付款时,出票人在付款人处实有的存款不足以支付票据金额的支票。《票据法》规定支票出票人所签发的支票金额不得超过其在付款人处实有的存款金额,即不得签发空头支票,这就要求出票人自出票日起至支付完毕止,保证其在付款人处的存款账户中有足以支付支票金额的资金。对签发空头支票骗取财物的,要依法追究刑事责任。如果签发空头支票骗取财物的行为情节轻微,不构成犯罪的,《票据法》规定要依照国家有关规定给予行政处罚。

3. **实行内部牵制制度** 企业对银行存款的管理,也应实行内部牵制制度,即企业出纳人员负责办理银行存款的收、付业务,但出纳人员不得兼管企业收入、费用、债权、债务等账簿的登记工作;企业批准签发支票、具体签发支票及印鉴加盖等工作,不能由一人统管,应分别由两人或两人以上共同办理。

案例分析

案例

某企业的"银行存款日记账"中,2018年9月7日有一笔存款记录,摘要为"暂存款",收入金额为80 000元。时隔3天,9月10日,又有一笔付出存款记录,摘要为"提现",金额为80 000元。但检查现金日记账,9月10日并无提取现金80 000元的记录。

分析

这是企业会计、出纳利用工作之便,将本企业银行账户租给某人使用,属于出租出借银行账户,收取好处费的行为。

点滴积累 V

1. 银行存款，是指企业存放在银行或其他金融机构的货币资金。

2. 银行存款管理，就是指企业对银行存款及相关内容进行的监督和管理。 包括开立银行存款账户、遵守银行结算纪律、实行内部牵制制度等。

任务三 银行存款结算方式

企业日常大量的与其他企业或个人的经济业务往来,都是通过银行结算的,银行是社会经济活动中各项资金流转清算的中心,企业目前可以选择使用的结算方式主要包括支票、银行汇票、商业汇票、汇兑、信用卡,还包括委托收款等。

一、支票结算方式

支票结算方式的内容包括支票的概念、特点、支票结算方式的基本规定、结算程序以及支票的使用、日常管理等。

(一)支票的概念

支票是出票人签发的,委托办理支票存款业务的银行或者其他金融机构在见票时无条件支付确定的金额给收款人或者持票人的票据。支票包括现金支票和转账支票。

支票的基本要素,即支票必须记载下列事项:

1. 标明"支票"的字样

2. 无条件支付的委托

3. 确定的金额

4. 付款人的名称

5. 出票日期

6. 出票人签章

根据我国《票据法》规定,支票上未记载上述规定事项之一的,支票无效。

▶▶ **课堂活动**

支票必须记载哪些事项?

票据的特点

(二)支票的分类

按照支付票款的方式,支票结算凭证可以分为现金支票和转账支票 2 种。

1. 现金支票 支票中专门用于支取现金的,现金支票不得用于转账、不得背书转让。现金支票的正面、反面记载的事项及格式,如图 10-1、图 10-2 所示。

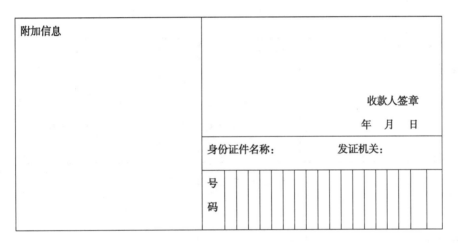

图 10-1　现金支票正面

图 10-2　现金支票反面

知识链接

背　书

背书转让是指收款人在收到的票据背面签名盖章后转给了新的收款人，一般用于归还所欠的款项。收款人即为背书人，新的收款人为被背书人。

2. 转账支票　支票中专门用于转账的，转账支票只能用于转账，不得支取现金。但转账支票在指定的城市可以背书转让。转账支票的正面、反面记载的事项及格式，如图 10-3、图 10-4 所示。

| 中国农业银行

转账支票存根

附加信息

出票日期 年 月 日
收款人
金额
用途
单位主管　会计 | 中国农业银行 转账支票

出票日期（大写）年 月 日　　　　付款行名称
收款人　　　　　　　　　　　　　　出票人账号 |

人民币	亿	千	百	十	万	千	百	十	元	角	分
（大写）											

用途　　　　　　　　　密码

上列款项请从

我账户内支付

出票人签章　　　　　　　　复核　　　记账

图 10-3　转账支票正面

附加信息：	被背书人	被背书人
	背书人签章 年 月 日	背书人签章 年 月 日

图 10-4　转账支票反面

▶▶ 课堂活动

现金支票可以背书转让吗？ 为什么？

（三）支票的特点

支票结算的特点概括起来有 4 个：简便、灵活、迅速和可靠。

1. **简便**　是指使用支票办理结算，手续简便，只要付款人在银行有足够的存款，它就可以签发支票给收款人，银行凭支票就可以办理款项的划拨或现金的支付。

2. **灵活**　是指支票可以由付款人向收款人签发以直接办理结算，也可以由付款人出票委托银行主动付款给收款人，另外转账支票在指定的城市还可以背书转让。

3. **迅速**　是指使用支票办理结算，收款人将转账支票和进账单送交银行，一般当日或次日即可入账，若使用现金支票当时即可取得现金。

4. **可靠**　是指银行严禁签发空头支票，各单位必须在银行存款余额内才能签发支票。

（四）支票结算的基本规定

1. 支票的金额起点为 100 元，起点以下的款项结算一般不使用支票，但缴纳公用事业费、缴拨基本养老保险金等,可不受金额起点的限制。

2. 签发支票要用墨汁或碳素墨水(或使用支票打印机)认真填写;支票大小写金额和收款人3处不得涂改,其他内容如有改动须由签发人加盖预留银行印鉴之一证明。

3. 支票一律记名,支票上未记载收款人名称的,经出票人授权,可以补记;收票人可以在支票上记载自己为收款人。

4. 支票限于见票即付,不得另行记载付款日期。另行记载付款日期的,该记载无效。

5. 支票的持票人应当自出票日起10日内提示付款;异地使用的支票,其提示付款的期限由中国人民银行另行规定。超过提示付款期限的,付款人可以不予付款;付款人不予付款的,出票人仍应当对持票人承担票据责任。

6. 支票的出票人所签发的支票金额不得超过其付款时在付款人处实有的存款金额。出票人签发的支票金额超过其付款时在付款人处实有的存款金额的,为空头支票。禁止签发空头支票。

7. 支票上的金额可以由出票人授权补记。未补记前的支票,不得使用。支票上的大小写金额应当一致。

8. 支票的出票人不得签发与其预留本名的签名式样或者印鉴不符的支票。

9. 支票不得随意折皱、污损,否则作无效支票处理。支票的日期、金额、收款人不得更改,更改的票据无效。支票上的其他记载事项更改的,必须由原记载人签章。

10. 已签发的现金支票遗失,可以向银行申请挂失;挂失前已经支付的,银行不予受理。已签发的转账支票遗失,银行不受理挂失,但可以请收款单位协助防范。

案例分析

案例

甲企业2018年9月发生以下3项事项:

1. 9月1日,签发一张转账支票,票面金额为60 000元,9月1日~10日,甲企业在银行实有存款50 000元。

2. 9月10日,用蓝色油笔签发了一张现金支票。

3. 9月13日,签发一张转账支票,签发后发现支票金额有误,该企业将支票上的金额更改后送交银行。

要求:指出上述行为有什么不当之处?

分析

1. 支票的出票人所签发的支票金额不得超过其付款时在付款人处实有的存款金额。

2. 签发支票要用墨汁或碳素墨水(或使用支票打印机)认真填写。

3. 支票大小写金额和收款人3处不得涂改,其他内容如有改动须由签发人加盖预留银行印鉴之一证明。

（五）支票结算的程序

1. 现金支票的结算程序　见图 10-5。

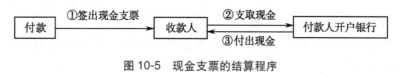

图 10-5　现金支票的结算程序

2. 转账支票的结算程序

（1）转账支票由收款人提交银行的结算程序，如图 10-6 所示。

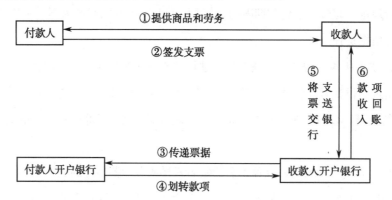

图 10-6　转账支票由收款人提交银行的结算程序

（2）转账支票由付款人送交其开户银行的结算程序，如图 10-7 所示。

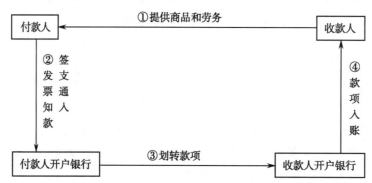

图 10-7　转账支票由付款人送交其开户银行的结算程序

将转账支票送交其开户银行时要填写"进账单"，进账单一式三联连同支票一并送存。中国工商银行进账单，如图 10-8 所示。

（六）支票的使用及日常管理

1. 支票的领购与注销

（1）支票的领购：企业向开户银行领用支票时，必须填写银行支票购用单并加盖银行预留印鉴，送交银行办理。经银行核对印鉴相符后，在"重要空白凭证登记簿"上注明领用日期、领用单位、支票起讫号码、密码号码等。银行同时按规定收取一定的工本费和手续费。按规定，每个账户一次只准购买一本支票，业务量大的可适当放宽。支票只有在加盖企业预留银行印鉴和签发人账号后方为有效。

出	全　　称			收	全　　称												
票	账　　号			款	账　　号												
人	开户银行			人	开户银行												
金	人民币					亿	千	百	十	万	千	百	十	元	角	分
额	（大写）															
票据种类		票据张数															
票据号码																	
备注：																	

图 10-8　中国工商银行进账单

（2）支票的注销：企业因撤销、破产、合并、分立或其他原因需要撤销银行账户时，必须将全部剩余未用的空白支票及作废支票交回银行注销。

2. 支票的签发

（1）现金支票的签发：如果单位签发现金支票到银行提取现金以发放工资或补充库存现金，则应在"收款人"栏填写本单位名称，并在支票背面加盖预留银行印鉴，即可到银行提取现金。其会计分录为：

借：库存现金

　　贷：银行存款

如果单位签发现金支票给其他单位或个人，则应在"收款人"栏填写收款单位或个人的名称，并要求其在现金支票存根联上签字或盖章。

【经济业务 10-1】企业开出一张现金支票，从银行提取现金 20 000 元备发工资。

根据现金支票存根编制会计分录：

借：库存现金　　　　　　　　　　　　　　　　　　　　　　　　　　　　20 000

　　贷：银行存款　　　　　　　　　　　　　　　　　　　　　　　　　　　20 000

（2）转账支票的签发：付款单位出纳员签发转账支票，首先应查验本单位银行存款账户是否有足够的存款余额，以免签发空头支票，然后再按要求逐项地填写支票的内容。

【经济业务 10-2】企业签发转账支票 600 元用于支付本月电话费。

借：管理费用——电话费　　　　　　　　　　　　　　　　　　　　　　　　　600

　　贷：银行存款　　　　　　　　　　　　　　　　　　　　　　　　　　　　600

（3）收到转账支票：收款单位收到转账支票送交其开户银行时要填写进账单一式三联连同支票一并送存银行办理转账划拨。

【经济业务 10-3】企业收到银行转来的收账通知单，注明红日制药厂汇来前欠货款 9000 元。

借：银行存款　　　　　　　　　　　　　　　　　　　　　　　　　　　　　9000

　　贷：应收账款——红日制药厂　　　　　　　　　　　　　　　　　　　　　9000

▶▶ **边学边练**

支票结算方式见实训十六　银行结算方式。

二、银行汇票结算方式

银行汇票结算方式的内容包括银行汇票的概念、特点、银行汇票结算方式的基本规定、结算程序以及银行汇票的使用、管理等。

（一）银行汇票的概念及特点

1. 银行汇票的概念　银行汇票是汇款人将款项交存当地银行，委托银行签发给汇款人持往异地办理转账结算或支取现金的票据。

2. 银行汇票的特点

（1）适用范围广泛：银行汇票是目前异地结算中较为广泛采用的一种结算方式。银行汇票适用于异地单位、个体经济户和个人之间需要支付的各种款项。凡在银行开立账户的单位、个体经济户和未在银行开立账户的个人，都可以向银行申请办理银行汇票，也都可以受理银行汇票。

（2）票随人到、用款及时、使用灵活、兑现性强：银行汇票是人到票到，持票人可一笔转账，也可分次付款，还可以通过银行办理转汇，或将银行汇票背书转让。银行汇票既可以用于转账结算，在填明"现金"字样后，也可以用于支取现金，兑现性很强。

（3）信用度高，安全可靠：银行汇票是银行在收到汇款人款项后签发的支付凭证，具有较高的信用。而且当汇票遗失时，失票人可以凭人民法院出具的其享有票据权利的证明，向出票银行请求付款或退款。

（二）银行汇票结算的基本规定

1. 银行汇票一律记名，必须指定某一特定人为汇票收款人。

2. 银行汇票汇款额起点为 500 元，付款期限一个月（不分大月、小月，统按次月对日计算，到期日遇节假日顺延）。逾期的银行汇票，兑付银行不予受理。

3. 汇款人持银行汇票可以向填明的收款单位或个体经济户办理结算。收款人为个人的也可以持转账的银行汇票经背书向兑付地的单位或个体经济户办理结算。

单位和个体经济户受理银行汇票时应审查下列内容：①收款人或被背书人确为本收款人；②银行汇票在付款期内，日期、金额等填写正确无误；③印章清晰，有压数机压印的金额；④银行汇票和解讫通知齐全、相符；⑤汇款人或背书人的证明或证件无误，背书人证件上的姓名与其背书相符。收款人对收到的银行汇票经审核无误后，在汇款金额以内根据实际需要的款项办理结算，并将实际结算金额和多余的金额，准确、清晰地填入银行汇票和解讫通知的有关栏内。银行汇票的多余金额由签发银行退交汇款人。

4. 兑付行转账或付款后将解讫通知送交签发行。签发行将多余款收账通知单交给汇款人。汇款人可凭此领取多余款项。

5. 汇票遗失时，持票人应立即向兑付行或签发行挂失。挂失前被冒领，银行不负责任。

6. 在银行开立账户的收款人或被背书人受理银行汇票后，在汇票背面加盖预留银行印章，连同解讫通知、进账单送交开户银行办理转账。未在银行开立账户的收款人持银行汇票向银行支取款项时,必须交验本人身份证或兑付地有关单位足以证实收款人身份的证明,并在银行汇票背面盖章或签字,注明证件名称、号码及发证机关后,才能办理支取手续。

（三）银行汇票的结算程序

银行汇票结算程序,如图 10-9 所示。

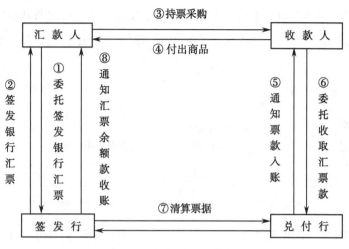

图 10-9　银行汇票结算程序

（四）银行汇票的使用及管理

1. 银行汇票的申请　汇款单位或个人申请办理银行汇票时,应向签发银行填写"银行汇票申请书",按银行汇票申请书所列项目逐项填明申请日期、申请人名称和账号、收款人名称和账号、用途、代理付款行、汇票金额等事项,并在申请书第二联"申请人盖章"处签章,签章为其预留银行的印鉴。

"银行汇票申请书"一式三联,其中,第一联是存根,银行盖章后交汇款人留作记账的凭证,第二联、第三联是签发行内部使用的凭证。

××银行汇票申请书(存根)1,如图 10-10 所示。

申请日期		年　　月　　日							第　　号		
申请人		收款人									
账号或住址		账号或住址									
用途		代理付款行									
汇款金额	人民币（大写）		千	百	十	万	千	百	十	元	角	分
备注＿＿＿＿＿＿　＿＿＿＿＿＿		科目　　　　对方科目　　　　财务主管　　　复核　　　经办									

图 10-10　××银行汇票申请书(存根)1

2. 银行汇票的签发　出票银行对银行汇票申请书的内容和印鉴验证无误,并收妥款项后,即可向申请人签发银行汇票。

银行汇票必须记载下列事项：①表明“银行汇票”的字样；②无条件支付的委托；③确定的金额；④付款人名称；⑤收款人名称；⑥出票日期；⑦出票人签章。

欠缺记载上述事项之一的，银行汇票无效。

银行汇票一式四联。其中，第一联为卡片，由出票银行留存；第二联为银行汇票；第三联为解讫通知；银行汇票和解讫通知由出票银行一并交给汇款人，汇款人便可持此两联银行汇票到异地办理支付结算或支取现金，缺一不可。第四联为多余款收账通知，出票银行将银行汇票金额结算后将此联交申请人。

银行汇票格式，如图 10-11 所示。

付款期限
壹 个 月

中国工商银行
银 行 汇 票（卡片）　1　汇票号码 第　号

出票日期
（大写）贰零零捌年　月　日　代理付款行：　行号：

收款人：　账号：										
出票金额　人民币（大写）										
实际结算金额　人民币（大写）	千	百	十	万	千	百	十	元	角	分

账号或住址：

申请人：

出票行：　行号：

备注：

复核　经办

科目（借）
对方科目（贷）
销账日期　年　月　日
复核　记账

● 此联出票行结清汇票时作汇出汇款借方凭证

图 10-11　银行汇票格式

知识链接

现金银行汇票

银行签发现金银行汇票，申请人和收款人必须均为个人。申请人或者收款人为单位的，银行不得为其签发现金银行汇票。

3. 签发、使用银行汇票时的账务处理

（1）签发银行汇票时的账务处理

借：其他货币资金——银行汇票

　　贷：银行存款

（2）使用银行汇票购买商品时的账务处理

借：在途物资——商品

借：应交税金——应交增值税（进项税额）

贷:其他货币资金——银行汇票

4. 银行汇票的兑付

(1)在银行开立存款账户的持票人向银行提示付款时,应在汇票背面"持票人向银行提示付款签章"处签章,签章必须与其银行预留印鉴相同,并填写进账单、连同银行汇票和解讫通知一并提交银行,银行审查无误后办理结算。

(2)未在银行开立存款账户的个人为持票人时,可以向选择的任何一家银行机构提示付款。提示付款时,应在汇票背面"持票人向银行提示付款签章"处签章,并填明本人身份证件名称、号码及发证机关,由其本人向银行提交身份证及其复印件。银行审核无误后,将其身份证复印件留存备查,并以持票人的姓名开立应解汇票及临时存款账户,该账户只付不收,付完清户,不计付利息。

企业收到银行汇票送存其开户银行时的会计分录:

借:银行存款

　　贷:应收账款(主营业务收入、应交税费)等

银行在收到付款人或背书人提交的银行汇票时,经过审查发现有下列情况的,可以予以拒付。

(1)伪造、变造的银行汇票;

(2)非中国人民银行总行统一印刷的全国通汇的银行汇票;

(3)超过付款期限的银行汇票;

(4)缺汇票联或解讫通知联的银行汇票;

(5)银行汇票背书不完整、不连续的;

(6)涂改汇票签发日期、收款人、汇款金额大小写金额的;

(7)已在银行挂失、止付的现金银行汇票;

(8)银行汇票残损、污染严重无法辨认的。

5. 银行汇票的背书　背书是指汇票持有人将票据权利转让他人的一种票据行为。票据权利是指票据持有人向票据债务人直接请求支付票据中所规定金额的权利。通过背书转让其权利的人称为背书人,接受经过背书汇票的人称为被背书人。

6. 银行汇票的结算与退款

(1)银行汇票的兑付:银行按实际结算金额办理入账后,将第三联解讫通知传递给汇票签发银行,该银行核对后将余款转入汇款人账户,并将银行汇票余款收账通知转给汇款人,汇款人据此办理入账手续。

汇款人收到余款后的会计分录为:

借:银行存款

　　贷:其他货币资金——银行汇票

(2)汇款人由于银行汇票超过了付款期限或其他原因没有使用银行汇票而要求退款时,可持银行汇票和解讫通知,针对不同的情况到签发银行申请退款:①在银行开立账户的汇款单位申请退款时,需由汇款单位向签发银行写出书面公函,说明退款原因,并将未用的"银行汇票联"和"解讫通知

联”交回汇票签发银行，银行将这两联同银行留存的银行汇票“卡片联”核对无误后办理退款手续，将银行汇票金额划入汇款单位账户。②未在银行开立账户的汇款单位申请退款时，汇款单位将未用的“银行汇票联”和“解讫通知联”交回汇票签发银行，并向签发银行出示申请退款单位的有关证件，签发银行审验无误后办理退款。③汇款单位缺少“银行汇票联”或“解讫通知联”之一申请退款时，汇款单位将剩余的一联交回汇票签发银行，同时写出书面公函，说明短缺其中之一的原因，经签发银行审查同意后办理退款手续。

三、商业汇票结算方式

（一）商业汇票的概念及分类

1. 商业汇票的概念 商业汇票是由收款人或付款人（或承兑人）签发的、在指定日期无条件支付确定的金额给收款人或持票人的票据。承兑人可以是银行，也可以是付款人。由于承兑人不同，承兑出的商业汇票分为银行承兑汇票和商业承兑汇票 2 种。

2. 商业汇票的分类

（1）银行承兑汇票是指在承兑银行开立存款账户的存款人向开户银行申请，经银行审查同意承兑的商业票据，如图 10-12 所示。

银行承兑汇票　　2　　汇票号码

出票日期（大写）　　年　月　日　第　号

<table>
<tr><td>出票人全称</td><td colspan="2"></td><td rowspan="3">收款行</td><td>全称</td><td colspan="10"></td></tr>
<tr><td>出票人账号</td><td colspan="2"></td><td>账号</td><td colspan="10"></td></tr>
<tr><td>付款行全称</td><td></td><td>行号</td><td>开户银行</td><td colspan="6"></td><td colspan="2">行号</td><td colspan="2"></td></tr>
<tr><td rowspan="2">出票金额</td><td colspan="4" rowspan="2">人民币
（大写）</td><td>千</td><td>百</td><td>十</td><td>万</td><td>千</td><td>百</td><td>十</td><td>元</td><td>角</td><td>分</td></tr>
<tr><td></td><td></td><td></td><td></td><td></td><td></td><td></td><td></td><td></td><td></td></tr>
<tr><td>汇票到期日</td><td colspan="2"></td><td colspan="2">合同号码</td><td colspan="10"></td></tr>
<tr><td colspan="3" rowspan="2">本汇票请你行承兑，此项汇票款我单位按承兑协议于到期日前足额存你行，到期请予以支付。
出票人签章
年　月　日</td><td colspan="4" rowspan="2">本汇票已经承兑，到期日由本行付款。
承兑行签章
年　月　日</td><td colspan="8">承兑协议编号：</td></tr>
<tr><td colspan="8">科目（借）
对方科目（贷）
转账　年　月　日
复核　记账</td></tr>
</table>

图 10-12 银行承兑汇票

此联收款人开户行随委托收款凭证寄付款行作借方凭证。

（2）商业承兑汇票是指由收款人签发、经付款人承兑或者由付款人签发并承兑的商业票据，如图 10-13 所示。

此联持票人开户行随委托收款凭证寄付款人开户行作借方凭证。

（二）商业汇票结算的基本规定

1. 在银行开立存款账户的法人以及其他组织之间，必须具有真实的交易关系或债权、债务关系，才能使用商业汇票。

2. 商业汇票一律记名，允许背书转让。签发人或承兑人在汇票正面记明“不准转让”字样的，该汇票不得背书转让，否则签发人或承兑人对被背书人不负保证付款的责任。

商　业　承　兑　汇　票			2			汇票号码					

出票日期（大写）　　　年　　月　　日　　　第　　号

付款行	全称			收款行	全称						
	账号				账号						
	开户银行		行号		开户银行				行号		

出票金额	人民币（大写）			千	百	十	万	千	百	十	元	角	分

汇票到期日		合同号码	

本汇票已经承兑，到期无条件支付票款。 　　　　　　　　　　承兑人签章 　　　承兑日期　　　　年 月　　日	本汇票请予以承兑于到期日付款。 　　　　　　　　出票人签章

图 10-13　商业承兑汇票

3. 商业汇票的付款期限,最长不得超过 9 个月。

(1)定日付款的汇票付款期限自出票日起计算,并在汇票上记载具体的到期日。

(2)定期付款的汇票付款期限自出票日起按月计算,并在汇票上记载。

ER-10-2

4. 每张银行承兑汇票的承兑金额最高不得超过 1000 万元人民币。

5. 符合条件的商业汇票的持票人可持未到期的商业汇票向银行申请贴现。

应收票据和
应付票据备
查簿

(三) 商业汇票的结算程序

1. 商业承兑汇票的结算程序

(1)由付款单位签发商业承兑汇票的结算程序,如图 10-14 所示。

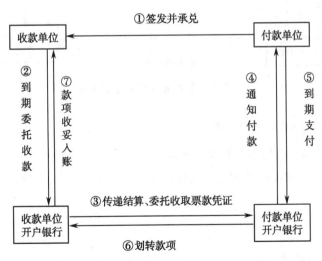

图 10-14　付款单位签发商业承兑汇票的结算程序

(2)由收款单位签发商业承兑汇票的结算程序,如图 10-15 所示。

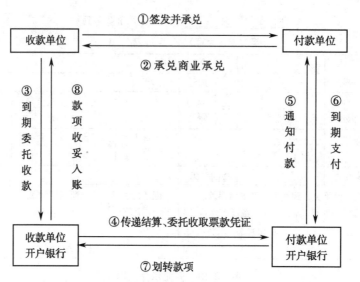

图 10-15 收款单位签发商业承兑汇票的结算程序

2. 银行承兑汇票的结算程序 如图 10-16 所示。

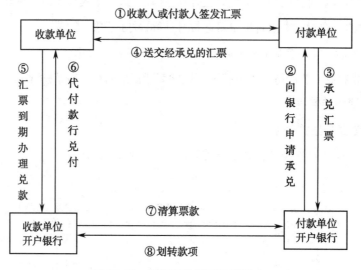

图 10-16 银行承兑汇票结算程序

银行承兑汇票的优点

商业承兑汇票的风险分析

（四）商业汇票结算方式的账务处理

【经济业务 10-4】企业从本地中药厂购进金银花 1000kg，单价 20 元，共计 20 000 元，增值税率 16%，增值税 3200 元。货款和税金采用商业承兑汇票结算，承诺 3 个月后一次付清。

【工作步骤】

1. 付款单位的账务处理

（1）购货单位购货时签发、承兑商业汇票交销货单位，会计分录如下：

借：在途物资——金银花　　　　　　　　　　　　　　　　20 000

借：应交税费——应交增值税（进项税额）　　　　　　　　3200

　　贷：应付票据——商业承兑汇票——中药厂　　　　　　23 200

（2）3 个月后汇票到期，支付票款时，购货企业收到开户银行的付款通知，会计分录如下：

借：应付票据——商业承兑汇票——中药厂　　　　　　　　　　　　　　23 200
　　　贷：银行存款　　　　　　　　　　　　　　　　　　　　　　　　　23 200

2. 收款单位的账务处理

（1）销货方收到购货方交来已承兑的商业汇票时，会计分录如下：

借：应收票据——商业承兑汇票——仁卫药业　　　　　　　　　　　　　23 200
　　　贷：应交税费——应交增值税（销项税额）　　　　　　　　　　　　　3200
　　　贷：主营业务收入——金银花　　　　　　　　　　　　　　　　　　20 000

（2）销货方把将要到期的汇票交存开户银行办理收款手续以后，接到银行收款通知时，会计分录如下：

借：银行存款　　　　　　　　　　　　　　　　　　　　　　　　　　　23 200
　　　贷：应收票据——商业承兑汇票——仁卫药业　　　　　　　　　　　　23 200

（五）商业汇票的贴现

1. 申请贴现　销货方收到承兑的商业汇票后，如果在汇票到期以前，企业急需资金，可以持未到期的汇票向其开户银行申请贴现。所谓贴现，就是持有汇票的收款人将未到期的商业汇票交给银行，银行将票面金额扣除贴现日至汇票到期前一日的利息以后的余款提前支付给持票人。

2. 商业汇票贴现的核算

（1）贴现天数：是指自贴现之日起至汇票到期日止的期限，其计算方法是："算头不算尾"，即从贴现之日起至汇票到期前一日的天数。

（2）贴现率：按有关规定是现有同档次信用贷款利率上浮 3% 执行。

（3）实付贴现金额：按票面金额扣除贴现日至汇票到期前一日的利息计算。

（4）贴现利息、实付贴现金额的计算公式为：

贴现利息＝票面到期值×贴现天数×贴现率（月贴现率÷30）

实付贴现金额＝票面到期值−贴现利息

（5）商业汇票贴现的账务处理

【经济业务 10-5】企业收到商业汇票一张，票面金额为 50 000 元，贴现天数为 40 天，月贴现率为 3.5‰。要求计算实付贴现金额并编制会计分录。

【工作步骤】

（1）计算实付贴现金额

贴现利息＝50 000×40×（3.5‰÷30）＝233.33（元）

实付贴现金额＝50 000−233.33＝49 766.67（元）

（2）实际收到实付金额时的账务处理

借：银行存款　　　　　　　　　　　　　　　　　　　　　　　　　　　49 766.67
借：财务费用——贴现利息　　　　　　　　　　　　　　　　　　　　　233.33
　　　贷：应收票据　　　　　　　　　　　　　　　　　　　　　　　　　50 000

四、汇兑结算方式

（一）汇兑结算方式的概念及分类

1. 汇兑结算方式的概念　是指汇款人（付款企业）委托银行将其款项支付给收款人的结算方式。这种结算方式划拨款项简便、灵活。

2. 汇兑的分类　汇兑分为信汇、电汇 2 种。信汇是指汇款人委托银行通过邮寄方式将款项划给收款人，电汇是指汇款人委托银行通过电讯手段将款项划转给收款人，2 种方式可由汇款人根据需要选择使用。

（二）汇兑结算方式的特点

1. 普通汇款一般 24 小时到账；加急汇款的汇划速度快，自客户提交电汇凭证起 2 小时内到达收款人账户；

2. 收款人既可以是在汇入行开立账户的单位，也可以是"留行待取"的个人；

3. 汇款人对银行已经汇出的款项，可以申请退回；

4. 对在汇入银行开立存款账户的收款人，由汇款人与收款人自行联系退汇；

5. 对未在汇入银行开立存款账户的收款人，由汇出银行通知汇入银行，经核实汇款确未支付，并将款项收回后，可办理退汇；

6. 个人汇款解讫后，可通过开立的"应解汇款及临时存款"账户，办理转账支付和以原收款人为收款人的转汇业务。

（三）汇兑结算方式的基本规定

1. 汇兑结算方式的适用范围为单位和个人异地之间各种款项的结算，均可使用。

2. 汇款人委托银行办理信汇或电汇时，应填写银行信汇或电汇凭证，加盖预留银行印鉴，并按要求详细填写收、付款人名称、账号、汇入地点及汇入行名称、汇款金额等。

▶ 课堂活动

异地之间结算应采用支票结算还是汇兑结算方式合适？

（四）汇兑结算方式的结算程序

付款企业应在向汇出银行办理汇款手续后，根据汇款回单编制付款凭证入账；收款企业应在收到汇入银行的收账通知时编制收款凭证入账。

五、信用卡结算方式

（一）信用卡的概念及分类

信用卡是银行、金融机构向信誉良好的单位、个人提供的，能在指定的银行提取现金，或在指定的商店、饭店、宾馆等购物和享受劳务时进行记账结算的一种信用凭证（特制载体卡片）。

信用卡按使用对象不同分为单位卡和个人卡；按信誉等级分为金卡和普通卡。

（二）信用卡结算的特点

1. 方便　可以凭卡在全国各地大中城市的有关银行提取存入现金或在同城、异地的特约商场、商店、饭店、宾馆购物和消费。

2. 通用　它可用于支取现金，进行现金结算，也可以办理同城、异地的转账业务，代替支票、汇票等结算工具，具有银行户头的功能。

3. 善意透支　信用卡允许在规定限额内善意透支。

（三）信用卡结算的基本规定

1. 发卡银行对于约定商店拒绝接受信用卡不负责任。

2. 信用卡若丢失或被窃，应立即向发卡银行申请挂失，在挂失生效前被非法使用的款项仍由本人负责。

3. 信用卡只限于合法持卡人本人使用，不得转让或转借。持卡人对凭信用卡而发生的付款应负完全责任。

4. 申领信用卡，应按规定填制申请表，连同有关资料一并送交发卡银行。

5. 单位卡账户的资金一律从其基本存款账户转账存入，续存资金也一律从其基本存款账户转账存入，不得交存现金，不得将销货收入的款项存入其账户。单位卡一律不得用于10万元以上的商品交易、劳务供应款项的结算，不得支取现金。

6. 信用卡在规定的限额和期限内允许善意透支。

（四）信用卡结算的账务处理

企业申请单位卡时，交存银行信用卡存款账户的资金，通过"其他货币资金——信用卡"账户核算。

【经济业务10-6】企业在中国工商银行申请领用信用卡，从其存款账户转存备用金30 000元。

会计分录为：

借：其他货币资金——信用卡　　　　　　　　　　　　　　　　　　30 000

　　贷：银行存款　　　　　　　　　　　　　　　　　　　　　　　　30 000

【经济业务10-7】企业使用信用卡支付购买办公用品费1000元，持卡人持有关发票报销时。

会计分录为：

借：管理费用——办公费　　　　　　　　　　　　　　　　　　　　1000

　　贷：其他货币资金——信用卡　　　　　　　　　　　　　　　　　1000

六、委托收款结算方式

（一）委托收款的概念及分类

委托收款，是指收款人委托银行向付款人收取款项的结算方式。委托收款分邮寄和电报划回2种，由收款人选用。前者是以邮寄方式由收款人开户银行向付款人开户银行转送委托收款凭证、提供收款依据的方式，后者则是以电报方式由收款人开户银行向付款人开户银行转送委托收款凭证，提供收款依据的方式。

邮寄划回和电报划回凭证均一式五联。第一联回单,由收款人开户行给收款人的回单;第二联收款凭证,由收款人开户行作收入传票;第三联支款凭证,由付款人开户行作付出传票;第四联收款通知(或发电依据),由收款人开户行在款项收妥后给收款人的收款通知(或付款人开户行凭以拍发电报);第五联付款通知,由付款人开户行给付款人按期付款的通知。

（二）委托收款的适用范围

凡在银行或其他金融机构开立账户的单位和个体经济户的商品交易,公用事业单位向用户收取水电费、邮电费、煤气费、公房租金等劳务款项以及其他应收款项,无论是在同城还是异地,均可使用委托收款的结算方式。

可以使用委托收款结算方式的凭证有:已承兑商业汇票、债券、定期储蓄存款、定活两便储蓄存款、活期储蓄存款。

（三）委托收款结算的基本规定

1. 委托收款结算不受金额起点限制

2. 委托 是指收款人向银行提交委托收款凭证和有关债务证明并办理委托收款手续的行为。委托收款凭证即是如前所述的按规定填写凭证;有关债务证明即是指能够证明付款到期并应向收款人支付一定款项的证明。

3. 付款 是指银行在接到寄来的委托收款凭证及债务证明,并经审查无误后向收款人办理付款的行为。根据《支付结算办法》的规定,银行可根据付款人的不同而在不同的时间付款,从而改变了原《银行结算办法》统一3天的付款期。具体而言:

（1）以银行为付款人的,银行应在当日将款项主动支付给收款人。

（2）以单位为付款人的,银行应及时通知付款人,按照有关办法规定,需要将有关债务证明交给付款人的应交给付款人,并签收。付款人应于接到通知的当日书面通知银行付款;如果付款人未在接到通知日的次日起3日内通知银行付款的,视同付款人同意付款,银行应于付款人接到通知日的次日起第4日上午开始营业时,将款项划给收款人。

4. 付款人拒绝付款 付款人审查有关债务证明后,对收款人委托收取的款项需要拒绝付款的,可以办理拒绝付款。付款人对收款人委托收取的款项需要全部拒绝付款的,应在付款期内填制"委托收款结算全部拒绝付款理由书",并加盖银行预留印鉴章,连同有关单证送交开户银行,银行不负责审查拒付理由,将拒绝付款理由书和有关凭证及单证寄给收款人开户银行转交收款人。需要部分拒绝付款的,应在付款期内出具"委托收款结算部分拒绝付款理由书",并加盖银行预留印鉴章,送交开户银行,银行办理部分划款,并将部分拒绝付款理由书寄给收款人开户银行转交收款人。

5. 无款支付的规定 付款人在付款期满日、银行营业终了前如无足够资金支付全部款项,即为无款支付。银行于次日上午开始营业时,通知付款人将有关单证(单证已作账务处理的,付款人可填制"应付款项证明书"),在2天内退回开户银行,银行将有关结算凭证连同单证或应付款项证明单退回收款人开户银行转交收款人。

6. 付款人逾期不退回单证的,开户银行应按照委托收款的金额自发出通知的第 3 天起,每天处以 0.5‰但不低于 50 元的罚金,并暂停付款人委托银行向外办理结算业务,直到退回单证时为止。

(四) 委托收款结算程序

1. 委托收款

(1)收款人办理委托收款应填写邮划委托收款凭证或电划委托收款凭证并签章。将委托收款凭证和有关的债务证明一起提交银行。

(2)审查委托收款凭证和有关的债务证明是否符合有关规定。

(3)将委托收款凭证和有关的债务证明寄交付款人开户行办理委托收款。

2. 付款

(1)付款人应于接到通知的 3 日内书面通知银行付款。付款人未在规定期限内通知银行付款的,视为同意付款,银行应于付款人接到通知日的次日起第 4 日上午开始营业时,将款项划给收款人。

(2)银行在办理划款时,付款人存款账户不足支付的,应通过被委托银行向收款人发出未付款项通知书。按照有关办法规定,债务证明留存付款人开户银行的,应将其债务证明连同未付款项通知书邮寄被委托银行转交收款人。

3. 拒绝付款

(1)付款人审查有关债务证明后,对收款人委托收取的款项需要拒绝付款的,可以办理拒绝付款。

(2)以银行为付款人的,应自收到委托收款及债务证明的次日起 3 日内出具拒绝证明连同有关债务证明、凭证寄给被委托银行,转交收款人。

(3)以单位为付款人的,应在付款人接到通知日的次日起 3 日内出具拒绝证明,持有债务证明的,应将其送交开户银行。银行将拒绝证明、债务证明和有关凭证一并寄给被委托银行,转交收款人。

▶▶ 边学边练

同一个业务,企业可以选择多种结算方式结算, 结算方式的练习请看实训十六 银行结算方式。

七、其他结算方式

随着信息技术的发展,近几年来网上银行、移动银行以及第三方支付等一些新兴的结算方式开始出现。

(一) 网上银行

1. 网上银行的概念 网上银行又称网络银行、在线银行,是指银行利用 Internet 技术,通过 Internet 向客户提供开户、查询、对账、行内转账、跨行转账、信贷、网上证券、投资理财等传统服务项目,使客户可以足不出户就能够安全便捷地管理活期和定期存款、支票、信用卡及个人投资等。可以说,网上银行是在 Internet 上的虚拟银行柜台。网上银行为"3A 银行",因为它不受时间、空间限制,能够在任何时间(Anytime)、任何地点(Anywhere)、以任何方式(Anyway)为客户提供金融服务。

2. 网上银行的分类　网上银行发展的模式有 2 种,一是完全依赖于互联网的无形的电子银行,也叫"虚拟银行";所谓虚拟银行就是指没有实际的物理柜台作为支持的网上银行,这种网上银行一般只有一个办公地址,没有分支机构,也没有营业网点,采用国际互联网等高科技服务手段与客户建立密切的联系,提供全方位的金融服务。另一种是在现有的传统银行的基础上,利用互联网开展传统的银行业务交易服务。即传统银行利用互联网作为新的服务手段为客户提供在线服务,实际上是传统银行服务在互联网上的延伸,这是网上银行存在的主要形式,也是绝大多数商业银行采取的网上银行发展模式。

3. 网上银行业务具有的优势

(1)大大降低银行经营成本,有效提高银行盈利能力。开办网上银行业务,主要利用公共网络资源,不需设置物理的分支机构或营业网点,减少了人员费用,提高了银行后台系统的效率。

(2)无时空限制,有利于扩大客户群体。网上银行业务打破了传统银行业务的地域、时间限制,具有 3A 特点,即能在任何时候(Anytime)、任何地方(Anywhere)、以任何方式(Anyway)为客户提供金融服务,这既有利于吸引和保留优质客户,又能主动扩大客户群,开辟新的利润来源。

(3)有利于服务创新,向客户提供多分类、个性化服务。通过银行营业网点销售保险、证券和基金等金融产品,往往受到很大限制,主要是由于一般的营业网点难以为客户提供详细的、低成本的信息咨询服务。利用互联网和银行支付系统,容易满足客户咨询、购买和交易多种金融产品的需求,客户除办理银行业务外,还可以很方便地进行网上买卖股票债券等,网上银行能够为客户提供更加合适的个性化金融服务。

(二) 移动银行

1. 移动银行的概念　移动银行(mobile banking service)也可称为手机银行,是利用移动通信网络及终端办理相关银行业务的简称。作为一种结合了货币电子化与移动通信的崭新服务,移动银行业务不仅可以使人们在任何时间、任何地点处理多种金融业务,而且极大地丰富了银行服务的内涵,使银行能以便利、高效而又较为安全的方式为客户提供传统和创新的服务。作为一种结合了货币电子化与移动通信的崭新服务,移动银行业务不仅可以使人们在任何时间、任何地点处理多种金融业务,而且极大地丰富了银行服务的内涵,使银行能以便利、高效而又较为安全的方式为客户提供传统和创新的服务,而移动终端所独具的贴身特性,使之成为继 ATM、互联网、POS 之后银行开展业务的强有力工具,越来越受到国际银行业者的关注。

2. 移动银行的构成　移动银行是由手机、GSM 短信中心和银行系统构成。

在移动银行的操作过程中,用户通过 SIM 卡上的菜单对银行发出指令后,SIM 卡根据用户指令生成规定格式的短信并加密,然后指示手机向 GSM 网络发出短信,GSM 短信系统收到短信后,按相应的应用或地址传给相应的银行系统,银行对短信进行预处理,再把指令转换成主机系统格式,银行主机处理用户的请求,并把结果返回给银行接口系统,接口系统将处理的结果转换成短信格式,短信中心将短信发给用户。

3. 移动银行的特点 移动银行并非电话银行。电话银行是基于语音的银行服务,而移动银行是基于短信的银行服务。通过电话银行进行的业务都可以通过移动银行实现,移动银行还可以完成电话银行无法实现的二次交易。比如,银行可以代用户缴付电话、水、电等费用,但在划转前一般要经过用户确认。由于移动银行采用短信息方式,用户随时开机都可以收到银行发送的信息,从而可在任何时间与地点对划转进行确认。

移动银行与 WAP 网上银行相比,优点也比较突出。首先,移动银行有庞大的潜在用户群;其次,移动银行须同时经过 SIM 卡和账户双重密码确认之后,方可操作,安全性较好。而 WAP 是一个开放的网络,很难保证在信息传递过程中不受攻击;另外,移动银行实时性较好,折返时间几乎可以忽略不计,而 WAP 进行相同的业务需要一直在线,还将取决于网络拥挤程度与信号强度等许多不定因素。

4. 移动银行的利与弊 移动银行是网络银行的派生产品之一,它的优越性集中体现在便利性上,客户利用移动银行不论何时何地均能及时交易,节省了 ATM 机和银行窗口排队等候的时间。移动银行主要采用的实现方式有 STK、SMS、BREW、WAP 等。其中,STK(sim tool kit)方式需要将客户手机 SIM 卡换成存有指定银行业务程序的 STK 卡,缺点是通用性差、换卡成本高;SMS(short message service)方式即利用手机短消息办理银行业务,客户容易接入,缺点是复杂业务输入不便、交互性差;BREW(binary runtime environment for wireless)方式基于 CDMA 网络,并需要安装客户端软件;WAP(wireless application protocol)方式即通过手机内嵌的 WAP 浏览器访问银行网站,即利用手机上网处理银行业务的在线服务,客户端无须安装软件,只需手机开通 WAP 服务。

WAP 方式的手机银行较为方便、实用,成为该领域国际发展趋势。

(三)第三方支付

1. 第三方支付的概念 第三方支付(Third-Party Payment)狭义上是指具备一定实力和信誉保障的非银行机构,借助通信、计算机和信息安全技术,采用与各大银行签约的方式,在用户与银行支付结算系统间建立连接的电子支付模式。从广义上讲第三方支付是指非金融机构作为收、付款人的支付中介所提供的网络支付、预付卡、银行卡收单以及中国人民银行确定的其他支付服务。第三方支付已不仅仅局限于最初的互联网支付,而是成为线上线下全面覆盖,应用场景更为丰富的综合支付工具。

2. 第三方支付的分类 第三方支付目前有支付宝、财付通以及微信支付等。

(1)支付宝:支付宝(中国)网络技术有限公司是国内领先的独立第三方支付平台,是由阿里巴巴集团 CEO 马云先生在 2004 年 12 月创立的第三方支付平台,是阿里巴巴集团的关联公司。支付宝致力于为中国电子商务提供"简单、安全、快速"的在线支付解决方案。支付宝公司从 2004 年建立开始,始终以"信任"作为产品和服务的核心。不仅从产品上确保用户在线支付的安全,同时让用户通过支付宝在网络间建立起相互的信任,为建立纯净的互联网环境迈出了非常有意义的一步。

(2)财付通:财付通是腾讯公司于 2005 年 9 月正式推出专业在线支付平台,致力于为互联网用户和企业提供安全、便捷、专业的在线支付服务。

　　财付通构建全新的综合支付平台,业务覆盖 B2B、B2C 和 C2C 各领域,提供卓越的网上支付及清算服务。针对个人用户,财付通提供了包括在线充值、提现、支付、交易管理等丰富功能;针对企业用户,财付通提供了安全可靠的支付清算服务和极富特色的 QQ 营销资源支持。

　　(3)微信支付:微信支付是集成在微信客户端的支付功能,用户可以通过手机完成快速的支付流程。微信支付以绑定银行卡的快捷支付为基础,向用户提供安全、快捷、高效的支付服务。2014年 9 月 26 日,腾讯公司发布的腾讯手机管家 5.1 版本为微信支付打造了"手机管家软件锁",在安全入口上独创了"微信支付加密"功能,为微信提供了立体式的保护,为用户"钱包"安全再上一把"锁"。用户只需在微信中关联一张银行卡,并完成身份认证,即可将装有微信 APP 的智能手机变成一个全能钱包,之后即可购买合作商户的商品及服务,用户在支付时只需在自己的智能手机上输入密码,无须任何刷卡步骤即可完成支付,整个过程简便流畅。

　　总之,作为新兴的支付方式,网银支付迅速在各大中型企业中被使用起来;移动银行和第三方支付则是在小微企业中慢慢推广,到目前为止,大约有百分之二三十的小微企业在使用这 2 种结算方式。

点滴积累

1. 银行的结算方式有支票、银行汇票、商业汇票、汇兑、信用卡、委托收款以及新兴起的结算方式等。
2. 支票分现金支票和转账支票 2 种,现金支票不能背书转让,转账支票则可背书转让。
3. 银行汇票是汇款人将款项交存当地银行,委托银行签发给汇款人持往异地办理转账结算或支取现金的票据。 银行汇票汇款额起点为 500 元,银行汇票一律记名,汇款期限为一个月。
4. 商业汇票是由收款人或付款人(或承兑人)签发的,在指定日期无条件支付确定的金额给收款人或持票人的票据。 商业汇票分银行承兑汇票和商业承兑汇票。
5. 汇兑结算方式是指汇款人(付款企业)委托银行将其款项支付给收款人的结算方式。 汇兑分为信汇、电汇 2 种。
6. 信用卡是银行、金融机构向信誉良好的单位、个人提供的,能在指定的银行提取现金,或在指定的商店、饭店、宾馆等购物和享受劳务时进行记账结算的一种信用凭证。
7. 委托收款,是指收款人委托银行向付款人收取款项的结算方式。 委托收款分邮寄和电报划回两种,由收款人选用。
8. 新兴起的结算方式有网上银行、移动银行和第三方支付。

实训十六　银行结算方式

【实训目的】

熟悉几种银行结算方式。

【实训内容】

仁卫药业有限责任公司 2018 年 9 月 1 日发生如下业务：

1. 从银行提取现金 12 000 元发放临时工工资

2. 支付同城某公司维修费 15 000 元

3. 支付北京某公司市场调研费 30 000 元

【实训要求】

根据所提供的资料判断每笔业务所采用的结算方式。

【实训注意】

1. 完成本实训要求必须熟悉以下内容：

（1）现金、银行存款的管理规定；

（2）支票、银行汇票、商业汇票、汇兑、信用卡等多种银行存款结算方式的概念、特点、结算方式的基本规定、结算程序等。

2. 在某项经济业务发生时，有时可以用多种结算方式进行结算。

【实训检测】

通过以上实训会发现，实训资料中的经济业务有的只能采用一种结算方式，而有的业务可以采用两种甚至多种结算方式，试讨论在所学的结算方式中哪几种可以互相替代使用？

目标检测

一、选择题

（一）单项选择题

1. 我国会计上所说的"现金"是指（　　　）

　　A. 货币资金　　　　　　　　　　　　B. 存放在金融机构的各种存款

　　C. 企业会计部门的库存现金　　　　　D. 企业内部各部门的备用金

2. 提示付款期限为自出票日起 10 天内付款的票据是（　　　）

　　A. 银行汇票　　　　B. 委托收款　　　　C. 支票　　　　D. 商业汇票

3. 银行汇票的提示付款期自出票日起（　　　）个月

　　A. 6　　　　　　　　B. 3　　　　　　　　C. 2　　　　　　　　D. 1

4. 银行存款余额调节表主要是对（　　　）进行调整

　　A. 银行对账单余额　　　　　　　　　B. 企业银行存款日记账余额

　　C. 调节表调节后的余额　　　　　　　D. 开户银行账面上显示的余额

5. 具有清算及时，使用方便，收付双方都有法律保障和结算灵活特点的票据是（　　　）

　　A. 转账支票　　　　B. 委托收款票据　　　C. 银行汇票　　　D. 商业汇票

6. 金额和收款人名称可以授权他人补记的票据是（　　　）

　　A. 支票　　　　　　B. 银行本票　　　　　C. 银行汇票　　　D. 商业汇票

7. 下列票据中应作为"应收票据"账户核算的是(　　)

　　A. 支票　　　　　　　　B. 银行本票　　　　　　C. 银行汇票　　　　　　D. 商业汇票

8. 企业(　　)元以下的零星支出可以使用现金

　　A. 500　　　　　　　　B. 1000　　　　　　　　C. 2000　　　　　　　　D. 5000

9. 下列支票行为中,有不当行为的是(　　)

　　A. 签发支票要用墨汁或碳素墨水(或使用支票打印机)认真填写。

　　B. 支票大小写金额和收款人3处有涂改痕迹。

　　C. 经出票人授权,支票收款人名称可以补记;收票人可以在支票上记载自己为收款人。

　　D. 支票限于见票即付,不得另行记载付款日期。另行记载付款日期的,该记载无效。

10. 下列不属于网上银行特点的是(　　)

　　A. 银行经营成本高。

　　B. 客户可以足不出户就能够安全便捷地管理活期和定期存款、支票、信用卡及个人投资等。

　　C. 无时空限制,有利于扩大客户群体。

　　D. 有利于服务创新,向客户提供多分类、个性化服务。

(二) 多项选择题

1. 票据基本当事人有(　　)

　　A. 出票人　　　　　　　　B. 付款人　　　　　　　C. 收款人

　　D. 背书人　　　　　　　　E. 企业负责人

2. 支票的基本要素,即支票必须记载下列(　　)事项

　　A. 标明"支票"的字样　　　B. 无条件支付的委托　　　C. 确定的金额

　　D. 付款人的名称　　　　　　E. 出票日期

3. 银行账户分为(　　)

　　A. 基本存款账户　　　　　　B. 一般存款账户　　　　　C. 临时存款账户

　　D. 专用存款账户　　　　　　E. 外埠银行账户

4. 签发银行汇票必须记载以下(　　)事项

　　A. 出票金额　　　　　　　　B. 付款人名称　　　　　　C. 出票日期

　　D. 收款人名称　　　　　　　E. 用途

5. 我国的票据是指(　　)

　　A. 商业汇票　　　　　　　　B. 银行汇票　　　　　　　C. 支票

　　D. 发票　　　　　　　　　　E. 本票

6. 下列属于应收票据核算范围的有(　　)

　　A. 商业承兑汇票　　　　　　B. 银行汇票　　　　　　　C. 银行承兑汇票

　　D. 支票　　　　　　　　　　E. 发票

7. 其他货币资金包括(　　)

　　A. 支票存款　　　　　　　　B. 银行汇票存款　　　　　C. 银行本票存款

D. 信用证存款　　　　　　　E. 外埠存款

8.《现金管理条例规定》可以使用现金的范围包括( )

　A. 发放职工工资　　　　　B. 个人劳动报酬　　　　　C. 经常性购货款

　D. 按规定支付的个人奖金　　E. 向个人收购的农副产品

9. 微信支付可通过( )来支付

　A. 刷卡支付　　　　　　　　　　B. 扫码支付

　C. 公众号支付　　　　　　　　　　D. APP 支付

10. 下列属于第三方支付的有( )

　A. 网上银行　　　　　　　　　　B. 手机银行

　C. 支付宝　　　　　　　　　　　D. 微信支付

二、判断题

1. 支票的提示付款期限自出票日起 10 日。( )

2. 出票人签发的支票金额超过其签发时在付款人处实有的存款金额的,为空头支票。( )

3. 现金支票可背书转让。( )

4. 同城结算可以采用委托收款,异地结算则不能采用委托收款。( )

5. 手机银行又叫电话银行,客户利用手机银行不论何时何地均能及时交易,节省了 ATM 机和银行窗口排队等候的时间。( )

6. 支票必须记载收款人名称。( )

7. 单位和个人异地之间各种款项的结算,均可使用汇兑。( )

8. 银行汇票既可以用于转账结算,在填明"现金"字样后,也可以用于支取现金,兑现性很强。( )

9. 商业汇票一律记名,允许背书转让。签发人或承兑人在汇票正面记明"不准转让"字样的,该汇票不得背书转让,否则签发人或承兑人对被背书人不负保证付款的责任。( )

10. 手机银行须同时经过 SIM 卡和账户双重密码确认之后,方可操作,安全性较好。( )

三、简答题

1. 简述企业的现金收支有哪些基本要求?

2. 银行的结算方式有哪些?简述各结算方式有哪些基本规定?

3. 第三方支付有哪些方式?

4. 手机银行与网上银行相比,有哪些优势?

5. 简述微信支付的结算方式。

四、综合题

南方公司 2018 年 9 月 1 日销售一批产品给甲公司,货已发出,发票上注明的销售收入为100 000元,增值税额为 16 000 元。收到南方公司交来带息的商业承兑汇票一张,到期日 2018 年 11 月 30日,票面利率为 10%。

要求:计算票据利息。

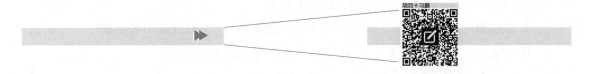

（任灵梅）

财务管理

项目十一

财务管理概论

导学情景 ∨

情景描述

　　小李大学毕业后想开一家电商公司，经过市场调研初步确定从医药保健产品入手，利用"互联网＋"健康产品的新模式推销医药保健产品，从而达到线下线上同步营销、营利的效果。于是，小李雄心勃勃，开始筹集资金准备大干一场。但是随着公司的设立，小李犯了难，主要面临的问题有对财务管理不是十分熟悉，不能科学地制订周密的财务计划，无法对未来的财务指标做出估计和判断，对如何有效地使用资金也没有把握。害怕决策失误，给自己带来巨大的损失。那么，该如何帮助小李呢？

学前导语

　　财务管理是企业管理的核心，企业的任何决策都涉及财务决策，如资金的筹集、使用，投资等。本项目将带领同学们了解、掌握一些财务管理的基本概念和方法，制订企业财务管理的总体目标，学会资金的现值、终值及年金的计算方法，以便在激烈的竞争中，通过纷繁的数据率先发现市场商机，及时洞察企业问题，更具针对性地解决问题。

任务一　财务管理的基本概念

　　财务管理（financial management）是在一定的整体目标下，关于投资、筹资、营运资金、成本、收入与分配的管理。财务管理是企业管理的一个组成部分，它是根据财经法规制度，按照财务管理的原则，组织企业财务活动，处理财务关系的一项经济管理工作。下面主要介绍财务观念、财务关系及财务环境三方面的内容。

一、财务观念

　　1. 货币的时间价值观念　货币时间价值是指货币经过一定时间的投资和再投资所增加的价值。今天的 1 元钱和明天的 1 元钱是不等值的，一定量的货币在不同的时点其价值量不同，两者之间的差额主要是资金利息和机会成本形成的。

　　货币具有时间价值的依据是货币投入市场后其数额会随着时间的延续而不断增加。这是一种普遍的客观经济现象，要想让投资人把钱拿出来，市场必须给予一定的报酬。这种报酬包括两部分：一部分是时间价值，即无风险投资的投资报酬；另一部分是风险价值，即因为有风险而附加的投资报酬。

2. 风险管理观念　风险是指事物发生的结果的多变性与不确定性。不要把风险简单混同于损失。风险是一种不确定性,是把双刃剑。风险可以带来超出预期的损失,呈现不利的一面,也可以带来超出预期的收益,呈现有利的一面。风险与收益并存,风险越大,收益就越高。超出预期的收益即被称为风险价值(风险报酬)。管理者从事财务活动要持有理性的风险意识,正视风险,正视这种收益与损失并存的不确定性。

3. 机会成本观念　机会成本是以经济资源的稀缺性和多种选择机会的存在为前提,是指在财务决策中应由中选的最优方案负担的、按所放弃的次优方案的潜在收益计算的那部分资源损失,又叫机会损失。

企业必须时刻关注机会成本的存在,因为谋求最佳经济效益的机会稍纵即逝。聪明的管理者应善于捕捉机会并从中获利。在进行投资项目的决策时,你常会发现这样一种情况:不同备选方案各自带来不同的收益,当你选定一种方案而放弃其他方案时,其他方案的潜在收益即被称为机会成本。机会成本是影响财务决策的重要因素,如果不考虑机会成本,将会做出错误的决策,从而带来损失。

ER-11-1

机会成本实例

4. 边际分析观念　企业每增加一单位产量所增加的收入或成本,在经济学中被称为边际收入和边际成本。边际分析重在控制企业效益最优化的边界,大于或小于这一界限对企业盈利都不利。在筹资时要研究边际资本成本,投资时要分析边际收益率,分配时要把边际效益与预期目标进行比较。边际分析观念无疑将贯穿财务活动的始终。

二、财务关系

财务关系(financial relations)是指企业在组织财务活动的过程中与有关方面发生的经济利益关系。企业资金在投资活动、资金营运活动、筹资活动和资金分配活动中,与企业各方面有着广泛的财务关系。企业在财务管理中必须正确处理各种经济关系,才能有利于企业的生存和发展,有利于最终实现企业的财务管理目标。这些财务关系主要包括以下几个方面:

1. 企业与国家政府之间的财务关系　企业与国家政府之间的财务关系是指政府作为社会管理者,通过收缴各种税款的方式与企业发生经济关系。同时,国家以国有资产所有者的身份,有权参与企业税后利润的分配。

2. 企业与投资者、受资者之间的财务关系　企业与投资者的财务关系,主要是投资者向企业投入资金,企业向投资者分配利润所形成的经济关系;企业与受资者的财务关系,主要指企业以购买股票或直接投资的形式向其他企业投资所形成的经济关系。

3. 企业与债权人、债务人之间的财务关系　企业与债权人的财务关系,主要指企业向债权人借入资金并按合同的规定支付利息和本金所形成的经济关系;企业与债务人的财务关系,主要指企业将其资金以购买债券、提供借款或商业信用等形式出借给其他单位所形成的经济关系。

4. 企业与供货商及客户之间的关系 企业与供货商及客户之间的关系主要是指企业购买供货商的商品或劳务,以及向客户销售商品或提供服务的过程中形成的经济关系。

5. 企业内部各部门之间的财务关系 企业内部各部门之间的财务关系是指企业内部各单位、各级之间在生产经营环节中互相提供产品或劳务所形成的经济关系。

6. 企业与职工之间的财务关系 企业与职工之间的财务关系主要是指企业向职工支付劳动报酬过程中所形成的经济利益关系。

上述错综复杂的财务关系,形成了企业财务管理的内部系统和外部环境,如何协调好财务关系、有效组织财务管理,是企业需要重点关注的问题。

ER-11-2

公司财务关系与财务分层管理

三、财务管理环境

财务管理环境(financial management environment)是指对企业财务活动和财务管理产生影响作用的企业各种内外条件的统称,主要包括技术环境、经济环境、金融环境、法律环境等。

技术环境,是指财务管理得以实现的技术手段和技术条件,它决定着财务管理的效率和效果。经济环境,主要包括经济周期、经济发展水平和宏观经济政策。法律环境,主要包括企业组织形式及公司治理的有关规定和税收法规。金融环境,主要包括金融机构、金融工具、金融市场和利率4个方面。企业财务活动的运行受到财务管理环境的制约,企业主要是去适应环境的要求与变化。如果企业善于研究财务管理环境,合理预测环境的变化,从而采取相应的措施,也会对环境产生能动的影响作用。因此,进行财务管理时必须考虑企业所处的理财环境。

点滴积累 ∨

1. 财务管理是在一定的整体目标下,关于投资、筹资、营运资金、成本、收入与分配的管理。

2. 财务观念包括货币的时间价值观念、风险管理观念、机会成本观念、边际分析观念。

3. 财务关系主要包括企业与国家政府之间的财务关系,企业与投资者、受资者之间的财务关系,企业与债权人、债务人之间的财务关系,企业与供货商及客户之间的财务关系,企业内部各部门之间的财务关系,企业与内部职工之间的财务关系。

4. 财务管理环境是指对企业财务活动和财务管理产生影响作用的企业各种内外条件的统称,主要包括技术环境、经济环境、金融环境、法律环境等。

任务二 财务管理目标

财务管理的目标,取决于企业的总目标,并且受财务管理自身特点的制约。财务管理的各项具体工作都必须围绕这个总体目标开展业务活动。企业的财务管理过程和总体目标可以概括为:通过优选投资项目、优化资本结构和合理的分配政策,提高投资报酬率,降低财务风险,追求公司价值最大化,最终实现各方面的利益均衡。企业财务管理的总体目标主要有以下几种具有代表性的模式：

一、利润最大化目标

利润最大化目标(the profit maximization)是假定在投资预期收益确定的情况下,财务管理行为将朝着有利于企业利润最大化的方向发展,财务管理工作的最终目标是不断增加企业利润,使企业利润额在一定时期内达到最大。

利润最大化目标很容易被企业管理者和职工接受,作为企业财务管理的总体目标似乎顺理成章。但利润最大化目标在实践中存在以下难以解决的问题:①利润是指企业一定时期实现的税后净利润,它没有考虑资金的时间价值;②没有反映创造的利润与投入的资本之间的关系;③没有考虑风险因素,高额利润的获得往往要承担过大的风险;④片面追求利润最大化,会导致企业短期行为,与企业发展的战略目标相背离。

二、股东财富最大化目标

股东财富最大化目标(shareholder wealth maximization)是指通过有效组织财务活动,为股东带来更多的财富。股东是公司的所有者,股东对公司进行投资的目的就是为了取得尽可能大的投资收益。

股份制企业中,股东财富最大化由发行在外的普通股股数和股票市价两个因素决定。而股票市价是社会公众对公司价值的客观评价,不仅受公司当前盈利水平的影响,更重要的是受公司盈利预期的影响。因此,股东财富最大化目标基本上可以反映资本投入与获利之间的关系,而且考虑了风险因素,也在一定程度上反映了资金的时间价值,在一定程度上能避免企业的短期行为。对上市公司而言,股东财富最大化比较容易量化,便于考核和奖惩。但是,这种目标只适用于上市公司;将许多客观因素、宏观环境等不可控因素纳入财务管理目标;过分强调公司股东的利益,可能损害其他各方的利益,从而影响企业的长期稳定发展。

三、企业价值最大化目标

企业价值最大化目标(the enterprise value maximization)是指企业财务管理行为以实现企业的价值最大化为目标。企业价值可以理解为企业所有者权益和债权人权益的市场价值,或者是企业所能创造的预计未来现金流量的现值,是社会公众对企业总价值的市场评价。

企业价值最大化目标,反映了企业潜在的或预期的获利水平和成长能力。企业价值最大化目标是通过财务管理,促进企业长期稳定发展,不断提高盈利能力,实现企业资产总价值最大,强调的是企业长期稳定发展前提下的企业价值最大化。

企业价值最大化目标较好地克服了前两种财务管理目标的缺陷,是企业财务管理目标的现实选择。其优点主要表现在:①考虑了资金的时间价值和投资的风险与报酬的关系;②反映了对企业资产保值增值的要求;③有利于克服管理上的片面性,有利于避免企业的短期行为,有利于企业的长期稳定发展;④有利于兼顾企业各利益集团的利益;⑤有利于社会资源合理配置。但是,以企业价值最大化作为财务管理目标过于理论化,不易操作。

四、相关者利益最大化目标

现代企业是多边契约关系的总和,企业理财更加细化和多元化。股东作为企业所有者,在企业中拥有最高的权利,并承担着最大的义务和风险,但是债权人、员工、企业经营者、客户、供应商和政府也为企业承担风险。因此,企业利益相关者不仅包括股东,还包括债权人、员工、企业经营者、客户、供应商和政府等。在确定企业财务管理目标时,不能忽视这些利益相关群体的利益。为此,要确立科学的财务管理目标,需要考虑这些利益相关者对企业发展产生的影响。

相关利益最大化目标(to maximize stakeholder interests)的具体内容包括如下几个方面:①强调风险与报酬的均衡,将风险限制在企业可以承受的范围内;②强调股东的首要地位,并强调企业与股东之间的协调关系;③强调对代理人即企业经营者的监督和控制,建立有效的激励机制以便企业战略目标的顺利实施;④关心本企业普通职工的利益,创造优美和谐的工作环境和提供合理恰当的福利待遇;⑤不断加强与债权人的关系,培养可靠的资金供应者;⑥关心客户的长期利益,以便保持销售收入的长期稳定增长;⑦加强与供应商的协作,共同面对市场竞争,并注重企业形象的宣传,遵守承诺,讲究信誉;⑧保持与政府部门的良好关系。

其优点是:有利于企业长期稳定发展;体现了合作共赢的价值理念;较好的兼顾了各利益主体的利益;体现了前瞻性与现实性的统一。不同利益相关者有各自的指标,只要合理合法、互惠互利、相互协调,就可以实现所有相关者利益最大化。

其缺点是:①利益相关者在公司投入了专用性资产,也应当与股东分享公司所有权。但是,股东可以通过市场分散其资产风险,并且可以安全退出。而其他利益相关者的资产则难以分散,只能依赖于公司的运行状况。②在利益相关者公司治理模式中,公司管理层面临广泛的目标和任务,除非这些目标之间是单调的,否则,管理层将会无所适从。③在利益相关者公司治理模式中,与非投资者分享控制权可能会影响融资,同时在控制权分享的情况下,还会造成决策低效。

综上所述,上述利润最大化、股东财富最大化、企业价值最大化以及相关者利益最大化等各种财务管理目标,都以股东财富最大化为基础,同时,还应考虑利益相关者的利益。股东权益是剩余权益,只有满足了其他方面的利益之后才会有股东的利益。可见,这种利益相关者的要求优先于股东被满足,因此这种满足必须是有限度的,如果不加限制,"剩余"的股东权益就得不到保障。除非股东确信投资会带来满意的回报,否则股东就不会出资。因此,在强调公司承担应尽的社会责任的前提下,应当允许企业以股东财富最大化为目标。

点滴积累 ∨

企业财务管理的总体目标主要有以下几种具有代表性的模式：

1. 利润最大化目标是假定在投资预期收益确定的情况下，财务管理行为将朝着有利于企业利润最大化的方向发展，财务管理工作的最终目标是不断增加企业利润，使企业利润额在一定时期内达到最大。

2. 股东财富最大化目标是指通过有效组织财务活动，为股东带来更多的财富。股东是公司的所有者，股东对公司进行投资的目的就是为了取得尽可能大的投资收益。

3. 企业价值可以理解为企业所有者权益和债权人权益的市场价值，或者是企业所能创造的预计未来现金流量的现值，是社会公众对企业总价值的市场评价。

4. 企业利益相关者不仅包括股东，还包括债权人、员工、企业经营者、客户、供应商和政府等。

任务三　财务管理的价值观念

财务管理是以价值形式对企业的经营活动进行综合管理，因此，资金的时间价值观念和风险价值观念成为最重要的理财观念。

资金时间价值是客观存在的范畴，任何企业的财务活动，都是在特定的时间和空间中运行的。而财务活动常常会面临各种风险，投资者进行有风险的投资而获得的超过资金的时间价值的额外收益，称为投资的风险收益，即资金的风险价值。譬如，某企业有闲余资金100万元，如果投资于国债（通常认为风险最小的一种投资，同时也是收益最少，称为无风险报酬率，是最低的社会平均报酬率），按照现实利息率约为五年期国债利率4.2%，五年利息收益大约21万元；如果投入其他方式，比如投资实体建设、债券投资、股票投资（风险高），假设年收益率为10%，那么五年收益大约为50万元，高出银行存款方式29万元，这就是资金的风险价值。另外，它的风险价值是否实现，还要看投资人对资本市场的把控程度。资金的时间价值观念和风险价值观念是财务管理的基础，它们作为一种观念，应该贯穿在企业的财务活动中，在资金的筹集、投放、使用和分配等财务决策中，都要考虑资金的时间价值和风险收益。

一、资金的时间价值

资金的时间价值，是指一定量货币资本在不同时点上的价值量差额。货币的时间价值来源于货币进入社会再生产过程的价值增值。通常情况下，它是指没有风险也没有通货膨胀情况下的社会平均利润率，是利润平均化规律发生作用的结果。根据货币具有时间价值的理论，可以将某一时点的货币金额折算为其他时点的价值金额。

（一）现值和终值

在计算货币时间价值时，先要引入现值（present value，通常记作 P）与终值（final value，通常记作 F）2 个概念。

举例说明:企业将资金 10 000 元存入银行,存期一年,银行一年定期存款利率 5%,利息为 500 元,一年后该项资金的本利和为 10 500 元。该例中,存入资金 10 000 元,是一年后收到的本利和 10 500 元的现值;而一年后收到的本利和 10 500 元则是原来存入资金 10 000 元的终值。因此,所谓现值 P 是指资金现在的价值,即现在收回资金或存入资金的价值,即本金。所谓终值 F,是指资金按一定利率计算,若干时间后包括本金和利息在内的未来价值,即本利和。

(二)单利及其计算

单利是指按照固定的本金计算利息的一种计息方式。按照单利计算的方法,仅对初始投入的本金计息,对本金产生的利息不计息。单利的计算包括单利、单利终值和单利现值的计算。

1. 单利的计算 其计算公式为:

$$I = P \cdot n \cdot i$$

式中,I 表示利息额(interest);P 表示本金(现值);n 表示时期数;i 表示利息率。

【经济业务 11-1】 仁卫药业有限责任公司存入银行 100 000 元,存入期限为 3 年,年利率为 5%,按单利计算的利息额是:

$$100\ 000 \times 3 \times 5\% = 15\ 000(元)$$

2. 单利终值的计算 单利终值是指按单利计算的某一特定资金额在一定时期期末时的本利和。其计算公式为:

$$F = P \cdot (1 + n \cdot i)$$

式中,F 表示资金终值;P 表示资金现值;n 表示时期数;i 表示利率。

【经济业务 11-2】 仁卫药业有限责任公司用 200 000 元购买年利率为 5% 的债券,期限为 3 年,按单利计算的债券终值为:

$$200\ 000 \times (1 + 3 \times 5\%) = 230\ 000(元)$$

3. 单利现值的计算 单利现值,是指将以后某一特定时间的资金按单利折算为现在价值,它的计算是单利终值的逆运算。其计算公式为:

$$P = \frac{F}{1 + n \cdot i}$$

【经济业务 11-3】 仁卫药业有限责任公司期望在 5 年后得到 100 万元的资金,在年利率为 5% 的情况下,现在应存入多少资金,按单利计算为:

$$P = \frac{100}{1 + 5 \times 5\%} = 80(万元)$$

(三)复利及其计算

复利是指不仅对本金计算利息,还对利息计算利息的一种计息方式。根据经济人假设,人们都是理性的,会用赚取的收益进行再投资,企业的资金使用也是如此。因此,财务估值中一般都按照复利方式计算货币的时间价值。

复利计算方法是指每经过一个计息期,要将该期所派生的利息加入本金再计算利息,逐期滚动计算,俗称"利滚利"。这里所说的计息期,是指相邻两次计息的间隔,如年、月、日等。除非特别说明,计息期一般为一年。

1. 复利终值　复利终值是指一定量的货币,按复利计算的若干期后的本利总和。计算公式为:

$$F = P \cdot (1+i)^n$$

式中,$(1+i)^n$为复利终值系数,记作$(F/P,i,n)$;n为计算利息的期数。

复利终值系数查阅附表一"复利终值系数表"。

附表一　复利终值系数表

【经济业务11-4】仁卫药业有限责任公司将10 000元进行投资,年报酬率为10%,计算5年后的终值。

$$F = 10\ 000 \times (1+10\%)^5 = 16\ 105.10(元)$$

2. 复利现值　复利现值是指未来某期的一定量的货币,按复利计算的现在价值。复利现值的计算公式如下:

$$P = F/(1+i)^n = F \cdot (P/F,i,n)$$

式中,$1/(1+i)^n$为复利现值系数,记作$(P/F,i,n)$;n为计算利息的期数。

复利现值系数查阅附表二"复利现值系数表"。

附表二　复利现值系数表

【经济业务11-5】仁卫药业有限责任公司为了5年后从银行中取出10 000元,在年利率5%的情况下,求当前应存入的金额。

$$P = F/(1+i)^n = 10\ 000/(1+5\%)^5 = 7835.26(元)$$

通过上述计算可知:①复利终值和复利现值互为逆运算;②复利终值系数$(1+i)^n$和复利现值系数$1/(1+i)^n$互为倒数。

（四）年金终值和年金现值

年金(annuity)是指间隔期相等的系列等额收付款。年金包括普通年金(后付年金)、预付年金(先付年金)、递延年金、永续年金等形式。

普通年金是年金的最基本形式,它是指从第一期起,在一定时期内每期期末等额收付的系列款项,又称后付年金。预付年金是指从第一期起,在一定时期内每期期初等额收付的系列款项,又称先付年金或即付年金。预付年金与普通年金的区别仅在于收付款时间的不同,普通年金收付款时间发生在期末,而预付年金发生在期初。

递延年金是指隔若干期后才开始发生的系列等额收付款项。永续年金是指无限期收付的年金,即一系列没有到期日的等额现金流。在年金中,系列等额收付的间隔期间只需要满足"相等"的条件即可,间隔期间可以不是一年,例如每季末等额支付的债务利息也是年金。本教材只介绍普通年金和预付年金的形式。

1. 年金终值

(1)普通年金终值:普通年金终值是指普通年金最后一次收付时的本利和,它是每次收付款项的复利终值之和。普通年金终值的计算实际上就是已知年金A,求终值F_A。

根据复利终值的方法,计算年金终值的公式为:

$$F_A = A + A(1+i) + A(1+i)^2 + A(1+i)^3 + \cdots\cdots A(1+i)^{n-1}$$

将两边同时乘以$(1+i)$得:

$$F_A(1+i)=A(1+i)+A(1+i)^2+A(1+i)^3+A(1+i)^4+\cdots\cdots+A(1+i)^n$$

两项相减得：

$$F_A\times i=A(1+i)^n-A=A\times[(1+i)^n-1]$$

$$F_A=A\times\frac{(1+i)^n-1}{i}=A\cdot(F/A,i,n)$$

附表三 年金终值系数表

式中，$\frac{(1+i)^n-1}{i}$ 称为"年金终值系数"，记作 $(F/A,i,n)$。

年金终值系数查阅附表三"年金终值系数表"。

【经济业务 11-6】未来 5 年，仁卫药业有限责任公司将于每年年末取得某项收入 10 000 元，年利息率为 5%，5 年后该项收入总额是多少元？

解析：此例是知道年金、求终值的计算，需使用年金终值系数进行计算。

$$F_A=10\ 000\times\frac{(1+5\%)^5-1}{5\%}=10\ 000\times(F/A,5\%,5)=55\ 256(元)$$

查表得到利率为 5% 时 5 年的年金终值系数 $(F/A,5\%,5)$ 为 5.5256，则 5 年后该项收入总额为 55 256 元。

（2）预付年金终值：预付年金终值是指一定时期内每期期初等额收付的系列款项的终值。预付年金终值的计算公式为：

$$F_A=A(1+i)+A(1+i)^2+A(1+i)^3+A(1+i)^4+\cdots\cdots+A(1+i)^n$$

$$F_A=A\times\frac{(1+i)^n-1}{i}\times(1+i)=A\cdot(F/A,i,n)\cdot(1+i)$$

或者：$F_A=A\cdot[(F/A,i,n+1)-1]$（简单记为"期数加 1，系数减 1"）

【经济业务 11-7】上例中公司将于每年年末取得某项收入 10 000 元，改为年初收入 10 000 元，年利息率为 5%，5 年后该项收入总额是多少元？

解析：此例是知道年金、求预付年金终值的计算，需使用年金终值系数进行计算。

$$F_A=10\ 000\times\frac{(1+5\%)^5-1}{5\%}\times(1+5\%)=10\ 000\times(F/A,5\%,5)\times(1+5\%)$$

$$=10\ 000\times5.5256\times(1+5\%)=58\ 018.80(元)$$

或者查年金终值系数 $(F/A,5\%,6)$ 为 6.8019，计算方式：

$$F_A=10\ 000\times[(F/A,5\%,5+1)-1]=10\ 000\times[(F/A,5\%,6)-1]$$

$$=10\ 000\times(6.8019-1)=58\ 019(元)$$

2. 年金现值

（1）普通年金现值计算：普通年金现值是指将在一定时期内按相同时间间隔在每期期末收付的相等金额折算到第一期初的现值之和。根据复利现值的方法计算年金现值的公式为：

$$P_A=A(1+i)^{-1}+A(1+i)^{-2}+A(1+i)^{-3}+\cdots\cdots+A(1+i)^{-n}$$ 将两边同时乘以 $(1+i)$ 得：

$$P_A(1+i)=A+A(1+i)^{-1}+A(1+i)^{-2}+\cdots\cdots+A(1+i)^{-(n-1)}$$

两者相减得：

$$P_A = A \times \frac{1-(1+i)^{-n}}{i} = A \cdot (P/A, i, n)$$

式中,$\frac{1-(1+i)^{-n}}{i}$称为"年金现值系数",记作$(P/A, i, n)$,查阅"年金现值系数表"。

ER-11-6

附表四 年金现值系数表

【经济业务11-8】某投资项目于2018年年初动工,假设当年投产,从投产之日起每年末可得收益10 000元。按年利率6%计算,计算预期10年收益的现值。

$$P_A = 10\ 000 \times \frac{1-(1+6\%)^{-10}}{6\%}$$

$$= 10\ 000 \times (P/A, 6\%, 10)$$

$$= 10\ 000 \times 7.3601$$

$$= 73\ 601(元)$$

(2)预付年金现值:预付年金现值是指将在一定时期内按相同时间间隔在每期期初收付的相等金额折算到第一期初的现值之和。预付年金现值的计算公式如下:

$$P_A = A + A(1+i)^{-1} + A(1+i)^{-2} + A(1+i)^{-3} + \cdots + A(1+i)^{-(n-1)}$$

$$P_A = A \times \frac{1-(1+i)^{-n}}{i} \times (1+i) = A \cdot (P/A, i, n) \cdot (1+i)$$

$$= A \cdot [(P/A, i, n-1)+1]$$

(简单记为"期数减1,系数加1")

【经济业务11-9】仁卫药业有限责任公司打算购买一台设备,有两种付款方式:一是一次性付款500万元;二是每年年初支付200万元,3年付讫。由于资金不充裕,公司计划向银行借款用于支付设备款。假设银行借款年利率为5%,复利计息。请问公司应采用哪种付款方式?

对公司来说,如果一次支付,则相当于付现值500万元;而若分次支付,则相当于一个3年的预付年金,公司可以把这个预付年金现值与500万元比较,以发现哪个方案更有利。

$$P_A = A \times [(P/A, i, n-1)+1]$$

$$= 200 \times [(P/A, 5\%, 2)+1]$$

$$= 200 \times (1.8594+1)$$

$$= 571.88(万元)$$

可见,分期支付的现值大于一次性支付,因此,一次性支付500万元更有利。

▶▶ 课堂活动

请同学们说说你在学习年金以前了解的年金有哪些?

二、资金的风险价值

风险(risk)是指收益的不确定性。虽然风险的存在可能意味着收益的增加,但人们考虑更多的则是损失发生的可能性。从财务管理的角度看,风险就是企业在各项财务活动过程中,由于各种难以预料或无法控制的因素作用,使企业的实际收益与预计收益发生背离,从而蒙受经济损失的可能性。

资金的风险价值,是指投资者进行有风险的投资而获得的超过资产时间价值的额外收益,也称风险收益。资产风险价值观念是经济管理中重要的价值观念。

(一)风险衡量

为了有效地规避和分散风险,保证财务决策的正确性,必须掌握财务决策项目的风险程度。风险程度的衡量一般应按如下步骤进行:

1. 概率分布 风险是事件在一定条件下和一定时期内可能发生的各种结果的变动程度。在相同条件下可能发生也可能不发生的事件,即随机事件。表示随机事件发生的可能性大小的数值,即事件发生的概率 P(probability),用百分数或小数来表示,介于 0 与 1 之间。用 X 表示随机事件,X_i 表示随机事件的第 i 种结果,P_i 为出现该种结果的相应概率。必然发生的事件概率 $P_i=1$,不可能发生的事件概率 $P_i=0$,同时所有可能经过出现的概率之和必定为 1。因此,概率必须符合下列 2 个要求:

(1) $0 \leqslant P_i \leqslant 1$

(2) $\sum_{i=1}^{n} P_i = 1$

2. 期望值 期望值(expectations)是根据项目在各种状况下的可能的结果及相应的概率计算的加权平均值,通常用符号 E 表示。期望收益反映预计收益的平均化,在各种不确定性因素影响下,它代表着投资者的合理预期。期望值可以按预期收益率的计算方法,常用计算公式如下:

$$\overline{E} = \sum_{i=1}^{n} X_i P_i$$

【经济业务 11-10】仁卫药业有限责任公司有 A、B 两个投资项目,两个项目的收益率及其概率分布情况如表 11-1 所示。

表 11-1 A 项目和 B 项目投资收益率的概率分布

项目实施情况	该种情况出现的概率 P_i		投资收益率 X_i	
	项目 A	项目 B	项目 A	项目 B
好	0.20	0.30	15%	20%
一般	0.60	0.40	10%	15%
差	0.20	0.30	0	−10%

根据公式分别计算 A 项目和 B 项目的期望投资收益率分别为:

A 项目的期望投资收益 = 0.2×15%+0.6×10%+0.2×0 = 9%

B 项目的期望投资收益 = 0.3×20%+0.4×15%+0.3×(−10%) = 9%

从计算结果可以看出,两个项目的期望投资收益率都是 9%。但是否可以就此认为两个项目是等同的呢?我们还要了解概率分布的离散情况,即计算标准离差。

(1)方差:方差(variance)是用来表示随机变量与期望值之间的离散程度的一个数值。其计算公式为:

$$\sigma^2 = \sum_{i=1}^{n} (X_i - \overline{E})^2 \cdot P_i$$

（2）标准离差:标准离差(standard deviation)也叫方差,是方差的平方根。其计算公式为:

$$\sigma = \sqrt{\sum_{i=1}^{n} (X_i - \overline{E})^2 \cdot P_i}$$

标准离差以绝对数衡量决策方案的风险,在期望值相同的情况下,标准离差越大,风险越大;反之,标准离差越小,则风险越小。

【经济业务11-11】以上例中数据为例,分别计算A、B两个项目投资收益率的方差和标准离差。

项目 A 的方差 $\sigma^2 = \sum_{i=1}^{n} (X_i - \overline{E})^2 \cdot P_i$

$\qquad = 0.2 \times (0.15-0.09)^2 + 0.6 \times (0.10-0.09)^2 + 0.2 \times (0-0.09)^2$

$\qquad = 0.0024$

项目 A 的标准离差 $\sigma = \sqrt{\sum_{i=1}^{n} (X_i - \overline{E})^2 \cdot P_i} = \sqrt{0.0024} = 0.049$

项目 B 的方差 $\sigma^2 = \sum_{i=1}^{n} (X_i - \overline{E})^2 \cdot P_i$

$\qquad = 0.3 \times (0.20-0.09)^2 + 0.4 \times (0.15-0.09)^2 + 0.3 \times (-0.10-0.09)^2$

$\qquad = 0.00159$

项目 B 的标准离差 $\sigma = \sqrt{\sum_{i=1}^{n} (X_i - \overline{E})^2 \cdot P_i} = \sqrt{0.0159} = 0.126$

以上计算结果表明项目 B 的风险要高于项目 A 的风险。

（3）标准离差率:标准离差率(coefficient of variance)是一个相对指示,它表示某资产每单位预期收益中所包含的风险的大小。

当两个方案的期望值不同时,决策方案只能借助于标准离差率这一相对数值。其计算公式为:

$$\text{标准离差率 } V = \frac{\sigma}{E} \times 100\% = \text{标准离差} \div \text{期望值} \times 100\%$$

一般情况下,标准离差率越大,风险越大;反之,标准离差率越小,风险越小。

需要说明的是,资产的风险尽管可以用历史数据去估算,但由于资产的风险受其资产特性的影响较大,另外由于环境因素的多变、管理人员估计技术的限制等,均造成估计结果往往不够可靠、不够准确。因此,在估计某项资产风险大小时,通常会综合采用各种定量方法,并结合管理人员的经验等判断得出。

风险与报酬的基本关系是,风险越大要求的报酬率越高,这种关系是市场竞争的结果。投资报酬率相同时,人们会选择风险小的投资,结果市场竞争使得风险加大,导致报酬率下降。最终,高风险项目必须有高报酬,低报酬项目必须是低风险。风险与投资报酬率的关系可以表示为:

期望投资报酬率=无风险报酬率 + 风险报酬率

无风险报酬率是最低的社会平均报酬率,如投资于国债等,到期肯定可以收回。风险报酬率与风险大小有关,是风险的函数,风险越大要求的报酬率越高。

（二）对风险的态度

一般投资者都在回避风险,他们不愿意做只有一半成功机会的赌博。当报酬率相同时,人们一般会选择风险较小的项目;当风险相同时,人们会选择报酬率较高的项目。对于风险较大、报酬率也较高的投资项目,则要看该项目的报酬率是否高到值得去冒险,同时,投资人对风险的态度也会影响投资项目的决策。对于上述【经济业务11-10】的投资项目 A 和 B,愿意回避风险的人会选择 A 项目;愿意冒险的人会选择 B 项目。

案例分析

案例

"雷曼兄弟"公司在申请破产之前的 15 个月中,其资产负债表上拥有数百亿美元的高风险、流动性不良的资产,负债权益比率超过了 20 倍。 2008 年 9 月 10 日公布的财务报告显示,第三季度巨亏 39 亿美元,创下公司成立 158 年历史以来最大的季度亏损。 公司股价也从 2007 年初的 86.18 美元,跌到如今的 3.65 美元,狂泻 95%。"雷曼兄弟"的破产成为华尔街历史上最严重的破产案例之一,那么它又是如何走到今天的境地呢?

分析:

不顾风险追求高额利润,是"雷曼兄弟"落败的主要原因,其中投资次级抵押住房贷款产品损失最为严重,它是 2006 年次贷证券产品的最大认购方,占有 11% 的市场份额。 更糟的是,"雷曼兄弟"似乎对次贷业务蕴藏的风险毫无知觉。 2007 年,华尔街不少机构因为投资次贷产品不当而蒙受损失,"雷曼兄弟"仍然盈利 41 亿美元。 不过,"雷曼兄弟"最终未能走出危机。

企业不可避免地会遇到各种风险。要想取得收益,就不能回避风险。企业必须面对风险,客观地分析风险,选择承担适合自身的风险。对于能够把握住的风险,应该勇于承担并力争实现超额收益;而对于把握程度不够的风险,应该尽量规避或加以分散。

控制和降低风险的主要方法有多角经营和多角筹资。企业大多采用多角经营的方针,主要原因是它能分散风险。多经营几个项目,由于各个项目景气程度不同,盈利和亏损可以相互补充,从而减少风险。企业通过多角筹资,把投资的风险或报酬不同程度地分散给企业的所有者、债权人、职工和政府等。就整个社会而言,风险是肯定存在的,问题在于由谁来承担以及承担多少。金融市场之所以能存在,就是因为它广泛地吸收社会资金,并投放于需要资金的企业,企业通过它可以分散风险。

如果企业的管理者不顾风险,盲目追求高收益,势必造成巨大的经济损失。成功的管理者,总是在风险与收益的相互协调中进行利弊权衡,以期获得较高的收益,而不是最高收益。可见,企业应根据风险与收益均衡原则,全面分析每一项具体的财务活动的收益性和风险性,趋利避害,力争做到既能降低风险,又能取得较高的收益。

谨记:风险永远是收益的孪生兄弟;

信条:风险越大,要求的报酬率越高;

应用:必须面对风险,并勇于承担风险,因为风险能给您带来额外的收益。

ER-11-7

资产收益率的类型

▶ 课堂活动

试比较银行存款、债券投资、股票投资的收益与风险?

点滴积累 ⋁

1. 资金的时间价值,是指一定量货币资本在不同时点上的价值量差额。

2. 单利是指按照固定的本金计算利息的一种计息方式。按照单利计算的方法,仅对初始投入的本金计息,对本金产生的利息不计息。单利的计算包括单利、单利终值和单利现值的计算。

3. 复利是指不仅对本金计算利息,还对利息计算利息的一种计息方式。财务估值中一般都按照复利方式计算货币的时间价值。

4. 年金是指间隔期相等的系列等额收付款。年金包括普通年金(后付年金)、预付年金(先付年金)、递延年金、永续年金等形式。

5. 普通年金终值是指普通年金最后一次收付时的本利和,它是每次收付款项的复利终值之和;预付年金终值是指一定时期内每期期初等额收付的系列款项的终值。

6. 普通年金现值是指将在一定时期内按相同时间间隔在每期期末收付的相等金额折算到第一期初的现值之和;预付年金现值是指将在一定时期内按相同时间间隔在每期期初收付的相等金额折算到第一期初的现值之和。

7. 资金的风险价值,是指投资者进行有风险的投资而获得的超过资产时间价值的额外收益,也称风险收益。要考虑风险的衡量和对风险的态度。

目标检测

一、选择题

(一) 单项选择题

1. 某公司董事会召开公司战略发展讨论会,拟将企业价值最大化作为财务管理目标,下列理由中,难以成立的是(　　)

   A. 有利于规避企业短期行为

   B. 有利于量化考核和评价

   C. 有利于持续提升企业获利能力

   D. 有利于均衡风险与报酬的关系

2. 下列各项中,符合企业相关者利益最大化财务管理目标要求的是(　　)

   A. 强调员工的首要地位　　　　　　　B. 强调债权人的首要地位

   C. 强调股东的首要地位　　　　　　　D. 强调经验者的首要地位

3. 某人要在 5 年后支付一笔款项 30 000 元,银行存款年利率是 5%,如果现在就存入银行一笔钱,按复利计算则需要存(　　)元

   A. 20 000　　　　　　B. 24 000　　　　　　C. 25 497　　　　　　D. 23 505

4. 已知 $(P/A,8\%,5)=3.9927$，$(P/A,8\%,6)=4.6229$，$(P/A,8\%,7)=5.2064$，则 6 年期、折现率为 8% 的预付年金现值系数是（　　）

    A. 2.9927　　　　　B. 4.2064　　　　　C. 4.9927　　　　　D. 6.2064

5. 企业购建一条新的生产线，该生产线预计可以使用 5 年，估计每年年末的现金流量为 20 万元，年利率为 12%，则该生产线未来现金流量的现值为（　　）

    A. 11.384　　　　　B. 72.096　　　　　C. 80　　　　　D. 100

6. 企业购入一台设备，款项分 4 年等额支付，每年年初支付 50 000 元，假设利率为 10%，则付款额的终值为（　　）元

    A. 132 050　　　　　B. 25 5000　　　　　C. 255 255　　　　　D. 260 000

7. 在下列各项中，不属于财务管理风险对策的是（　　）

    A. 规避风险、减少风险　　　　　B. 增加风险

    C. 转移风险　　　　　D. 接受风险

8. 投资者对某项资产合理要求的最低收益率，称为（　　）

    A. 实际收益率　　　　　B. 必要收益率

    C. 预期收益率　　　　　D. 无风险收益率

9. 某企业拟进行一项存在一定风险的完整工业项目投资，有甲、乙两个方案可供选择。已知甲方案净现值的期望值为 1000 万元，标准离差为 300 万元；乙方案净现值的期望值为 1200 万元，标准离差为 330 万元。下列结论中正确的是（　　）

    A. 甲方案优于乙方案　　　　　B. 甲方案的风险大于乙方案

    C. 甲方案风险小于乙方案风险　　　　　D. 甲、乙方案风险不能比较

10. 甲、乙两方案投资报酬率的期望值均为 20%，甲方案标准离差大于乙方案标准离差，则下列说法正确的是（　　）

    A. 甲、乙方案风险相同　　　　　B. 甲方案风险小于乙方案风险

    C. 甲方案风险大于乙方案风险　　　　　D. 甲、乙方案风险不能比较

（二）多项选择题

1. 以利润最大最大化作为财务管理目标，其缺点是（　　）

    A. 未考虑资金的时间价值　　　　　B. 未考虑投资的风险

    C. 不利于企业克服短期行为　　　　　D. 未反映投资与收益的对比关系

    E. 不利于提高劳动生产率

2. 财务管理环境包括（　　）

    A. 技术环境　　　　　B. 法律环境　　　　　C. 经济环境

    D. 金融市场环境　　　　　E. 投资环境

3. 财务管理应具有的价值观念有（　　）

    A. 货币的时间价值观念　　　　　B. 风险管理观念　　　　　C. 利润最大化

    D. 边际分析观念　　　　　E. 机会成本观念

4. 某企业拟建立一项基金,每年年初投入 100 000 元,若利率为 10%,五年后该项基金本利和将为(　　)

   A. $100\,000\times\left[(F/A,10\%,6)-1\right]$
   B. $100\,000\times(F/A,10\%,5)\times(1+10\%)$

   C. $100\,000\times\left[(F/A,10\%,4)+1\right]$
   D. $100\,000\times(F/A,10\%,5)$

   E. $100\,000\times(F/A,10\%,4)\times(1+10\%)$

5. 在选择资产时,下列说法正确的有(　　)

   A. 当预期收益率相同时,风险回避者会选择风险小的

   B. 如果风险相同,对于风险回避者而言,将无法选择

   C. 如果风险不同,对于风险中立者而言,将选择预期收益大的

   D. 当预期收益相同时,风险追求者会选择风险小的

   E. 对于风险中立者而言,选择资产的唯一标准是预期收益的大小,而不管风险状况如何

二、简答题

1. 简述资金的时间价值及其特点。

2. 简述收益与风险的关系。

3. 简述单利制与复利制的区别。

4. 举例说明资金时间价值在现实生活中的应用。

三、计算题

1. 某投资项目与经济环境状况有关,有关投资收益率的概率分布如下:

经济状况	发生概率	投资收益率
差	0.3	−10%
一般	0.4	15%
好	0.3	20%

要求:计算该投资项目投资收益率、方差、标准离差和标准离差率。

2. 已知企业打算存入一笔资金,3 年后一次取出本利和共 20 000 元,年复利率为 6%,请问企业现在应存多少钱?

3. 企业分别于第一年末、第二年末、第三年末各投资 100 万元用于建造同一项固定资产,资金来源均为银行存款,借款利率为 7%。请计算该固定资产的造价。

4. 企业融资租赁一台设备,价款为 2 000 万元,租期为 4 年,到期后设备归企业所有,租赁期间贴现利率为 15%,采用普通年金支付租金。请计算每年应支付租金的数额。

四、论述题

1. 什么是财务管理目标?你认为现代企业应如何定位企业的财务管理目标?

2. 企业的财务管理环境有哪些?对企业财务管理都有哪些影响?

3. 论述资金时间价值与风险价值观念在投资决策中的作用。

（杨　鹏）

项目十二

财务分析

项目十二PPT

导学情景 ∨

情景描述

　　郑某手中有些闲置资金，想投资金融领域，比如买股票、买理财产品、买债券等等，可又不知道该如何下手，该了解哪些重要信息作为决策的依据。一次偶然机会听朋友介绍听了专家的"如何看懂上市公司财务报表和审计报告"的讲座，听完之后，他茅塞顿开，于是一发不可收拾地如饥似渴地学习，购置了相关书籍资料，过了一段时间后，他信心十足地开始了他的投资之路，连续多年投资股市、债券等，而且获利丰厚。因此，懂报表是投资的前提。

　　那么，该如何从这些大量的财务数据中发掘出企业的秘密？财务报表数字背后有哪些故事？上市公司财务报表中有哪些玄机？读懂之余，怎样利用财务报表，通过一些比率分析，发现投资机会、潜在的问题和陷阱？

学前导语

　　本项目将带领同学们从企业会计报表的阅读和分析开始，理解隐藏在数据背后的投资机会与潜在风险，并学会灵活运用各类分析指标综合研判企业经营发展情况，为管理者、决策者和投资人提供信息支持。

　　财务分析(Financial analysis)是根据企业财务报表等信息资料，采用专门方法，系统分析和评价企业财务状况、经营成果以及未来发展趋势的过程。

　　财务分析信息的需求者主要包括企业所有者、债权人、经营决策者和政府等。不同主体出于不同的利益考虑，对财务分析信息有着各自不同的要求。

　　1. 企业所有者作为投资人，关心其资本的保值和增值状况，因此较为重视企业盈利能力指标，主要进行企业营利能力分析。

　　2. 企业债权人因不能参与企业剩余收益分享，首先关注的是其投资的安全性，因此更重视企业偿债能力指标，同时也关注企业营利能力指标。

　　3. 企业经营决策者必须掌握企业经营理财的各个方面的信息，包括营运能力、偿债能力、营利能力及发展能力等，需要综合分析信息，并关注企业财务风险和经营风险。

　　4. 政府兼具多重身份，既是宏观经济管理者，又是国有企业的所有者和重要的市场参与者，因此政府对企业财务分析的关注点因所具身份不同而异。

　　为了满足不同需求者的需求，财务分析一般应包括：偿债能力分析、营运能力分析、营利能力分析、发展能力分析和现金流量分析等 5 个方面。本项目分 4 个任务仅就前 4 个方面进行分析。

任务一 偿债能力分析

为便于使用者理解,任务一、二、三、四的各项财务指标数据的计算,全部以仁卫药业有限责任公司 2018 年 12 月 31 日的资产负债表、2018 年的利润表所提供的数据为基础计算的。假定该公司 2018 年 12 月 31 日的资产负债表以及 2018 年的利润表如表 12-1、表 12-2 所示。

偿债能力(debt paying ability)是指企业偿还本身所欠债务的能力。企业偿债能力的大小,是衡量企业财务状况好坏的标志之一,是衡量企业运转是否正常,是否能吸引外来资金的重要方法。通过偿债能力分析,可以了解企业是否有足够的物资基础,以保证有足够的现金流量来偿付各种到期的债务。

偿债能力的衡量方法有两种:一种是比较可供偿债资产与债务的存量,资产存量超过债务存量较多,则认为偿债能力较强;另一种是比较经营活动现金流量和偿债所需现金,如果产生的现金超过需要的现金较多,则认为偿债能力较强。

债务一般按到期时间分为短期债务和长期债务,偿债能力分析也由此分为短期偿债能力分析和长期偿债能力分析。

一、短期偿债能力分析

企业在短期(一年或一个营业周期)需要偿还的负债主要指流动负债,因此短期偿债能力衡量的是对流动负债的清偿能力。企业的短期偿债能力取决于短期内企业产生现金的能力,即在短期内能够转化为现金的流动资产的多少。所以,短期偿债能力比率也称为变现能力比率或流动性比率,主要考察的是流动资产对流动负债的清偿能力。企业短期偿债能力的衡量指标主要有营运资金、流动比率、速动比率和现金比率。

(一) 营运资金

营运资金(working capital)是指流动资产超过流动负债的部分。其计算公式如下:

$$营运资金=流动资产-流动负债$$

【经济业务 12-1】由表 12-1 资产负债表资料可以得出,仁卫药业有限责任公司:

2018 年末营运资金 = 2 095 500-1 262 000 = 833 500(元)

2016 年末营运资金 = 1 841 000-1 122 700 = 718 300(元)

营运资金越多则偿债越有保障。当流动资产大于流动负债时,营运资金为正,说明企业财务状况稳定,不能偿债的风险较小。反之,当流动资金小于流动负债时,营运资金为负,此时,企业部分非流动资产成为流动负债的资金来源,企业不能偿债的风险很大。因此,企业必须保持正的营运资金,以避免流动负债的偿付风险。

营运资金是绝对数,不便于不同企业之间的比较。例如,A 公司和 B 公司有相同的营运资金(表12-3)。是否意味着它们具有相同的偿债能力呢?

表 12-1　资产负债表

编制单位:仁卫药业有限责任公司　　2018 年 12 月 31 日

资产	行次	期末余额	年初余额	负债和所有者权益(或股东权益)	行次	期末余额	年初余额
流动资产:				**流动负债:**			
货币资金	1			短期借款	1		
货币资金	2	286 000	267 000	短期借款	2	113 200	97 600
以公允价值计量且其变动计入当期损益的金融资产	3			以公允价值计量且其变动计入当期损益的金融负债	3		
衍生金融资产	4			衍生金融负债	4		
应收票据及应收账款	5	543 000	452 000	应付票据及应付账款	5	156 810	157 520
预付款项	6	130 000	120 000	预收款项	6	76 810	47 520
其他应收款	7	67 000	54 000	应付职工薪酬	7	32 560	77 720
存货	8	1 054 000	928 000	应交税费	8	26 530	15 860
持有待售资产	9			其他应付款	9	89 200	107 000
一年内到期的非流动资产	10	15 000	20 000	持有待售负债	10		
其他流动资产	11			一年内到期的非流动负债	11	280 000	256 000
	12			其他流动负债	12		
流动资产合计	13	2 095 000	1 841 000	**流动负债合计**	13	1 262 000	1 122 700
非流动资产:	14			**非流动负债:**	14		
可供出售金融资产	15			长期借款	15	700 000	600 000
持有至到期投资	16	160 000	160 000	应付债券	16		
长期应收款	17			其中:优先股	17		
长期股权投资	18			永续债	18		
投资性房地产							

续表

资产	行次	期末余额	年初余额	负债和所有者权益（或股东权益）	行次	期末余额	年初余额
固定资产	19	2 365 000	2 329 000	长期应付款	19		
在建工程	20			预计负债	20		
生产性生物资产	21			递延收益	21		
油气资产	22			递延所得税负债	22		
无形资产	23	343 000	343 000	其他非流动负债	23		
开发支出	24			非流动负债合计	24	700 000	600 000
商誉	25			负债合计	25	1 962 000	1 722 700
长期待摊费用	26	216 000	237 000	所有者权益（或股东权益）:	26		
递延所得税资产	27			实收资本（或股本）	27	2 500 000	2 500 000
其他非流动资产	28			其他权益工具	28		
非流动资产合计	29	3 084 000	3 069 000	其中:优先股	29		
	30			永续债	30		
	31			资本公积	31	134 000	125 100
	32			减:库存股	32		
	33			其他综合收益	33		
	34			盈余公积	34	146 900	143 200
	35			未分配利润	35	437 000	419 000
	36			所有者权益（或股东权益）合计	36	3 217 900	3 187 300
资产总计	37	5 179 000	4 910 000	负债和所有者权益（或股东权益）总计	37	5 179 900	4 910 000

表 12-2 利润表 会企 02 表

编制单位:仁卫药业有限责任公司　　　　2018 年 12 月　　　　　　　　单位:元

项目	行次	本期金额	上期金额
一、营业收入	1	3 087 900	2 864 000
减:营业成本	2	2 189 000	1 958 700
税金及附加	3	11 640	10 120
销售费用	4	42 000	41 000
管理费用	5	296 000	289 400
研发费用	6		
财务费用	7	52 000	50 100
其中:利息费用	8	52 000	50 100
利息收入	9		
资产减值损失	10		
加:其他收益	11	546 500	501 000
投资收益(损失以"-"号填列)	12		
其中:对联营企业和合营企业的投资收益	13		
公允价值变动收益(损失以"-"号填列)	14		
资产处置收益(损失以"-"号填列)	15		
二、营业利润(亏损以"-"号填列)	16	1 043 760	1 015 680
加:营业外收入	17	2 400	2 300
减:营业外支出	18	10 200	12 000
其中:非流动资产处置损失	19		
三、利润总额(亏损总额以"-"号填列)	20	1 035 960	1 005 980
减:所得税费用	21	258 990	251 495
四、净利润(净亏损以"-"号填列)	22	776 970	754 485
(一)持续经营净利润(亏损以"-"号填列)	23		
(二)终止经营净利润(亏损以"-"号填列)	24		
五、其他综合收益的税后净额	25		
(一)不能重分类进损益的其他综合收益	26		
(二)将重分类进损益的其他综合收益	27		
六、综合收益总额	28		
七、每股收益	29		
(一)基本每股收益	30		
(二)稀释每股收益	31		

表 12-3　A 公司和 B 公司营运资金表　　　　　　　　　　　　　　　单位:万元

项目	A 公司	B 公司
流动资产	600	2400
流动负债	200	2000
营运资金	400	400

尽管 A 公司和 B 公司营运资金都为 400 万元,但是 A 公司的偿债能力明显好于 B 公司,原因是 A 公司的营运资金占流动资产的比例是 2/3,即流动资产中只有 1/3 用于偿还流动负债;而 B 公司的营运资金占流动资产的比例是 1/6,即流动资产的绝大部分(5/6)用于偿还流动负债。

因此,在实务中直接使用营运资金作为偿债能力的衡量指标受到局限,偿债能力更多的通过债务的存量比率来评价。

(二) 流动比率

流动比率(current ratio)是企业的流动资产与流动负债之比,用于衡量企业在某一时点上偿付即将到期债务的能力。其计算公式为:

$$流动比率 = \frac{流动资产}{流动负债}$$

流动比率是相对数,表示每 1 元流动负债有多少元流动资产作为偿付担保,反映了短期债权的安全程度。它适合于同行业比较或本企业不同历史时期的比较。流动比率越高,表明企业短期偿还债务的能力越强,债权人的安全程度也就越高。

传统财务分析强调企业的偿债能力,流动比率至少应在 1.5 以上,而一般性制造行业的流动比率如果低于 2,就会出现财务困难。一般情况下,流动比率不小于 1,是财务分析师对企业风险忍耐的底线。因为营运资金的定义是流动资产减去流动负债,流动比率不小于 1,相当于要求营运资本为正数。

【经济业务 12-2】 由表 12-1 资产负债表资料可以得出,仁卫药业有限责任公司:

2018 年初的流动比率 = 1 841 000 ÷ 1 122 700 ≈ 1.64

2018 年末的流动比率 = 2 095 500 ÷ 1 262 000 ≈ 1.66

计算结果表明,该公司 2018 年的流动比率由年初的 1.64 提高到年末的 1.66,说明该企业 2018 年短期偿债能力增强,财务风险降低,债权人权益保障程度提高。

不同行业对资产流动性的要求是不同的。对其他厂商而言,流动比率小于 1 可能是警讯,但对于个别行业的个别企业却恰恰相反。对世界最大通路商沃尔玛来说,流动比率小反而是竞争力强的象征。国美电器是中国近年来成长非常迅速的零售通路商,近 3 年来,其流动比率也逐步呈现下降的趋势,且始终低于传统财务分析所要求的 1.5(2016 年 12 月 31 日流动比率为 1.22),其运营策略与沃尔玛相似。但结合我国的具体情况,大量拖欠应付款,尽管充分利用了信用资金,同时也增加了财务风险,故一般情况下,我国商业企业运行良好的零售通路商,其流动比率现阶段一般不少于 1。

沃尔玛的流动比率

（三）速动比率

速动比率（quick ratio）是企业的速动资产与流动负债之比，用于衡量企业在某一时点上运用随时可变现资产偿付到期债务的能力。其计算公式为：

$$速动比率=\frac{速动资产}{流动负债}$$

其中速动资产是流动资产中变现能力较强的那部分资产，一般包括货币资金、交易性金融资产和各种应收款项（包括应收票据、应收账款和其他应收款），他们都可以在短时间内变现；而存货的变现能力差，变现周期长，预付账款不能变现或不能直接用来偿还债务，待摊费用只能减少现金流出而不能变现，故不包括在速动资产之内。在衡量企业短期偿债能力上，一般认为速动比率比流动比率更能说明问题，因为它撇开了变现能力较差的存货等。

速动比率是流动比率的一个补充，一般认为维持在1比较好，与流动比率一样，不同行业对这个指标的要求也是不同的。就商业企业来讲，其存货周转较快，应付账款较多，日常营业所需货币可以应付企业对现金的需求，速动比率维持在0.5的水平上，就可以具备较充裕的短期偿债能力（沃尔玛2018年1月31日速动比率只有0.1858）。企业更应该注意速动比率的有效性，因为速动比率是以假设应收账款均能按时收回，不发生坏账损失为前提的。

【经济业务12-3】 由表12-1资产负债表资料可以得出，仁卫药业有限责任公司：

2018年年初的速动比率=（267 000+20 000+432 000+120 000+54 000）÷1 122 700≈0.795

2018年年末的速动比率=（286 000+85 000+458 500+130 000+67 000）÷1 262 000≈0.813

计算结果表明，该公司2018年的速动比率由年初的0.795提高到0.813，说明该企业经营情况良好，其短期偿债能力强，财务风险小，债权人的安全保障系数高。

（四）现金比率

现金比率（cash ratio）是现金类资产与流动负债之比。所谓现金类资产，主要包括货币资金和交易性金融资产。其计算公式为：

$$现金比率=\frac{现金类资产}{流动负债}$$

现金比率剔除了应收账款对偿债能力的影响，最能反映企业直接偿付流动负债的能力，表明1元流动负债有多少现金资产作为偿债保障。现金比率和速动比率一样，在于进一步补充流动比率进行分析，在测验企业短期偿债能力方面，现金比率显然比速动比率更为严格，因此，现金比率比流动比率和速动比率更能直接反映短期债务的偿债能力。

一般而言，单纯计算现金比率没有多大意义。在企业所谓"正常"资产项目中，唯有现金类资产是一种获益性资产或获益性很差的资产。过多的储备现金，实际上意味着企业已经失去或正在失去若干个获利的机会，因此，企业保持适量的现金是何等的重要。现金比率过高，是一种资金浪费，但现金比率过少，又有可能使企业陷入困境，没有机会把握未来获益机会。一般认为现金比率维持在0.2以上，企业就有了较充裕的直接偿付能力。

【经济业务12-4】 由表12-1资产负债表资料可以得出，仁卫药业有限责任公司：

2018 年年初的现金比率 = 267 000 ÷ 1 122 700 ≈ 0.24

2018 年年末的现金比率 = 286 000 ÷ 1 262 000 ≈ 0.23

计算结果表明,该公司 2018 年的现金比率由年初的 0.24 降到 0.23,基本保持一致,大于 0.2 的基本线,说明该企业经营情况良好,其短期偿债能力强,财务风险小,债权人的安全保障系数较高。

二、长期偿债能力分析

长期偿债能力是指企业在较长的期间偿还债务的能力。经营良好的企业不仅要有足够的资金作为随时偿付短期债务的保证,还必须有偿付到期的长期债务本金和支付长期债务利息的保证。影响企业长期偿债能力的因素很多,主要有资本结构、盈利能力和资产的真实价值等。资本结构的合理性是保证企业长期偿债能力的前提条件;利润是长期偿债能力的动力源;而资产的保值增值则是企业长期偿债能力的直接反映。反映企业长期偿债能力的主要指标有资产负债率、产权比率、权益乘数、利息保障倍数等。

(一)资产负债率

资产负债率(asset-liability ratio)是企业负债总额与资产总额之比,用于衡量企业的长期偿债能力。资产负债率是企业财务分析指标体系中的重要指标。其计算公式为:

$$资产负债率 = \frac{负债总额}{资产总额} \times 100\%$$

它反映企业资产总额中负债所占的比重。资产负债率的高低,不仅反映了企业的经营活力,而且反映了债权人的风险。企业的资产负债率越低,意味着资产对负债的担保能力越强,债权人的风险越小;反之,债权人的风险就越大。一般在大数额的长期借贷关系中,债权人都将借贷期限内最高资产负债率列为限制性条款。一般来说,资产负债率应当小于 50%。高于 50% 时,债权人的利益缺乏保障。

【经济业务 12-5】 由表 12-1 资产负债表中资料可以得出,仁卫药业有限责任公司:

2018 年年初资产负债率 = 1 722 700 ÷ 4 910 000 × 100% ≈ 35%

2018 年年末资产负债率 = 1 962 000 ÷ 5 179 900 × 100% ≈ 37.9%

计算结果表明,该公司 2018 年的资产负债率年初与年末基本一致,由于资产负债率小于 50%,故债权人的权益能够得到一定保障。

企业负债经营,无论利润多少,债务利息是不变的。于是利润增大,每 1 元利润所负担的利息就会减少,从而投资者收益大幅度提高。财务杠杆的支点是负债,从这一点来看,只要利润足够大,则企业的负债越多,运用自有资金就越少,那么财务杠杆效应的空间就越大。但举债经营既可以给企业带来财务利益,增加权益资金的获利能力,同时也增加了企业财务风险。所以,资产负债率越高,企业扩大生产经营的能力越强,增加盈利的可能性就越大,但风险也随之增大,一旦经营失误,企业就可能陷入财务危机。

阿里巴巴集团的资产负债率

知识链接

财务杠杆效应

债务对投资收益的影响叫做财务杠杆。由于债务存在而导致普通股每股利润大于息税前利润变动的杠杆效应就是财务杠杆效应。

在实际工作中,资产负债率的大小,还受其他诸多因素的影响,如企业营利的稳定性、销售额的增长率、行业特点、企业规模、宏观经济状况等。

（二）产权比率

产权比率(equity ratio)又称资本负债率,是负债总额与所有者权益总额之比。其计算公式为:

$$产权比率 = \frac{负债总额}{所有者权益总额} \times 100\%$$

产权比率是反映企业债务资本与股东权益资本之间的关系,也是企业财务结构稳健与否的重要指标。反映了债权人资本受股东权益保障的程度,或者是企业清算时对债权人利益的保障程度。产权比率越低,表明企业长期偿债能力越强,对债权人的保障程度越高。在分析时同样需要结合企业的具体情况加以分析,当企业的资产收益率大于负债成本率时,负债经营有利于提高资金收益率,获得额外的利润,这时的产权比率可适当高些。产权比率高,是高风险、高报酬的财务结构;产权比率低,是低风险、低报酬的财务结构,企业不能充分地发挥负债的财务杠杆效应。因此,在评价产权比率时,应从提高获利能力和增强偿债能力2个方面综合考虑,也就是说在保障偿债能力的前提下,也要考虑对财务杠杆效应的利用可能。

产权比率实际上是资产负债率的另外一种形式,在评价偿债能力方面与资产负债率基本相同。区别在于:资产负债率侧重分析财务偿付的物资保障程度,产权比率侧重于揭示财务结构的稳健程度。

【经济业务 12-6】 由表 12-1 资产负债表资料可以得出,仁卫药业有限责任公司:

2018 年年初产权比率 = 1 722 700÷3 187 300×100% ≈ 54%

2018 年年末产权比率 = 1 962 000÷3 217 900×100% ≈ 61%

计算结果表明,该公司 2018 年年末产权比率高于年初比率,都小于 1,表明企业发展比较稳定,企业的财务结构较稳健。

（三）权益乘数

权益乘数(right coefficient)是总资产与股东权益(或所有者权益)的比值。其计算公式为:

$$权益乘数 = \frac{总资产}{股东权益}$$

权益乘数表明股东每投入 1 元钱可实际拥有和控制的金额。在企业存在负债的情况下,权益乘数大于1,企业负债比例越高,权益乘数越大。产权比率和权益乘数是资产负债率的另外 2 种表现形式,是常用的反映财务杠杆水平的指标。

【经济业务 12-7】 由表 12-1 资产负债表中资料可以得出,仁卫药业有限责任公司:

2018 年年初权益乘数 = 4 910 000 ÷ 3 187 300 ≈ 1.54

2018 年年末权益乘数 = 5 179 900 ÷ 3 217 900 ≈ 1. 61

计算结果表明,该公司 2018 年年末权益乘数高于年初的权益乘数,都大于 1,表明企业 2018 年负债增大。

(四) 利息保障倍数

利息保障倍数(times interest earned)是指企业一定时期息税前利润与全部利息费用之比,又称已获利息倍数。该指标反映了企业偿付债务利息的能力。其计算公式为:

$$利息保障倍数 = \frac{息税前利润}{全部利息费用}$$

$$= \frac{净利润 + 利润表中的利息费用 + 所得税费用}{全部利息费用}$$

公式中的分子"息税前利润"是指利润表中扣除利息费用和所得税前的利润。

该指标与资产负债率不同,资产负债率是从资产对负债的担保能力角度考察债权人的权益风险,而利息保障倍数则是从企业盈利能力的角度考察企业偿付负债利息的能力,从偿债资金来源角度考察企业债务利息的偿付能力。通常情况下,利息保障倍数应当大于 1,该数值越大,公司拥有的偿还利息的缓冲资金就越多。该指标值越大,表明企业支付利息的能力就越强,债权人风险就越小。西方一些学者认为,利息保障系数为 3 时,企业即具有良好的偿付能力。

【经济业务 12-8】根据表 12-2 利润表中数据,同时假定财务费用全部为利息费用,则仁卫药业有限责任公司:

2016 年利息保障倍数 = (754 485 + 50 100 + 251 495) ÷ 50 100 ≈ 21. 08

2018 年利息保障倍数 = (776 970 + 52 000 + 258 990) ÷ 52 000 ≈ 20. 92

从以上计算结果看,该公司的利息保障倍数大于 3,企业具有良好的偿付能力。

▶▶ 边学边练

偿债能力分析的各项指标的练习见实训十七 分析资产负债表。

点滴积累 ∨

1. 短期偿债能力分析

① 营运资金 = 流动资产 - 流动负债

② 流动比率 = $\dfrac{流动资产}{流动负债}$

③ 速动比率 = $\dfrac{速动资产}{流动负债}$

④ 现金比率 = $\dfrac{现金类资产}{流动负债}$

2. 长期偿债能力分析

① 资产负债率 = $\dfrac{负债总额}{资产总额}$ × 100%

②产权比率 $=\dfrac{\text{负债总额}}{\text{所有者权益总额}}\times 100\%$

③权益乘数 $=\dfrac{\text{总资产}}{\text{股东权益}}$

④利息保障倍数 $=\dfrac{\text{息税前利润}}{\text{全部利息费用}}$

任务二　营运能力分析

营运能力主要指资产运用、循环的效率高低。一般而言,资金周转速度越快,说明企业的资金管理水平越高,资金利用效率越高,企业可以以较少的投入获得较多的收益。因此,营运能力指标是通过投入与产出(主要指收入)之间的关系反映。企业营运能力分析主要包括:流动资产营运能力分析、固定资产营运能力分析和总资产营运能力分析 3 个方面。

一、流动资产营运能力分析

反映流动资产营运能力的指标主要有应收账款周转率、存货周转率和流动资产周转率。

(一)应收账款周转率

应收账款在流动资产中有着举足轻重的地位,及时收回应收账款,不仅增强了企业的短期偿债能力,也反映出企业管理应收账款的效率。反映应收账款周转比率(accounts receivable turnover)有应收账款周转次数和应收账款周转天数。

应收账款周转次数,是一定时期内商品或产品销售收入净额与应收账款平均余额的比值,表明一定时期内应收账款平均收回的次数。其计算公式为:

$$应收账款周转次数 = \dfrac{\text{销售收入净额}}{\text{应收账款平均余额}}$$

$$= \dfrac{\text{销售收入净额}}{(\text{期初应收账款 + 期末应收账款})/2}$$

应收账款周转天数指应收账款周转 1 次(从销售开始到收回现金)所需要的时间,其计算公式为:

$$应收账款周转天数 = \dfrac{\text{计算期天数}}{\text{应收账款周转次数}}$$

$$= \text{计算期天数} \times \text{应收账款平均余额} \div \text{销售收入净额}$$

一般情况下,应收账款周转次数越高(或周转天数越短)表明应收账款管理效率越高。

【经济业务 12-9】由表 12-1 资产负债表和表 12-2 利润表中资料,其中销售收入净额使用利润表中的"营业收入"数据,可以得出,仁卫药业有限责任公司:

2018 年应收账款周转率(次数)= 3 087 900÷(432 000+20 000+458 500+85 000)/2≈6.2(次)

应收账款周天数 =360÷6.2≈59(天)

以上数据与 2017 年的相关数据进行比较,就能看出该公司的资金回笼情况。该应收账款周转天数较长,应当引起管理层的重视。

(二)存货周转率

在流动资产中,存货所占比重较大,存货的流动性将直接影响企业的流动比率。存货周转率(inventory turnover)的分析可以通过存货周转次数和周转天数反映。

存货周转次数是指一定时期内企业销售成本与存货平均资金占用额的比率,是衡量和评价企业购入存货、投入生产、销售收回等各环节管理效率的综合性指标。其计算公式为:

$$存货周转次数 = \frac{销售成本}{存货平均余额}$$

$$= \frac{销售成本}{(期初存货 + 期末存货)/2}$$

存货周转天数是指存货周转 1 次(即存货取得到存货销售)所需要的时间。其计算公式为:

$$存货周转天数 = \frac{计算期天数}{存货周转次数}$$

$$= 计算期天数 \times 存货平均余额 \div 销售成本$$

一般情况下,存货周转次数越快(或周转天数越短),表明存货占用水平越低,流动性越强,存货转化为现金或应收账款的速度就越快,这样会增加企业的短期偿债能力及营利能力。

【经济业务 12-10】由表 12-1 资产负债表和表 12-2 利润表中资料,其中销售成本使用利润表中的"营业成本"数据,可以得出,仁卫药业有限责任公司:

2018 年存货周转次数 = 2 189 000÷(928 000+1 054 000)/2≈2.2(次)

存货周转天数 = 360÷2.2≈164(天)

以上数据可与 2017 年的相关数据进行比较,从中看出该公司存货周转速度的变化情况。

(三)流动资产周转率

流动资产周转率(current asset turnover)是反映企业流动资产周转速度的指标。流动资产周转次数是一定时期销售收入净额与企业流动资产平均占用额之间的比率。其计算公式为:

$$流动资产周转次数 = \frac{销售收入净额}{流动资产平均余额}$$

$$流动资产周转天数 = \frac{计算期天数}{流动资产周转次数}$$

$$= 计算期天数 \times 流动资产平均余额 \div 销售收入净额$$

式中:流动资产平均余额=(期初流动资产 + 期末流动资产)÷2

在一定时期,流动资产周转次数越多,表明以相同的流动资产完成的周转额越多,流动资产利用效果越好。流动资产周转天数越少,表明流动资产在经历生产销售阶段所占用的时间越短,可相对节约流动资产,增强企业营利能力。

【经济业务 12-11】由表 12-1 资产负债表和表 12-2 利润表中资料,其中销售收入净额使用利润表中的"营业收入"数据,可以得出,仁卫药业有限责任公司:

2018 年流动资产周转次数 = 3 087 900÷(1 841 000+2 095 500)/2≈1.57(次)

2018 年流动资产周转天数 = 360 ÷1.57≈230(天)

以上数据可与 2017 年的相关数据进行比较,从中看出该公司存货周转速度的变化情况。

二、固定资产营运能力分析

反映固定资产营运能力的指标为固定资产周转率(fixed asset turnover rate)。固定资产周转率是指企业年销售收入净额与固定资产平均净额的比率。它反映企业固定资产周转情况,从而衡量固定资产利用效率的一项指标。其计算公式为:

$$固定资产周转率 = \frac{销售收入净额}{固定资产平均净值}$$

式中:固定资产平均净值 = (期初固定资产净值 + 期末固定资产净值)÷2

固定资产周转率高,说明企业固定资产投资得当,结构合理,利用效率高;反之,如果固定资产周转率不高,则表明固定资产利用率不高,提供的生产成果不多,企业的营运能力不强。

【经济业务 12-12】根据表 12-1 资产负债表和表 12-2 利润表中资料可以得出(假定 2017 年年初固定资产净值为 2 274 000 元),仁卫药业有限责任公司:

2017 年固定资产周转率 = 2 864 000 ÷(2 274 000 + 2 329 000)/2≈1.244(次)

2018 年固定资产周转率 = 3 087 900 ÷(2 329 000 + 2 365 000)/2≈1.316(次)

通过以上计算可知,2018 年该公司固定资产周转率高于 2017 年,表明固定资产利用率较高,提供的生产成果较多,企业的营运能力增强。

三、总资产营运能力分析

反映总资产营运能力的指标是总资产周转率(total assets turnover)。总资产周转率是企业销售收入净额与企业资产平均总额的比率。计算公式为:

$$总资产周转率 = \frac{销售收入净额}{平均资产总额}$$

如果企业各期资产总额比较稳定,波动不大,则:

$$平均总资产 = (期初总资产 + 期末总资产)÷2$$

如果资金占用的波动性较大,企业应采用更详细的资料进行计算,如按照各月的资金占用额计算,则:

$$月平均总资产 = (月初总资产 + 月末总资产)÷2$$

$$年平均总资产 = \sum 各月平均总资产÷12$$

【经济业务 12-13】根据表 12-1 资产负债表和表 12-2 利润表中资料可以得出,仁卫药业有限责任公司:

2017 年总资产周转率 = 2 864 000 ÷(4 785 000 + 4 910 000)/2 = 0.59(次)

2018 年总资产周转率 = 3 087 900÷(4 910 000 + 5 179 900)/2 = 0.612(次)

以上计算可知,该公司 2018 年总资产周转率比上年提高,这与前面计算分析固定资产周转速度提高结论一致。

▶▶ 边学边练

营运能力分析的各项指标的练习见实训十七 分析资产负债表。

点滴积累 ∨

1. 流动资产营运能力分析

①应收账款周转率

$$应收账款周转次数 = \frac{销售收入净额}{应收账款平均余额}$$

$$= \frac{销售收入净额}{（期初应收账款+期末应收账款）/2}$$

②存货周转率

$$存货周转次数 = \frac{销售成本}{存货平均余额}$$

$$= \frac{销售成本}{（期初存货+期末存货）/2}$$

$$存货周转天数 = \frac{计算期天数}{存货周转次数}$$

$$= 计算期天数 \times 存货平均余额 \div 销售成本$$

③流动资产周转率

$$流动资产周转次数 = \frac{销售收入净额}{流动资产平均余额}$$

$$流动资产周转天数 = \frac{计算期天数}{流动资产周转次数}$$

$$= 计算期天数 \times 流动资产平均余额 \div 销售收入净额$$

2. 固定资产营运能力分析

$$固定资产周转率 = \frac{销售收入净额}{固定资产平均净值}$$

3. 总资产营运能力分析

$$总资产周转率 = \frac{销售收入净额}{平均资产总额}$$

任务三 营利能力分析

营利能力分析是通过对企业生产经营过程中的产出、耗费和利润之间的比例关系,来研究和评价企业的获利能力。主要指标有销售毛利率、销售净利率、总资产净利率和净资产收益率。

一、销售毛利率

销售毛利率(gross profit margin)是销售毛利同销售收入之比。其计算公式为:

$$销售毛利率 = \frac{销售毛利}{销售收入} \times 100\%$$

其中:销售毛利=销售收入-销售成本

销售毛利率反映产品每销售1元所包含的毛利润是多少。单位销售收入的毛利率越高,说明用来抵补企业各项经营费用支出的能力就越强,营利能力就可能越高。反之,营利能力就越低。将销售毛利率与行业水平进行比较,可以反映企业产品的市场竞争地位。

【经济业务12-14】根据表12-2利润表中资料,其中销售收入使用利润表中的"营业收入"数据,销售成本使用"营业成本"数据,可以得出,仁卫药业有限责任公司:

2017年销售毛利率=(2 864 000-1 958 700)÷2 864 000×100%≈31.6%

2018年销售毛利率=(3 087 900-2 189 000)÷2 189 000×100% ≈ 41.06%

计算结果表明,该公司具有很高的获利能力,且盈利水平处于较稳定的状态。

二、销售净利率

销售净利率(net profit margin)是净利润与销售收入之比,表示企业销售收入的获利水平。这个指标反映企业每1元销售收入所带来的净利润数额。其计算公式为:

$$销售净利率 = \frac{净利润}{销售收入} \times 100\%$$

【经济业务12-15】根据表12-2利润表中资料可以得出,仁卫药业有限责任公司:

2017年销售净利率=754 485÷2 864 000×100% ≈ 26.34%

2018年销售净利率=776 970÷3 087 900×100% ≈ 25.16%

由计算结果可以看出,该公司2018年的销售净利率与2017年的销售净利率相比,降低了一个百分点,企业的获利水平有所降低,需要企业进一步查明原因,降低成本,提高利润率。

销售净利率的变动是由利润表的各个项目金额变动引起的,可以深入分析这种变动到底是由销售成本、销售费用、管理费用还是财务费用变化引起的,各项目在其中所起的作用如何。销售净利率与销售毛利率是息息相关的2个重要的企业盈利考核指标。

三、总资产净利率

总资产净利率(total asset net interest rate)指净利润与平均总资产的比率,反映每1元资产创造的净利润。其计算公式为:

$$总资产净利率 = \frac{净利润}{平均总资产} \times 100\%$$

总资产净利率衡量的是企业资产的盈利能力。总资产净利率越高,表明企业资产的利用率越好。影响总资产净利率的因素是销售净利率和总资产周转率。

$$总资产净利率 = \frac{净利润}{平均总资产} = \frac{净利润}{销售收入} \times \frac{销售收入}{平均总资产}$$

$$= 销售净利率 \times 总资产周转率$$

因此,企业可以通过提高销售净利率、加速资产周转来提高总资产净利率。

【经济业务12-16】根据表12-1资产负债表和表12-2利润表中资料可以得出,仁卫药业有限责任公司:

2017年总资产净利率=754 485÷(4 785 000+4 910 000)/2×100%≈15.56%

2018年总资产净利率=776 970÷(4 910 000+5 179 900)/2×100%≈15.4%

由计算结果可以看出,该公司2018年总资产净利率有所下降。结合前面计算的销售净利率和总资产周转率发现,销售净利率和资产周转率均下降是总资产净利率下降的原因,表明企业产品的营利能力和资产运用效率存在一定问题。企业应进一步分析产品营利能力和资产周转能力下降的原因,通过提高销售净利率和资产周转率改善企业整体营利水平。

四、净资产收益率

净资产收益率(return on equity)又叫权益净利率或权益报酬率简称ROE,是净利润与平均所有者权益的比值,表示1元股东资本赚取的净利润,反映资本经营的营利能力。其计算公式为:

$$净资产收益率=\frac{净利润}{平均所有者权益}×100\%$$

该指标是企业营利能力指标的核心,也是杜邦财务指标体系的核心,更是投资者关注的重点。一般来说,净资产收益率越高,股东和债权人的利益保障程度越高。如果企业的净资产收益率在一定时期内持续增长,说明资本营利能力稳定上升。但净资产收益率不是一个越高越好的概念,分析时要注意企业的财务风险。

$$净资产收益率=\frac{净利润}{平均净资产}=\frac{净利润}{平均总资产}×\frac{平均总资产}{平均净资产}$$

$$=资产净利率×权益乘数$$

【经济业务12-17】根据表12-1资产负债表和表12-2利润表中资料,该公司所有者权益即为其净资产(或股东权益),假设2017年年初所有者权益为3 065 400元,可以得出,仁卫药业有限责任公司:

2017年净资产收益率=754 485÷(3 065 400+3 187 300)/2×100%≈24.13%

2018年净资产收益率=776 970÷(3 187 300+3 217 900)/2×100%≈24.26%

五、每股收益

每股收益(earnings per share)简称EPS,它是测定股票投资价值的重要指标之一,是分析每股价值的一个基础性指标,是综合反映公司获利能力的重要指标。其计算公式为:

$$每股收益=\frac{净利润}{总股数}$$

其中,若公司只有普通股时,净利润为税后净利润,总股数为普通股的股数,如果公司还发行了优先股,则分子净利润应从税后净利润中扣除分配给优先股股东的利息,然后进行求解。该比率反映了每股创造的税后利润,比率越高,表明所创造的利润越多。

六、市盈率

市盈率(price earning ratio)简称 PER,它是指某种股票普通股每股市价与每股收益的比率,反映普通股股东为获取 1 元净利润所愿意支付的股票价格。其计算公式为:

$$市盈率=\frac{每股市价}{每股收益}$$

市盈率是股票市场上反映股票投资价值的重要指标,该比率的高低反映了市场上投资者对股票投资收益和投资风险的预期。一方面,市盈率越高,意味着投资者对股票的收益预期越看好,投资价值越大;反之,投资者对该股票评价越低。另一方面,市盈率越高,也说明获得一定的预期利润投资者需要支付更高的价格,因此投资于该股票的风险也越大;市盈率越低,说明投资于该股票的风险越小。一般认为该比率保持在 20~30 之间是正常的,过小说明股价低,风险小,值得购买;过大则说明股价高,风险大,购买时应谨慎。但高市盈率股票多为热门股票,低市盈率股票可能为冷门股票。市盈率对个股、类股及大盘都是很重要参考指标。任何股票若市盈率大大超出同类股票或是大盘,都需要有充分的理由支持,而这往往离不开该公司未来盈利将快速增长这一重点。一家公司享有非常高的市盈率,说明投资人普遍相信该公司未来每股盈余将快速成长,以至数年后市盈率可降至合理水平。一旦盈利增长不如理想,支撑高市盈率的力量无以为继,股价往往会大幅回落。

ER-12-3

巴菲特投资中石油

▶▶ **边学边练**

营利能力分析的各项指标的练习见实训十七　分析资产负债表。

点滴积累 ∨

1. $销售毛利率=\frac{销售毛利}{销售收入}×100\%$

2. $销售净利率=\frac{净利润}{销售收入}×100\%$

3. $总资产净利率=\frac{净利润}{平均总资产}×100\%$
   $=销售净利率 ×总资产周转率$

4. $净资产收益率=\frac{净利润}{平均所有者权益}×100\%$
   $=资产净利率 ×权益乘数$

5. $每股收益=\frac{净利润}{总股数}$

6. $市盈率=\frac{每股市价}{每股收益}$

任务四　发展能力分析

衡量企业发展能力的指标主要有:销售收入增长率、总资产增长率、营业利润增长率、资本保值增值率和资本积累率等。

一、销售收入增长率

销售收入增长率(sales revenue growth rate)反映的是相对化的销售增长情况,是衡量企业经营状况和市场占有能力、预测企业经营业务拓展趋势的重要指标。在实际分析时应考虑企业历年的销售水平、市场占有情况、行业未来发展及其他影响企业发展的潜在因素,或结合企业前3年的销售收入增长率进行趋势性分析判断,其计算公式为:

$$销售收入增长率 = \frac{本年销售收入增长额}{上年销售收入} \times 100\%$$

其中:本年销售收入增长额=当年销售收入-上年销售收入

计算过程中,销售收入可以使用利润表中的"营业收入"数据。销售收入增长率大于零,表明企业本年销售收入有所增长。该指标值越高,表明企业销售收入的增长速度越快,企业市场前景越好。

【经济业务 12-18】根据表 12-2 利润表中资料计算过程中,其中销售收入使用利润表中的"营业收入"数据,可以得出,仁卫药业有限责任公司:

2018 年销售收入增长率=(3 087 900-2 864 000)÷ 2 864 000×100%≈7.8%

二、总资产增长率

总资产增长率(total assets growth rate),简称 TAGR,是企业本年资产增长额同年初资产总额的比率,反映企业本期资产规模的增长情况。其计算公式为:

$$总资产增长率 = \frac{本年资产增长额}{年初资产总额} \times 100\%$$

其中:本年资产增长额=年末资产总额-年初资产总额

总资产增长率越高,表明企业一定时期内资产经营规模扩张的速度越快。但在分析时,需要关注资产规模扩张的质和量的关系,以及企业的后续发展能力,避免盲目扩张。

【经济业务 12-19】根据表 12-1 资产负债表中资料可以得出,仁卫药业有限责任公司:

2018 年总资产增长率=(5 179 900-4 910 000)÷ 4 910 000×100%≈5.5%

三、营业利润增长率

营业利润增长率(operating profit growth rate)是企业本年营业利润增长额与上年营业利润总额的比率,反映企业营业利润的增减变动情况。其计算公式为:

$$营业利润增长率 = \frac{本年营业利润增长额}{上年营业利润总额} \times 100\%$$

其中:本年营业利润增长额=本年营业利润-上年营业利润

【经济业务 12-20】根据表 12-2 利润表中资料可以得出,仁卫药业有限责任公司:

2018 年营业利润增长率=(1 043 760-1 015 680)÷ 1 015 680 ×100%≈2.76%

四、资本保值增值率

资本保值增值率(capital preservation appreciation rate)是指扣除客观因素影响后的所有者权益的期末总额与期初总额之比。其计算公式为：

$$资本保值增值率=\frac{扣除客观因素影响后的所有者权益的期末总额}{期初所有者权益}\times100\%$$

如果企业本期净利润大于0,并且利润留存率大于0,则必然会使期末所有者权益大于期初所有者权益,所以该指标也是衡量企业盈利能力的重要指标。当然,这一指标的高低,除了受企业经营成果的影响外,还受企业利润分配政策和投入资本的影响。

【经济业务12-21】根据表12-1资产负债表中资料(假设2017年年初所有者权益总额为3 065 000元),仁卫药业有限责任公司：

2017年资本保值增值率=3 187 300÷3 065 000×100%≈1.04%

2018年资本保值增值率=3 217 900÷3 187 300×100%≈1.01%

可见该公司2018年资本保值增值率比上年有所降低。

五、资本积累率

资本积累率(rate of capital accumulation)是企业本年所有者权益增长额与年初所有者权益的比率,反映企业当年资本的积累能力。其计算公式为：

$$资本积累率=\frac{本年所有者权益增长额}{年初所有者权益}\times100\%$$

本年所有者权益增长额=年末所有者权益-年初所有者权益

资本积累率越高,表明企业的资本积累越多,应对风险、持续发展的能力越强。

【经济业务12-22】根据表12-1资产负债表中资料可以得出,仁卫药业有限责任公司：

2018年资本积累率=(3 217 900-3 187 300)÷3 187 300×100%≈0.96%

▶▶ 边学边练

发展能力分析的各项指标的练习见实训十七　分析资产负债表。

点滴积累 ∨

1. $销售收入增长率=\dfrac{本年销售收入增长额}{上年销售收入}\times100\%$

2. $总资产增长率=\dfrac{本年资产增长额}{年初资产总额}\times100\%$

3. $营业利润增长率=\dfrac{本年营业利润增长额}{上年营业利润总额}\times100\%$

4. $资本保值增值率=\dfrac{扣除客观因素影响后的所有者权益的期末总额}{期初所有者权益}\times100\%$

5. 资本积累率 = $\dfrac{\text{本年所有者权益增长额}}{\text{年初所有者权益}} \times 100\%$

财务报表粉饰的预警信号

实训十七　分析资产负债表

【实训目的】

对资产负债表及利润表中的部分指标进行基本的财务分析。

【实训内容】

仁卫药业有限责任公司2018年12月31日的有关资料如下：

单位：万元

资产	年初余额	期末余额	负债和所有者权益（或股东权益）	年初余额	期末余额
货币资金	130	130	流动负债合计	220	218
应收账款	135	150	非流动负债合计	290	372
存货	160	170	**负债合计**	510	590
流动资产合计	425	450	**所有者权益合计**	715	720
长期投资	100	100			
固定资产	700	760			
非流动资产合计	800	860			
合计	1225	1310	合计	1225	1310

2018年销售收入1500万元，销售净利率20%。假定该公司流动资产仅包含速动资产与存货，非经营性收益为60万元，非付现费用为150万元。该公司适用所得税税率为25%。

【实训要求】

1. 计算该公司2018年年末的流动比率、速动比率、现金比率。

2. 计算该公司2018年年末的资产负债率、产权比率、权益乘数。

3. 计算该公司2018年的应收账款周转率、流动资产周转率、总资产周转率。

4. 计算该公司2018年的净资产收益率、资本保值增值率、资本积累率、总资产增长率。

【实训注意】

完成本实训必须熟悉资产负债表的编制方法，理解报表中的数字的含义。

【实训检测】

请思考实训要求中计算的各项财务指标对分析资产负债表各有什么意义？各有什么优缺点？它们之间有何内在联系？

目标检测

一、选择题

（一）单项选择题

1. 在现代综合评价体系中,企业财务评价的内容最关注的首先是( )

    A. 偿债能力　　　　　　B. 营运能力　　　　　　C. 盈利能力　　　　　　D. 成长能力

2. 下列各项中,不属于速动资产的是( )

    A. 现金　　　　　　　　　　　　　　　B. 产成品

    C. 应收账款　　　　　　　　　　　　　D. 交易性金融资产

3. 表示每 1 元流动负债有多少元流动资产作为偿付担保,反映短期债权安全程度的比率是( )

    A. 速动比率　　　　　　B. 现金比率　　　　　　C. 资产负债率　　　　　D. 流动比率

4. 企业一定时期内主营业务收入净额同平均应收账款余额的比率是应收账款的( )

    A. 周转次数　　　　　　B. 周转天数　　　　　　C. 周转速度　　　　　　D. 周转时间

5. 应收账款的周转次数越多,周转天数越少,说明企业应收账款的变现速度越( )和收账效率越( )

    A. 慢、高　　　　　　　B. 快、低　　　　　　　C. 慢、低　　　　　　　D. 快、高

6. 存货的周转次数越( ),周转天数越( ),表明资金占用水平越低,资金利用效率越高

    A. 多、多　　　　　　　B. 少、多　　　　　　　C. 多、少　　　　　　　D. 少、少

7. 下列各项中,可能导致企业资产负债率变化的经济业务是( )

    A. 收回应收账款

    B. 用现金购买债券

    C. 接受所有者投资转入的固定资产

    D. 以固定资产对外投资(按账面价值作价)

8. 下列指标中,可用于衡量企业短期偿债能力的是( )

    A. 已获利息倍数　　B. 产权比例　　　　C. 权益乘数　　　　D. 流动比率

9. 税后利润与股本总数的比率是( )

    A. 市盈率　　　　　　B. 每股收益　　　　　C. 净资产收益率　　　D. 总资产利润率

10. 某种股票普通股每股市价与每股收益的比率是( )

    A. 市盈率　　　　　　B. 每股收益　　　　　C. 净资产收益率　　　D. 总资产利润率

（二）多项选择题

1. 企业财务分析的基本内容主要有（　　）

    A. 营利能力分析　　　　　　　　　B. 营运能力分析

    C. 偿债能力分析　　　　　　　　　D. 现金流量分析

    E. 发展能力分析

2. 某公司当年的经营利润很多,却不能偿还到期债务。为查清其原因,应检查的财务比率包括（　　）

    A. 资产负债率　　　　　　B. 流动比率　　　　　　C. 存货周转率

    D. 应收账款周转率　　　　E. 现金比率

3. 反映企业短期偿债能力的财务比率主要有（　　）

    A. 销售净利率　　　　　　B. 流动比率　　　　　　C. 速动比率

    D. 现金比率　　　　　　　E. 营运资金

4. 反映企业长期偿债能力的主要指标有（　　）

    A. 净资产收益率　　　　　B. 权益乘数　　　　　　C. 资产负债率

    D. 产权比率　　　　　　　E. 利息保障倍数

5. 以下属于企业营运能力分析的周转速度指标有（　　）

    A. 固定资产　　　　　　　B. 应收账款　　　　　　C. 存货

    D. 流动资产　　　　　　　E. 总资产

6. 企业营运能力分析主要采用求解相关指标的周转速度的方法来进行,周转速度的表示方法通常有（　　）

    A. 周转率　　　　　　　　B. 周转期　　　　　　　C. 周转次数

    D. 周转天数　　　　　　　E. 周转空间

7. 假设其他条件不变,下列各项中,可以缩短经营周期的有（　　）

    A. 存货周转率(次数)上升

    B. 存货周转率(次数)下降

    C. 提供给顾客的现金折扣增加,对他们更具吸引力

    D. 供应商提供的信用期缩短了,所以提前付款

    E. 应收账款余额减少

8. 以下属于企业经营盈利能力分析的主要指标有（　　）

    A. 销售毛利率　　　　　　B. 净资产收益率　　　　C. 销售净利率

    D. 所有者权益毛利率　　　E. 总资产净利率

9. 所有者投资盈利能力分析一般包括（　　）

    A. 负债偿还能力　　　　　B. 净资产收益率　　　　C. 流动资产净利率

    D. 每股收益　　　　　　　E. 市盈率

10. 一般情况下,下列有关市盈率表述正确的有（　　）

A. 上市公司盈利能力的成长性越高,市盈率越高

B. 上市公司经营效益良好且稳定性越好,市盈率越高

C. 通常市场利率越高,企业的市盈率会越大

D. 市盈率越高,表示企业股票的投资价值越高

E. 投资者通常利用该市盈率估量某股票的投资价值

二、简答题

1. 什么是财务分析? 财务分析的意义和内容是什么?

2. 什么是营运资金、流动比率、速动比率和现金比率? 它们之间的联系和区别是什么?

3. 什么是资产负债率和产权比率? 两者的联系和区别是什么?

4. 怎样求解应收账款周转速度和存货周转速度?

5. 什么是销售毛利率、销售净利率、总资产净利率和净资产收益率? 其计算结果各说明什么问题?

6. 销售收入增长率、总资产增长率、营业利润增长率如何计算?

7. 每股收益和市盈率的含义各是什么?

(杨 鹏)

附录

附录一　财政部　税务总局关于调整增值税税率的通知
财税〔2018〕32 号

各省、自治区、直辖市、计划单列市财政厅（局）、国家税务局、地方税务局，新疆生产建设兵团财政局：

为完善增值税制度，现将调整增值税税率有关政策通知如下：

一、纳税人发生增值税应税销售行为或者进口货物，原适用 17% 和 11% 税率的，税率分别调整为 16%、10%。

二、纳税人购进农产品，原适用 11% 扣除率的，扣除率调整为 10%。

三、纳税人购进用于生产销售或委托加工 16% 税率货物的农产品，按照 12% 的扣除率计算进项税额。

四、原适用 17% 税率且出口退税率为 17% 的出口货物，出口退税率调整至 16%。原适用 11% 税率且出口退税率为 11% 的出口货物、跨境应税行为，出口退税率调整至 10%。

五、外贸企业 2018 年 7 月 31 日前出口的第四条所涉货物、销售的第四条所涉跨境应税行为，购进时已按调整前税率征收增值税的，执行调整前的出口退税率；购进时已按调整后税率征收增值税的，执行调整后的出口退税率。生产企业 2018 年 7 月 31 日前出口的第四条所涉货物、销售的第四条所涉跨境应税行为，执行调整前的出口退税率。

调整出口货物退税率的执行时间及出口货物的时间，以出口货物报关单上注明的出口日期为准，调整跨境应税行为退税率的执行时间及销售跨境应税行为的时间，以出口发票的开具日期为准。

六、本通知自 2018 年 5 月 1 日起执行。此前有关规定与本通知规定的增值税税率、扣除率、出口退税率不一致的，以本通知为准。

七、各地要高度重视增值税税率调整工作，做好实施前的各项准备以及实施过程中的监测分析、宣传解释等工作，确保增值税税率调整工作平稳、有序推进。如遇问题，请及时上报财政部和税务总局。

财政部 税务总局

2018 年 4 月 4 日

附录二　模拟企业"仁卫药业有限责任公司"简介

为使教材使用者更加直观具体地掌握企业会计核算内容与方法,本教材以"仁卫药业有限责任公司"为模拟企业,以2018年9月份为会计期间,以其发生的经济业务为例系统地阐述会计核算的基本方法。

仁卫药业有限责任公司系一家内资企业,集生产、销售于一身,主要生产中成药"保和丸和六味地黄丸"2种产品。公司于2018年9月1日成立,注册资本250万元,其中甲方以现金50万元和厂房100万元投资,乙方以设备100万元投资。一般纳税人,增值税税率16%,企业所得税税率25%。

企业法人:董事长莫佳,负责企业全面工作;

总经理:贾海,负责企业生产经营;

财务处共5人,其中:

财务处长张华,会计主管,全面负责财务处工作;

副处长吴玉,负责制单、登记总账、编制报表等工作;

出纳赵明,负责收款、付款、提现金、存现金等业务,并负责登记日记账;

记账王丽,负责登记全部明细账工作;

稽核张红红,负责内部审计、装订并保管会计凭证等工作。

参考文献

1. 全国会计从业资格考试辅导教材编写组.会计基础.北京:经济科学出版社,2016

2. 中华人民共和国财政部.会计基础工作规范.北京:经济科学出版社,1996

3. 中华人民共和国财政部会计司、国家档案局经济科技档案业务指导司《会计档案管理办法讲解》编写组.会计档案管理办法讲解.北京:中国财政经济出版社,2016

4. (美)罗伯特·N.安东尼,(美)莱斯利·K.布莱特纳.范海滨译.会计学基础.9版.北京:清华大学出版社,2007

5. (英)理查德·A布雷利,(美)斯图尔特·C.迈尔斯,(美)弗兰克林·艾伦.公司理财原理(精要版).大连:东北财经大学出版社,2009

6. 张捷.基础会计.北京:中国人民大学出版社,2015

7. 李海波,蒋瑛.会计学原理.18版.上海:立信会计出版社,2017

8. 陈国辉,陈文铭,傅丹.基础会计实训教程.4版.大连:东北财经大学出版社,2015

9. 会计从业资格无纸化考试专用辅导教材编写组.会计基础.上海:上海财经大学出版社,2016

10.彭浪,苏龙.基础会计实训案例.2版.上海:立信会计出版社,2011

11. 周雪艳,汪行光.基础会计:原理、实务、案例、实训(训练手册).大连:东北财经大学出版社,2012

12. 代义国.会计实账超简单.北京:中国宇航出版社,2015

13. 财政部会计资格评价中心.财务管理(中级会计资格2016年度全国会计专业技术资格考试辅导教材).北京:中国财政经济出版社,2016

14. 东奥会计在线.全国会计专业技术资格考试辅导用书——中级财务管理.北京:北京大学出版社,2017

15. 宁健,程淮中.基础会计.3版.北京:中国财政经济出版社,2015

16. 东奥会计在线.山西省会计人员继续教育读本(2016年版).长春:吉林大学出版社,2016

目标检测参考答案

项目一　总　论

一、选择题

（一）单项选择题

1. C　　2. D　　3. C　　4. D　　5. C　　6. B　　7. B　　8. A　　9. B　　10. D

（二）多项选择题

1. ABCD　2. AC　3. ACDE　4. ABCD　5. ACD　6. ABCDE　7. BDE　8. BCD　9. ABCD

10. ABE

二、简答题（略）

三、综合题

1.

经济业务	权责发生制		收付实现制	
	收入	费用	收入	费用
（1）支付上月电费5000元				5000
（2）收回上月的应收账款10 000元			10 000	
（3）收到本月的销售收入款20 000元,对应销售成本15 000元	20 000	15 000	20 000	15 000
（4）支付本月应负担的办公费1000元		1000		1000
（5）支付下季度保险费1800元				1800
（6）应收销售收入25 000元,对应销售成本20 000元,款项尚未收到	25 000	20 000		
（7）预收客户汇款5000元			5000	
（8）负担上季度已经预付的保险费600元		600		
合计	45 000	36 600	35 000	22 800

权责发生制下利润＝收入−费用＝45 000−36 600＝8400（元）

收付实现制下利润＝收入−费用＝35 000−22 800＝12 200（元）

2. 略

3. 略

项目二　会计要素与账户

一、选择题

（一）单项选择题

1. A　　2. A　　3. D　　4. B　　5. D　　6. D　　7. B　　8. B　　9. A　　10. D

（二）多项选择题

1. ABCDE　2. BDE　3. ABE　4. CD　5. ABE　6. ABCDE　7. ABDE　8. BCD　9. BCD　10. CDE

二、判断题

1. ×　2. ×　3. ×　4. ×　5. ×　6. ×　7. √　8. √　9. ×　10. ×　11. √　12. √　13. ×　14. √

15. √

三、简答题（略）

四、综合题

1. 略

2. 分析

该公司9月份发生的经济业务涉及的会计要素项目有：

资产：银行存款20万元、库存现金3000元、原材料10万元、库存商品8万元

负债：应付账款4万元，短期借款20万元

所有者权益：实收资本250万元

收入：主营业务收入10万元

费用：管理费用1万元

利润：2万元

3. 略

4. 略

项目三　复式记账法

一、选择题

（一）单选题

1. C　　2. C　　3. D　　4. B　　5. D　　6. A　　7. D　　8. B　　9. A　　10. B

（二）多选题

1. ACD　2. ACE　3. ABE　4. BCD　5. ACE

二、判断题

1. ×　2. ×　3. ×　4. ×　5. ×　6. ×　7. √　8. ×　9. ×　10. ×

三、简答题（略）

四、综合题

1. 计算题

（1）根据"应收账款期末余额＝期初借方余额＋本期借方发生额－本期贷方发生额"计算,应收账款本期借方发生额为9000元。

（2）根据"应付账款期末余额＝期初贷方余额＋本期贷方发生额－本期借方发生额"计算,应付账款本期贷方发生额为8000元。

2. 填表题

账户名称	期初余额	本期发生额		借或贷	期末余额
		借方	贷方		
库存现金	980	14 500	14 380	借	1100
固定资产	200 000	100 000	150 000	借	150 000
应收账款	3000	36 000	21 000	借	18 000
库存商品	297 000	61 200	148 200	借	210 000
短期借款	230 000	130 000	200 000	贷	300 000
应付账款	320 000	120 000	140 000	贷	340 000
应交税费	20 000	30 000	10 000	平	0
实收资本	860 000	50 000	10 000	贷	820 00

项目四　工业企业主要经济业务及其成本的核算

一、选择题

（一）单项选择题

1. D　　2. D　　3. B　　4. D　　5. C　　6. A　　7. A　　8. B　　9. B　　10. B

（二）多项选择题

1. CDE　2. CDE　3. BDE　4. BCDE　5. ABCE　6. ABC　7. ABCD　8. ABC　9. ABDE　10. AE

二、判断题

1. √　2. ×　3. ×　4. ×　5. √　6. ×　7. √　8. ×　9. √　10. √　11. ×　12. ×　13. √　14. ×

15. √　16. ×　17. √　18. √　19. ×　20. √

三、简答题（略）

四、综合题

（一）练习会计分录的编制（略）

（二）练习成本的计算

1.

表 4-1 白芍、甘草采购成本计算表

材料名称	单位	数量	买价(元)	采购费用(元)	总成本(元)	单位成本(元)
白芍	kg	400	8000	200	8200	21.00
甘草	kg	300	3600	120	3720	12.40
合计	—	700	11 600	320	11 920	—

2.

表 4-2 逍遥丸、猴头健胃灵生产成本计算单(表)

成本项目	逍遥丸(100件)		猴头健胃灵(50件)	
	总成本(元)	单位成本(元)	总成本(元)	单位成本(元)
直接材料	70 000	700	20 000	400
直接人工	28 000	280	4000	80
分配转入的制造费用	16 000	160	2000	40
合计	114 000	1140	26 000	520

(三)练习利润的计算

营业利润=60 000+2 000−38 000−1000−4000−2000−2500−1500+4500=17 500 元

利润总额=17 500+500−2000=16 000 元

净利润=16 000−16 000×25%=12 000 元

项目五 会计凭证

一、选择题

(一)单项选择题

1. C   2. B   3. A   4. C   5. D   6. C   7. A   8. A   9. D   10. A

(二)多项选择题

1. ABC   2. ABD   3. BCDE   4. ABDE   5. ABCD   6. AB   7. AD   8. ACD   9. ACDE   10. ABE

二、判断题

1. ×   2. √   3. ×   4. ×   5. √   6. ×   7. ×   8. ×   9. ×   10. ×

三、简答题(略)

四、综合题(略)

项目六 会计账簿

一、选择题

(一)单项选择题

1. C   2. A   3. B   4. A   5. B   6. B   7. A   8. C   9. D   10. C

（二）多项选择题

1. ABD　2. AD　3. CDE　4. BCD　5. ACD　6. ABCD　7. ABD　8. CD　9. ABCE　10. ABE

二、判断题

1. √　2. ×　3. √　4. ×　5. ×　6. ×　7. ×　8. √　9. √　10. √

三、简答题（略）

四、综合题

序号	应采用的更正方法	错账更正的会计分录
1	划线更正法	
2	红字更正法	借：银行存款　19 700 　　贷：应付账款　19 700 借：银行存款　19 700 　　贷：应收账款　19 700
3	红字更正法	借：制造费用 41 400 　　贷：累计折旧 41 400
4	补充登记法	借：应付职工薪酬　32 400 　　贷：库存现金　　　32 400

项目七　财产清查

一、选择题

（一）单项选择题

1. A　2. B　3. B　4. D　5. D　6. B　7. B　8. C　9. A　10. C

（二）多项选择题

1. BCD　2. ACD　3. ABCDE　4. ABCDE　5. ADE　6. ACE　7. ABC　8. ABCD　9. AB　10. AD

二、判断题

1. √　2. ×　3. ×　4. √　5. √　6. ×　7. √　8. ×　9. ×　10. ×

三、简答题（略）

四、综合题

（1）批准前：

借：待处理财产损溢——待处理流动资产损溢　　　　　　　　　　　100

　　贷：库存现金　　　　　　　　　　　　　　　　　　　　　　100

批准后：

借:其他应收款 100

　　贷:待处理财产损溢——待处理流动资产损溢 100

(2)批准前:

借:原材料——熟地黄 2000

　　贷:待处理财产损溢——待处理流动资产损溢 2000

批准后:

借:待处理财产损溢——待处理流动资产损溢 1000

　　贷:管理费用 1000

(3)批准前:

借:待处理财产损溢——待处理流动资产损溢 5850

　　贷:原材料——山楂 5000

　　贷:应交税金——应交增值税(进项税额转出) 850

批准后:

借:管理费用 5850

　　贷:待处理财产损溢——待处理流动资产损溢 5850

(4)批准前:

借:待处理财产损溢——待处理固定资产损溢 5000

借:累计折旧 5000

　　贷:固定资产 10 000

批准后:

借:其他应收款——保险公司 1000

借:营业外支出 4000

　　贷:待处理财产损溢——待处理固定资产损溢 5000

项目八　财务报告

一、选择题

(一)单项选择题

1. C　　2. A　　3. D　　4. D　　5. B　　6. A　　7. C　　8. D　　9. B　　10. D

(二)多项选择题

1. ABC　2. AD　3. AE　4. ABDE　5. BC　6. BCE　7. ABCDE　8. ABCDE　9. ACD　10. BD

二、判断题

1. ×　2. ×　3. ×　4. √　5. √　6. √　7. ×　8. ×　9. √　10. √

三、简答题(略)

四、综合题 (略)

项目九　会计账务处理程序

一、选择题

（一）单项选择题

1. D　　2. B　　3. B　　4. D　　5. C

（二）多项选择题

1. BC　2. BCD　3. ABCE　4. AC　5. ABD

二、判断题

1. √　　2. √　　3. √　　4. ×　　5. ×　　6. ×　　7. ×　　8. ×　　9. ×　　10. ×

三、简答题（略）

四、综合题（略）

项目十　货币资金的管理概述

一、选择题

（一）单项选择题

1. A　　2. C　　3. D　　4. C　　5. A　　6. A　　7. D　　8. B　　9. B　　10. A

（二）多项选择题

1. ABCD　2. ABCDE　3. ABCD　4. ABCD　5. ABCE　6. AC　7. BCDE　8. ABDE　9. ABCD

10. CD

二、判断题

1. √　　2. √　　3. ×　　4. ×　　5. √　　6. ×　　7. √　　8. √　　9. √　　10. √

三、简答题（略）

四、综合题

票面利息＝（100 000＋17 000）×10%×3÷12＝2925 元

项目十一　财务管理概论

一、选择题

（一）单项选择题

1. B　　2. C　　3. D　　4. C　　5. B　　6. C　　7. B　　8. B　　9. B　　10. C

（二）多项选择题

1. ABCD　2. ABCD　3. ABDE　4. AB　5. ACE

二、简答题(略)

三、计算题

1. 投资收益率 $\overline{E} = \sum_{i=1}^{n} X_i P_i = (-10\%) \times 0.3 + 15\% \times 0.4 + 20\% \times 0.3 = 9\%$

方差 $\sigma^2 = \sum_{i=1}^{n} (X_i - \overline{E})^2 \cdot P_i = (-10\% - 9\%)^2 \times 0.3 + (15\% - 9\%)^2 \times 0.4 + (20\% - 9\%)^2 \times 0.3$

$= 0.0159$

标准离差 $\sigma = \sqrt{\sum_{i=1}^{n} (X_i - \overline{E})^2 \cdot P_i}$

$= \sqrt{(-10\% - 9\%)^2 \times 0.3 + (15\% - 9\%)^2 \times 0.4 + (20\% - 9\%)^2 \times 0.3}$

$= \sqrt{0.0159} = 0.126$

标准离差率 $V = \dfrac{\sigma}{\overline{E}} \times 100\% = $ 标准离差 $\div$ 期望值 $= 0.126/0.09 = 1.4$

2. 企业现在应存金额 $= 20\,000 \div (1 + 6\%)^3 = 20\,000 \times (P/F, 6\%, 3) = 30\,000 \times 0.7835 = 16\,792.39$（元）

3. $F_A = A \times \dfrac{(1 + 7\%)^3 - 1}{7\%} = A \times (F/A, 7\%, 3) = 100 \times 3.2149 = 321.49$（万元）

查表得到利率为 7% 时 3 年的年金终值系数 $(F/A, 7\%, 3)$ 为 3.2149,则该固定资产的造价为 321.49 万元。

4. $P_A = A \times \dfrac{1 - (1 + i)^{-n}}{i} = A(P/A, i, n)$

则:$A = P_A \div \dfrac{1 - (1 + i)^{-n}}{i} = P_A \div (P/A, i, n) = 2000/2.8550 = 700.53$（万元）

查表得到利率为 15% 时 4 年的年金现值系数 $(P/A, 15\%, 4)$ 为 2.8550,则每年应支付租金的数额为 700.53 万元。

四、论述题(略)

项目十二 财务分析

一、选择题

(一)单项选择题

1. C   2. B   3. D   4. A   5. D   6. C   7. C   8. D   9. B   10. A

(二)多项选择题

1. ABCDE   2. BCDE   3. BCDE   4. ABDE   5. ABCDE   6. ACD   7. ACE   8. ABCE   9. DE

10. ABCE

二、简答题(略)

基础会计课程标准

（适用于药品经营与管理、药品服务与管理专业用）

ER-课程标准